복 있는 사람

오직 여호와의 율법을 즐거워하여 그 율법을 주야로 묵상하는 자로다.
저는 시냇가에 심은 나무가 시절을 좇아 과실을 맺으며 그 잎사귀가 마르지 아니함 같으니
그 행사가 다 형통하리로다. (시편 1:2-3)

기독교 관점에서 현대의 세속적인 세계관과 문화를 분석한 『완전한 진리』 이후 낸시 피어시가 출간한 이 책을 읽으면서, 무신론과 세속주의 그리고 하나님을 대체하는 우상의 본질을 논리적으로 설득시키는 저자의 놀라운 능력에 감탄을 금할 수 없다. 필립 존슨 교수에 의해서 시작된 지적 설계 운동에 참여하면서 나는 진화론의 근거가 되는 자연주의 철학을 설득력 있게 반박했던 저자를 오랫동안 주목하여 왔다. 로마서 1장을 근거로 세속적인 세계관을 무장 해제시키는 통찰력은 저자가 C. S. 루이스와 프랜시스 쉐퍼 이후, 대중적인 기독교 변증가의 반열에 올랐음을 말해 준다. 이 책은 기독교 진리를 논증이 불가능한 내적인 문제로만 바라보는 기독교인들이나 무신론자 모두에게 꼭 필요한 지침서다.

이승엽 지적설계연구회 회장, 서강대학교 기계공학·융합의생명공학과 교수

피어시는 오늘날 이 시대를 살아가고 있는 현대인들의 세속적이며 복잡한 세계관을 로마서 1장의 말씀의 칼로 명쾌하고 이해하기 쉽게 분석한 후, 신랄하게 비판한다. 이 책은 프랜시스 쉐퍼의 『이성에서의 도피』의 21세기 버전으로, 쉐퍼가 그 시대를 감당했듯이 피어시가 오늘날 그 역할을 감당하고 있음을 증명해 주었다. 기독교 변증에 효과적인 책으로 누구에게나 일독을 권한다.

이상일 총신대학교 신학과 교수

정말 대단한 책이다. 낸시 피어시는 프랜시스 쉐퍼가 당대의 신자들에게 해왔던 역할을 이 시대 교회에게 수십 년 동안 해오고 있다. 피어시는 기독교에 맞서는 다양한 세계관 이념에 대해 상세하고 신중하고 면밀한 비평을 제시하는 동시에 그 이념과 대화하는 문화 지식인이다. 이 책은 지금까지 나온 낸시 피어시의 저서 중 최고라 할 만하다. 광범위한 내용을 매우 깔끔하고 명료하게 다루고 있다. 그리스도인들이 서양 문화에서 마주치는 구체적인 이론들에 대해 비판적으로 사고할 수 있게 도우려는 목적으로, 피어시는 로마서 1장에서 다섯 가지 원리를 추출한 뒤 그 원리를 이용해 현존하는 다양한 세계관을 분석한다. 다섯 가지 원리 중 내가 가장 좋아하는 원리는 "우상의 환원주의를 규명하라"는 것이다. 이 시대의 다양한 세계관에 대해 아는 사람이라면 환원주의야말로 기독교와 경쟁하는 세계관의 핵심이라는 사실을 인정할 것이다. 이 재미있는 책을 높이 추천하는 바이며 부디 널리 읽히기를 바란다.

J. P. 모어랜드 탈봇 신학교 철학과 특훈교수

낸시 피어시는 (나 자신의 여정이 그러했듯) 해답을 찾는 여정에서 마음과 생각의 깊은 의문은 사라지지 않고 반드시 설명되어야 한다는 사실이 드러남에 따라, "모든 것을 시험해 보라"고 독자들을 끌어들인다. 종교가 있는 사람이든 없는 사람이든, 사람은 누구나 다 하나의 세계관을 가지고 있다. 이 책은 모순된 사상 체계들이 어떻게 기독교를 배격하면서도 기독교의 사상을 차용하는지 예를 들어 설명해 주고, 우리의 세계관이 얼마나 일관성 있고 이 시대에 존속 가능한지 비판적으로 평가하는 데 도움이 되는 도구를 제공해 준다. 대단히 실용적이고 통찰력 있는 자료다.
라비 재커라이어스 저술가, 강연가

낸시 피어시의 최고 걸작이다. 더할 나위 없이 심오하고, 설득력 있으며, 그러면서도 실제적이다. 형광펜을 손에 들고 읽으라!
리 스트로벨 『뉴욕 타임스』 선정 베스트셀러 작가, 『예수는 역사다』 저자

낸시 피어시가 또 한 건 해냈다. 세계관의 전제가 얼마나 중요한지를 시험하는 또 하나의 긴요한 자료집을 써낸 것이다. 낸시 피어시가 내 수사팀의 수사관으로 일해 주었으면 좋겠다. 낸시는 답을 찾아낸다. 낸시는 어떤 수사에서든 우리의 기본적인 믿음이 얼마나 중요한지를 잘 알고 있다. 예를 들어 '원리 5'는 철저한 무신론자였던 내 삶을 설명해 준다. 생각건대 청년 때 이 책을 읽었더라면 내 견해를 재검토해 보아야겠다는 도전을 훨씬 일찍 받았을 것이다. 낸시의 글은 내가 그리스도인으로서 성장해 나가는 데 중요한 역할을 했는데, 최신작인 이 책 역시 신자들이 확신을 키워 나가는 일뿐만 아니라 구도자들이 세계관의 중요성을 이해하는 데 도움을 줄 것이다.
J. 워너 월러스 미해결 사건 담당 수사관

낸시 피어시는 인본주의, 무신론, 환원주의 등 우리 주님을 아는 지식에 대적하는 모든 '주의'를 지적으로 해체한다. 낸시가 설명하고 있는 모든 '주의'들의 가장 두드러지는 결함은 이들이 아무런 소망도 제시하지 못한다는 점이다. 낸시의 논증은 예수의 복음과 어우러져, 기독교 외의 다른 모든 세계관을 도무지 정당한 근거가 없는 것들로 만들어 버린다.
필 로버트슨 리얼리티 쇼 Duck Dynasty 출연자

멋진 책이다. 세속적 세계관은 우리 시대의 지적的 패스트푸드가 되었다. 맛은 좋지만 영양가가 없다. 낸시 피어시는 기독교와 맞서는 세계관의 실체를 밝게 조명해 주며, 그것들의 잘못된 점이 무엇인지를 거의 모두 알려 준다. 그 세계관들은 헛된 우상을 만들어 내고, 결국 절망과 압제와 불합리로 이어진다. 그 세계관들은 하나님을 지워 없애고 인간을 단백질 덩어리로 격하시킨다. 또한, 인간으로 존재한다는 게 무슨 의미인지에 대한 우리의 경험에 들어맞지 않는다. 이 책은 대학 신입생들의 생존 장비에 반드시 포함되어야 한다. 1962년에 내가 이 책을 읽었더라면 얼마나 좋았을까!
존 R. 에릭슨 '행크 더 카우독' 시리즈 저자

환상적인 책이다! 우리는 모더니즘과 포스트모더니즘이라는 쌍둥이 용에 포위된 문화 속에 살고 있다. 낸시 피어시는 로마서 1장에서 영감을 받아, 칼을 빼어 들어 그 용들의 머리를 벤다. 최고의 변증서, 그러나 누구나 쉽게 읽을 수 있는 책을 발견했다.
너그 네네이블 애니메이션 작가, 게임 개발자

낸시 피어시가 또 하나의 성공작을 내놓았다. 전작들을 통해 피어시에게 기대치가 생겼는데, 이 책에서 우리는 그 기대치가 또 한 번 충족되는 것을 본다. 가독성, 명쾌한 사고, 주목할 만한 인용구를 예민하게 탐지해 내는 능력, 성경의 권위를 높이 존중하는 자세, 그리스도인의 문화 참여에 대한 열심 등 부족한 것이 없다.
알버트 M. 월터스 「창조 타락 구속」 저자

피어시가 또 한 번 해냈다. 지적 회의 때문에 청년층의 1/3이 교회를 떠나고 있는 이 시점에서 피어시는 성경의 진리가 경쟁 세계관보다 얼마나 더 설득력 있으며 얼마나 더 호소력 있는지를 입증한다. 복음은 인간을 위한 최고의 사랑이다. 복음은 우주라는 자물쇠에 딱 들어맞는 열쇠다.
켈리 먼로 컬버그 「하버드 천재들, 하나님을 만나다」 저자, 베리타스 포럼 창설자

낸시 피어시는 변증학이 심오할 뿐만 아니라 실용적일 수도 있음을 보여준다. 그리스도께 저항하는 태도가 어디에서 연원하는지를 추적해 보면, 그 근원은 단 하나, 바로 피조물을 신격화하고 인간 지성의 산물을 절대화하는 인지적 우상숭배라는 것을 논증한다. 그 결과, 사실을 왜곡하고 자가당착을 일으키며 이중 사고doublethink를 조장하는 다양한 환원주의 체계가 만들어진다. 피어시는 이 같은 사실을 진단할 뿐만 아니라 치료법도 제시한다. 불신자들이 성경적 세계관의 유익을 깨달을 수 있게 도와주는 선명하며 품격 있고 보편 적용이 가능한 전략이 바로 그것이다. 효과적인 변증과 복음 전도에 관심 있는 사람이라면 누구나 이 책을 읽어야 할 것이다.
앵거스 메너지 미국 복음주의철학회 회장

낸시 피어시는 훌륭한 철학 선생이다. 이 안내자 덕분에 학생들은 세상의 정신적 우상들에게 사로잡히지 않고 오히려 성경의 메시지를 세상에 전할 수 있다. 피어시가 훌륭하게 설명하고 있듯이 우리 이웃들은 설령 하나님을 전적으로 부인할지라도 하나님의 일반 계시에 의해 깨닫는 진리의 토대 위에서 살아간다. 인간이 설령 하나님의 선한 피조계의 어떤 차원으로부터 하나님을 대신하는 것을 만들어 낼지라도, 하나님과의 갈등 때문에 인간은 어쩔 수 없이 종교적 존재다. 불신하는 마음과 생각에서 벌어지는 이러한 내적 갈등이 출발점이 되어 비기독교 세계관에 대한 진지한 비평이 이어지고, 이 비평을 통로 삼아 기독교가 주장하는 진리에 담긴 설득력을 볼 수 있게 된다.
토머스 K. 존슨 세계복음주의연맹 신학위원회 수석 고문

피어시 교수는 다양한 비기독교 철학과 신앙을 논박하기 위해 로마서 1장의 철학적 지혜를 통찰력 있게 응용한다. 기독교 세계관의 합리적 토대를 찾는 이들에게 이 책은 하나님께서 보내 주신 선물이다.
더글러스 그루튀스 덴버 신학교 철학 교수

놀라울 정도로 통찰력 있는 이 책은 독자들이 우상과 그릇된 개념에 '중독'되는 것을 피하게 해준다. 이 책을 읽는 이들은 수많은 개념들을 '사자 부리듯 조련하는 사람'이 될 텐데, 환원주의도 그 개념 중 하나다. 솔제니친이 말했듯이 성급함과 피상성이 20세기의 주된 병폐라면, 환원주의는 21세기의 가장 큰 병증이다. 이 책에서 우리는 우상숭배의 지독한 환원주의적 결과에 대해 제대로 경고를 받게 된다. 지적으로 절대 금주주의인 사람들에게는 해당 없는 책이다.
데이비드 K. 노글 댈러스 뱁티스트 대학교 교수

피어시의 책은 진리를 가장하고 있는 수많은 우상을 폭로하는 소중한 도구다. 피어시는 비기독교 세계관 내부에서 그것을 볼 수 있는 시각을 제공하여, 그 세계관을 가장 강력하게 옹호하는 이들도 정작 자신들이 제시하는 개념들이 함축하는 의미로는 삶을 부지할 수 없다는 사실을 보여준다. 적어도 자신들이 살고 있는 삶을 부인하지 않고는 말이다. 피어시의 방대한 지식과 명료하고도 설득력 있는 글쓰기 방식 덕분에 이 책은 우리가 살고 있는 이 시대의 암호를 풀 수 있는 귀중한 해독기 역할을 한다.
빌 위처먼 조지 W. 부시 전 대통령 특별보좌관

좋은 책이다. 낸시 피어시의 책을 읽으면 세계관이 본질적으로 마음의 헌신 문제라는 사실을 떠올리게 된다. 그래서 그릇된 세계관이나 삶의 철학은 우상숭배로 그 모습을 드러내는 것이다. 피어시는 현대의 수많은 우상들의 모순과 부족함을 능숙한 솜씨로 폭로하며, "그 안에는 지혜와 지식의 모든 보화가 감추어져 있"(골 2:3) 예수 그리스도라는 빛과 진리를 우리에게 기민하게 가리켜 보여준다.
폴 코펀 팜비치 애틀랜틱 대학교 철학·윤리학과 교수

놀랍다. 낸시 피어시는 문화적 대화에서 사물의 핵심에 가닿는 독특한 능력을 갖고 있다. 우리 시대 세계관의 '우상'의 본질을 꿰뚫는 피어시의 비평은 주옥같은 통찰로 가득하다. 아니, 따르기 쉬운 전략을 우리에게 구비시켜 주어 그 어떤 세계관이든 올바로 평가할 수 있게 해준다는 게 더 낫겠다. 비평가들에게 도전을 줄 뿐만 아니라 그리스도인에게 엄청난 확신을 주는 책 가운데 하나로 손꼽힐 만하다. 책장을 넘기며 자기도 모르게 이렇게 말하게 될 것이다. "와, 이 책 정말 진짜배기군."
그레고리 커클 Stand to Reason 총재

엄청나다! 피어시가 또 한 건 해냈다. 이 책은 내가 근래에 읽은 책 중 가장 통찰력 있는 변증서로 손꼽을 수 있다. 세속 문화에 대한 날카로운 비평서이자 그 문화를 바로잡기 위한 유익한 길잡이다.
션 맥더웰 바이올라 대학교 기독교변증학 부교수

피어시가 실생활 이야기를 솔직하고도 속속들이, 날카롭고 아주 능숙한 솜씨로 짚어주는 만큼, 이 책은 건조한 지적 학습이 아니다. 피어시는 이 원리들을 이해할 수 있도록 독자들을 한 걸음 한 걸음 쉬운 길로 인도하면서, 구체적인 사례들을 제시한다. 이 책은 고등학교 고학년, 특히 대학 입학을 앞두고 있는 학생들에게 멋진 졸업 선물이 될 것이다. 그리스도인들이 비그리스도인들에게 이 책을 한 권씩 건네주어, 피어시가 세속 세계관을 얼마나 설득력 있게 분석하고 있으며 기독교를 얼마나 호소력 있게 제시하고 있는지 볼 수 있게 해주면 좋겠다.
리처드 웨이카트 「크리스채너티 투데이」 서평

완전한 확신

Finding Truth

: 5 Principles for Unmasking Atheism, Secularism, and Other God Substitutes

Nancy Pearcey

완전한 확신

낸시 피어시 지음
오현미 옮김

복 있는 사람

완전한 확신

2017년 5월 15일 초판 1쇄 인쇄
2017년 5월 25일 초판 1쇄 발행

지은이 낸시 피어시
옮긴이 오현미
펴낸이 박종현

도서출판 복 있는 사람
주소 서울특별시 마포구 연남동 246-21 (성미산로23길 26-6)
전화 02-723-7183, 7734(영업·마케팅) 팩스 02-723-7184
이메일 blesspjh@hanmail.net
등록 1998년 1월 19일 제1-2280호

ISBN 978-89-6360-221-9 03230

이 도서의 국립중앙도서관 출판예정도서목록(CIP)은
서지정보유통지원시스템 홈페이지(http://seoji.nl.go.kr)와 국가자료공동목록시스템
(http://www.nl.go.kr/kolisnet)에서 이용하실 수 있습니다. (CIP 제어번호: 2017009749)

Finding Truth
by Nancy Pearcey

Copyright ⓒ 2015 by Nancy Pearcey
Originally published in English under the title
Finding Truth by David C Cook,
4050 Lee Vance View, Colorado Springs, Colorado 80918 U.S.A.
All rights reserved.

This Korean translation edition ⓒ 2017 by The Blessed People Publishing Co.,
Seoul, Republic of Korea.
This Korean edition is published by arrangement of David C Cook
through rMaeng2, Seoul, Republic of Korea.

이 한국어판의 저작권은 알맹2 에이전시를 통하여 David C Cook과 독점 계약한
도서출판 복 있는 사람에 있습니다. 신저작권법에 의하여 한국 내에서 보호받는 저작물이므로
무단 전재와 무단 복제를 금합니다.

우리가 인간 역사라 일컫는 것은 거의 대부분……
하나님 아닌 다른 무언가가 인간을 행복하게 해줄 수 있을까 하며
그것을 찾아내려는 길고 힘겨운 스토리일 뿐이다

C. S. 루이스, 『순전한 기독교』

차례

해설의 글 • 14

리처드 피어시 서문 • 22

I. "복음주의 대학에서 신앙을 잃었습니다" • 33

II. 진리를 확증하는 다섯 가지 원리

원리 1. 우상을 규명하라 – 신들의 황혼 • 78
원리 2. 우상의 환원주의를 규명하라 – 니체는 어떻게 이기는가? • 125
원리 3. 우상을 시험하라 : 상충 – 신앙의 세속적 비약 • 185
원리 4. 우상을 시험하라 : 모순 – 세계관은 왜 자멸하는가? • 231
원리 5. 우상을 대체하라 – 기식하는 무신론자 • 284

III. 비판적 사고가 어떻게 신앙을 구하는가? • 329

부록 | 로마서 1:1–2:16 • 360

감사의 말 • 365

주 • 369

찾아보기 • 422

스터디 가이드 • 436

해설의 글
영적 분별력을 주는 변증 매뉴얼

다원주의 사회에서의 바른 삶의 태도는 무엇일까? 저자 낸시 피어시는 책 말미에 힙합 가수 레크래 무어Lecrae Moore의 '부끄러워하지 않기 운동'을 거론한다. 사도 바울의 "복음을 부끄러워하지 아니하노니"(롬 1:16)라는 말에 기초한 이 운동의 목표는 신앙인이 '삶의 모든 영역에서 확신을 가지고 성경의 진리를 삶으로 구현' 할 힘을 불어넣는 것이다. 그런 확신과 능력이 이 책의 마지막 장을 넘길 때 독자들의 마음속에서도 솟아날 수 있다면 얼마나 좋을까? 장담할 수는 없지만 그 일을 돕겠다는 저자의 말이 공허하게 들리지 않는다.

피어시는 기독교 진리가 우리의 기대를 저버리지 않을 것이라 확언한다. 기독교 신앙은 그것과 경쟁하는 다른 세계관을 극복할 지적 자원을 가지고 있다고 했다. "성경 자체가 비판적 사고를 위한 강력한 전략을 제시한다." 특히 저자는 신앙을 잃었던 이들이 '하나님께 돌아오는' 것을 돕는 일에 우리를 준비시키려 한다. 이 책은 저자 자신의 이야기를 비롯해 신앙을 되찾은 젊은이들의 여러 경험담을 담고 있다. 저자에 따르면 오늘날 청년들이 신앙을 잃어버리는 것은 성직자와 교인들의 도덕적 결함 때문만은 아니다. 신앙적 회의와 씨름하는 젊은이들을 돌보지 못하는 기성세대의 지적 결핍이 더 큰 문제다.

정보화 사회에선 반기독교적 세계관의 도전을 피할 수 없다. 세계관이 늘 명시적으로 드러나는 것은 아니다. 경고 없이 다가오는 '스텔스 세속주의'가 미디어와 대중문화, 강의실, 법정은 물론이고 심지어 전쟁터에서까지 우리의 몸과 마음을 사로잡는다. 우리나라에도 들어온 철학 상담과 알랭 드 보통의 『무신론자를 위한 종교』가 그 예다. 이는 종교는 거부하되 그것이 주는 심리적 위안은 받으려는 무신론적 처방이며 종교의 대체물이다. 또한 포스트모더니즘은 다문화주의와 정체성 정치, '정치적 올바름'이라는 형태로 일상을 누비고 있다. 이에 대처할 기독교 지성의 계발이 필요하다. 신앙은 맹목적이지 않다. 어거스틴이 강조했던 '이해를 추구하는 신앙'의 전통이 회복되어야 한다. 다원주의 사회에선 특히 남에게 들은 이야기만으로는 오래 버틸 수 없다. 뿐만 아니라 영적 분별력 역시 갖추어야 우리 시대에 만연한 세속적 가치와 세계관들을 이길 수 있다.

피어시는 그것을 가능하게 할 탄탄한 변증을 소개한다. 그것은 대표적 변증가 코넬리우스 반틸의 전제presupposition 비판과 개혁주의 세계관의 기반을 세운 헤르만 도예베르트의 기독교 철학에서 비롯되었다. 피어시는 그것을 프랜시스 쉐퍼의 라브리에서 배웠다. 그 변증은 비기독교 세계관의 기초 전제를 찾아 그것의 문제점을 드러내 공략한다. 도예베르트는 종교나 철학이 흔히 피조물의 한 측면을 새기고 깎아 내어 우상으로 만드는 점을 주목했다. 또 그는 종교나 철학이 그 우상을 모든 것을 규정하는 단 하나의 원리로 격상시켜 '마음의 우상'을 만들어 냄으로써, 피조물의 한 단면을 절대화하려는 경향이 "모든 '주의'isms의 근원"임을 밝혀냈다. 피어시의 공로는 이들의 유산을 21세기 포스트모던 글로벌 문화의 도전에 맞게 업데이트시켰다는 데 있다. 이를 통해 이 시대와 소통하며 변증할 수 있도록 '주파수를 맞추어 틀을 짜는 전략'을 제공한 것이다.

저자는 로마서 1장을 변증의 매뉴얼로 삼는다. 특히 바울의 말을 따라 사람이 하나님을 알고 있다는 사실에서 출발한다. 그가 자신을 천지 만물과 역사 속에 밝히 드러내 보이셨기 때문이다(롬 1:19-20). 문제는 인간이 '그 증거를 모조리 가로막는' 데 있다. 비인격적인 초월적 힘이나 생명 없는 우상은 괜찮다고 생각하지만 인격적 창조주는 불편하기 때문이다. 그런 하나님의 발자국 소리에 대한 반응은 '두려움과 부인'이다. "인간은 고통스럽거나 혼란스럽거나 정신적인 충격을 주는 생각은 억누르는 경향이 있다." 일종의 '은폐의 심리학'이 작동하는 것이다. 이것은 무지가 아니다. 억지를 쓰는 것이다. 불의로 진리를 막고 있는 것이다. 그 결과 인간은 허망한 우상숭배에 떨어져 짐승과 벌레의 수준으로 전락하고 만다.

그렇게 해서 포스트모던 다원주의 사회가 극도의 상대주의와 회의주의에 빠졌다 해도 세상에는 부정하거나 의심할 수 없는 엄연한 현실들이 존재한다. 극심한 회의주의자라도 세상이 실재한다는 것을 의심하는 경우는 없다. 찻길을 건널 때 좌우를 살피지 않는 사람은 없다. 그들은 자신의 주장 대신 불신앙으로 억누르는 하나님의 계시가 사실은 옳은 것임을 전제로 행동하고 말하고 있다. 저자는 이 사실이 세상을 향해 전도의 말문을 '창조적'으로 열 수 있는 '기회의 문'을 준다고 했다.

사도 바울은 이미 2천 년 전에 로마서 1장에서 그 '기회의 문'을 여는 방법을 다섯 가지로 제시한다. 비기독교적 종교와 사상은 일반계시에 반응해야 할 '인식론적 의무'에 의도적으로 눈을 감는 죄를 저지른다. 우상을 만듦으로써 하나님을 피하는 것이다. 변증은 왜곡과 자기기만을 역추적하여 그 허망함을 드러내는 작업이다. 첫 번째 원리는 하나님을 대신하도록 고안해 낸 우상을 규명하는 것이다. 우상의 실체를 드러내 코앞에 들이대야 한다.

두 번째 원리는 우상의 환원주의reductionism를 규명하는 일이다. 우상은 피조물의 한 부분을 극대화하기에 그 부분을 조명하는 일에는 모종의 통찰을 발하기도 한다. 하지만 거기에는 약점이 함께 드러난다. 마르크스의 유물론은 경제적 수탈의 근거가 되는 이데올로기 비판에 빛을 발한다. 하지만 그의 유물론은 모든 것을 물질과 경제라는 상자 안에 구겨 넣고 거기에 들어가지 않는 것은 잘라 내거나 의미 없는 신비 내지 환상으로 취급한다. 이처럼 우상숭배는 다양하고 넓은 세계를 스스로 좁힌 틀 속에 억지로 구겨 넣어 고통을 자초한다. 유물론, 경험론, 합리론, 포스트모더니즘 모두 환원주의 오류에 빠져 있다. 환원주의는 인간성을 말살한다.

세 번째 원리는 우상을 시험하여 상식에 반하지 않는지를 살피는 것이다. 상식은 일반계시의 결과다. 모든 인간에겐 공히 작동하도록 주신 인지 능력, 감성, 도덕의식이 있다. 또 만물의 질서가 이에 부합한다. 그것을 거스르거나 그에 맞지 않는 세계관은 잘못되었다. 자유의지는 인간을 생화학적 기계로 환원시키는 세계관 밖으로 삐져나올 수밖에 없다. 그러나 자유의지는 유물론자도 무시할 수 없는 엄연한 사실이다. 자신의 선택과 자유를 부정하지 못하기 때문이다. 결국 자기주장과는 모순되는 것을 받아들일 수밖에 없다. 이 모순에 부딪친 순간이 기독교 진리를 제시할 수 있는 기회다.

네 번째 원리는 우상숭배의 내부적 붕괴를 간파하는 일이다. 모든 비기독교적 세계관은 '자멸적'이다. 그것이 주장하는 다른 진리에 대한 비판이 자신에게도 적용되는 것을 피할 수 없기 때문이다. 포스트모더니즘의 상대주의야말로 자멸적이다. 절대적인 진리는 존재하지 않는다는 주장 자체가 절대적인 주장이기 때문이다. 여기서의 열쇠도 환원주의다. 환원주의 세계관 신봉자들은 스스로 환원주의를 무시해야 한다. 적어도 자기주장을 펼치는 동안에는 그렇게 해야 한다. 또한 자기 견해에 근거를 제시하기 위해서는 이성을 높이 평가하는 기독교적 입장에 서야만 한다.

이제 남은 다섯 번째 원리는 기독교 진리를 설득력 있게 제시하여 우상을 대체하는 것이다. 다른 세계관이 실패하는 그 지점에서 실마리를 풀어 가야 한다. 기독교 진리는 다른 세계관이 담고 있는 통찰을 모두 갖고 있으면서도 환원주의에는 빠지지 않는다. 또한 약점 없이 매우 매력적이어서 무신론과 세속 세계관이 이를 빌려 가곤 한다. 그들은 기독교 진리의 일부를 빌어서 삶을 유지한다. 저자는 이를 "기독교에 기식寄食하는 무신론"이라고 고발한다.

이상 다섯 단계로 제시된 변증의 방법은 매우 강력하고 효과적이다. 그것은 반틸, 도예베르트, 쉐퍼에 의해 검증된 사실이다. 여기에 중요한 한 가지가 더 있다. 변증은 단지 불신앙과 사상적 우상들을 공격하는 데 그치지 않는다는 사실이다. 변증의 최고 기능이자 궁극적 목적은 '생명을 주는 대안을 창조'하는 것이다. "선으로 악을 이기"(롬 12:21)는 것이다. 피어시는 주로 유물론과 무신론을 대상으로 세계관을 비평했지만, 사실 이는 교회 내 교육을 위해서도 유용하다. 로마서는 교회를 향해 썼지만 어조는 외부인을 향한 것과 동일하다. 사실 우리에게도 세상과 같은 성향과 문제가 있기 때문이다(고전 10:14). 성도들은 이 세대를 본받지 말아야 한다. 우상을 멀리하라는 사도 요한의 말도 그리스도인을 향한 것이다(요일 5:21).

피어시는 기독교 신앙을 버렸을 때 역설적으로 자신이 잃어버린 것이 무엇이었는지를 깨닫게 되었다고 했다. 그래서 진리와 신앙을 찾아 나섰고 그것을 발견했기에 이 책을 쓸 수 있었다. 하지만 돌아오지 못한 이들이 얼마나 많은가! 피어시는 목회자와 기성세대 신앙인들을 향해 안타까운 심정으로 몇 가지 통렬한 비판을 쏟아 낸다. 방황하는 젊은이들에게 성경을 좀 더 읽으며 경건 생활에 몰두하라고 충고하는 것만으로 충분하리라 생각하는 것은 착각이라 했다. 청년들의 고민을 진심으로 경청하고 공감하며 같이 씨름해 줄 것을 강조한다. 까다로운 질문을 제기하는 이들을 지적 교만으로 몰아붙이는 교회는 그들을 잃을 것이라고 경고한다. 정서적 감동이나 체험의 강도를 높이면 지적 의문이 다 상쇄되기라도 할 것처럼 찬양과 은사 집회에 힘을 쏟는 모습도 비판한다. 정서적 헌신의 강도를 아무리 높여도 의문을 차단시키기에 충분하지 않기 때문이다. 이런 지적은 우리의 상황에도 맞아떨어지기에 저자의 비판에 귀를 기울여야 한다.

신앙은 저자의 말처럼 주관적 확신이나 내적 감정의 문제가 아니라 공적 진리를 찾는 것이다. 성경은 사실을 중시한다. 바울은 "모든 것을 시험해 보라"고 했다. 증거를 검토하여 믿을 만한지도 살피라고 초대한다. 기독교는 "사실에 대한 믿음 체계가 아니라 사실에 대한 정확한 묘사다." 이 사실 지향성이 복음의 핵심이며 오늘날과 같은 상대주의 사회에 확신의 근거가 된다. 피어시는 이런 진리에 설 때만 "전통에 도전하고, 권력에 의문을 제기하며, 죽음과 부패에 맞서 생명과 치유를 위해 싸울 수 있다"고 강조한다. 나는 이런 유산이 있음에도 오늘날 많은 이들이 쉐퍼가 말하는 '이성에서의 도피'에서 위로받으려 하는 것을 통탄한다. 사실 우리 그리스도인들은 '신앙으로의 도피'를 택하고 그것을 삶의 문제와 씨름하는 젊은이들에게 권하고 있는 것은 아닐까?

피어시가 책 말미에 상세하고 친절한 스터디 가이드를 실은 것은 바로 이런 상황 속에서 방황하는 젊은이들을 구체적으로 돕기 위한 것이다. 사실 이 책의 큰 미덕 중 하나가 이 부분이라고 해도 지나치지 않을 것이다. 진지한 토론을 수행하는 방식을 통해 이 책이 제시하는 내용을 깊이 교감할 수 있게 짜였다. 더욱이 반론을 제기하는 상대방과의 (가상적) 토론이나 대화를 통해 실습하도록 안내하고 있다. 변증을 실습하되 실제든 가상에서든 직접 실습할 수 있게 이끄는 따뜻한 여성적 배려와 애정이 느껴진다. 훌륭한 학습 도구이자 실천의 방안을 제시한다.

변증의 목적은 '더 훌륭한 논증'의 제시가 아니라 '더 훌륭한 성품'을 보여주는 것이라고 했다. 특히 적대적 상황에서 더욱 그렇다. 초대 교회 변증의 가이드라인을 보여준 베드로전서 3:15이 바로 그것을 말한다. "너희 속에 있는 소망에 관한 이유를 묻는 자에게는 대답할 것을 항상 준비하되 온유와 두려움으로 하고." 저자는 세계관 공부의 동기가 "이웃 사랑"(마 22:39)임을 강조한다. 불신의 세계는 이런 사랑에서 비롯되는 변증을 간절히 고대하지 않을까? 그것이 오만과 태만의 오류를 넘어선 확신 있는 겸손한 증인의 모습이 아닐까? 피어시는 이 책을 통해 우리 시대의 불신자뿐 아니라 신앙과 씨름하는 젊은이들을 사랑으로 대하는 진정한 방도가 무엇인지를 보여준다.

신국원

총신대학교 신학과 교수

리처드 피어시 서문

무신론자를 자처하는 사람과 신실한 찬송가 작곡가의 의견이 일치하는 것은 흔히 있는 일이 아니다.

첫째, 유명한 무신론자 리처드 도킨스 Richard Dawkins가 이런 말을 했다. "신앙은 엄청난 책임 회피 수단이다. 즉, 증거를 생각하고 평가해야 할 필요를 회피하는 주된 핑계다. 신앙은 증거 부재에도 불구하고, 아니 어쩌면 증거 부재 때문에 믿는 믿음이다."

둘째, 많은 이들이 좋아하는 찬송가를 지은 사람은 이런 말을 했다. "하나님이 살아 계시다는 것을 어떻게 아느냐고 내게 묻습니까? 그분은 내 마음속에 살아 계십니다." 목사이자 음악가인 알프레드 애클리Alfred Ackley는 "왜 2천 년 전에 죽은 유대인을 경배해야 합니까?"라는 질문에 도전을 받고 「다시 사신 구세주」He Lives라는 곡을 썼다. 애클리의 대답인즉 예수는 죽은 인간이 아니라 부활하신 메시아라는 것이다. 애클리는 그것을 어떻게 아는가? '그분이 내 마음속에 살아 계시기' 때문이다.

도킨스가 비난하는 것을 애클리는 귀한 것으로 판단한다. 그러나 여기서 주의할 점이 있다. 무신론자나 찬송가 작곡가 모두 '신앙'faith이 내적 현실의 문제라고 선언한다는 점이다.

믿음에 대해 이렇게 주관화된 정의를 내리는 것과 대조적으로, 기독교 세계관에 스며들어서 "진리를 찾아내라"Finding Truth고 권면하는 "모든 것을 시험해 보라"고 하며 우리를 자유롭게 해주는 외침이 있다. 이렇게 살아 움직이는 사고방식으로 스스로 생각해 보고 권위에 대해 의심을 품으며, 증거를 검토하고 우리가 사는 세상을 납득할 수 있게 해주는 답변을 추구하라는 것이다.

"모든 것을 시험해 보라"는 말은 바울이 고대 그리스(Greece는 의미 전달상의 편의에 따라 '그리스', 또는 '헬라'로 옮겼음—옮긴이)의 국제적인 항구 도시 데살로니가의 어린 교회에게 보낸 편지에 나오는 구절이다(살전 5:21, NIV). 바울은 하나님을 예언적으로 대언한다는 주장에 대해 비판적인 자세로 거리를 유지하라고 교인들에게 촉구하고 있다. 사실 "하나님께서 내게 환상을 주셨다"는 말은 누구나 할 수 있지만, 그런 말을 한다고 해서 정말로 그런 것은 아니다.

사람은 개별적으로 적절히 검증해 보지 않은 어떤 것에 대해 참되다고 확언해야 할 의무가 없다는 것이 성경의 입장이다. 실로 인도적인 입장이기도 하다. 더 나아가, 증거를 바탕으로 세심한 검증을 거친 후 어떤 주장이 거짓으로 판명되면 그 주장은 배격해야 한다.

유신론을 바탕으로 인간의 지성을 동원할 때 진리에 대한 어떤 특권적 주장 따위는 있을 수 없으며, 이는 나사렛 예수의 시공간적 부활을 기독교 신앙의 핵심으로 확언할 때 역시 예외가 아니다. 고린도전서 15:17에서는 "그리스도께서 다시 살아나신 일이 없으면 너희의 믿음도 헛되"다고 선언한다. 사실과의 연결이라는 문제 앞에서 이러지도 저러지도 못한 채 완전한 헌신으로 넘어오지 못하는 이들도 있지만, 성경이라는 자료에 제시된 역동적인 세계관은 경계를 넘어와 그 세계관과 손잡는 이들을 환영한다.

예를 들어, 회의주의자 도마가 경험적 증거 없이, 예수께서 죽음에서 물리적으로 부활하셨다고 결론 내리기를 거부했을 때, 정확히 바로 그런 종류의 정보가 도마 앞에 주어졌다(요 20:24-28). 도마는 자기 마음속을 들여다보는 것으로는 설득되지 않았고, 외부 세계의 증거를 평가해 보고서야 설득되었다. 그때에야 비로소 도마는 적절한 증거를 토대로 헌신을 다짐했는데, 이는 진실이 부재했기 때문도 아니고 진실에 대적했기 때문도 아니다.

이와 같은 완강한 사실주의^{realism}는 성경 기록 도처에서 찾아볼 수 있다. 구약성경에서 히브리 백성이 애굽을 빠져나올 때의 기록을 보면, 낮에는 '구름 기둥'의 인도를 받고 밤에는 '불 기둥'의 인도를 받았다고 한다(출 13:21-22). 이는 그 자리에 있던 사람 누구나 맨눈으로 볼 수 있는 현상이었다.

홍해에 도달한 히브리 백성은 방금 전까지 깊은 물속이었던 특정한 지리적 지점을 마른땅으로 걸어서 건넜다. 이는 이스라엘 온 백성이 다 지켜보고 직접 참여한 기적적인 사건이었다. 물이 다시 돌아와 그들을 뒤쫓던 애굽 군대를 모조리 쓸어버린 것 또한 백성이 다 지켜보는 가운데 벌어진 사건이었다(출 14장).

시내 산에서 이스라엘 백성은 번개가 번쩍이는 것을 보았고 천둥이 우르릉거리는 소리를 들었다. 그들은 불을 보았고 불이 탁탁거리는 소리를 들었다. 연기가 피어오르는 것을 보았고 그 냄새도 맡았다. 그들은 산이 진동하는 것을 느꼈다. 지진계가 있었다면 충분히 측정되고도 남을 만한 진동이었다. 이와 같은 경험적 정황 가운데서 이스라엘 백성은 하나님께서 목소리로 모세에게 십계명을 전해 주시는 소리를 들었다(출 19장, 신 4:9-13).

신약성경 기록으로 넘어오면, 베들레헴의 목자들은 멀지 않은 곳에서 한 아기가 탄생했다고 천사들이 일러 준 말을 현실 세계에서 직접 사실로 확인할 수 있었다. 단지 주관적인 환상이 아니라 피와 살을 지닌 아기가 진짜 구유에 누워 있었던 것이다. 그들은 "이제 베들레헴으로 가서…… 이 이루어진 일을 보자"고 말했다. 그 일을 보고 난 뒤에는 "하나님께 영광을 돌리고 찬송하며" 돌아갔다. 이유가 무엇인가? 그들이 본 것이 "자기들에게 이르던 바와 같"았기 때문이다(눅 2:15-20).

옥에 갇힌 채 사형을 눈앞에 두고 있던 세례 요한은 제자들을 보내 예수가 정말 메시아인지를 물어보게 했다. 이에 대한 예수의 답변은 사람들 앞에서 행한 기적들, 곧 오실 메시아를 알아보는 법에 대해 성경이 이미 일러 준 내용과 일치하는 그 기적들을 증거로 제시하시는 것이었다. "너희가 가서 듣고 보는 것을 요한에게 알리되 맹인이 보며 못 걷는 사람이 걸으며 나병환자가 깨끗함을 받으며 못 듣는 자가 들으며 죽은 자가 살아나며 가난한 자에게 복음이 전파된다 하라"고 예수께서는 말씀하셨다(마 11:2-5). 이 기적들은 뭇사람이 보는 앞에서 일어난 것이었기에, 실제 있었던 일로서의 위상을 예수의 친구는 물론 적들까지도 확증해 줄 수 있었다.

죄를 사해 준다는 예수의 주장에 유대교 지도자들이 분개했을 때 예수께서는 그들의 '마음'에 호소하지도 않으셨고, 아무 근거 없이 자신의 신성을 주장하지도 않으셨다. 그보다 예수께서는 물리적인 증거를 제시하셨다. "그러나 인자가 땅에서 죄를 사하는 권세가 있는 줄을 너희로 알게 하려 하노라 하시고 중풍병자에게 말씀하시되 내가 네게 이르노니 일어나 네 상을 가지고 집으로 가라 하시니 그가 일어나 곧 상을 가지고 모든 사람 앞에서 나가거늘"(막 2:10-12).

이렇게 두말할 수 없게 만드는 확실한 대응이 예수의 전형적인 태도였다. 예수의 사역은 질문과 대답, 주고받음으로 이루어지는 공개 사역이었다. 예수께서는 고민하고 토론할 수 있는 명제를 던지셨고, 사람들을 부르사 지금 여기서 자신의 주장을 확증해 주는 공개적인 기적을 두 눈으로 보라고 하셨다.

그 시대 사람 모두가 예수께서 일으키시는 모든 기적을 목격하고, 예수께서 하시는 모든 설교를 들으며, 실제 몸으로 부활하신 나사렛 예수를 만나 뵐 수 있었던 것은 아니다. 그럼에도 그 당시에나 우리 시대에나 예수께서 하신 모든 행동과 우리에게 전하신 모든 말씀은 검증에 대해 열려 있는 자세, 그리하여 꼬치꼬치 캐

묻기 좋아하는 사람들을 반갑게 맞아들여 얼마든지 탐색하고 조사할 수 있도록 하는 자세를 분명히 보여준다.

이러한 역사적 배경에서 바울은 기독교 세계관의 근거를 이루는 사건들이 "한쪽 구석에서 행한 것이 아니"라고 주장했다(행 26:25-26). 목자, 왕, 의사, 세리 등이 기독교 메시지의 핵심을 이루는 사실들을 다 검증할 수 있었다. 기독교 메시지가 전하는 내용은 사실에 대한 믿음 체계가 아니라 사실에 대한 정확한 묘사다.

이 **사실 지향성**은 복음의 핵심 명제와 사건들이 살아 숨 쉬는, 의심의 여지없는 지적 풍토다. 이와 같은 정신적 경향이 있어야 사람들이 증명 가능한 진실로 인해 자유롭게 되어 전통에 도전하고, 권력에 의문을 제기하며, 죽음과 부패에 맞서 생명과 치유를 위해 싸울 수 있다.

검증에 호의적인 기독교 유산이 있음에도 불구하고 이 시대의 많은 이들이 프랜시스 쉐퍼Francis Schaeffer가 '이성에서의 도피'escape from reason라고 명명한 것에서 위안을 받으려고 한다. 이들은 신앙이란 전적으로 사유화된 어떤 것, 곧 평가와 증거가 무의미할 만큼 지극히 개인적인 어떤 것이라고 이 사회가 짐짓 세련되게 재정의한 내용을 그대로 받아들인다.

이는 성경적 세계관을 특징짓는 일련의 지식을 전체적으로 존중하는 태도와는 거리가 멀다. 성경 어느 곳에서도 '신앙'이 증거와 단절된, 혹은 지성에서 고립된 헌신이라는 개념을 권장하지 않는다. 프리드리히 니체Friedrich Nietzsche는 자신의 저서 『적그리스도』

*The Antichrist*에서 이 개념을 일컬어 "진실을 알기를 회피하려는 의지"라고 했다.

성경의 강조점을 정확히 숙고하기 위해서는, 거짓으로 입증된 '신앙'은 폐기된 신앙이라고 하는 것이 매우 적절하다는 점을 인정해야 한다. 이는 알맹이 없는 신앙이요, 따라서 지킬 가치가 없는 신앙이다. 하지만 이 냉혹한 주장은 긍정적으로도 작용한다.

왜냐하면 확증된 신앙, 아니 좀 더 나은 표현으로 근거가 확실한 신앙은 전인격을 통해 포용될 가치가 있기 때문이다. 사실 기독교에서 전용하고 있는 '신앙'이나 '믿음'보다는 '신뢰'라는 단어가 성경에 제시된 헌신 개념을 더 잘 포착한다. 신약성경에서 흔히 '믿는다'라고 번역되는 헬라어 단어는 '신뢰한다'라고 옮기는 것이 더 정확하다. '피스티스'*pistis*는 '신뢰하다' 혹은 '믿는다'라는 뜻으로, 이 단어의 어원은 '나는 설득한다' I persuade라는 의미의 '페이토'*peitho*다. 성경이 보여주는 모습은 설득하는 태도, 즉 무엇이 참인지 입증하고 알며, 그에 따라 반응하고자 하는 의지다.

마크 트웨인 Mark Twain이 언젠가 신앙을 정의하기를 "그렇지 않다는 것을 알면서도 그렇게 믿는 것"이라고 했다. 하지만 신앙에 대한 정의는 "그렇지 않다." 적어도 검증된 삶을 살라는 성경의 주장에 근거해서 행동하는 사람들 사이에서는 말이다. 신앙에 대한 이 같은 접근 태도는 우리가 알 수 있는 하나님의 형상으로 창조된 인격체로서의 인간에 대한 깊은 존중을 드러낸다. 그 하나님은 지성을 선한 것으로 인정하시고, 진리라 주장하는 것들을 평가

하기에 적합한 영역으로 이 세상을 포용하시는 분이다.

이 책은 바로 이러한 정황 속으로 들어가고 있다. 신뢰할 만한 가치가 있는 진리를 규명하기 위해서 단순한 믿음과 사유화된 '신앙'을 초월하라는, 시기적절하고 전략적이며 원칙에 바탕을 둔 하나의 외침으로서 말이다. 이 책을 읽는 당신은 학생일 수도 있고 직장인일 수도 있고, 교수나 혹은 공무원일 수도 있고, 예술가나 과학자일 수도 있다. 이 책을 집중해서 읽는 어떤 사람이든 궁극적인 질문에 대한 이런저런 답변에 대해 인도적으로, 그리고 비판적으로 생각해 보라는 권면을 받게 될 것이다. 낸시 피어시가 이 책에서 진술한 것처럼, 증명 기능한 역사적 기독교가 인생의 크나큰 질문에 얼마나 예리하고 올바르게 답변하는지, 어떻게 '모든 경쟁적 세계관들을 능가하는지', 그리고 어떻게 '인류의 최고 소망과 이상을 충족시키는지' 생각해 보는 기회를 갖게 될 것이다.

이 책은 교실에서, 사무실에서, 뉴스에서, 혹은 길거리에서 부딪치는 그 모든 세계관들의 신뢰성을 판단할 수 있는 일련의 핵심 전략적 원리를 한 자 한 자 똑똑히 알려 준다. 이 책을 통해 독자들은 세속주의를 비롯해 정치·과학·오락·종교 등의 외관을 입고 나타나는 우리 시대 우상들을 비판적으로 검토할 수 있는 능력을 구비하게 될 것이다.

또한 독자들은 무신론과 유물론 학설들이 과연 비판적 사고를 견뎌 낼 수 있는지 시험대에 오르는 것을 보게 될 것이다. 상대주의와 포스트모더니즘을 탐구해서 이런 신념 체계가 과연 교양인의 신뢰를 받을 만한 가치가 있는지도 따져 보게 될 것이다.

사람들의 삶은 불안정한 상태에 있다. 이 책은 그 어떤 세속 세계관도 인간과 우주의 현상, 곧 인간과 자연의 본질에 대해 우리가 알고 있는 사실들을 제대로 설명해 주지 못한다고 주장한다. 이런 세계관들은 현실의 단면만을 보며, 인간이 그 협소한 단면을 기준으로 스스로를 판단하고 그에 따라 살게 만들려고 한다. 유물론자들은 그렇게 해서 인간의 지성이라는 현실(실재)을 부인하고 (한편 이들은 자신의 지성을 활용해 유물론을 전개시켜 나간다), 상대주의자들은 옳음과 그름이라는 사실을 부인한다(그러면서도 이들은 자신과 생각이 다르면 비판한다).

이렇게 유감스러운 이론들은 이로움보다는 해로움이 더 크다. 이 이론들은 인간의 지성과 추론 능력, 선택과 자유, 진리와 도덕적 이상을 평가 절하한다. 그래서 이런 해법에 신뢰를 두는 사람은 필연적으로, 인간적이라고 할 수 없는 방식으로 자기 삶을 결정해 나가기 시작한다. 마찬가지로, 부적절한 세계관의 손아귀에 사로잡혀 있는 문화는 인간적이라고 할 수 없는 사회를 실현해 나가기 시작한다. 특정 이데올로기를 신봉하는 사람들은 관용·다양성·공정함이라는, 소위 정치적으로는 올바른 가치 아래 자기들의 우상을 널리 장려할 수 있지만, 실제 나타나는 결과는 발전이 아니라 퇴보이고, 완전함이 아니라 파편화다. 사람들은 무너진다. 인간은 실패하는 신에게는 반드시 반역하게 되어 있다.

21세기를 통과하고 있는 많은 이들로서는 '신앙'을 잃은 공허한 답변에 작별을 고하는 것이야말로 인생의 큰 문제들에 대한, 삶으로 구현 가능한 해법을 찾는 열쇠일 수 있다. 이 책은 인생의 크나큰 의문들에 대해 주어질 수 있는 여러 가지 답변을 비판적으로 평가해 보고, 우리의 가장 깊은 **갈망**을 우리의 가장 강렬한 **소원**과 재연결시켜 주는 해법을 추구하기 위한 논리적인 근거와 전략을 한 자 한 자 똑똑히 알려 준다. 이 책에서 제시하는 것은 사람을 사람답게 하는 사실과 의미의 통일체다. 열린 마음을 갖고 있는 사람은 그 사실과 의미에 대해 고민하고 논의하며, 그것을 시험하고 검증해 볼 수 있다. 그리하여 평생 그것을 성실하게 삶으로 구현할 수 있다. 이는 곧 사유화된 종교에 작별을 고하고, 알 수 있고 증명할 수 있는 하나님을 만나는 것이다. 이는 삶의 진실에 바탕을 둔 온전한 확신이다.

여행 중에 길을 잘못 들 경우, 지혜로운 사람은 왔던 길을 되짚어서 바른 길을 찾아간다. 무신론자와 찬송가 작곡가, 그리고 삶의 여정 중에 있는 기타 모든 이들 역시 마찬가지다. 인간적이라 함은 글을 쓰는 것이요, 노래를 짓는 것이요, 창조하는 것이요, 꿈꾸는 것이다. 또한 생각하는 것, 시험해 보는 것, 이유를 아는 것이다. 이제 이 책에서 독자들은 길 찾기를 도와줄 안내자를 만나게 될 것이다.

J. 리처드 피어시
The Pearcey Report 편집인 겸 발행인

I

"복음주의 대학에서 신앙을 잃었습니다"

언젠가 의회의 초청으로 기독교 세계관 원리를 공적 영역에 적용하는 방법에 관해 의사당에서 강연을 한 적이 있다. 강연이 끝나고 질의응답 시간이 되자 수석 보좌관 한 사람이 일어나 발언했다. "저는 복음주의 대학에 다니다가 신앙을 잃었습니다." 장내가 일순 고요해졌다.

일반 대학교도 아니고, 의사당이라는 정쟁의 현장도 아니고, 명망 있는 복음주의 대학에서 신앙을 잃다니.

어떻게 그런 일이 생겼을까? 나중에 그 수석 보좌관 빌 위처먼 Bill Wichterman을 따로 만나 이야기를 들어 보았다. 위처먼의 설명에 따르면, 그가 다닌 대학 교수들은 교과목 수업 때 당대의 유력한 이론들을 가르쳤는데, 대부분 세속적인 이론이었고 노골적으로 반反기독교적인 이론도 있었다고 한다. 그러면서도 그 문제를 보는 기독교의 관점 같은 것은 거의 제시해 주지 않았다고 한다.

강의실 밖에서 몇몇 교수들을 만났을 때 그가 빼먹지 않고 하는 질문은 "교수님의 신앙을 교수님의 학문, 곧 강의실에서 가르치는 내용과 어떻게 연관시키십니까?"였다. 비극적인 사실은, 단 한 교수도 그에게 답변을 주지 못했다는 것이다.

결국 빌은 기독교에 어떤 해답도 없다고 결론 내리고 기독교 신앙을 버리기로 결심했다. "유감스럽게도 저는 기독교 신앙을 포기했습니다. 하지만 제가 보기에 기독교에 지적 근거가 전혀 없는 것 같지는 않았습니다."

빌의 이야기는 이 시대에서 너무도 흔히 볼 수 있는 하나의 양상을 반영한다. 젊은 사람들이 집을 나와 독립할 때면 그동안 교육받은 신앙도 집에 두고 떠나는 경우가 흔하다. 과거에는 결혼해서 자녀를 낳으면 다시 신앙으로 돌아오는 이들이 많았다. 하지만 오늘날에는 영원히 신앙을 떠나는 이들이 점점 많아지고 있다.[1]

희망은 있는가? 성경적 세계관이 우리에게 역량을 길러 주어, 이런 도전에 맞서 상황을 역전시키며 공적 영역에서 확신을 가지고 우리 주장을 펼치게 해줄 수 있는가?

대답은 "그렇다"이다. 이 책은 청년들은 물론 만대의 모든 구도자들이 제기하는 질문에 답변할 수 있는 신선하고 독창적인 전략을 제시한다. 이 책은 기독교에 맞서는 모든 경쟁적 세계관 혹은 종교의 핵심을 찌르는 다섯 가지 강력한 원리를 성경에서 꺼내 보인다. 모든 이들이 원하되 오직 기독교 신앙만이 줄 수 있는, 인간에게 생명을 주는 진리를 조명한다.

하나님께 돌아가는 길을 연구하라

빌 위처먼의 이야기는 어떻게 끝났을까? 대학 졸업 뒤 위처먼은 기독교의 주장을 논리와 이성으로 뒷받침해 주는 변증학이라는 분야가 있다는 것을 알게 되었다. 그는 C. S. 루이스, 프랜시스 쉐퍼, 앨빈 플랜팅가, 윌리엄 레인 크레이그 같은 사람들이 쓴 책을 읽었다. 그리고 마침내 기독교 신앙이 경쟁적 세계관들의 주장에 성공적으로 대응할 수 있는 지적 자원을 가지고 있음을 확신하게 되었다.

그는 내게 말했다. "저는 하나님께 돌아가는 길을 연구했습니다."

내 개인적인 스토리도 빌의 이야기와 비슷하다. 루터교 가정에서 자랐음에도 나는 10대 청소년 시절 내 마음속에서 부글부글 끓어오르는 의문들에 해답을 얻을 수가 없었다. 고등학교 때는 결국 내 모든 신앙적 배경을 다 버리기에 이르렀다. 몇 년 후, 스위스 알프스 산 작은 골짜기에 숨은 듯 자리 잡은 라브리 L'Abri라는 한 사역 단체에서 나는 마침내 내 의문에 답해 줄 수 있는 사람들을 만났다(이 이야기는 '원리 5' 부분에서 자세히 다룰 것이다).

그리스도인은 모든 의문을 진지하게 따져 볼 필요가 있다는 강한 확신이 들면서, 나는 그동안 불가지론자로 살면서 겪은 모든 탐색과 몸부림에서 벗어날 수 있었다. 그리스도인은 '하나님께 돌아가는 길을 연구할 수 있도록' 사람들을 도울 준비가 되어 있어야 한다.

이는 벅차고 두려운 일로 보일 수도 있다. 학교 교실에서부터 일터는 물론 인터넷에 이르기까지 매 순간 기독교와 대립하는 개념들이 기독교 신앙에 대한 우리의 충성에 야유를 보내며 시끄럽게 우겨 댄다. 그 모든 경쟁적인 세계관에 사려 깊게 대응하는 법을 배우려면 아마 평생을 공부해야 할 것이다. 게다가 전혀 새로운 개념에 맞닥뜨릴 때는 어떻게 해야 하는가? 그때마다 새로운 논거를 만들어서 제시해야 하는가? 아니면, 그 모든 개념들에 보편적으로 적용할 수 있는 단 한 줄의 어떤 연구 결과를 찾아낼 수 있는가?

그리스도인이 된 후로 나는 여러 해 동안 이 질문과 씨름했다. 그리하여 내가 알아낸 것은, 성경 자체가 비판적 사고를 위한 강력한 전략을 제시한다는 사실이다. 성경은 모든 세계관의 핵심을 찌르는 **다섯 가지 원리**를 제시한다. 이 원리에 숙달되면 그 어떤 도전적인 질문에도 대응할 수 있게 될 것이고, 그럼으로써 기독교 신앙이 설득력 있고 매력 있음을 논증할 수 있게 될 것이다.

증거를 보이라

핵심 구절은 로마서 1장이다. 사도 바울은 이전까지 자신의 이야기를 한 번도 들어 본 적이 없는 교회에 편지를 쓰고 있기 때문에, 기독교 메시지를 난생처음 들어 보는 사람에게 적합한 포괄적인 방식으로 메시지를 제시하고 있다. 실제로 로마서 1장은 바울의 변증학 훈련 매뉴얼로 보아도 무방하다. 로마서 1장은 고대로부터 우리 시대에 이르기까지 모든 세계관의 근원인, 하나님과 인간 사이의 극적인 교통을 설명한다(로마서 1장의 내용을 익숙히 알지 못한다면 이 책의 부록을 펼쳐 먼저 읽어 보라).

바울은 훈련 매뉴얼을 어디에서부터 시작하는가? 바울이 가장 먼저 주안점을 두는 사실은, 동서고금을 막론하고 모든 사람은 하나님의 현존에 대한 증거에 다가갈 수 있다는 것이다. 어떻게 그럴 수 있는가? 창조된 질서, 곧 "그가 만드신 만물"(롬 1:20)을 통해서다. 이는 하나님에 대한 증거이되, 기록된 성경(이것을 일컬어 '특별계시'라고 한다)을 가지지 못한 사람들을 포함해 누구나 얻을 수 있는 증거이기 때문에 '일반계시'라고 부른다. 시편 기자가 말하는 것처럼 "하늘이 하나님의 영광을 선포하고 궁창이 그의 손으로 하신 일을 나타내는도다. 날은 날에게 말하고 밤은 밤에게 지식을 전"한다(시 19:1-2). 바울이 일반계시의 개념을 설명하고 있는 이 구절에서부터 시작해 보도록 하자.

> 우리는 창조 세계를 통해 누구나 하나님에 대한 증거에 다가갈 수 있다.
>
> **롬 1:19** 이는 하나님을 알 만한 것이 그들 속에 보임이라. 하나님께서 이를 그들에게 보이셨느니라
>
> **롬 1:20** 창세로부터 그의 보이지 아니하는 것들 곧 그의 영원하신 능력과 신성이 그가 만드신 만물에 분명히 보여 알려졌나니

바울의 주장은 물질과 인간의 본성 모두가 창조주에 대한 증거를 제시한다는 것이다. 조나단 에드워즈Jonathan Edwards의 표현을 빌리자면 "하나님의 온 창조 세계가 설교한다."[2] 물질의 본성이 어떻게 하나님에 대한 증거를 보이는가? 우주의 존재는 자연적 원인의 산물이라는 것만으로는 설명되지 않기 때문이다. 이는 1세기 바울 서신의 독자들뿐 아니라 우리에게도 해당하는 사실이다. 과학 연구 분야에서 이와 가장 연관성이 높은 영역을 잠시 한번 훑어보도록 하자. 그 영역은 바로 우주와 생명의 기원을 다루는 분야다.

우주의 기원은 '정교한 조율'fine-tuning 문제로 알려진 수수께끼를 낳았다. 우주의 근본을 이루는 일정불변의 물리적 요소는 마치 칼날 위에 서 있는 것처럼 아주 절묘하게 균형을 이루며 생명을 유지시킨다. 중력, 강한 핵력, 약한 핵력, 전자기력, 양성자와 전자의 질량 비율 같은 것을 비롯해 그 외 다른 많은 요소들이 생명을 가능하게 하는 데 필요한 딱 그만큼의 값을 지닌다. 이 결정적 수치 중 어느 하나가 살짝 달라지기만 해도 우주는 그 어떤 형태의 생명도 유지시킬 수 없다. 예를 들어, 중력이 현재 수치에서 **1/10 정도만 더 작거나 커도 우주에는 생명체가 살 수 없다.**[3]

우주과학자들은 이를 가리켜 골디락스 딜레마Goldilocks dilemma (영국의 전래 동화 「골디락스와 곰 세 마리」에서 유래한 말. 우주의 밀도가 너무 높지도 너무 낮지도 않게, 딱 알맞게 정해진 상태를 말함—옮긴이)라고 한다. 이 수치가 너무 높지도 너무 낮지도 않게, 생명 유지에 딱 들어맞는 값으로 정확하게 조정된 이유는 무엇일까? 『뉴욕 타임스』The New York Times에 실린 한 기사의 표현을 빌리자면, "이 신비로운 수치는…… 하나님의 제어판에 달린 손잡이 같은 것으로, 거의 기적적으로 조정되어 생명의 존재를 가능하게 하는 것 같다."[4]

정교한 조율 문제가 수수께끼인 이유는, 이를 설명해 줄 물리적 원인이 없기 때문이다. "어느 물리학 이론을 뒤져 보아도 물리학의 근본 원리가 생명 존재의 요건에 왜 그렇게 정확하게 부응해야 하는지를 설명해 주지 않는다"고 천문학자 조지 그린스타인George Greenstein은 말한다. 실제로 물리학의 근본 원리들은 복잡하게 조정된 방식으로 상호작용해서 하나의 목표 혹은 목적을 이루는데, 그것이 우주 설계의 특징이다. 물리학자 폴 데이비스Paul Davies의 말을 빌리자면 "마치 위대한 설계자Grand Designer가 이 모든 것을 다 계산해 낸 것 같다."[5]

생명에서 얻을 수 있는 증거

생명의 기원 또한 자연에 대한 연구만을 바탕으로 한 시나리오로는 설명하기 어렵다. 우리 몸의 모든 세포에는 암호화된 복잡한 메시지가 담겨 있다. 오늘날 생명의 기원은 곧 생물학적 정보의 기원이라는 틀로 재구성되어 왔다.

이 정보의 중심 역할을 보면 과학자들이 왜 '화학 연구실에서 생명을 만들어 내지 못하는지' 그 이유가 설명된다고 데이비스는 말한다. 화학은 물질과 그 물질이 어떻게 반응하는지에 관한 학문인 반면 '생물학은 개념, 이를테면 정보 같은 것에 호소'하는데, 정보는 분명 화학적이지 않다. 유전자 정보는 언어와 의사소통이라는 정신세계에서 빌려 온 용어를 사용해야만 설명될 수 있다. DNA는 "하나의 유기체를 만드는 방법에 관한 '지시'를 담고 있는 유전자 '데이터베이스'다. 유전 '암호'는 먼저 '복사'되고 '해석'되어야 활성화될 수 있다."

DNA를 설명할 때 생물학자들이 즐겨 사용하는 비유는 컴퓨터다. 분자 자체(화학 성분의 물리적 회로)는 컴퓨디의 하드웨어다. DNA(암호화된 정보)는 소프트웨어다. 생명의 기원 연구에서 초점은 하드웨어를 만드는 데 맞춰진다. "화학적 합성 시도에서 초점은 오로지 하드웨어에만, 곧 생명을 화학적으로 배양하는 것에만 맞춰진다"고 데이비스는 말한다. 연구자들은 "소프트웨어, 곧 정보의 측면은 무시한다."[6] 그러나 노트북 컴퓨터를 사용하는 열두 살 아이라도 안다. 구리와 플라스틱과 실리콘으로 전자 기기를 제작하는 것은 소프트웨어 프로그램을 만들기 위해 암호를 쓰는 것과는 아무 상관이 없다는 것을 말이다.

이 말에 함축된 놀라운 사실은, 설령 과학자들이 화학 성분을 알맞게 잘 다루어서 시험관 안에 DNA 하나를 합성해 낸다 해도, 암호화된 유전자 정보가 도대체 어디에서 왔는지를 설명하는 데는 아무 역할도 하지 못하리라는 것이다.

인간의 모든 경험상 (그리고 과학이 인간의 경험에 바탕을 둔다고 할 때) 암호화된 정보의 근원은 어떤 지적 주체다. 그러므로 생명의 기원에는 지적 주체가 반드시 필요하다고 추론하는 것이 타당하다.[7]

그러나 우주를 설명하는 데 지성이 필요하다는 사실을 깨닫기 위해 최신의 과학적 발견이 꼭 필요하지는 않다. 어떤 세대에서나 사람들은 지성으로 이해 가능한 우주는 지적 존재의 산물임에 틀림없다는 것을 깨달아 왔다. 고대 로마의 스토아학파 철학자들은 우주 설계에 대해 현대인의 귀에 매우 친숙하게 들리는 주장을 펼쳤다. 그리스도께서 나시기 직전 세기에 로마의 위대한 웅변가 키케로Cicero는 이렇게 말했다. "태양계 모형이나 시계처럼 기계로 움직이는 것, 혹은 그와 비슷한 다른 것들을 보면 이 장치들이 이성의 산물임을 의심할 수 없다." 이어서 그는 이렇게 논리적인 결론을 내린다. "그러므로 경이로운 속도와…… 완벽한 질서로 회전하며 움직이는 하늘의 전 영역을 볼 때…… 이 모든 것이 그냥 이성이 아니라 초월적이고 신적인 이성이 만들어 낸 것임을 어떻게 의심할 수 있겠는가?"

키케로는 성경에서 인용했다고 해도 믿어질 만한 표현을 사용해 가며 말한다. "신을 볼 수는 없다. …… 그러나 신의 작품을 깊이 들여다보면 하나님의 존재를 인정하지 않을 수 없게 된다."[8]

고대 세계 사람들은 자연에서 일반계시의 메시지를 '읽어 낼' 수 있었던 것이 분명하다. 로마서 1장을 여는 주제는, 창조된 질서가 한 지적 존재의 산물이라고 누구라도 결론 내릴 수 있다는 것이다. 피조물은 하나님에 대해 말한다. "그의 소리가 온 땅에 통하고 그의 말씀이 세상 끝까지 이르도다"(시 19:4).

인격체에서 얻을 수 있는 증거

그런데 창조 세계에서 얻을 수 있는 증거에 대해 바울이 하는 말은 단순히 물질의 본질만을 뜻하지 않는다. 그가 하는 말은 사람의 본질을 의미하기도 한다. "만드신 만물"(롬 1:20) 중에는 인간도 있다. 물질의 본질에서 하나님의 존재에 관한 증거를 얻을 수 있다는 사실에 대해서는 필자의 전작들에서 이야기했으므로,[9] 이제 이 책에서는 인간의 본질에 초점을 맞추어 이야기하겠다.

인간이 어떻게 하나님의 존재에 대한 증거가 되는가? 인간은 인격의 주체다. 철학 용어를 빌리자면, 인격personal은 따뜻하고 다정하다는 의미가 아니다. 인격체personal being는 생각하고 느끼며 선택하고 행동할 능력이 있는 의식을 지닌 존재로서, (이를테면 자연의 힘 같은) 맹목적이고 자동적인 힘으로 움직이는 무의식의 원리나 본질과는 대조적이다.[10] 인격체가 존재한다는 사실은, 이들이 어떤 비인격적인 원인이 아닌 인격적인 하나님에 의해 창조되었다는 증거가 된다.

이 주제에 대해서는 뒤에서 자세히 논의하게 될 것이지만, 요점은 분명하다. 인간은 앎의 능력이 있기 때문에, 인간을 만들어낸 제1원인에게는 반드시 지성이 있을 것이다. 인간은 선택의 능력이 있기 때문에, 제1원인에게는 반드시 의지가 있을 것이다. 철학자 에티엔느 질송Étienne Gilson은 이 주제를 다음과 같이 깔끔하게 정리한다. 인간은 '무언가'something가 아니라 '누군가'someone이기 때문에, 인간 생명의 근원 역시 '누군가'Someone임에 틀림없다는 것이다.[11]

성경 기자들도 우상숭배를 배격하면서 비슷한 논거를 이용한다. 성경 기자들의 글에 함축된 주장은, 겉모양이 어떻든 우상은 '누군가'가 아니라 '무언가'라는 것이다. "입이 있어도 말하지 못하며 눈이 있어도 보지 못하며 귀가 있어도 듣지 못하며"(시 115:5-6). 그러므로 우상은 말하고 보고 듣는 존재의 기원일 수 없다. 선지자 예레미야는 조롱하듯 말한다. "그들이 나무를 향하여 너는 나의 아버지라 하며 돌을 향하여 너는 나를 낳았다 하고"(렘 2:27). 인간이 자기보다 기능적으로 열등한 존재에게서 비롯되었다고 생각하는 것, '누군가'가 아니라 '무언가'에게서 나왔다고 생각하는 것은 비논리의 극치다.

하나님의 존재를 반박하는 주장을 구성해 낼 능력이 있는 지성이 하나님의 존재를 입증하는 증거가 된다고 말하는 이들도 있다. 즉, 의식을 가진 존재로서 사실을 추론하고 증거를 평가하며 논리적으로 주장을 펼칠 능력이 있는 존재는, 적어도 그와 비슷한 수준의 인지 능력을 가진 근원에게서 나왔음에 틀림없다는 것이다. "귀를 지으신 이가 듣지 아니하시랴. 눈을 만드신 이가 보지 아니하시랴"(시 94:9). 원인은 결과를 빚어낼 능력을 지녀야 한다. 물은 근원 없이 솟아나지 않는다.

무신론자의 자녀와 그들의 하나님

일반계시는 일반은총, 곧 하나님께서 (구원의 복인 특별은총과 대조적으로) 영적 상태와 상관없이 모든 사람에게 베푸시는 은혜의 범주에 들어간다. 일반은총 개념은 "하나님이 그 해를 악인과 선인에게 비추시며 비를 의로운 자와 불의한 자에게 내려"(마 5:45) 주신다고 하는 예수의 말씀에서 유래된다. 일반은총은 하나님의 선하심을 꾸준히 보여주는 증거 역할을 한다. 바울은 현재의 터키 지역에서 이방인 청중에게 설교하면서 일반은총을 논거 삼아 주장을 펼쳤다. "자기를 증언하지 아니하신 것이 아니니 곧 여러분에게 하늘로부터 비를 내리시며 결실기를 주시는 선한 일을 하사 음식과 기쁨으로 여러분의 마음에 만족하게 하셨느니라"(행 14:17). 자연 질서의 일정불변함 덕분에 사람은 양식을 재배하고 가족을 부양하며, 과학기술을 발전시키고 문화와 사회질서를 일정 수준으로 유지할 수 있다. 인간의 모든 노력과 시도는 하나님의 일반은총에 의존한다.

한마디로 요약해, 인간은 온통 하나님의 존재에 대한 증거로 에워싸여 있다. 우리는 다 하나님의 형상으로 지어져, 하나님의 우주 안에 살며, 하나님의 일반은총으로 돌봄을 받기 때문이다. "만물이 주에게서 나오고 주로 말미암고 주에게로 돌아감이라"(롬 11:36).

어떤 문화에서든 어린아이들이 하나님 개념을 가지고 있는 것은 바로 이와 같은 이유 때문일 것이다. 예일 대학교의 심리학자 폴 블룸Paul Bloom은 이렇게 보고한다. "동물과 사람의 기원에 대해 직접적으로 질문받을 때 아이들은 어떤 계획을 가진 창조자 중심으로 설명하기를 더 좋아하는 경향이 있다. 그 아이들을 키운 어른은 그렇지 않을지라도 말이다."[12] 다시 말해 아이들은 설령 부모가 무신론자라 할지라도 그들 나름의 하나님 개념을 갖는다는 말이다.

옥스퍼드 대학교의 심리학자 저스틴 배럿Justin Barrett도 비슷한 발견에 대해 보고한다. 과학적인 증거는 "아이들의 정신 발달 과정에서 자연 세계가 계획과 목적을 지녔고, 그 목적의 이면에 모종의 지적 존재가 자리 잡고 있는 것으로 보려는 경향이 자연스럽게 형성됨"을 보여준다. 배럿은 "한 무리의 아이들을 외딴섬에 데려다 놓고 알아서 자라게 한다 해도 이들은 하나님의 존재를 믿을 것"이라고 덧붙인다.[13] 일반 학교와 매체가 '하나님을 아는 지식'을 배제한 교육만 시켜야 하는 것은 아닌가 하는 생각이 들 정도다.

증거 은폐하기

심리학 연구에서 발견한 이러한 사실은 예수께서 제자들에게 "너희가 돌이켜 어린아이들과 같이 되지 아니하면 결단코 천국에 들어가지 못하리라"(마 18:3)고 말씀하셨을 때 무슨 의도로 그같이 촉구하셨는지 그 의미를 새로이 조명해 줄 수 있다. 장 칼뱅Jean Calvin은 사람이라면 누구나 신에 대한 선천적 인식sensus divinitatis이 있다고 가르쳤다. 그런데 일반계시가 모든 인간의 인식에 영향을 끼친다면, 왜 모든 사람이 하나님을 인정하지 않는 것일까? 이에 대해 바울은 사람들이 일반계시가 가르치는 "진리를 막았다"고 말한다. 이 우주적 드라마에서 그다음 단계를 설명하고 있는 구절을 살펴보자.

> 우리는 창조 세계에 드러난 하나님의 존재에 대한 증거를 모조리 가로막는다.
>
> **롬 1:18** [그들이] 진리를 막는다
> **롬 1:21** 하나님을 알되 하나님을 영화롭게도 아니하며 감사하지도 아니하고
> **롬 1:28** 그들이 마음에 하나님 두기를 싫어하매

사람들은 왜 하나님에 대한 증거를 은폐할까? 성경에 묘사된 하나님은 현대인에게 인기 있는 영성 개념과 대립한다. 인간이 접근해서 활용할 수 있는 비인격적인 영적 힘spiritual force 개념에는 많은 이들이 호응할 것이다. 인간은 자기 자신도 한 부분을 이룰 수 있는 거대한 범신론적 영성의 바다 개념에는 기꺼이 관심을 가질지도 모른다. 그러나 살아 계셔서 행동하시는 인격적인 하나님, 곧 사람을 아시고 사람과 교제하기를 원하시며, 사람이 그 인생을 어

떻게 살고 있는지에 대해 고유의 생각을 갖고 계신 하나님 개념에 대해서는 불편을 느낀다.

이 같은 하나님을 만난다는 것은 어둠 속에서 무언가 따뜻하고 울퉁불퉁한 것에 걸려 넘어졌는데, 알고 보니 거기 있는지도 몰랐던 어떤 사람과 부딪친 것임을 깨닫게 되는 비유와 비슷하다. 처음에는 놀랄 것이고, 어쩌면 조금 두렵기도 할 것이다. C. S. 루이스Lewis는 이 경험을 다음과 같이 생생하게 묘사했다. "도둑 흉내를 내며 놀던 아이들이 갑자기 조용해지는 순간이 있다. 거실에서 들리는 소리, 저거 진짜 발자국 소리 아니야? 취미 삼아 종교 생활을 하던(인간의 하나님 탐구!) 사람들이 갑자기 주춤하는 순간이 있다. 만약 정말로 하나님을 찾은 거라면? …… 더 나쁜 경우로, 만약 하나님께서 우리를 찾으신 거라면?"[14]

인격이 없는 영적 힘, 생명이 없는 물체로 대해도 괜찮다고 생각했던 것이 초월적 인격체, 곧 내 삶에 대해 합법적으로 도덕적인 주장을 펼칠 수 있는 인격체로 드러난다면 어떻겠는가? 진짜 하나님의 발자국 소리가 들리면 사람들은 어떻게 하는가?

가장 먼저 보이는 반응은 두려움과 부인이라고 바울은 말한다. 사람들은 "진리를 막는다"(롬 1:18).

부인 혹은 은폐 개념은 현대 심리학의 가장 뚜렷한 발견으로 손꼽힌다. 연구에 따르면, 인간은 고통스럽거나 혼란스럽거나 정신적인 충격을 주는 생각은 억누르는 경향이 있다고 한다. 오늘날 우리는 어떤 사람이 문제를 인정하지 않으려 하거나 불쾌한 사실

에 직면하지 않으려 할 때 "너는 지금 부인하고 있어"라는 대중 심리학의 표현을 일상적으로 쓴다.[15]

그러나 사람이 무엇을 알면서도 그것을 억누르거나 억제한다는 개념은 전혀 새로운 생각이 아니다. 현대 심리학이 생겨나기 오래전에 성경은 이미 이 개념을 가르쳤다. 로마서 1장은 타락하고 죄악된 인간은 하나님에 관해 알고 있는 것, 혹은 알아야 할 것을 부인하려는 경향이 강하다고 말한다.

줄다리기

우리가 하나님에 대해 '알아야 할' 것들이 있다고, 그게 무슨 도덕적 요건인 듯이 말하면 아마 이상하게 들릴지도 모른다. 그러나 자기가 알고 있는 것에 대해 도덕적으로 책임을 져야 할 여러 경우가 있다. 법정에 증인으로 서는 사람은 해당 범죄에 대해 그가 알고 있는 모든 것, '총체적 진실'을 다 말하겠다고 엄숙하게 맹세한다. 한 가지라도 감추면 증인 자신도 범죄 혐의(사법 방해죄)를 받게 된다.[16] 체포될 경우, 법을 몰라서 그랬다고 주장하지 못한다. 법정은 법에 대한 무지가 변명이 되지 못한다는 원칙에 따라 재판을 벌인다. 사실에 대해 눈을 감음으로써 법적 책임을 회피하려 한다면 '의도적 눈감기' 혐의를 받게 될 것이다. 예를 들어, 불법인 마약을 운반한 혐의로 체포된 사람들이 짐 속에 뭐가 들었는지 몰랐다고 항변했지만, 법정은 피고가 짐의 내용물을 알았어

야 했고, 풀어 볼 책임이 있었다고 판결했다.¹⁷

똑같은 원칙을 법정 밖의 일에 적용해 보겠다. 어떤 학생이 과제를 목요일까지 내야 하는 줄 몰랐다고 말한다 해도 그것이 과제를 제때 내지 못한 데 대한 해명이 되지는 못한다. 그 학생에게는 과제를 언제까지 내야 하는지 알아야 할 책임이 있는 것이다.

지식의 본질에 초점을 맞추는 철학 분과를 일컬어 인식론epistemology이라고 한다. 우리는 아는 것을 인정하고, 그에 따라 살아야 할 인식론적 의무가 있다. 그 의무를 다하지 못하면 '인식론적 죄'를 짓는 것이다.

이와 같은 사례들은 바울이 로마서 1장에서 무슨 말을 하고 있는 것인지를 명쾌히 밝혀 준다. 인간 조건의 중심에는 인식론적 죄, 곧 하나님에 관해 알 수 있는 것을 인정하고, 그에 적절히 반응하기를 거절한 죄가 자리 잡고 있다고 말할 수 있다. "하나님을 알되 하나님을 영화롭게도 아니하며 감사하지도 아니하고"(롬 1:21). 이들은 '의도적 눈감기' 죄를 저질렀다.

역사라는 대하드라마는 하나님과 인간이 벌이는 줄다리기다. 한쪽 끝에서는 하나님께서 인간에게 손을 내밀어 하나님 자신을 알리려고 하신다. 다른 한쪽 끝에서는 인간이 하나님 알기를 회피하려고 필사적으로 애쓰고 있다. 신학자 토머스 존슨Thomas K. Johnson의 말을 빌리자면, "아담과 하와가 덤불 혹은 나무 뒤에 숨어 하나님을 피하려 한 것은 인류 역사에 대한 하나의 은유로 생각할 수 있다."¹⁸

사람은 어떻게 숨는가?

사람은 어떤 식으로 하나님에게서 숨으려고 하는가? 바울이 상세히 분석하는 인간의 행동 동기에서 그다음 요점은 무엇인가? 사람은 우상을 만듦으로써 하나님을 피한다는 것이다. 창조주를 거부하는 이들은 피조물에서 하나님의 대체물을 찾으려고 한다. 바울은 '바꾸었다'는 말로 이런 행동의 기본 동력을 강조한다.

> 우리 모든 이들은 하나님을 대신할 우상을 창조해 낸다.
> **롬 1:23** [그들은] 썩어지지 아니하는 하나님의 영광을 썩어질 사람과 새와 짐승과 기어다니는 동물 모양의 우상으로 바꾸었느니라
> **롬 1:25** 그들이 하나님의 진리를 거짓 것으로 바꾸어 피조물을 조물주보다 더 경배하고 섬김이라

사람이 살아가면서 결단해야 할 가장 근본적인 일은 과연 무엇을 궁극적 실재로, 자존하는 근원이자 우리 존재의 원인으로 인식할 것이냐 하는 것이다. 우리의 세계관에서 다른 모든 사항은 이 일차 결정에 달려 있다. 성경은 우리가 누구를 혹은 무엇을 예배하느냐의 관점에서 이 기초적인 선택에 대해 이야기한다. 이스라엘 백성이 약속의 땅에서 살아갈 준비를 하고 있을 때 여호수아가 그들에게 던진 도전에 우리 모두 답변해야 한다. "너희가 섬길 자

를 오늘 택하라"(수 24:15).

마찬가지로 십계명도 예배 문제를 이야기하면서 시작한다. "너는 나 외에는 다른 신들을 네게 두지 말라"(출 20:3). 왜 이 계명이 가장 먼저 등장하는가? 다른 모든 계명이 이 첫 계명에 달려 있기 때문이다. 다른 계명들은 성경이 말하는 하나님을 예배한다는 것이 무슨 의미인지 설명한다. 그것은 곧 전 생애에 걸쳐 하나님의 진리를 삶으로 구현하는 것이라고 말이다. 십계명은 우리가 하나님과 관계를 맺고 있을 때 어떤 종류의 사람이 되는지를 상세히 설명한다.

한 무신론자 교수가 한번은 내게 말하기를, 제1계명이 '다른 신들'에 대해 말하고 있으므로 성경은 다신론을 가르친다고 했다. 성경의 하나님은 그저 다른 신들의 모임에서 가장 높은 신이기를 원했을 뿐이라고 말이다. 하지만 '나 외에는' before me 이라고 번역된 히브리어는 사실 '내가 있는 곳에서' in my presence 혹은 '내가 보는 곳에서' in my sight 라는 뜻이다. 그러므로 하나님은 이렇게 말씀하고 계신 것이다. "너의 우상들을 내 눈앞에서 치워 버려라! 너의 가짜 신들을 내가 있는 곳으로 데려오지 말라!"

우상을 나무나 돌로 만든 상像으로 생각하면 제1계명은 시대에 뒤떨어진 계명으로 보일 수도 있다. 그러나 성경은 우상숭배라는 문제를 훨씬 섬세하게 다룬다. 무엇이 됐든 우리가 하나님보다 더 원하는 것, 하나님보다 더 의지하는 것, 더 큰 충족을 위해 하나님보다 더 기대를 거는 대상이 있다면, 그것이 바로 우상이다.

그러므로 우상숭배는 다른 모든 죄를 주도하는 숨겨진 죄다.

예를 들어, 우리는 왜 거짓말을 하는가? 하나님께 인정받고 싶은 마음보다 사람들의 비난에 대한 두려움이 더 크기 때문이다. 하나님과의 관계보다는 자기 명성을 더 중시하기 때문이다. 혹은 누군가의 마음을 조종하여, 하나님보다 더 필요하다고 여겨지는 무언가를 그 사람에게서 얻어 내기 위해서다. 비교적 눈에 잘 보이는 죄(거짓말)는 하나님 아닌 다른 어떤 것을 안전과 행복의 궁극적인 근원으로 여겨, 눈에 보이지 않게 그것을 향해 우리 마음을 돌리는 데서 동력을 얻는다.

심리학자 데이비드 폴리슨David Powlison이 말한 것처럼, 이 같은 사실은 왜 "우상숭배가 성경에서 가장 빈번히 논의되는 문제"인지 그 이유를 설명해 준다.[19] 구약성경에서 하박국 선지자는 군사력이 우상인 사람들에 대해 "자기들의 힘을 자기들의 신으로 삼는 자들"(합 1:11)이라고 말한다. 온 사회를 휩쓸어 가는 '투망'이라는 말로 원수의 군대를 생생하게 묘사하면서 "그가…… 그물에 제사하며 투망 앞에 분향하오니"(합 1:16)라고 말한다.

신약성경에서 바울도 예리한 심리학적 통찰로 우상숭배를 해부했다. 에베소 교회의 교인들에게 보내는 편지에서 바울은 성적 부도덕, 정결치 못함, 탐심에 대해 강력히 경고한 뒤 의외의 전개로 보일 만한 말을 덧붙인다. 그러한 "사람은 우상숭배자로서, 이 세상의 일을 예배한다"(엡 5:5, NLT)는 것이다. '이 세상의 일'을 우상으로 삼는 경향이 바로 다른 죄들 밑에 감추어져 있는 죄다.

우리가 죄를 짓는 것은, 창조주를 원하기보다 창조 세계에서 다른 무언가를 더 많이 원하기 때문이다.[20]

선한 은사가 거짓 신이 될 때

우리는 금지된 것, 혹은 본질적으로 악한 것을 우상과 동일시하는 경향이 있다. 그러나 본질적으로 선한 것도 우상이 될 수 있다. 본질적으로 선한 것이 우리 삶에서 하나님의 역할을 대신하게 놔둔다면 말이다. 마르틴 루터Martin Luther는 "마음을 어디에 의탁하고 마음으로 무엇을 믿느냐 하는 것만이 하나님과 우상을 만들 수 있다"고 했다. "마음으로 붙좇고 마음을 의탁하는 대상이 바로 그 사람의 하나님"이라는 것이다.[21]

한 기독교 예술가 단체의 초청을 받아 예술이 어떻게 대체 종교의 역할을 하는지에 대해 강연한 적이 있다. 19세기 시인 아서 시먼스Arthur Symons는 "문학 그 자체가 일종의 종교가 되어, 성례의 모든 직무와 책임을 다한다"고 말했다.[22] 예술은 하나님께서 주신 선한 은사지만, 다른 모든 선한 것과 마찬가지로 하나님을 대신하는 것으로 이용될 수 있다.

그 강연회에 모인 예술가들은 자기가 개인적으로 어떤 우상을 섬기고 있는지 털어놓기 시작했다. 한 사람은 이렇게 말했다. "가족이 저의 우상이라는 걸 깨닫게 되었습니다. 우리 식구들은 늘 서로에게 말했지요, '가족이 전부'라고." 또 다른 예술가는 말했다.

"저는 결혼 생활이 우상이었어요. 남편과의 관계가 제 삶에서 가장 중요한 일이 되었지요." 결혼 생활과 가족은 선한 것들로, 하나님께서 태초에 창조하신 것 중 하나다. 하지만 결혼이나 가족은 우리 삶에서 궁극적인 의미와 목적을 제공하기에는 너무 제한적이다.

어떤 이들의 경우, 직업적 성취나 성적 매력 혹은 물질적 쾌락에서 안도감과 자존감의 가장 큰 원천을 찾기도 한다. 바울은 빌립보 교회에 보내는 편지에서 "땅의 일을 생각하는" 사람, "그들의 신은 배"인 사람에 대해 설명한다(빌 3:19). 이 사람들은 순전히 물질적인 욕구에 따라 움직인다. 설령 얄팍한 궤변으로 그 욕망을 덮어 가린다 하더라도 말이다.

칼뱅은 우상숭배를 "은사를 주신 분 자체가 아니라 은사를 예배하는 것"으로 정의한다.[23] 내 삶에 어떤 우상이 자리 잡고 있는지 찾아내는 방법은, 혹 어떤 은사가 그 은사를 주신 분보다 더 중요한 의미를 갖게 되지는 않았는지 살펴보는 것이다.

우상숭배에는 결과가 따른다

지금까지 바울이 인간의 상태에 대해 진단한 내용을 정리하자면 다음과 같다. 하나님께서는 일반계시를 통해 자신의 존재에 대한 증거를 가지고 끊임없이 인간에게 다가오려고 하신다. 그러나 인간은 우상을 만들어 냄으로써 그러한 진실을 끊임없이 억누르고 있다.

이 같은 억압 양상은 사람의 내면에 강한 긴장 상태를 조성한다. 사람은 일반계시를 통해 성경에서 말하는 하나님에 대한 증거를 인식한다. 그러나 한편으로는 그 증거를 은폐하려는 절박한 시도로 하나님을 대신하는 가짜 신들을 계속 만들어 낸다. 심리학 용어를 빌리자면, 인간은 인지 부조화의 덫에 걸려 있다. 서로 모순되는 개념을 마음속에 품느라 정신적인 스트레스에 시달리는 것이다.

하나님께서는 우리를 어떻게 그 덫에서 끄집어내시는가? 하나님은 우리가 예상하지 못할 방식으로 대처하신다. 우리 내면의 긴장감의 강도를 점점 높이시는 것이다. 인지 부조화 상태가 점점 더 심해져서 결국 어떤 결단을 내려야 할 지점에 이르도록 하기 위해 하나님께서는 우리가 우상숭배의 결과를 삶으로 겪어 내게 하신다. 바울의 표현을 따르자면, 하나님께서는 사람들을 "내버려 두사" 자기 선택의 결과를 경험하게 하신다.

> 하나님께서는 우상숭배의 결과에 우리를 내버려 두사 '상실한' 마음이 되게 하신다.
>
> **롬 1:21** 하나님을 알되 하나님을 영화롭게도 아니하며 감사하지도 아니하고 오히려 그 생각이 허망하여지며
>
> **롬 1:28** 또한 그들이 마음에 하나님 두기를 싫어하매 하나님께서 그들을 그 상실한 마음대로 내버려 두사

우상을 섬긴 결과는 무엇인가? 바울의 답변은 내면의 삶에서 시작된다. "그 생각이 허망하여지며", 또한 "하나님께서 그들을 그 상실한 마음대로 내버려 두"신다(롬 1:21, 28). '마음'mind이라고 번역된 헬라어는 '누스'nous로, '마음'보다 훨씬 풍성한 의미를 담고 있다. 이 단어는 이성, 이해, 또는 지적 직관으로 번역할 수 있다. 이 단어는 회개를 뜻하는 헬라어 '메타노이아'metanoia와 어근이 같다(메타노이아는 어떤 사람의 누스가 달라지는 것, 단순히 마음이 아니라 전인적 변화를 뜻한다). 교부들은 누스를 흔히 삶의 경로를 평가하고 방향을 정할 수 있는 능력으로 번역했으며, 그래서 이를 가리켜 '영혼의 눈'이라고 했다. 그러므로 이 단어를 세계관, 곧 우리 삶의 방향을 결정하는 신념으로 번역한다 해도 의미가 다르지는 않을 것이다.

'상실한'debased은 도덕적 의미를 함축한 단어로서, 주로 사악하다 혹은 타락했다는 뜻으로 쓰인다. 그러나 로마서 1장의 헬라어 원어는 가짜 돈을 뜻한다. 따라서 상실한 세계관은 가짜 신을 제시하는 세계관이다. 이 세계관은 거짓 약속을 한다. 삶의 문제에 대해 우리를 오도하는 답변을 준다.[24]

로마서 1:28의 원전을 보면, 재미있는 언어유희가 담겨 있다. 상반절에서 '가치 있는'(NIV, 개역개정 성경에서는 "마음에 두기를 싫어한다"로 번역됨—옮긴이)이라고 번역된 단어는 '상실한'debased과 어근이 같다. 두 단어의 유사성은 이렇게 표현될 수 있다. 사람들이 하나님 인정하는 것을 별로 가치 있는 일로 생각하지 않았기에,

하나님께서 그들을 버려두사 가치 없는 세계관을 갖게 하셨다는 것이다. 하나의 세계관은 그 사람의 사고방식뿐만 아니라 행동까지 결정한다. "너희 조상들이…… 무가치한 우상worthless idols을 따라 스스로 무가치하게worthless 되었느냐"(렘 2:5, NIV). 바울은 이러한 인과관계를 다음과 같이 표현한다.

> 하나님께서 우리를 우상숭배의 결과에 내버려 두사 '욕된' 행실을 하게 하셨다.
>
> **롬 1:24** 하나님께서 그들을 마음의 정욕대로 더러움에 내버려 두사 그들의 몸을 서로 욕되게 하게 하셨으니
>
> **롬 1:26** 하나님께서 그들을 부끄러운 욕심에 내버려 두셨으니
>
> **롬 1:28** 하나님께서 그들을 그 상실한 마음대로 내버려 두사 합당하지 못한 일을 하게 하셨으니

인과관계는 다시 한 번 '바꾸었다'는 단어로 포착된다. 먼저 바울은 사람들이 "썩어지지 아니하는 하나님의 영광을"(롬 1:23) 피조물의 모양으로 바꾸었다고 말한다(롬 1:25).[25] 다음으로 바울은 이 대체가 인간의 행실에 어떤 결과를 낳았는지 보여준다. "여자들도 순리대로 쓸 것을 바꾸어 역리로 쓰며" 남자들도 똑같이 했다(롬 1:26-27). 바울이 로마서를 쓸 당시 그리스-로마 문화에서나 헬라-유대 문화에서나 '역리'contrary to nature는 동성애 행위를 뜻할 때 쓰는 표준적인 표현이었다.[26]

당시 '본성'nature(개역개정 성경에서는 '순리'로 번역—옮긴이)이라는 말은 오늘날의 용법처럼 자연 세계에서 관찰을 뜻하는 말로 쓰이지 않았다. '본성'은 인간에게 규범이 되는 행실, 곧 인간이 처음 창조될 때의 상태에 어울리는, 인간에 대한 하나님의 목적에 부합하는, 온전히 인간적이라고 할 때 그 의미의 이상적인 기준에 들어맞는 행실을 뜻했다.

'본성'이라는 말의 이와 같은 의미에 비추어 볼 때, 모든 죄는 인간 본성에 반하는 것이다. 바울은 대표적인 예를 들어 가며 이를 조목조목 설명한다. "모든 불의, 추악, 탐욕, 악의가 가득한 자요 시기, 살인, 분쟁, 사기, 악독이 가득한 자요 수군수군하는 자요 비방하는 자요 하나님께서 미워하시는 자요 능욕하는 자요 교만한 자요 자랑하는 자요 악을 도모하는 자요 부모를 거역하는 자요 우매한 자요 배약하는 자요 무정한 자요 무자비한 자라"(롬 1:29-31). 이 모든 행실을 비롯해 기타 죄악들은 온전한 인간다움이 말하는 의미를 거스르는 행위다.

로마서 1장에서 바울은 마음과 행동 사이의 연결 고리를 아주 섬세하게 분석해 보인다. 바울은 재앙을 불러오는 비극적 전개 과정을 명쾌하게 정리한다. 먼저 "하나님을 알되 하나님을 영화롭게도 아니"하고(롬 1:21), "그러므로 하나님께서 그들을…… 내버려 두사 그들의 몸을 서로 욕되게 하게 하셨으"며(롬 1:24), "하나님께서 그들을 부끄러운 욕심에 내버려 두셨으니"(롬 1:26)라고 말한다. 여기서 드러나는 원리는, 하나님을 영화롭게 하지 않는 이들은 필연적으로 자기 자신과 다른 사람들을 욕되게 한다는 것이다. 한마디로, 우상숭배에는 결과가 따른다.

다섯 가지 전략적 원리

로마서 1장에서 바울은 일련의 행동, 신과 인간의 상호작용을 그린 하나의 드라마를 펼쳐 보인다. 이 드라마의 줄거리는 성경적인 변증의 기초를 이루는 논리적 근거를 제공한다. 그리고 이 논리적 근거에서 우리는 다섯 가지 전략적 원리를 추출해 낼 수 있다. 현대적 용어로 번역한 다섯 가지 원리는 우리 시대의 최첨단 개념을 포함해 어떤 세계관에서든 핵심 요소를 규명해 낼 수 있게 해주며, 이어서 기독교 신앙을 설득력 있고 적극적으로 논증할 수 있게 해준다. 이제 이 다섯 가지 원리에 대해 간단히 알아보고, 그런 다음 하나씩 차례로 좀 더 깊이 탐구해 보기로 하자.

원리 1. 우상을 규명하라

하나님을 거부하는 이들은 하나같이 우상을 만들어 세운다. 그러므로 바로 이 사실이 이야기를 풀어 나가는 전략적 지점이다. 창조 세계에서 무엇이든 하나님을 대신하는 것은 다 우상이다. 우상을 이렇게 정의하면 우리가 개인적으로 어떤 우상을 섬기고 있는지 규명할 수 있을 뿐만 아니라, 관념ideas의 세상을 들여다볼 수 있는 안목을 얻게 된다. 철학과 세계관이 가짜 신 역할을 할 수도 있다.

이를 다음과 같이 생각해 보라. 단순한 논리의 문제로 볼 때, 어떤 종류든 생명에 대한 설명에는 시작점이 있기 마련이다. 우주의 기원을 추적하여 자존하는 제1의 본질, 다른 모든 것에 대해 그 원인의 역할을 하는 어떤 것으로까지 거슬러 올라가야 한다. 바울이 로마서에서 말하는 것처럼, 성경에서 말하는 하나님을 거부하면 창조 세계 안에 있는 무엇인가를 신격화하게 될 것이다. 우주 그 너머에 계신 초월적인 하나님을 영화롭게 하지 않는 이들은 우주에 내재하는 어떤 힘이나 원리에서 신을 만들어 내게 되어 있다.

물질에 관해서는 어떤가? 물질은 창조된 질서의 일부인가? 물론이다. 그래서 유물론 철학도 우상으로 볼 수 있다. 유물론은 물질이 궁극적 실재라고 주장한다. 물질은 피조물이 아니며 다른 모든 것의 제1원인이라는 것이다. 유물론은 물질세계 너머에 무언가가, 이를테면 정신·영혼·지성·하나님이 존재한다는 것을 부인한다. 유물론은 '위의 것'이 아니라 '땅의 것'(골 3:2)에 마음을 두기를 촉구한다. 새로운 무신론자들은 자기 자신을 불신자로 여기기를 좋아하지만, 사실 이들은 물질(혹은 자연)을 대체 종교로 갖고 있는 독실한 신자들이다.

이성은 어떤가? 이성도 우상이 될 수 있는가? 물론이다. 합리론 철학은 하나님 대신 인간의 이성을 모든 진리의 근원이자 기준으로 본다. 알베르트 아인슈타인Albert Einstein이 한번은 자기 자신을 가리켜 "신앙하는 합리주의자"라고 했다. 아인슈타인은 "나는 스피노자의 하나님을 믿는다"라고 자신의 신조를 요약하면서, '하나님'이라는 단어를 단순히 우주 안의 합리적 질서의 원리를 뜻하는 말로 사용했던 그 철학자를 언급했다.[27] 합리론은 인간의 이성 이외에 어떤 진리의 근원, 예를 들어 창조주가 전해 주는 정보 같은 것을 받아들이기를 거부한다. 합리론은 그 무엇의 '도움도 받지 않는' 혹은 '자율적인' 인간 이성이라는 우상에게 예배한다는 점에서 교의적敎義的이다.

이는 성경이 왜 기독교를 무신론이 아니라 우상숭배와 대조시키는지 그 이유를 설명해 준다. 철학자 로이 클루저Roy Clouser는 "성경 기자들은 독자에게 이야기할 때 늘 독자들이 이미 하나님이나 하나님을 대체하는 어떤 것을 믿고 있는 것처럼 이야기한다"고 지적한다.[28] 인간은 어떤 힘이나 원리, 혹은 어떤 사람이 인생의 뜻을 이해하게 해주고 인생에 의미를 부여해 주기를 기대하는 경향이 있다. 신학적인 언어를 쓰든 안 쓰든, 그런 경향이 사실상 인간의 종교를 이룬다.

원리 2. 우상의 환원주의를 규명하라

로마서 1장은 우상숭배가 '상실한' 세계관으로 이어지며, 이는 억압과 불의 등의 1장 말미에 나열된 다른 모든 악들로 향하는 문을 열어 준다고 말한다. 우상과 부도덕한 행실은 어떤 관계가 있는가? 우상은 늘 인간의 생명을 얕보는 태도를 갖게 만든다는 것이 그 연결 고리다. 성경은 인간이 하나님의 형상으로 만들어졌다고 가르친다. 그런데 한 세계관이 하나님을 피조 세계에 있는 어떤 것과 바꿔 놓으면, 인간을 보는 시각 또한 하나님의 형상으로 창조된 존재로 여겨 존중하는 태도에서 피조계에 있는 무언가의 형상으로 만들어진 것으로 여겨 얕보는 태도로 바뀐다.

인간에 대한 모든 개념은 하나같이 모종의 신의 형상으로 형성된다고 말할 수 있다.

바울의 주장을 현대어로 옮기기 위해서는 '환원주의'reductionism라고 하는 철학 용어에 숙달될 필요가 있다. 환원주의란 어떤 현상을 좀 더 높거나 좀 더 복잡한 차원의 현실에서 좀 더 낮고 좀 더 단순하고 좀 덜 복잡한 차원으로 끌어내리는 것을 뜻하며, 그렇게 하는 목적은 대개 그 현상의 정체를 폭로하거나 그 현상의 신용을 떨어뜨리기 위해서다.

예를 들어, 기독교는 심리적 목발에 지나지 않는다고 사람들이 이야기하는 것을 들어 본 적이 있을 것이다. 또 다른 예로, 생각은 우리 두뇌에서 화학물질들이 서로 반응해서 나온 산물에 지나지 않는다는 말도 있다. 살아 있는 것들은 오로지 물리와 화학으로만 설명될 수 있다고 말을 하기도 한다.[29]

이런 것들이 모두 환원주의의 한 형태다.

우상이 반드시 환원주의로 이어진다는 말은, 우상이 인간의 생명을 하찮게 보는 시각을 갖게 만든다는 말의 또 다른 표현이다. 어떤 사람이 온 우주를 상자 하나에 구겨 넣으려 애쓰는 광경을 생각하면 환원주의를 쉽게 이해할 수 있다. 창조 세계의 어느 한 부분이 절대화되면 모든 것이 그 조건에 따라 재정의된다. 인간도 그 절대화된 부분의 형상으로 다시 빚어진다.[30]

유물론에서는 물질이 우상이라는 점을 생각해 보라. 다른 모든 것은 물질적 힘의 산물인 물질적 객체로 환원된다. 유물론자의 상자에 들어맞지 않는 것은 모조리 환상으로 치부되며, 여기에는 정신·영혼·의지·지성·의식 등이 포함된다. 환원주의는 진리를 억제하려는 하나의 전략이다. 만일 인간을 자연의 힘으로 작동하는 장치로 환원시키면, 우리는 순전히 자연의 힘에 의해서만 그 장치의 기원을 설명할 수 있다.

이와 대조적으로 성경의 세계관은 초월적인 하나님에서 시작하며, 그래서 환원주의적이지 않다. 성경의 세계관은 창조 세계의 어느 한 부분에 의해 규정된 상자 안에 만물을 구겨 넣으려 하지 않는다. 그보다 기독교는 인간을 초월적 위격의 형상으로 창조된 존재로 보는, 인간을 높이 존중하는 시각을 제공한다. 기독교는 우리를 온전히 인간답게 하는 모든 특질을 인정한다.

원리 3. 우상을 시험하라
: 이 우상은 우리가 세상에 대해 알고 있는 지식과 상충하지 않는가?

우상과 우상의 환원주의, 그 정체를 일단 확인했으면 이제 가장 중요한 질문을 할 준비가 된 셈이다. 이 세계관은 참인가? 이 세계관은 우리가 세상에 대해 알고 있는 내용에 부합하는가?

로마서 1장은 세상에는 만인이 다 알 수 있는 일들이 있다고 가르친다. 그것은 바로 일반계시의 진리들이다. 따라서 어떤 내용이 진리임을 주장하기 위해서는 그 내용이 일반계시에 부합해야 한다. 세계관의 목적은 우리가 세상에 대해 무엇을 알고 있는지를 설명하는 것이라고 할 수 있다. 어떤 세계관이 우리가 일반계시를 통해 세상에 대해 알고 있는 내용과 모순된다면 그 세계관은 실패다.

그렇다면 우상에 바탕을 둔 세계관은 모두 실패할 것이라고 확신할 수 있다. 그런 세계관은 환원주의로 이어지기 때문이다. 앞에서 환원주의란 온 우주를 상자 하나에 구겨 넣으려는 것과 비슷하다고 했는데, 그렇다면 필연적으로 무엇인가가 상자 밖으로 삐져나올 것이다. 창조 세계의 한 부분을 신격화하는 상자는 전 우주를 설명하기에는 너무 제한적이다. 그래서 무엇이 되었든 그 상자에 들어맞지 않는 것은 실재하지 않는 것으로 여겨져 경시되거나 평가 절하되거나 기각될 것이다.

유물론의 예를 다시 한 번 생각해 보자. 왜냐하면 유물론은 오늘날 학문 세계의 지배적인 견해이기 때문이다. 유물론이 인간을 복잡한 생화학적 장치로 환원시킬 때 그 상자에서 무엇이 삐져나오는가? 자유의지가 삐져나온다. 선택할 수 있는 능력이 삐져나온다. 결정할 수 있는 능력이 삐져나온다. 이런 것들은 환상으로 여겨져 기각된다. 그러나 실제로는 매일 아침 눈을 뜨는 순간부터 우리는 무언가를 선택하지 않고는 살 수 없다. 자유의지는 인간이 부인할 수 없고 피할 수 없는 체험의 한 부분이며, 이는 곧 이것이 일반계시의 일부라는 의미다. 그러므로 인간에 대한 유물론의 입장은 우리가 체험하는 현실에 들어맞지 않는다.

유물론자들도 이따금 이러한 문제를 인식한다. 과학 저널리스트 존 호건John Horgan은 『뉴욕 타임스』에 기고한 글에서, 많은 신경과학자들이 자유의지 같은 개념을 신화로 여겨 배격한다고 말한다. 그런데 놀랍게도 호건은 거의 반항적이라 할 만한 어투로 이렇게 글을 맺는다. "나의 지성이 뭐라고 결론 내리든, 나는 자유의지를 믿지 않을 수 없다."[31]

어떤 사람이 세계관에 대해 뭐라고 말하든, 우리는 모두 일반계시의 진리를 "믿지 않을 수 없다."

또 다른 예로 철학자 존 설John Searle은 유물론을 포용하면서도, 우리가 유물론 원리로써는 살 수 없다는 점 또한 인정한다. 한 인터뷰에서 그는 유물론은 우주를 하나의 거대한 장치로 상상하고 그 장치에서 인간의 모든 행동이 결정된다고 여기지만, 우리의 경험에 비추어 보면 인간이 의사 결정을 할 수 있는 주체임을 알 수 있다고 설명한다. "'좋아, 나는 결정론을 믿어'라고 우리는 말할 수 있습니다. 하지만 자유에 대한 인식이 우리 체험의 일부가 되므로, 우리는 도저히 그 인식을 포기하지 못합니다. 포기하려고 해도, 그 인식 없이 우리는 살 수 없습니다." 그는 이렇게 결론 내린다. "우리는 인간 고유의 자유에 대한 인식을 포기하지 못합니다. 설령 그 인식에 아무 근거가 없다 해도 말입니다."[32]

아무 근거가 없다는 것은 설 자신의 유물론 철학에 한해서 하는 말이다. 그는 자신의 세계관 상자가 너무 작아 그 자신이 직접 경험하는 현실을 설명해 주지 못한다는 사실을 인정하고 있다. 설은 자유에 대한 자신의 자각을 "포기하지 못한다." 그는 자신의 철학으로는 "생을 유지할 수 없다."

설은 인지 부조화의 덫에 걸려 있다. 그의 세계관은 그가 일반계시를 통해 알고 있는 내용과 모순된다.

자신의 세계관 상자가 너무 작아 증거를 다 담아내지 못한다는 것을 깨달을 때 유물론자들은 어떻게 하는가? 바울이 로마서 1장에서 말한 대로, 그들은 그 증거를 가린다. 이들은 자유의지 개념이 인간의 생각 속에 확고히 내장되어 있다는 사실은 부인하지 못한다. 그런데 그 개념을 일개 환상으로 환원시키는 일은 할 수 있다. 아주 그럴듯한 날조다.

환원주의는 증거 은폐 전략이라고 생각할 수도 있다. 유물론자가 자유의지의 실체를 인정한다면, 그것은 인간이 인격적인 누군가에게 기원을 둔 인격적인 존재임을 증언하는 일이 될 것이다. 그래서 유물론자들은 일반계시에서 증거를 은폐한다. 그렇게 하지 않으면 자신들의 세계관이 거짓임이 드러날 것이기 때문이다.

우상에 바탕을 둔 모든 세계관은 어느 시점이 되면 결국 현실과 상충한다. 그렇게 되면 기독교에 대해 적극적으로 진술할 수 있는 기회가 생긴다. 기독교는 환원주의적이지 않기 때문에 인간 체험의 중요한 부분을 환상으로 여겨 기각시키지 않는다. 기독교는 우리가 일반계시를 통해 알고 있는 내용들과 모순되지 않으며,

인지 부조화를 낳지도 않는다. 오히려 기독교는 일관성 있고, 앞뒤가 맞고, 포괄성 있는 완전한 진리다. 기독교 신앙은 우리가 인간으로서 겪는 가장 기본적인 체험과 모순되는 일이 없는, 진짜 세계관 안에서 삶으로 살아 낼 수 있는 것이다.

원리 4. 우상을 시험하라
: 이 우상은 자기 자신과 모순되지 않는가?

우상 중심 세계관은 외부 세계와 조화되지 못할 뿐만 아니라 내부적으로도 붕괴한다. 이 세계관은 자기가 자기를 논박한다. 기술적인 용어로 이 세계관은 자기 참조적self-referentially인 면에서 불합리한데, 이는 진리에 대해 자기 자신도 충족시키지 못하는 기준을 제시한다는 의미다.

예를 들어 어떤 사람이 문화 상대주의를 제안한다고 하자. 세상에 보편적 진리란 없다는 주장이다. 그러나 이 말 자체가 하나의 보편적 주장을 이룬다. 그러므로 이 말은 스스로 모순을 일으킨다.

자기 참조적 불합리를 바탕으로 한 주장은 모든 변증가들의 도구함에 들어 있는 표준 도구다. 그런 주장이 어떻게 효력을 내는가? 여기서도 문제의 열쇠는 환원주의다. 환원주의적 세계관은 인간을 그다지 귀한 존재로 보지 않게 만들고, 그 결과 인간의 지성 또한 중시하지 않게 만든다. 환원주의적 세계관은 인간의 이성을 이성보다 못한 무언가로 격하시킨다. 그러나 어떤 세계관이든 그 세계관의 주장을 적극적으로 진술할 수 있는 유일한 길은 이성을 활용하는 것뿐이다. 이성의 효용을 의심한다는 것은 그 세계관의 주장을 펼칠 수 있는 토대를 허무는 자승자박인 셈이다.

이 논법이 어떻게 작용하는지 설명하기 위해 유물론을 또 한 번 예로 들어 보겠다. 유물론은 인간의 사고를 두뇌에서 벌어지는 생화학적 처리 과정으로, 음식물을 소화할 때의 화학 반응과 비슷한 것으로 격하시킨다. 그러나 소화는 옳고 그름을 따질 수 있는 문제가 아니다. 소화는 그저 생물학적 사실일 뿐이다. 사고를 두뇌에서 벌어지는 처리 과정으로 환원시키면, 인간의 관념은 옳고 그름을 따질 수 없는 문제가 되어 버린다. 그렇게 되면 유물론자는 자신의 유물론적 생각이 옳다는 것을 어떻게 알 수 있는가? 이렇게 이 철학은 자기주장을 자기가 논박하고 있다.

이에 반해 기독교는 더 나은 답변을 제시한다. 인간은 하나님의 형상으로 지어졌기 때문에 인간의 이성은 하나님의 이성을 반영하는 고귀한 위엄을 지닌다는 것이다. 그래서 기독교는 인간의 인지 능력이 신뢰할 만하다고 인정한다(그렇다고 해서 이성을 신으로 삼는 합리주의로 흐르지는 않는다). 이렇게 기독교는 자기주장을 스스로 논박하지 않는다.

얄궂게도 환원주의 세계관 신봉자들은 스스로 환원주의를 무시해야 한다. 적어도 자기주장을 펼치는 동안에는 그렇게 해야 한다. 자기 견해에 근거를 제시하기 위해서는 기독교에서처럼 이성을 높이 평가하는 입장을 빌려 와야 하는 것이다.

원리 5. 우상을 대체하라
: 기독교를 설득력 있게 진술하라

마지막 단계는 세속적이고 이교적인 세계관에 대해 성경적 대안을 제시하는 것이다. 우리 시대에 가장 적절한 접근 방식을 만들어 내기 위해서는 다른 세계관들이 실패하는 바로 그 지점에서 실마리를 얻어야 한다. 세 번째 원리에서 이야기했던 유물론자들을 다시 생각해 보자. 이들은 자기 세계관의 논리에 따른 결과를 가지고서는 '살아갈 수 없다'는 것을, 자유의지를 '믿을 수밖에 없다'는 것을 솔직하게 인정한다. 그리고 네 번째 원리에서 우리는 인간의 지성을 높이 평가하는 기독교의 입장을 차용하지 않는 한 환원주의 세계관 신봉자들이 자신들의 주장을 확신 있게 펼칠 수조차 없다는 것을 알게 되었다.

사람들이 인지 부조화의 덫에 걸린 채 자기 세계관이 부인하는 진리, 논리적으로 오직 성경의 세계관만이 뒷받침해 주는 그 진리를 붙잡으려 애쓰고 있는 모습은 얼마나 설득력 있는 광경인가!

다섯 번째 원리에서는 세속 사상가들이 기독교에서 자기들이 가장 좋아하는 부분을 '무단으로 얻어 가는' 실제 사례 몇 가지를 살펴보겠다. 이들은 성경적 세계관에 얼마나 매력을 느끼는지 (의식적으로든 무의식적으로든) 자꾸 그것에서 무엇인가를 빌려 간다. 자신의 세계관 안에서는 삶을 유지해 나갈 수 없다는 것을 인정함으로써, 이들은 자기 우상이 줄 수 있는 답변보다 더 만족스러운 답변에 굶주려 있음을 드러낸다. 그리고 기독교에서 무단으로 무언가를 얻어 감으로써 오직 기독교만이 줄 수 있는 어떤 것을 필요로 하고 있음을 드러낸다.

로마서 1장에서 정리한 다섯 가지 원리는, 우상에 기반을 둔 세계관이 사람이라면 누구나 답변해야 할 근본적인 질문에 적절한 해답을 주지 못한다는 것을 보여주는 매우 강력한 논거를 형성한다. 그와 동시에 이 다섯 가지 원리는 기독교가 현실 세계에 들어맞고 내적으로도 일관성 있는 더 나은 해답을 제공한다는 것을 입증한다. 성경적 세계관은 초월적인 창조주로부터 출발하는 까닭에 창조 세계의 무언가를 신격화하지 않는다. 그러므로 이 세계관은 우주 질서의 한 부분에서 이끌어 낸 어떤 제한된 일련의 범주에 만물을 억지로 구겨 넣을 필요가 없다. 기독교는 생명을 부정하는 환원주의, 그리하여 인간을 욕되게 하고 품격을 떨어뜨리는 세계관에서 우리를 해방시킨다. 기독교는 인격적인 하나님의 형상으로 창조된 온전한 인격체로서 인간의 존엄성을 확언한다.

바울이 "복음을 부끄러워하지 아니"한다고(롬 1:16) 선언한 것은 조금도 놀라운 일이 아니다. 기독교에는 다른 어떤 세계관이나 종교에 비할 수 없는 설명의 능력이 있다. 기독교는 일반계시가 보여주는 자료에 더 잘 들어맞는다. 또한 기독교는 인간을 더욱 자유롭게 하는 인간관, 더욱 인도적인 인간관을 갖게 해준다.

학교에서, 일터에서

바울의 변증 훈련 매뉴얼, 그 다섯 가지 원리는 교실에 적용될 수도 있고, 일터에 적용될 수도 있으며, 뒷마당 울타리를 사이에 두고 이웃 사람과 나누는 대화에도 적용될 수 있다. 적용 연습을 위해 이제 이 책 나머지 부분에서는 오늘날 가장 널리 퍼져 있는 철학들에 이 원리를 적용해 보겠다. 예를 들어 유물론은 하나의 철학이라기보다 상호 관련된 이론들로 이루어진 집합체다. 유물론이 어떤 한 분야에 얼마나 깊이 스며들어 있는지 생각해 보자. 그 분야는 바로 심리학이다. 이반 파블로프, 지그문트 프로이트, B. F. 스키너, 에리히 프롬, 앨버트 엘리스 같은 주도적인 사상가들은 각각 아주 다른 이론을 제시했다. 하지만 이들은 하나같이 유물론과 무신론에 천착했다. 따라서 유물론에서 어떤 흠을 찾아낸다면 그것은 하나의 철학뿐 아니라 유물론적 이론 집합 전체를 의심하는 셈이다.

철학은 갈래에 따라 집단으로 무리를 이루기 때문에, 철학을 분석하는 법을 배우기는 생각만큼 어렵지 않다. 적어도 이 책을 다 읽고 나면 그럴 것이다.

어떤 집단은 매우 광범위하게 퍼져 있어서 한 번 검토하는 것으로는 부족할 것이다. 언뜻 보기에는 똑같은 말을 되풀이하는 것으로 보일 수도 있다. 하지만 검토할 때마다 우리는 새로운 전략적 원리를 향해 진전하게 될 것이다. 필자가 가르치는 학생 하나가 말한 것처럼 "이 책은 내가 읽어 본 다른 어떤 변증서와도 다르다. 변증서들은 대부분 세계관 자체에 대해 가르친다. 각 세계관을 하나씩 하나씩 자세히 훑어 나가는 방식으로 말이다. 그런데 이 책은 변증하는 법을 가르쳐 준다." 각 세계관의 요소들을 활용하는 까닭은 단지 변증의 각 단계를 예를 들어 설명하기 위해서다.

해방된 지성

비판적 사고를 익히는 일은 교회 밖 사람들을 향해 말하기 위해서도 중요하고, 교회 안의 사람들을 교육하기 위해서도 중요하다. 교회 안의 사람들은 흔히 당대의 문화적 분위기에서 개념을 흡수하기 때문에 이들의 지성이 세속적 전제에서 자유로워지도록 도울 필요가 있다.

필자가 가르치고 있는 한 기독교 대학에서 있었던 일이다. 건물 입구 홀에서 한 학생이 포스트모더니즘에 관한 책을 읽고 있기에 나는 "무슨 책을 읽고 있어요?"라고 물었다.

"저 자신을 보여주는 책입니다!" 학생은 이렇게 대답했다. "제가 왜 지금의 사고방식을 갖게 되었는지 마침내 알게 되었어요."[33] 학생은 포스트모더니즘이 무엇인지도 모르면서 그 개념 요소들에 빠져든 것이다.

언젠가 한 여성이 내게 이메일을 보내왔는데, 그리스도인은 비성경적인 사고방식에 자신을 노출시켜서는 안 된다는 것을 철칙으로 삼는 가정에서 자랐다고 자신을 소개하면서, "그런데 선생님의 책 『완전한 진리』Total Truth를 읽고 제가 루소나 칸트 같은 세속 사상가들의 이념을 저도 모르게 흡수한 상태라는 사실을 알게 됐습니다"라고 했다. 다시 말해, 그 여성은 한 번도 세속의 사상을 공부해 본 적이 없기 때문에, 그 사상이 어떤 모습인지 인지하고 거부할 수 있는 비판적 거름망을 갖출 수 없었던 것이다.

여기서 얻을 수 있는 교훈은, 그리스도인은 우상을 분석하는 일을 오로지 '다른 사람들은 어떻게 생각하는가'를 설명하는 일로 취급해서는 안 된다는 것이다. 성경은 우리에게 그런 사치를 허락하지 않는다. 헬라어 원문을 보면 로마서의 장과 장 사이에는 단절이 없다. 바울은 1장에서 곧장 2장으로 들어가, 독자들(기록된 하나님의 계시를 갖고 있는 이들)을 향해 이렇게 말한다. "그러므로 남을 판단하는 사람아, 누구를 막론하고 네가 핑계하지 못할 것은 남을 판단하는 것으로 네가 너를 정죄함이니 판단하는 네가 같은 일을 행함이니라"(롬 2:1).

로마서 1장에서 바울은 시종일관 이방의 우상숭배자들을 향해 말하고 있는 것으로 보인다. 그런데 이제 그는 편지의 독자인 그리스도인들을 이교도들과 똑같은 수준에 놓고 말하는 놀라운 반전을 보인다. 심지어 로마서 1:20의 "핑계하지 못한다"는 말을 되풀이하기까지 한다.

이 언어적 연결 고리를 통해 바울은 진리를 억압하고 가짜 신을 만들어 내는 일에 모든 사람이 책임이 있음을 암시한다. 그리스도인도 책임을 면할 수 없다. 성경은 그리스도인들을 향해 "사랑하는 자들아, 우상숭배하는 일을 피하라"(고전 10:14), "자녀들아, 너희 자신을 지켜 우상에게서 멀리하라"(요일 5:21)고 말하고 있다. 우리는 삶의 모든 영역에서 우상에게서 돌이켜, 진리의 궁극적 근원이신 하나님께로 향하는 일에 전념해야 한다. "이 세대를 본받"는 일을 피하기 위해서는 "마음을 새롭게 함으로 변화를 받아"야 한다(롬 12:2).

성경의 변증 전략을 배우는 궁극적인 목적은 "뜻을 다하여"(눅 10:27) 하나님을 사랑하기 위해서다. 이미 그리스도인이든 아니면 이제 막 하나님에 대해 배우기 시작한 사람이든, 성경의 진리가 "내 발에 등이요 내 길에 빛"(시 119:105)으로서 삶의 모든 영역을 비추어 줄 수 있을 만큼 밝고 회복력 있다는 것을 알게 되면 기쁨으로 깜짝 놀랄 것이다.

먼저 우리 세대의 우상이 무엇인지 밝혀내는 기술을 연마하는 일부터 시작하자. 거짓 신들, 특히 세속의 이름표 뒤에 숨어 세속의 교육 체계를 통해 사람들에게 흡수되는 가짜 신들의 정체를 밝히는 법을 어떻게 배울 수 있을까?

II

진리를 확증하는 다섯 가지 원리

원리 1. 우상을 규명하라

신들의 황혼

딜런은 우리가 생각하는 그런 틀에 박힌 지식인이 아니었다. 고등학생 때 그는 운동선수였다. 미식축구, 야구, 육상 등 어떤 종목이든 딜런은 열심이었다. 미식축구부 주장으로 MVP 상까지 받은 그를 데려가려고 여러 상위권 대학들이 러브콜을 보냈다. 위트 있고 진취적인 딜런은 타고난 리더였다.

그런데 고등학교 3학년 때 딜런의 삶은 예기치 못한 반전을 맞이했다. 자신의 모든 성취가 공허하게 보이기 시작했고, 인생에서 더 얻을 것이 뭐가 있겠는가 하는 생각을 하게 되었다. 그러던 중 그는 한 청년 단체와 지역 교회를 통해 복음을 듣고 그리스도인이 되었다. 그리고 그 즉시 자신이 하나님을 위해서라면 무엇이든 할 수 있는 삶을 살고 싶어 한다는 것을 깨달았다.

그러나 이듬해 대학 생활을 시작한 딜런은 돌연 회의와 실망과 격렬한 싸움을 벌이고 있는 자신을 보았다.

과학 수업에서는 다윈의 자연주의를 의문의 여지없는 정설로 가정했다. 심리학 수업에서는 프로이트의 심리 분석에서 스키너의 행동주의에 이르기까지 대다수 이론이 기독교를 부정적으로 보는 입장을 조장했다. 인문학 수업 때 교수는 기독교란 그저 '가치 선택'일 뿐이라고, 딜런 개인에게는 의미 있을지 모르나 객관적으로는 참이 아니라고 말했다.

딜런의 교회에서는 복음의 기본적인 메시지를 가르치기는 했지만, 그것이 강의실에서 직면하는 도전들에 맞설 수 있도록 그를 준비시켜 주지는 못했다. 교회는 "하나님 아는 것을 대적하여 높아진 것을 다 무너뜨리"는(고후 10:5) 법은 가르쳐 주지 않았다.

딜런은 복음주의 동아리에 가입했지만, 거기서 위와 같은 문제를 제기하자 리더들은 본질상 다음과 같은 취지의 답변을 했다. "너한테는 성경이 있잖아. 성경에 다 있는데 뭐가 궁금해?" 그들은 헌신의 노력을 배가하라고, 곧 더 많이 기도하고 더 많이 전도하고 성경도 더 많이 외우라고 종용했다. 하지만 딜런은 동아리에서 시행하고 있는 강도 높은 제자 훈련 프로그램에 이미 적극적으로 참여하고 있었다. 심지어 동아리의 다른 멤버들과 숙식을 함께하며 활동하고 있었다.

딜런이 침묵하지 않고 자꾸 의문을 제기하자 리더들은 딜런이 교만하다고, 생각을 너무 많이 한다고, 지나치게 지적이라고 비난했다.

"평생 운동선수로 살아온 저로서는 너무 지적이라고 누구한테

비난을 당한 게 난생처음이었어요." 훗날 딜런은 곤혹스러운 얼굴로 그렇게 회상했다. 의문에 답을 얻을 수 없어 좌절한 딜런은 출발점으로 돌아가 기독교에서 진술하는 내용들을 처음부터 다시 생각해 보는 것이 지적으로 가장 정직한 길이라고 마침내 결단을 내렸다. 그는 철학, 신학, 과학, 성경 비평 등을 진지하게 탐구하는 작업에 착수했다.

대학 재학 중에 딜런은 유럽을 여행하며 자신이 태어난 나라를 찾아가 보았고, 돌아오는 길에는 스위스의 라브리 공동체에 들르기로 했다. 그러나 잠깐 들러 가기로 했던 여정은 장기 체류가 되고 말았다. 그곳에서 딜런은 난생처음으로 질문을 두려워하지 않는 사람들을 만났다. 그곳 사람들이 기독교에 대해 진술하는 말은 지적으로 설득력이 있었을 뿐만 아니라 현실적으로도 실천 가능했다. 프랜시스 쉐퍼와 그 외 라브리 멤버들과 함께 공부하고 토론하며 거의 1년을 지낸 딜런은 마침내 기독교 세계관이야말로 생의 의문들에 대해 삶으로 실현 가능한 답변을 준다는 사실을 깨달았다.

순전히 경건주의적인 활동 속으로 뒷걸음질 치는 현실 도피자의 태도 대신, 딜런은 이제 확신을 갖고 세상 속으로 들어갈 수 있음을 알게 되었다.

경건 활동이 의심을 물리쳐 주는가?

그리스도인 부모나 교사, 교회가 청년들의 회의와 의문을 무시해 버리거나, 또는 좀 더 강도 높은 경건 생활에 몰두함으로써 그 회의와 의문을 밟고 넘어갈 수 있다고 생각하는 것은 심각한 착각이다. 우리는 하나님의 형상으로 창조되었기 때문에 삶의 의미를 납득할 수 있는 지성과 타고난 용기를 모두 부여받았다.

청소년 시절 나 자신의 경험 또한 딜런 못지않게 낙담스러웠다. 나는 교회에서 내 질문을 진지하게 받아들여 줄 어른을 찾기는 불가능하다는 것을 깨달았다. 이상한 나라의 앨리스처럼 긴 금발을 늘어뜨리고 다녀도 별 도움이 안 되었던 것 같다. 사람들은 자꾸 나에게 치어리더냐고 묻기만 했다.

이런 상투적인 반응은 의문에 대한 해답을 찾을 기회를 앗아간다는 점에서 젊은이들에게 엄청난 손해를 끼친다. 운동선수나 치어리더도 다른 모든 이들과 마찬가지로 지적으로 궁금해할 뿐이다. 그들도 다른 많은 이들과 마찬가지로 사실과 이유를 필요로 한다. 그리스도인이라면 누구나 "그리스도의 마음"을 갖고 싶다는 생각을 한다(고전 2:16).

하나님의 형상대로 합리적이고 책임 있는 존재로 지음받았기 때문에 우리에게는 저마다 하나의 철학이 있다. 철학이라고 해서 반드시 교과서에서 배우는 것은 아니다. 삶을 보는 전반적인 안목으로서의 철학을 통해 우리는 세상을 이해하게 된다. 성경의 인간관에는 우리가 '완전히 제멋대로인 의견을 갖거나 본데없는 결정을 내릴 수 없는' 존재라는 의미가 함축되어 있다고 앨버트 월터스Albert Wolters는 말한다. "우리에게는 삶의 규범으로 삼을 어떤 교의, 행동 경로를 정해 나갈 수 있게 하는 모종의 지도가 필요하다."[1]

우리가 성경의 인간관을 진지하게 받아들인다면 사람들의 질문 또한 진지하게 받아들여야 한다.

청소년을 취약 상태에 버려두다

최근의 연구 결과는 10대 청소년들의 질문이 얼마나 중요한지를 강조하고 있다. 한 사회학 연구에서 10대 청소년들에게 왜 어렸을 때 교육받은 신앙을 멀리하게 되었는지를 물었다. 연구자들은 정서적인 면이나 인간관계에 그 이유가 있다는 답변이 나올 것으로 예상했다. 그러나 놀랍게도 가장 많이 나온 답변은 "의심을 표하거나 질문을 했을 때 답을 얻지 못했기 때문"이었다. 청소년들은 이렇게 말했다. "더는 납득이 되지 않았어요." "어떤 부분은 너무 억지로 갖다 붙인 것 같아서 믿기 어려웠어요." "저는 과학적으로 생각하는 사람인데, 성경이 하는 말에는 실제적인 증거가 없더군요." "해답을 얻을 수 없는 의문이 너무 많았어요."[2]

기독교 리서치 기관인 바나 그룹Barna Group의 한 연구도 비슷한 결론을 내놓는다. 『당신은 나를 놓쳤다-청년들은 왜 교회를 떠나는가, 신앙 다시 생각해 보기』*You Lost Me: Why Young Christians Are Leaving Church, and Rethinking Faith*에서 데이비드 키네먼David Kinnaman은 '교회에서 인생의 가장 절박한 질문'을 할 수가 없다고 생각하는 청년이 응답자 전체의 36퍼센트라고 보고한다. 그 결과 23퍼센트의 청년은 기

독교의 가르침에 대해 '상당한 지적 회의'를 갖고 있다고 대답했다.[3]

오늘날과 같은 다원주의적 다문화 사회에서 10대 청소년들은 경쟁적 세계관들의 주장이 거미줄처럼 복잡하게 얽힌 환경에서 자기 길을 찾아 나가며 살아야 한다. 한 연구에 따르면, 대다수의 사람이 교회를 떠나는 시기는 고등학교와 대학 시절에 몰려 있다고 한다.[4] 그런데도 교회의 청년부는 변증을 가르치지 않고 게임이나 유쾌한 프로그램에 집중한다. 정서적 헌신의 수준을 높이는 각종 이벤트를 계획하고 운영하는 것이 청년부의 목표인 것처럼 보인다. 체험의 강도를 높이면 지적 의문이 다 상쇄되기라도 하는 것처럼 말이다. 그러나 정서적 헌신의 강도를 높이는 것만으로는 오늘날 청소년들의 의문을 차단시키기에 충분하지 않다. 그런 체험이 무언가 이루는 것이 있다면 기독교 신앙을 순전히 정서적 관점에서 재정의하게 만든다는 것뿐이고, 그렇게 되면 나중에 지적 의문에 봉착할 때 더더욱 그 위기에 취약한 상태가 될 뿐이다.[5]

필자가 가르치는 학생들을 예로 들어 본다면, 10대 청소년들은 정서적인 전략을 어쨌든 조작적인 것으로 본다. 이들은 화려한 음악, 물풍선 싸움, 원반던지기 게임 등을 하면서 인위적으로 소속감을 조작하기는 어렵지 않다는 것을 알고 있다. 그러나 그렇게 조작된 감정이 쉽게 소진된다는 것 또한 알고 있다. 한 학생이 필자에게 말했다. "교회에서 듣는 말은 대개 '기분 좋은' 메시지예요. 하지만 전 기분 좋은 걸 원하지 않아요. 전 까다로운 문제와 씨름하고 싶어요."

『크리스채너티 투데이』*Christianity Today*에서 "변증은 떠나간 청년들을 돌아오게 만든다"고 했는데, 이는 틀린 말이 아니다.[6]

부모는 자녀를 비성경적인 관점에 노출시키는 데 따르는 위험을 당연히 염려해야 한다. 그러나 자녀가 가정과 교회를 박차고 떠나는 것만이 자신의 패기를 시험하는 유일한 길이라고 생각하도록 키우는 것도 위험하기는 마찬가지다. 기독교와 경쟁하는 세계관이 어떤 금기禁忌를 가지고 유혹하면 흔히 더 매력적으로 보인다. 청소년들이 "묻는 자에게는 대답할 것을 항상 준비"할(벧전 3:15) 수 있는 유일한 길은 직접적으로 의문과 씨름하는 길뿐이다.

언젠가 자녀를 키우는 한 그리스도인 여성과 대화를 나누면서 나는 이와 같은 위험을 뼈저리게 실감했다. 그 여성은 "우리가 필요로 하는 답변은 성경에 다 있어요. 다른 건 절대 읽어서는 안 돼요"라고 했다. 그리고 이어서 털어놓기를, 자기 아들이 최근 대학에 진학했는데 입학하자마자 '새로운 무신론자' 동아리에 가입해서는 지금까지 받은 신앙 교육을 격렬히 배척하고 있다고 했다. 이 어머니는 의심이나 까다로운 문제를 회피함으로써 아들을 보호하고 있다고 생각했다. 그러나 실제로는 보호가 아니라 아들을 무방비 상태에 버려둔 것이었다. 바울은 그리스도인이 사탄의 "계책을 알지 못하"면 사탄에게 속을 수 있다고 경고한다(고후 2:11).

부모, 교사, 교회 지도자들이 비판적이고 올바르게 사고할 수 있는 도구를 제공하면서 매혹적인 관념 idea의 세계를 함께 탐구하는 것이 청소년들에게는 훨씬 더 좋다. 내가 가르치는 한 학생의 표현을 빌리자면, "관념들에 생각을 노출시키는 것은 몸을 세균에 노출시키는 것과 비슷하다. 이것이 바로 면역력을 키우는 방법이다."

너무 어려서 그와 같은 탐험을 시작할 수 없는 나이란 없다. 필자의 친구에게 여덟 살 난 아들이 있는데, 그 아이가 어느 날 친구에게 물었다. "아빠, 다른 종교를 가진 사람은 자기 신이 옳다고 믿고, 우리는 우리 하나님이 옳다고 믿는 거죠? 그런데 어느 쪽이 정말로 옳은 건지 어떻게 알아요?" 초등학교 저학년 아이의 질문도 우리는 진지하게 받아들일 필요가 있다.

우상을 규명하라

어디에서부터 시작해야 하는가? 로마서 1장에 따르면, 창조주를 거부하는 자들은 우상을 만들어 낼 것이다. 이들은 우주에 내재하는 어떤 힘 또는 요소를 절대화하여 다른 모든 것을 규정하는 원리, 곧 거짓된 절대 원리의 자리로 격상시킨다.[7] 그러므로 어떤 세계관을 평가할 때 첫 번째 단계는 그 세계관이 무엇을 우상으로 섬기는지 밝혀내는 것이다. "이 세계관은 무엇을 하나님 대체물로 내세우는가" 하는 것이다.

종교와 철학은 엄청난 다양성에도 불구하고 한결같이 어떤 피조물을 하나님의 자리에 놓는 것으로부터 시작된다. 『문화 그리고 하나님의 죽음』*Culture and the Death of God*에서 문학평론가 테리 이글턴Terry Eagleton은 현대의 우상 몇 가지를 열거한다. 계몽주의적 합리주의자들은 이성을 우상으로 만들었다. 낭만주의자들은 상상력을 신격화했다. 민족주의자들은 국가를 이상화하고, 마르크스주의자들은 죄와 구원을 경제학적으로 각색하여 제시한다.

"하나님을 믿지 않기란 우리가 보통 생각하는 것보다 훨씬 더 힘든 일"이라고 이글턴은 결론을 맺는다. 하나님 대신 다른 무엇가를 그분의 자리에 놓지 않고서는 하나님을 거부할 수 없다. 철학의 역사는 크게 보아 하나님 대체물을 세운 역사다.[8]

그래서 역사를 이해하는 가장 효율적인 방법 중 하나는, 매 시대의 주도적인 우상이 무엇이었는지를 알아보는 것이다. 티모시 켈러Timothy Keller는 이렇게 말한다. "모든 인물, 사회, 사고 형태, 문화는 모종의 궁극적 관심사 혹은 충성을 바탕으로 한다. 민심이나 충성의 대상이 하나님이든 하나님을 대신하는 어떤 것이든 말이다." 그러므로 "문화를 분석하는 가장 좋은 방법은 그 문화에서 섬기는 우상이 무엇인지 밝히는 것이다."[9]

성경은 우상에 대한 가르침을 통해 인간의 모든 역사를 밝히는 열쇠를 우리에게 주었다. 이것이 흥미로운 통찰인 까닭은, 성경이 보통 '종교적'이라는 이름표가 붙은 관념뿐만 아니라 '세속적'이라는 이름표가 붙은 관념에 대해서도 개념적인 틀을 제공한다는 의미이기 때문이다. 구약성경에서 에스겔은 그런 관념들을 일컬어 '마음의 우상'이라고 한다(겔 14:3). 오늘날 우리는 마음이라고 하면 감정을 뜻하는 말로 이해한다. 그러나 히브리어에서 이 단어는 가장 내밀한 자아를 뜻하며 여기에는 의지, 지성, 도덕적 성품,

영적 헌신이 포함된다. "사람은 외모를 보거니와 나 여호와는 중심을 보느니라"(삼상 16:7).

신약성경에서 마음을 뜻하는 헬라어 카르디아*kardia*도 역시 한 사람의 존재의 중심 혹은 핵심을 의미한다.[10] 그러므로 마음의 우상이란 우리를 가장 깊이 속박하고 우리 행실의 추진력이 되는 확신을 말한다.

우리는 흔히 '신자'를 '불신자'와 대조시키지만, 이는 오해를 낳을 수 있다. 사람이라면 누구나 모종의 원리를 근본적으로 참이라고 가정한다는 의미에서 모든 사람은 다 무언가를 믿는다. 무신론자는 자신이 다른 모든 이들과 같은 배에 타고 있다는 것을 깨닫지 못하는 경우가 많다. 무신론자 웹사이트에 가면 "무신론은 신앙이 아니다. 무신론은 그저 하나님이나 다른 신들에 대한 믿음이 부재하는 것이다"라는 주문呪文을 흔히 볼 수 있다. 그러나 어떤 출발점 없이는 그렇게 생각할 수 없다. 하나님에게서 출발하지 않으면 다른 것에서 출발해야 한다. 하나님 아닌 다른 무언가를 모든 것의 원인이자 근원으로 여겨 피조물이 아닌 궁극적이고 영원한 실재로 제시해야 하는 것이다. 여기서 중요한 질문은 어떤 출발점이 종교적이냐 세속적이냐 하는 것이 아니라, 어떤 주장이 시험을 견뎌 내느냐 하는 것이다.

'우상'이라는 성경의 용어를 사용하는 것이 이득인 이유는, 모두에게 공평한 토대를 제공하기 때문이다. 세상 사람들은 그리스도인은 '믿음'이 있는 자들인데 왜 자신들의 확신이 오로지 사실과 이성에 바탕을 두고 있다 주장하느냐고 비난한다. 그러나 사실은 그렇지 않다. 일련의 관념을 계속 뒤로 밀어붙이면 결국 출발점에 이르게 된다. 즉, 자존하는 실체로서 다른 모든 것이 의존하고 있는 어떤 것 말이다. 이 출발 전제는 기존의 추론에 바탕을 둘 수가 없다. 만일 그랬다가는 그 추론이 어디서 시작되는지, 그리고 그 시작은 또 어디서 시작되는지 무한히 거슬러 올라가며 질문이 계속될 수 있기 때문이다. 모든 사상 체계는 어느 지점에서든 "이것이 내 출발점"이라고 말할 수 있는 곳이 있어야 한다. 그 출발점이 왜 존재하는지 그런 이유 같은 것은 없다. 그냥 '존재한다.'

출발 전제가 만일 추론에 근거하지 않는다면 그 전제를 어떻게 시험할 수 있는가? 후진해서 이미 존재하는 추론을 바탕으로 주장을 펼칠 수는 없어도 그 전제가 함축하는 의미를 상세히 설명하는 전진 논법을 펼칠 수는 있을 것이다. 그런 다음 논리와 경험을 사용해 함축된 의미를 시험하는 것이다. 이것이 바로 이 책에서 우리가 계속 따르게 될 전략이다. 이는 놀라우리만치 효과적인 전략으로 드러날 것이며, 기독교가 다른 모든 경쟁적 세계관을 능가한다는 사실을 입증할 것이다.

신 없는 종교

'우상'이라는 말을 사용하는 데 따르는 또 다른 이득은, 사람이 마치 논리적인 수수께끼를 풀듯 삶의 철학을 선택한다는 식의 건조한 지성주의를 예방한다는 것이다. 사람이 삶을 보는 어떤 일정한 시각에 헌신하면, 그 시각은 이 사람에게 최종 해설자가 된다. 이 시각은 이 사람에게 우주를 해석해 주고, 도덕적인 결정을 안내해 주며, 삶에 의미와 목적을 주는 역할을 한다. 다른 모든 기능들도 보통 하나의 종교와 연관된다.

심지어 철학도 세속 종교로 생각할 수 있다. 모순어법처럼 보일 수도 있지만, '종교'라는 단어의 포괄적인 의미를 일단 알게 되면 납득이 간다. 모든 종교에 공통되는 한 가지 특징이 무엇인가? 예상과는 다를지도 모른다.

종교는 인격적인 신이나 창조자의 존재를 인정해야 하는가? 대다수 서양 사람들은 그렇다고 대답할 것이다. 한 무신론자 친구가 한번은 내 페이스북 페이지에서 주장하기를 "종교는 신을 믿는 믿음입니다. 신이 없으면 종교도 없지요"라고 했다. 그러나 우리가 종교로 분류하는 믿음 중에는 신을 하나의 존재로 취급하지 않는 믿음도 많다. 범신론 종교, 이를테면 힌두교에서 신 개념은 인격적 존재가 아니라 비인격적이고 비인지적인 영적 본체 혹은 본질로서, 에너지나 전기 혹은 영화 「스타워즈」Star Wars에서 언급되는 '포스'force 같은 것이다.

대중적인 형태의 범신론pantheism에는 흔히 지역 고유의 신이나 여신 숭배도 포함된다. 하지만 서양인들이 깨닫지 못하는 것 한 가지는, 지역 신들은 궁극적인 실체로 여겨지지 않는다는 점이다.

이 신들은 모든 인간이 공유하는 신적 본질이 좀 더 고도로 강화되거나 집중된 존재에 지나지 않는다.

불교는 한술 더 떠서, 신을 '공'空 또는 '무'無 같은 용어로 언급한다. 이상하게 들릴 수도 있지만 불교가 때로 무신론 종교로 불리는 이유는 바로 그 때문이다. 도교와 유교도 마찬가지다. 한 철학자가 설명하는 것처럼, "이러한 종교의 창시자들, 그 자신은 신이 아니다. 그들은 신으로 취급되지 않고, 어떤 계시로 여겨지지도 않으며, 어떤 부류든 인격적이거나 초월적인 창조자로 여겨지지도 않는다."[11]

도덕성 없는 종교

어떤 종교가 종교이기 위해서 반드시 인격적인 신의 존재가 요구되는 것이 아니라면, 도덕률은 어떠한가? 도덕률 또한 요구되지 않는다. 동양 종교 중에는 도덕규범이 없는 종교가 많다. 이런 종교는 모든 것을 하나인 완전체의 일부로 받아들여야 한다고 가르친다. 음양과 선악 모두 말이다. 이들 종교의 목표는 반대되는 것들끼리의 균형 혹은 일치다. 이들 종교의 예전禮典은 거룩함을 이루는 것이 아니라 교화를 목표로 한다. 이는 만물이 다 똑같이 완전체의 일부임을 인식하는 것을 뜻한다.

저항 문화 시대인 1970년대에 대학을 다니면서 나는 헤르만 헤세Hermann Hesse의 소설 『싯다르타』*Siddhartha*의 영향을 깊이 받았다. 한 바라문(브라만) 집안의 아들이 영적 지혜를 찾는 과정을 그린 이 소설의 결말에서 주인공은 "존재하는 것은 다 선하다. 삶과 마찬가지로 죽음도, 거룩과 마찬가지로 죄도, 어리석음과 마찬가지로 지혜도 다 선하다"는 것을 깨닫는다.[12] 범신론은 도덕적으로 어떤 구별을 하는 것은 잘못이라고 가르친다. 만물이 '하나'로 통합된다. 최종 결과는 선과 악을 구별할 수 없다는 것이고, 이는 악에 맞서 싸울 근거가 없다는 뜻이다.[13]

오늘날 「아바타」Avatar 같은 영화에서도 이러한 범신론을 조장한다. 판도라라는 가상의 행성에서는 모든 동식물군이 하나의 거대한 네트워크로 연결되어 있는데, 일종의 집단 무의식으로 작용하는 이 네트워크는 대지의 여신 가이아 같은 존재인 에이와Eywa로 인격화된다. 의미심장한 것은, 에이와가 선과 악을 초월하는 존재로 그려진다는 점이다. 판도라 행성의 한 원주민은 이렇게 말한다. "위대하신 우리의 어머니는 어느 한쪽 편을 들지 않으신다. 어머니는 오직 삶의 조화만을 보호하신다."

이교나 다신교는 어떤가? 다신교 역시 전형적으로 도덕규범이 없다. 다신교는 신들을 달래고 건강과 풍년을 보장받기 위해 의례를 필요로 할 수도 있지만 도덕률에 대해서는 대개 아무 말도 하지 않는다. 인류학자 메리 더글러스Mary Douglas는 연구 작업 중 "종교와 도덕률 사이에는 필연적인 관계가 없다. 원시인들 중에는 종교가 있으면서 도덕적이지 않은 사람도 있을 수 있고 도덕적인데 종교는 없는 사람도 있을 수 있다"는 것을 발견했다.[14]

사실 이교의 신들은 노골적으로 부도덕한 경우가 흔하다. 헬라와 로마의 신들은 탐욕·간음·다툼·질투·속임수를 일삼는 경향이 있었다. 철학자 크세노파네스Xenophanes는 "호메로스와 헤시오도스는 꼴불견이고 상스러운 사람들이 저지르는 행위, 이를테면 도둑질하고 간음하고 서로 속이고 하는 모든 행위를 신들 탓으로 돌렸다"고 투덜댔다. 아우구스티누스Augustinus도 이교의 신들에 대해 똑같은 비평을 했다. "이교의 신들은 악을 보복하는 자가 아니라 악의 선동자요 악을 가르치는 자가 되는 버릇이 있다."[15]

심지어 어떤 종교는 매춘 혹은 어린아이를 제물로 바치는 제사 같은 부도덕한 의식에 참여할 것을 예배자들에게 요구하기도 한다. 고대 카르타고에서는 부모가 자기 자녀를 번제의 제물로 신에게 바쳤다. 인류학자들이 발굴한 무덤에는 유아들의 검게 탄 작은 뼈가 묘비 아래 묻혀 있었는데, 묘비에는 "내 목소리를 들으시고 나에게 복을 주신" 신에게 감사하는 글이 새겨져 있었다.[16]

모든 신학에는 적어도 모종의 예배 의식이 포함되어 있지 않은가? 역시 아니다. 고대 그리스의 에피쿠로스학파는 신들이 존재하기는 하지만 인간사에는 아무 관심이 없다고 가르쳤다. 그들이 주장하는 신들은 인간이 자기들을 경외하든지, 자기들에게 예배를 드리든지 신경 쓰지 않는다. 아리스토텔레스는 제1 운동자Pime Mover를 완전하고 불변하는 지성으로, 그래서 오직 완전하고 불변하는 것, 곧 그 자체만 생각하는 지성으로 이해했다. 이 지성은 인간이 무엇을 하는지 알지도 못하고 신경 쓰지도 않는다. 예배를 시행하지 않는 종교에는 브라만 힌두교와 소승불교도 포함된다.

신을 추구하다

그렇다면 모든 종교가 공유하는 어떤 특징이 있는가? 놀랍게도 단 하나가 있다. 로이 클루저는 경험적 연구에 근거해서 말하기를, 모든 종교가 공유하는 단 한 가지 특징은 무언가 신적인 것을 인정한다는 사실이라고 했다. '신적'divine이라는 말을 쓴 것은 자존하는 영원한 실재, 곧 다른 모든 존재의 기원이 되는 것을 뜻하기 위해서다. 분명한 것은, 과연 어떤 자질을 '신적'이라 하느냐에 대해 모든 종교의 뜻이 일치하지는 않는다는 점이다. 오직 어느 무언가가 신적이라는 사실에만 의견이 일치한다. 종교들 사이에서 이것 말고는 다른 어떤 요소도 진정한 의미에서 보편적이지 않다.[17]

그 결과 종교는 대다수 사람들이 생각하는 것 이상으로 철학과 아주 흡사하다. 그리고 철학도 종교와 비슷한 점이 많다. 구조적으로 철학과 종교 둘 다 궁극적 실재real 혹은 신적인 것에 관한 일련의 전제에서 출발한다.

신적인 것을 만물의 가장 뒤에 있는 것, 다른 모든 것을 초월해 있거나 그 배후에 있는 어떤 것으로 생각해 보라. 예를 들어 다신 숭배에서 인격적 남신과 여신이 궁극적인 실체가 아닌 까닭은 이들보다 먼저 존재하는 근본 실체에서 파생되었기 때문이며, 이 근본적인 실체가 사실상 신의 기능을 한다(설령 신이란 말이 쓰이지 않더라도 말이다).

예를 들어 고대 그리스 신화의 신들은 어디에서 오는가? 이 신화의 주요 줄거리는, 우주가 혼돈이라고 하는 신적 원시 본체, 무엇으로 규정되지도 않고 무엇에 매이지도 않는 무無에서 시작되었다는 것이다. 이 최초의 상태에서 최초의 신들이 나왔다. 대지의 여신(가이아)은 하늘의 신(우라노스)과 짝을 이루어 티탄족을 낳았고, 두 티탄이 짝이 되면서 올림포스 산의 신들, 곧 제우스·아폴론·아테나·포세이돈을 비롯해 나머지 신들이 나왔다.[18]

오늘날 그리스도인들은 이교 사상에 대해 잘 알아야 하는데, 이는 단순히 역사적인 이유 때문만은 아니다. 서양에서는 이교 신앙이 인기리에 다시 세를 키워 가고 있다. 마법(주술), 드루이드교, 샤머니즘, 북아메리카 원주민 종교 등이 바로 그런 예다. 아이슬란드는 11세기에 기독교로 개종한 나라인데, '미개종교'Heathenry가 다시 전국적으로 인정받고 있다. 영국의 일부 공립학교에서는 종교 교육 시간에 '마법, 드루이드교, 토르 같은 고대의 신 숭배'를 포함한 이교 사상을 가르친다.[19] 몇 주 전만 해도 한 학부형이 내게 연락을 해와, 마법 동아리에 가입한 아들과 어떻게 대화했으면 좋겠는지 절박하게 방법을 물었다.

현대판으로 되살아난 대다수 이교 신앙에는 다신숭배와 결합된 일종의 범신론도 포함되는데, 이 종교에서 신들은 우주적인 대지의 영의 여러 양상 혹은 그 영의 감화력으로 간주된다. 예를 들어 전형적인 마법 웹사이트를 찾아가 보면 다음과 같은 글을 읽을 수 있을 것이다. "신성은 살아 있는 모든 존재를 통해 그 자신을 나타낸다. 자연 자체도 신이다."[20] 자연 자체 혹은 자연 만물 속에 서로 연결되어 있는 영적 본체가 이교 신앙의 우상이다.

철학자와 그들의 신

고대 종교든 현대 종교든 그것이 섬기는 우상이 무엇인지를 밝혀내면 그 종교의 핵심에 이를 수 있다. 우상의 정체를 밝히면 어떤 철학이든 그 철학의 핵심에도 이를 수 있다. 서양의 초기 철학자들, 소크라테스 전 시대의 철학자들은 올림포스 산의 신들을 무시하고 최초의 근원적 본체로 방향을 돌렸다. 그들은 이 본체를 일컬어 '아르케'*arché*라고 했는데, 이는 근원 혹은 제1원인이라는 뜻이다. 당시 사람들은 만물의 4대 요소(물·불·공기·흙)를 인식했고, 초기 철학자 다수는 이 네 가지 중 하나를 가장 근본적인 것으로 골랐으며, 그런 다음 다른 모든 것을 그 하나의 요소로 환원시켜 근본적인 통일체에 이르고자 했다.

탈레스는 살아 있는 것은 모두 물을 필요로 한다는 데 주목했고, 그래서 근본적 출발 원리, 곧 아르케는 물이라고 주장했다. 헤라클리투스는 살아 있는 것은 모두 열을 발생시킨다는 데 주목하고, 아르케는 바로 불이라고 주장했다. 아낙시메네스의 경우 신적인 본체는 공기였다. "공기가 하나님이다." 어떤 철학자는 4대 요소 너머를 보았다. 피타고라스는 자연계의 질서가 기하와 대수로 대표될 수 있다는 사실을 발견했고, 그래서 아르케는 숫자라고 결론 내렸다. "하나님은 숫자다. 숫자가 하나님이다."[21]

그리스 사람들의 아르케 개념은 성경이 정의하는 우상 개념과 맞아떨어지는가? 확실히 그렇다. 성경은 "만물이 그[그리스도] 안에 함께 섰느니라"(골 1:17)고 주장하는 데 반해 고대 철학자들은 우주 안에 내재하면서 근원적 통일성을 제공해 주는 어떤 원리, 궁극적 해설자로 기능하는 그런 원리를 규명하려고 애썼다. 소크라테스 전 시대의 철학자들은 올림포스의 신들을 거부하기는 했지만 여전히 신神 개념을 가지고 있었다.

그리스 철학자 중에서 가장 친숙한 이름은 플라톤과 아리스토텔레스다. 이들은 우주에서 궁극적인 형성 원리는 이른바 '합리적 형상'이라고 가르쳤다. 여기서 형상forms이라는 것은 세상을 범주화하는 것을 가능하게 하는 추상적인 개념으로 생각할 수 있다. 집에서 기르는 개는 그레이트데인에서부터 치와와에 이르기까지 여러 종이 있지만, 우리는 이 종들을 다 한 범주에 집어넣는다. 왜냐하면 모두 '개'라는 추상 개념에 들어맞기 때문이다.

플라톤은 형상이 질료matter와 구별되는 이상적 영역에 존재한다고 가르친 반면 아리스토텔레스는 형상이 질료에 내재되어 있다고 주장했다. 하지만 두 사람 모두 형상을 영원하고, 피조되지 않았고, 불변하고, 보편적이며, 자존하는 것으로 생각했다. 그렇다면 이는 신성을 말하는 것인가? 분명 그렇다. 형상이 생겨난 것은 사물의 본질을 설명하기 위해서다. 사물이 왜 지금 그 모습으로 존재하는지를 말이다. 인간의 본질은 모든 인간이 공유하는 형상이며, 이 형상이 있어야 사람이 사람 된다. 정의는 모든 정의로운 행동이 공유하는 형상이며, 이 형상이 있어야 그 행동이 정의롭다.[22] 형상이 궁극적 해설자인 것이다.

두 철학자는 심지어 '신'divinity이라는 용어도 썼다. 형상의 영역에 대해 말하면서 아리스토텔레스는 "이 영역에는 신적인 존재가 있는 것이 분명하며, 그 존재가 바로 가장 지배적이고 첫째가는 원리[아르케]임에 틀림없다"고 했다. 플라톤의 경우, 가장 탁월한 형상은 선善이라는 형상이다. 선을 알아 가는 데에는 '일종의 전향', 곧 어둠에서 빛으로 '영혼이 돌아서는 것'도 포함된다. 참된 철학자는 이 '신적 질서'를 주의 깊게 관찰하는 사람이다.[23]

로마서 1장에서 우리는 우상이 우주의 질서 안에 내재된 무언가를 신격화한 데서 빚어진 결과물임을 알게 된다. 우상에 대한 이와 같은 설명은 분명 형상에도 적용된다. 형상은 인격체가 아니다. 형상은 물질세계는 초월하지만 우주의 질서 전반을 초월하지는 않는다. 한 신학자가 설명한 대로 '플라톤이 말하는 선이라는 형상'은 기독교적 의미에서의 '신이 아니다.' 이 선의 형상이 '신적이라 함은 이것이 우주에서 지고至高의 존재이기 때문'이다. 아리스토텔레스는 심지어 신을 순전한 형상으로 정의하기도 했는데, 이는 그가(혹은 그것이) 우주를 이루는 형상-질료 변증법의 한 쪽 기둥이라는 의미다.[24]

물리학의 교회: 물질이라는 우상

현대 철학은 어떤가? 현대 철학 역시 우상의 기준에 부합하는가? 다수의 학계 인사들과 마찬가지로 새로운 무신론자 사이의 주도적인 입장 역시 과학적 유물론이다. 궁극적인 실체는 물질, 곧 운동 중에 있는 분자라는 것이 이들의 입장이다. 유물론은 물리학이 화학의 모든 것을 설명하고, 화학이 생물학의 모든 것을 설명하며, 생물학이 인간 지성의 모든 것을 남김없이 설명한다는 교의를 신봉한다. 그러므로 물리학만이 인간의 지성을 설명한다. 물리학이 궁극적 설명자라는 것이다.

이러한 입장을 때로 물리주의physicalism라 일컫는 것도 놀랄 일이 아니다. 이 입장을 대변하는 탁월한 인물로 하버드 대학교 생물학자 E. O. 윌슨Wilson이 있는데, 그는 "별의 탄생에서부터 사회 제도의 작용에 이르기까지" 모든 현상은 "궁극적으로…… 물리법칙으로 환원될 수 있는 물질의 작용에 근거를 두고 있다"고 주장한다. 생물학자 제리 코인Jerry Coyne은 물리주의를 "모든 과학이 원칙적으로 물리법칙으로 환원될 수 있다고 믿는 입장"이라고 정의한다. 그는 "종교인이 아닌 한 [이 입장은] 틀림없이 참"이라고 말한다.[25]

하지만 이 입장 자체가 이미 신앙적이지 않은가? 이 입장 자체가 신성을 주장하고 있지 않은가? 의심할 나위 없이 그렇다.

일부 유물론자들도 그 정도는 시인한다. 존 설은 "어떤 의미에서 유물론은 우리 시대의 종교"라고 말한다. 한 과학 저널리스트가 과학 잡지 『사이언티스트』The Scientist에 쓴 글 역시 아주 솔직하다. 생명의 기원에 관한 글에서 그 저널리스트는 이렇게 말한다. "나는 (생명의 기원에 관한) 물질적인 설명을 찾게 될 것이라고 믿는다. 하지만 그 확신은 과학이 순전히 물질 혹은 자연주의 관점에서 생명의 전 역사를 설명할 책무가 있다는 내 믿음에서 나온다." 그리고 그는 다음과 같은 말로 글을 맺는다. "내 믿음은 근거가 확실하지만 그래도 믿음은 믿음일 뿐이다."

이러한 유물론자들의 신조를 최근에 작고한 철학자 달라스 윌라드Dallas Willard가 멋지게 포착해 냈다. "세상에는 한 가지 실재, 곧 자연 세계가 있고, 물리학은 그 세계의 예언자다."[26]

그 신조가 이 시대에 고전적으로 표현된 것이 바로 인기 있는 텔레비전 프로그램「코스모스」Cosmos였다. 이 프로그램은 진행자 칼 세이건Carl Sagan이 마치 무슨 전례를 집행하는 듯한 억양으로 "우주the Cosmos는 현재 존재하는, 혹은 과거에 있었던, 혹은 앞으로도 계속 존재할 모든 것"이라고 운을 떼면서 막을 연다. 2014년 닐 디그래스 타이슨Neil deGrasse Tyson 박사가 새 진행자로 투입되어 이 시리즈가 다시 방송되기 시작하자 팬들은 페이스북 페이지를 만들어 이른바 '타이슨주의'Tysonism를 선전했다. '타이슨주의'는 '천체물리학자 닐 디그래스 타이슨 박사의 철학에 기반을 둔 세속 종교'로 정의되었다. 그 페이스북 페이지는 '교회/종교 단체' 범주로 분류되고 있다.[27]

앞에서 살펴본 것처럼 유물론은 사실 관련 철학들의 집합이다. 그리고 유물론은 몇 개의 교파를 구비한 종교라고까지 말할 수 있다. 예를 들어 유물론을 경제 영역에 적용하면 마르크스주의 같은 이론이 생겨난다. 유물론은 어떤 논리적인 단계를 거쳐 마르크스주의와 그에 부수되는 경제결정론에 이르는가? 인간의 본질은 언제나 궁극적 실재와의 관계에 의해 정의된다는 점을 염두에 두라. 그 궁극적 실재가 물질일 경우, 인간은 물질과의 관계 방식에 의해 규정된다. 그렇다면 사람은 물질과 어떤 식으로 관계를 맺는가? 사람은 물질로 사물을 만들어 낸다. 물질을 틀에 넣어 주조하고 다듬어서 의복·집·탁자·자동차 등 생존에 필요한 물건을 만들어 낸다.

마르크스주의에서는 우리가 물질의 모양을 만들기 위해 사용하는 도구를 가리켜 '생산수단'이라고 한다. 그래서 문명화의 역사는 누가 그 생산수단을 소유하느냐에 달려 있다. 소유자 계층은 법·정치·도덕·종교 등 사회의 나머지 영역을 자기들에게 유리하게 만들어 감으로써 통제권을 유지하고 이익을 보호한다. 경제 관계는 이런 식으로 사회의 다른 모든 부분을 결정한다. 마르크스주의에서는 경제적인 조건이 만물의 궁극적 설명자다.[28]

흄이 클링온을 만나다: 지각이라는 우상

오늘날 널리 신봉되고 있는 또 하나의 우상은 경험론, 곧 유일하게 타당성 있는 지식 형태는 경험으로 실증된 사실로만 구성된다는 주장이다. "안녕하세요, 저는 경험론자입니다"라고 말하는 사람을 현실에서 많이 못 만날 수도 있다. 그러나 공교육 체제를 거쳐 가는 이들 중에는 일종의 검증되지 않은 은밀한 전제로 이 경험론을 신봉하는 사람이 많다. 그들은 우리가 진짜 의지할 수 있는 것은 경험적 사실, 곧 보고 느끼고 무게를 재고 측정할 수 있는 것뿐이라고 가정한다. 그들은 그 외 모든 것을 개인적인 견해나 선호의 영역으로 분류한다. 그런데 도덕적·신학적 개념은 시험관에 구겨 넣을 수도 없고 현미경으로 연구할 수도 없다. 그 결과 경험론은 그런 개념들을 아예 진리로 여기지 않고 단순히 개별적인 가치나 기호로 취급한다.

경험론의 '앙팡 테리블'enfant terrible은 18세기 영국의 철학자 데이비드 흄David Hume으로, 그는 어떤 책에 실험과학 영역 너머에 있는 무엇이 담겨 있다면 그 책은 불태워 없애야 한다고 선언했다. 그러면서 서가에 꽂혀 있는 책들을 모두 면밀히 검토해 보라고 말했다. 만일 형이상학이나 도덕 이론 같은 주제를 다루는 책이 발견되면 "불길 속에 던져 버려라! 그런 책에는 궤변과 환상만 담겨 있음이라"고 했다.[29]

이것은 또 하나의 우상인가? 물론이다. 경험론은 지각의 영역을 우상으로 만든다. 경험적 실험에 감지되지 않는 것은 진짜가 아니다. 흄은 단순히 사람 이름이 아니라 오늘날 지적 엘리트 사이에서 거대한 영향력이다. 몇 년 전 몇몇 유력 대학 철학자들의 연구에서, 세상을 떠난 철학자 중 누구에게 가장 동질감을 느끼느냐는 질문이 있었는데, 답변 중 단연 선두는 데이비드 흄이었다.[30]

철학은 강의실에서 넘쳐 나와 대중문화 속으로 흘러들어 간다. SF 드라마 「스타트렉:넥스트 제너레이션」Star Trek:The Next Generation 의 한 에피소드에서는 케일레스라는 인물이 과연 죽음에서 돌아와 예언을 성취한 클링온족(호전적인 외계 종족—옮긴이)의 메시아인지의 여부를 중심으로 이야기가 전개된다. 엔터프라이즈호의 클링온족 보안 장교 워프는 되살아난 메시아가 진짜인지 아닌지를 결정해야 한다. 안드로이드인 데이터 소령은 메시아의 주장을 뒷받침해 줄 경험적 증거를 요구한다.

"이건 경험의 문제가 아닙니다." 워프가 대답한다. "이건 믿음의 문제예요."

"믿음이라." 데이터가 응수한다. "그렇다면 케일레스가 초자연적인 속성을 지녔을 수도 있다고 믿는다는 말이군. 안드로이드인 나는 합리적인 수단을 통해 증명될 수 없는 건 받아들일 수 없소."

이 대화의 저변에는 어떤 전제가 깔려 있는가? 초자연적 존재는 "합리적인 수단을 통해 증명될 수 없다"는 주장이다. '믿음의 문제'는 경험적 증거로 뒷받침될 수 없다는 주장이다.[31]

이와 대조적으로, 그리스도인들에게 예수가 메시아였다는 경험적 증거를 요구하면 아마 그분의 부활에 대한 역사적 증거, 신약성경의 기록이라는 사실적 증거, 성경 본문의 신뢰성에 대한 사본상의 증거, 성경에 기록된 사건들에 대한 고고학적 증거 등을 죽 나열할 것이다. 기독교의 메시지는 이처럼 보고, 듣고, 만질 수 있는 사건들에 의지하고 있다(요일 1:1).

하지만 「스타트렉」의 각본 작가들은 우리 사이에 널리 퍼져 있는 편견, 곧 초자연적인 존재에 대한 모든 진술은 정의상 다 '비합리적'이라는 편견을 포착했다. 인터넷에서 기독교에 관한 기사 밑에 달린 댓글들을 보면 사실상 거의 그런 편견을 드러내고 있는 것을 알 수 있다. 얼마나 강력한 증거가 있든, 경험과학으로 알 수 있는 사실 저 너머에 무엇인가가 존재한다는 주장은 예외 없이 '비합리적'이라고 공격받는다.

하지만 자기 세계관의 신조에 부합되느냐의 여부만으로 어떤 것이 합리적인지를 규정한다는 주장은 설득력 없는 방법이다. 규정이라는 방식으로 진리에 대한 다른 주장들을 모조리 배제하기 때문이다. 그런 식이라면 증거를 조사할 필요도 없다. 진리에 대한 진지한 탐구는 속임수를 쓰는 것으로 시작하지 않는다.

매트릭스의 내부

지금까지 한 이야기로 보면 경험론은 유물론으로 가는 또 하나의 길인 것처럼 보인다. 사실 그럴 때가 많다. 무엇이 진짜인지가 오감五感으로 알 수 있는 것이라는 관점에서 정의된다면, 현실은 오직 물질세계만 포함하는 것으로 보인다. 그러나 경험론을 추적해 그 논리적인 결론에 이르러 보면, 놀랍게도 사람의 지성이라는 내면을 향해 급선회하는 것을 알 수 있다. 이는 유물론에서 유심론mentalism으로 방향을 바꾸고 있는 서양 사상의 중요한 추세를 보여 준다. 물질을 가장 주된 현실로 보는 시각에서 정신을 가장 주된 현실로 보는 태도로 바뀌는 것이다.

이 문제를 이런 식으로 생각해 보라. 경험론은 순수한 지식의 유일한 원천이 눈에 보이고 귀에 들리는 지각적 인상이라고 말한다. 그렇다면 그 감각으로 지각하는 인상이 참이요 정확하다는 사실은 어떻게 알 수 있는가? 따지고 보면 감각이 우리를 속일 수 있음을 우리 모두 다 잘 알고 있지 않은가? 사람은 시각적인 환상에 매여 산다. 숟가락을 물 잔 속에 집어넣어 보라. 손잡이가 휘어져 보일 것이다. 그러면 우리의 감각 경험이 참인지 거짓인지 어떻게 시험할 것인가?

대답은, 엄격한 경험론자에게는 우리의 감각 경험을 시험해 보일 수 없다는 것이다. 자기 머릿속에서 걸어 나와 자기 내면의 이미지를 외면 세계와 비교해서 그 둘이 서로 조화되는지 확인하기란 불가능하다.[32] 그럴진대 내 감각이 나에게 진실을 말해 준다고 어떻게 확신할 수 있겠는가?

경험론 철학자들 자신도 곧 문제점을 깨달았다. 19세기에 존 스튜어트 밀John Stuart Mill은 우리가 사실상 외부 세계에 대해 아무것도 모른다고 결론 내렸다. 예를 들어 탁자 하나를 살펴본다고 하자. 색깔이 갈색이라는 것을 볼 수 있고, 겉면이 매끈하다고 느낄 수 있으며, 상판을 두드려 보니 매우 견고한 소리가 난다. 하지만 이 모든 것은 감각일 뿐이다. 우리 두뇌 속에 저장되어 있는 색상 한 조각, 소리의 높낮이일 뿐이다. 경험론에 따르면, 우리의 이성과 지성이 이런 감각 다발에서 재료를 뽑아내 탁자라는 개념을 구성한다. 하지만 이성과 지성 밖으로 한 걸음 내디뎌 외부 세계 그 자체가 어떤지 알아내기란 불가능하다. 밀은 물질세계가 '감각의 영원한 가능성'에 지나지 않는다고 결론 내렸다.[33]

그런데 이 경우, 외부 세계가 과연 존재하기는 하는 것인지 어떻게 알 수 있는가? 경험론자들이 시인하는 가장 급진적인 내용은, 자신들의 주장을 전제로 할 때 외부 세계가 과연 존재하는지조차도 알 수 없다는 것이다. 그렇게 되면 우리가 영화 「매트릭스」The Matrix의 등장인물일 가능성을 배제할 방법이 없다. 매트릭스 안의 사람은 물리적 세계라는 환영을 창조해 내는 슈퍼컴퓨터에 플러그가 꽂혀 있다.[34] 우리가 물리적인 대상으로 해석하는 그 감각 인식 다발은 그저 감각 인식 다발에 지나지 않을 수도 있다.

경험론은 인간이 유일하게 알 수 있는 것은 감각이 계속 이어진다는 사실뿐이라는 주장으로 끝을 맺는다. 머릿속에서 영사용 필름이 계속 돌아가는 것처럼 말이다.

영화 「매트릭스」에서 모피어스(그리스 신화에 등장하는 꿈의 신 모르페우스의 이미지를 차용한 인물—옮긴이)는 말한다. "'진짜'라는 것을 어떻게 정의할 텐가? 느낄 수 있는 것, 냄새 맡을 수 있는 것, 맛볼 수 있고 눈으로 볼 수 있는 것에 대해 말한다면 '진짜'라는 건 그저 너의 뇌가 해석하는 전기 신호일 뿐이야."

데이비드 흄은 이 기괴한 결론을 받아들이는 것처럼 보인다. 그의 말을 들어 보자. "우리의 상상을 추적해 하늘까지, 혹은 우주의 극한까지 가 보자. 우리는 사실상 우리 자신을 한 발자국도 넘어서지 못할 것이다." 우리는 '상상이라는 우주'에 살고 있다.[35]

이런 극단적인 결론을 공유하는 사람이 또 하나 있는데, 물리학자 에른스트 마흐 Ernst Mach가 바로 그다(음속을 뜻하는 단위 '마하'는 그의 이름을 따서 만들었다). 그는 "세상은 오로지 감각으로만 이루어진다"라고 말했다. 그리고 원자나 전자와 같이 눈으로 관측할 수 없는 근본적인 물리학적 실체는 '유익한 허구'일 뿐이라고 일축했다.[36]

요점을 말하자면, 오로지 감각 인식으로만 시작하면 역시 감각 인식으로 끝나리라는 것이다. 감각 경험만을 이용하면 내면의 정신적 이미지를 외부 세계와 연결시키는 다리를 구축할 길이 없다. 우리는 정신이라는 감옥에 갇히고 만다. 그것이 감각을 신으로 대할 때, 곧 감각을 지식의 유일한 출발점이요 기준으로 볼 때의 논리적인 결론이다.

감각 중심의 베이컨, 의심 많은 데카르트

역사적으로 경험론의 큰 맞수는 합리론이었다. 그러나 합리론 역시 정신이라는 내면에 갇히는 것으로 끝을 맺는다. 합리론은 지식의 유일한 근원과 기준이 '이성'이라고 알려진 정신 속의 관념이라고 주장한다. 그러나 우리의 이성 밖으로 발을 내디뎌 그 관념이 정확한지 시험해 보기란 불가능하다. 경험론과 마찬가지로 합리론에도 내면의 관념과 외부 세계를 연결해 주는 다리가 없다.[37]

허다한 서양 사상이 어쩌다 이렇게 정신의 감옥에 갇히는 것으로 끝나고 말았는가? 이를 확인하려면 상상력을 발휘해 역사를 거슬러 올라가, 중세 말의 극심한 지적 혼돈 상태를 재구성해 보아야 한다. 종교개혁 후 중세 교회가 붕괴되면서 한 세기에 걸쳐 종교 전쟁이 벌어졌다. 그리스도인들이 성경 교리의 해석을 두고 의견이 갈리면서 말 그대로 피 튀기는 싸움을 벌이자, 수많은 종교 난민들이 고국을 버리고 피난길에 올랐다. 이 시기를 전후로 르네상스가 진행되었고, 폴리톤·아리스토텔레스·데모크리토스·에피쿠로스 같은 철학자들의 고전 텍스트를 재발견한 것이 이 움직임에 박차를 가했다. 그리고 이 텍스트에 담긴 의견은 저마다 달랐다.

이러한 관념의 충돌은 역사가들이 말하는 이른바 '회의주의의 위기'skeptical crisis로 분출되었다.[38] 이 시대의 긴박한 질문은 "경쟁적으로 진리를 자처하는 주장들 가운데 어느 것이 정말 참인지 어떻게 확신할 수 있는가?" 하는 것이었다. 철학자들은 진리의 좀 더 깊은 근원을 탐구하기 시작했다. 하지만 서로를 비난하는 신학 권위자들에게서 그 근원을 찾지 않았고, 경쟁적으로 당대의 인정을 받으려고 하는 종교 서적이나 고대 전승, 혹은 무기를 들고 서로 싸움을 벌이는 민간단체에서 근원을 찾으려 하지도 않았다.

사실 철학자들은 어떤 외적인 근원에서부터 진리를 탐구하지 않았다. 그들의 소망은 오로지 개인의 내면에 자리 잡은 하나의 방식, 인식이라는 직관적 데이터에 뿌리내린 그런 방식을 찾고 싶다는 것이었다. 그들은 무無에서 시작하여 인간 개개인의 정신 안에 있는 든든한 토대 위에 지식의 전 체계를 재건하고 싶어 했다.[39]

이러한 소망이 바로 경험론과 합리론의 배후에 있는 행동 동기다. 경험론의 창시자는 프랜시스 베이컨Francis Bacon이다. 베이컨은 교육과 환경의 영향으로 우리 정신에 자리 잡은 모든 대중적 관념들을 깨끗이 씻어 내고, '기초에서부터 완전히 새롭게 시작'할 생각으로 프로그램을 구상했다.[40] 그런데 그 기초란 것이 무엇이었을까? 그가 생각하기에 가장 단순하고 직접적인 형태의 지식은 감각 인식, 곧 보이는 것과 들리는 것이었다. 베이컨은 이 감각이라는 기초 위에 지식을 재건하고자 했다.

합리론의 창시자는 르네 데카르트René Descartes다. 그는 흐릿하거나 설익은 관념, 회의懷疑의 대상이 될 만한 모든 것을 인간의 정신에서 깨끗이 씻어 없애고, 회의할 수 없는 어떤 근본에 도달하기 위한 한 가지 체계를 제안했다. 그 근본이란 무엇인가? 데카르트가 회의할 수 없는 단 한 가지는, 회의하는 그 자신의 정신적 과정이었다. 개인의 모든 관념이 설령 망상일지라도 그 망상을 경험하는 하나의 자아가 여전히 존재한다고 그는 주장했다. 이것이 바로 그 유명한 "나는 생각한다. 고로 나는 존재한다"Cogito, ergo sum라는 말의 의미다. 데카르트는 인간 정신 속의 선명하고 뚜렷한 관념이야말로 지식을 재건하는 토대일 것이라고 믿었다.

베이컨과 데카르트 두 사람 모두 일정 수준의 기독교 신앙을 표명했다.⁴¹ 그럼에도 이들이 제안하는 철학은 하나님을 진리의 궁극적인 근원으로 대하지 않았다. 그보다 이들은 하나님을 개별적 인식으로 대체했다. 한 철학자의 말처럼 이들은 '일인칭 시점'을 확신에 이르는 유일한 길로 만들었다. '자아를 지식이 위치하는 곳이자, 지식을 판정하는 자'로 삼은 것이다.⁴²

이것이 모더니스트 프로젝트의 핵심이다. 문화의 파편들, 곧 우리가 받아들인 전통이나 사변적 철학, 종교의 주장 등을 다 벗겨 내면, 한마디로 말해 인간이 오해할 수 있는 모든 것들을 다 벗겨 없애면, 마침내 우리가 오해할 수 없는 무언가에 도달하리라는 개념이다. 왜 아니겠는가? 진리란 추론과 승명에 의해서가 아니라 의식의 직관적 데이터를 들여다봄으로써 알 수 있으니 말이다. 이렇게 해서 알게 된 사실들은 외부의 그 어떤 비판이나 도전에도 영향을 받지 않을 것이다. 건물의 기반처럼 이 또한 지식의 체계를 쌓을 수 있는 견고하고 오류 없는 토대를 제공해 줄 것이다.

이정표인가, 막다른 골목인가?

계몽주의 사상가들은 하나님 대체물을 찾고 있었던 것이 확실하다. 로마서 1장에서 말한 바대로 이들은 피조물 중에서 진리의 확고하고 확실한 근원이요, 궁극적 해설자요, 지식의 불변하는 토대로 여겨 하나님 대신 섬길 수 있는 어떤 것에 집착했다.

그것이 바로 철학자 카를 포퍼 Karl Popper가 계몽주의 인식론의

'종교적 성격'에 대해 이야기한 이유다. 그는 신의 계시라는 권위는 또 다른 형태의 권위로 대체되었을 뿐이라고 말한다. 베이컨의 경험론은 '감각의 권위'에 호소한 반면 데카르트의 합리론은 '지성의 권위'에 호소했다.[43] 하지만 두 사람 모두 신의 계시만큼 확실하고 보편적인 진리를 산출해 낼 어떤 방법을 발견할 수 있기를 바랐다. 두 사람 모두 인간 개인이 시공간 내의 제한적 장소를 초월하여 신 같은 절대 지식, 철학자들이 말하는 하나님 시점의 현실 God's-eye view of reality에 이르게 하는 어떤 수단을 발견할 수 있기를 바랐다. 철학자 존 허먼 랜들John Herman Randall은 이렇게 말한다. "그들은 우주에 대한 완전하고 완벽한 이해와 설명, 오직 하나님만이 소유할 수 있는 그것에 도달하려고 애썼다."[44]

역설적이게도 신 같은 지식에 대한 탐구는 결국 자아라는 아주 작은 우주로 제한되고 만다.

대다수의 철학은 어떤 사람이 인간 체험에 대해 부인할 수 없는 한 가지 사실을 우연히 발견하고는 모든 지식의 궁극적이고 오류 없는 토대를 찾았노라고 주장할 때 생겨난다. 베이컨은 실제로 누구도 감각의 증언을 부인할 수 없다는 점을 깨달았다. 우리는 자기가 보고 듣는 것의 기본적인 신빙성을 신뢰하지 않고는 이 세상에서 제대로 살아갈 수 없다. 과학적 모험은 우리의 감각이 현실에 대해 신뢰할 만한 그림을 제공한다는 전제를 기반으로 한다. 그러나 경험론은 경험이라는 이 사실을 절대화한다. 경험한 사실에다 그것이 도저히 감당할 수 없는 철학적 무게를 덧씌우려

한다. 그리하여 그 사실은 막다른 골목에 이르고 만다. 감각 데이터만을 유일한 출발점으로 삼으면 감각 데이터로 끝나게 된다. 머릿속에서 계속 돌아가는 슬라이드 필름만 남는 것이다.

데카르트는 또 하나의 부인할 수 없는 경험을 우연히 마주했다. 바로 우리의 자아 인식, 인격적 실존이다. 사람이 자기가 알고 있는 모든 것을 의심하게 될지라도, 바로 그 의심 행위를 하고 있는 자아는 남는다. 합리론은 바로 이 경험적인 사실을 절대화해서 그 위에 본격 철학을 구축하려고 한다. 그러나 내면의 관념으로 시작하면 끝나는 곳도 여전히 내면의 관념이다. 자신의 정신이라는 삼옥에 갇히고 마는 것이다.

비성경적인 모든 철학은 창조 세계 안의 무언가에, 일반계시라고 알려진 무언가에 집착하여 그것을 토대 삼아 진리의 체계를 구축하려고 한다. 하지만 필연적으로 이 토대는 그런 구조물을 지탱하기에는 너무 제한적이라는 사실이 드러난다. 창조 세계에 대한 우리의 경험은 그저 설명을 필요로 하는 데이터일 뿐이다. 이 경험은 초월적 창조주를 가리키는 이정표다. 이정표 자체를 궁극적인 진리의 근원으로 여긴다면 이정표를 잘못 읽는 것이다. 그럴 경우 예외 없이 우리는 막다른 골목에 이르게 된다.

칸트의 감옥: 정신이라는 우상

경험론과 합리론 모두 우리를 정신에 가두어 두는 것으로 끝나고 말았다. 그다음 단계는 이제 외부 세계 같은 것은 없다는 주장일 터였다. 대신 정신이 세상을 창조한다고 말이다. 그 단계를 밟은 사람이 바로 이마누엘 칸트Immanuel Kant였다. 그가 일으킨 혁신은, 정신은 단순히 세상의 구조를 반영하지 않고 세상 위에 능동적으로 구조와 질서를 세운다고 제안한 것이었다. 칸트에게 우리가 알고 있는 현실이란 거의가 인간 정신의 구조물이다.

어찌 됐든 우리는 물질세계에 대한 지식을 어디에서 얻는가? 칸트의 말에 따르면, 지식의 원재료는 모든 것이 뒤범벅된 혼돈 가운데서 눈과 귀를 통해 우리의 정신 속으로 밀려들어 오는 감각 효과다. 그 인식들이 어떻게 조리 있고 이해 가능한 하나의 전체로 조직화되는가? 그것은 인간 정신의 창조적 활동 덕분이다. 칸트는 인간의 정신이 전과 후, 원인과 결과, 공간과 시간 등과 같은 질서를 세우는 데 필수적인 원리를 제공한다고 말했다. 세상이 합법적이고 질서 있게 보이는 이유는 오로지 인간의 정신이 마치 진흙을 틀에 넣고 압력을 가하는 것처럼 그 질서를 창조해 내기 때문이라는 것이다. 칸트의 말을 빌리자면, "인간 정신은 자연에게 법률을 수여하는 존재다."[45] 인간 정신이 창조 세계에 법률을 수여하는 분으로서의 하나님의 역할을 대신하는 것이다.

이는 혁명적인 개념이었다. 그리고 칸트도 이를 알고 있었다. 그는 이 개념을 일컬어 자신이 이루어 낸 코페르니쿠스적 혁명이라고 했다. 근대 과학의 탄생 때 코페르니쿠스는 태양을 태양계의 중심으로 이동시켰다. 그런데 이제 칸트는 인간의 의식을 현실의 중심으로 옮겨 갔다. 주된 현실은 물질이 아니라 정신이라고 그는 말했다. 객체인 세상은 주로 인간 의식에 의해 그 모양과 특성이 형성된다고 했다. 철학자 앨빈 플랜팅가$^{Alvin\ Plantinga}$가 설명하는 것처럼 "칸트가 일으킨 코페르니쿠스적 혁명의 근본 주제는 세상일들의 기본 구조, 어쩌면 존재 자체도 인간 정신의 순수한 사유 활동 덕분"이라는 것이다.[46]

인간의 정신이 시간과 공간의 범주까지 간섭한다면, 인간 정신 자체는 시간 밖에 존재해야 한다. 칸트는 시간을 초월하는 불변의 인간 정신을 일컬어 선험적 자아$^{transcendental\ ego}$라고 했다. 이는 경험된 자기, 평범한 자기, 곧 자신의 인격적 정체성 인식이 아니라 차원 높은 자기, 포괄적인 정신이다.

이와 같은 입장을 일컫는 철학적 칭호가 관념론^{idealism}이다. 이 표현은 높은 이상을 품는다는 평범한 의미로 쓰이지 않는다. 그보다 궁극적인 현실은 관념의 영역, 곧 정신의 영역이라는 의미다. 관념론은 물질을 신격화하지 않고 대신 정신을 신격화한다. 물질을 인식의 근거로 삼기보다 인식이 우리가 아는 물질을 체계화한다고 주장한다. 인식을 궁극적 해설자로 삼는 것이다.

칸트는 자신의 체계가 "영원히 확정되어 충분히 안전한 토대에 놓여 있다"고 주장했다.[47] '안전한 토대'와 '영원히 확정되었다'는 표현에 우상 감지기가 삑 하고 경고음을 낼 것이다. 창조 세계의 무엇이든 현실의 영원하고 불변하는 토대로 제시되는 것은 다 우상이다. 베이컨이나 데카르트와 마찬가지로 칸트도 유신론자였다. 그러나 그의 체계에서 실제로 신의 역할을 한 것은 하나님이 아니라 인간의 정신이었다. 정신 자체에 신 같은 창조 능력이 주어진 것이다.

철학 교과서를 보면 흔히 칸트의 철학이 경험론 및 합리론과 결합되었다고 말한다. 그러므로 가장 큰 약점 또한 공유하고 있다는 사실은 별로 놀라운 일이 아닐 것이다. 칸트 철학 고유의 전제에 비추어 볼 때 인간 정신 밖으로 걸어 나와 우리의 관념이 외부 현실과 조화되는지를 시험해 볼 방법은 없다. 그리고 그 논리적인 결과는 유아론solipsism, 곧 내가 확실하게 알 수 있는 유일한 것은 나 자신의 정신의 존재뿐이라는 교리다. "경험론과 관념론 모두에게 공통되는 것은 인간 정신이 그 고유의 내용물 외에는 무엇에 대해서도 직접적인 지식을 갖지 않는다는 교리"라고 철학자 앤서니 케니Anthony Kenny는 말한다. "경험론과 관념론의 역사는 두 동향이 결국 유아론 방향으로 흘러간다는 것을 보여준다."[48] 두 이론은 우리를 정신의 감옥에 가둔다.

신이 된 예술가: 상상력이라는 우상

관념론은 그 결함에도 불구하고 낭만주의 운동에 열광적으로 포용되었다. 낭만주의자 가운데는 예술가가 많았는데, 이들이 관념론에 매력을 느낀 까닭은 관념론이 인간의 정신 혹은 창조적 상상력을 신격화했기 때문이다. 인간의 정신이 세상의 질서를 잡는,

곧 혼돈에서 질서를 창조하는 권력이라면 예술가는 이제 장인匠人이 아니라 창조자다.

낭만주의자에게 진리의 궁극적 토대는 감각(경험론)이나 이성(합리론)이 아니라 창조적 상상력이었다. 낭만주의자들은 상상력을 '외부의 그 어떤 힘에도 영향받지 않는' 자율적인 능력으로 생각했다고 베일러 대학교의 앨런 제이콥스Alan Jacobs는 설명한다. 그의 말에 따르면 "상상력은 다른 종류의 진리에 도전받을 수 없는 고유의 독특한 진리를 생성해 낸다." 여기서 '자율적이다', '영향받지 않는다', '도전받을 수 없다'는 말에도 역시 우상 감지기가 경고음을 내야 한다. 낭만주의자들은 상상력이 궁극적인 진리를 생성한다고 주장했다. 이에 대해 제이콥스는 "상상력은 과거에 오로지 하나님만이 하실 수 있는 것으로 정해졌던 다수의 기능을 이행한다"고 덧붙인다.[49] 상상력은 하나님 대체물이다.

시인들은 예술이 무無에서 새 세상을 창조하는 일로, 하나님께서 하신 바로 그 일을 재연한다고 말하기 시작했다. 새뮤얼 콜리지Samuel Coleridge는 예술의 창조를 가리켜 "무한한 자존자I Am 안에서 영원한 창조 행위의 유한한 생각이 되풀이되는 것"이라고 말했다. 요한 고트프리트 헤르더Johann Gottfried Herder는 "예술가는 창조주 하나님이 된다"고 말했다.

그렇게 해서 태어난 것이 지금 우리에게 친숙한, 예술가를 예언자나 선견자로 보는 개념이다. 윌리엄 워즈워스William Wordsworth는 자신의 영혼에 '제사장 의복'이 입혀졌고, 이로써 자신이 '거룩한 직분'을 이행할 자로 지목되었다고 생각했다. 윌리엄 버틀러 예이츠William Butler Yeats는 예술이 자신에게 "새 종교, 시의 전통을 지닌 무오無誤한 교회에 가까운 것"이 되었다고 했다. 낭만주의를 다루는 어떤 책에는 『은혜의 방편으로서의 상상력』*The Imagination as a Means of Grace*이라는 제목이 붙어, 창조적 상상력에 종교의 지위가 부여되었음을 반영했다.[50]

근대를 출발시킨 두 운동은 계몽주의와 낭만주의라고 흔히들 말한다. 그러나 이 둘 모두 우상 위에 구축되었다.

눈먼 철학자들을 위한 치료제

로마서 1장에서 펼쳐지는 우주적 드라마는 현대는 물론 고대에, 철학은 물론 종교에도 적용할 수 있는 강력한 원리를 우리에게 제시한다. '**원리 1**'은 기독교를 대체하려고 하는 어떤 종교나 철학이든, 그것이 어떤 우상을 섬기는지를 밝혀내면 그 종교나 철학의 핵심에 이를 수 있다고 말한다. 종교나 철학은 저마다 피조물의 어느 한 측면을 새기고 깎아 내서 그것을 절대 진리로, 모든 것을 규정하는 단 하나의 원리로 격상시킨다. 피조물의 한 단면을 절대화하려는 이런 성향이 "모든 '주의'isms의 근원"이라고 기독교 철학자 헤르만 도예베르트Herman Dooyeweerd는 말한다.[51] 창조된 질서의 한 부분이 전체로 대접받는다. 퍼즐 한 조각이 전체 그림을 자처한다. 스펙트럼의 어느 한 색상이 자기가 무지개라고 주장한다.

세계관은「맹인과 코끼리」라는 유명한 이야기의 등장인물들과 많이 닮았다. 이리저리 휘어지는 코끼리 코를 만져 본 맹인은 코끼리가 뱀을 닮았다고 주장했다. 코끼리의 엄니를 잡은 맹인은 이 동물이 창과 비슷하다고 말했다. 코끼리 꼬리를 만진 맹인은 이 짐승이 밧줄과 비슷하다고 했다. 우상에 기반을 둔 세계관도 이와 아주 비슷하게 작용한다. 저마다 현실의 어느 한 부분만을 붙잡고는 그것이 전체를 보여준다고 선언한다. 그 한 부분이 인간의 경험 전부를 설명해 주는 일련의 개념 범주로, 우주를 여는 열쇠로 대접받는다. 무엇이든 이 열쇠로 설명이 되지 않는 것은 부인되거나 재정의되든지 아니면 실재하지 않는 것으로 간단하게 처리된다.

이와 대조적으로 기독교는 창조 세계에 있는 어떤 것에서 출발하지 않는다. 기독교는 초월적 창조주에게서 시작된다. 그러므로 기독교는 그 범위에 제한을 받지 않는다. 기독교는 모든 현실을 단일한 범주 집단으로 환원시키지 않아도 된다. 기독교는 코나 엄니나 꼬리만 보지 않는다. 기독교는 코끼리 전체를 보는 초월적인 관점이다. 철학자와 신비론자들이 그토록 갖고 싶어 하는 하나님 시점의 안목이다. 당신과 내가 비록 개별 관점에 제한을 받고 있지만, 우리는 그 영원한 관점에 다가갈 수 있다.

비판적으로 사고하는 즐거움

우리가 이 책에서 배우는 철학들이 모든 서양 사상의 뼈대를 형성한다. 그 철학들의 이념이 모든 학과목 영역, 학문 분야, 직업에 정보를 제공한다. 필자의 아들이 대학에서 '심리학의 역사' 과목을 수강 신청했다고 해서 과목 교재를 펼쳐 본 나는 이 강의가 철학 강좌임에 틀림없다고 장담했다. 교재의 목차는 소크라테스 전 시대에서 시작하여 플라톤과 아리스토텔레스로 이어졌고, 경험론과 합리론과 칸트를 다룬 뒤 최근의 철학 동향으로까지 계속 이어졌다. 그 교재는 모든 심리학 이론은 철학을 적용하는 데서 생겨 나온다고 주장하고 있었다.[52]

다른 과목들도 마찬가지다. 로마서 1장의 다섯 가지 원리에 일단 숙달되면 그 어떤 연구나 작업 분야의 이론에 대해서도 비판적이고 창의적으로 생각할 수 있는 능력을 구비하게 된다. 필자가 가르치는 한 학생이 말한 것처럼 방법론을 활용하는 것은 "자동차로 로스앤젤레스를 돌아다닐 때 일련의 방향 지침(좌회전하라, 우회전하라)만 가지고 운전하는 것과 시 전체 지도를 가지고 운전하는 것과의 차이와 비슷하다. 지도가 있으면 전체를 조망할 수 있다." 로마서 1장에서 얻을 수 있는 다섯 가지 원리는 모든 관념 체계를 항해할 수 있는 지도를 제공한다.

학생들이 가끔 내게 하는 말이, 변증서를 읽다 보면 "다른 사람들은 다 틀렸다"는 메시지를 주로 얻게 된다고 한다. 그러나 로마서 1장의 접근 방식은 신선한 대안을 제시한다. 가짜 신은 창조 세계 안에 있는 어떤 것이기 때문에 사람들로 하여금 창조 세계의 그 측면에만 초점을 맞추게 만든다. 이는 이 가짜 신들이 어떤 진짜 진리를 발견해 낼 가능성도 있다는 의미다. 우리가 지금까지 규명해 본 우상들을 생각해 보자.

유물론이 일부 옳은 것은 하나님께서 물질세계를 창조하셨기 때문이다. 심지어 하나님께서는 그 세계를 보시고 "심히 좋았더라"(창 1:31)고 말씀하셨다. 그러므로 우리는 유물론을 받아들이는 과학자들이 물리 세계에 대해 엄청난 사실들을 말해 준다 해도 놀랄 필요가 없다.

합리론에도 일부 일리가 있는 것은 하나님께시 합리적으로 알 수 있는 구조로 세상을 창조하셨기 때문이다. 하나님께서는 앞뒤가 들어맞는 구조와 더불어 인간 지성을 창조하셨다. 합리적으로 추론하면 하나님에게 귀결될 수밖에 없다. C. S. 루이스의 『스크루테이프의 편지』*The Screwtape Letters*를 보면, 노련한 마귀가 신참 마귀에게 논쟁을 피하라고 주의를 주는 것을 볼 수 있다. "논쟁하는 바로 그 행위로 너는 환자의 이성을 일깨우게 된다. 일단 이성이 깨어나면 누가 그 결과를 예측할 수 있겠느냐?"[53]

경험론에도 무언가 맞는 부분이 있는 것은 하나님께서 세상을 감각의 차원으로 창조하셨고 인간에게 오감을 주셔서 이 세상에서 기동하며 살게 하셨기 때문이다. 예수 자신도 경험적 증거의 필요성을 확증해 주셨다. 예수께서는 내 말이 안 믿겨지면 "기적이라는 증거"(요 14:11, NIV)[54]를 믿으라고 제자들에게 말씀하셨다. 예수께서 중풍병자의 죄를 사해 주시는 것을 보고 바리새인들이 그 권위에 대해 의문을 품자 예수께서는 "인자가 땅에서 죄를 사하는 권세가 있는 줄을 너희로 알게 하려 하노라"(막 2:10)고 대답하셨다. 그리고 그 말씀의 뜻을 확실히 알려 주지 않으신 채 몸을 돌이켜 중풍병자를 고쳐 주셨다. 예수께서는 구하는 사람 누구나 볼 수 있는 경험적 증거를 보여주심으로써 자신의 정체를 확증하셨다.

사도들은 복음을 선포할 때 자신의 메시지를 공적인 진리, 곧 눈으로 볼 수 있는 증거, 교차 검증과 시험이 가능한 증거, "우리가 들은 바요 눈으로 본 바요 자세히 보고 우리의 손으로 만진 바"(요일 1:1) 된 증거에 기반을 둔 진리로 여겼다. 이들은 "빈틈없이 고안해 낸 신화"(벧후 1:16, NIV)를 설교하지 않았다. 이들은 시간과 공간 안에서 일어난 사건의 '목격자'였다. 사도들이 목격한 것은 그리스도께서 죽음에서 부활하신 것에 대한 "설득력 있는 많은 증거"였다(행 1:3, NIV). 더 나아가, 바울이 로마인 지배자들에게 상기시켜 주었듯이 "이 일은 한쪽 구석에서 행한 것이 아니"었다(행 26:26). 이 사건은 수많은 사람들이 보는 데서 공개적으로 벌어진 일들이었고, 그 사람들은 바울이 그 말을 할 때 여전히 생존해 있었다. 따라서 어떤 반대되는 증거가 있었더라면 그 증거를 가지고 바울의 주장을 충분히 반박할 수 있었을 것이다.[55]

낭만주의는 인간을 복잡한 기계장치로 환원시키는 계몽주의 세계관에 맞서기에 적합했다. 낭만주의는 인간의 자유와 창조성을 단언하기에 적절했다. 우리는 창조주의 형상으로 만들어졌기 때문에 그리스도인은 다른 어떤 일보다도 창조적인 예술을 지지하는 일에 전념해야 한다. 상상력은 높이 날아올라야 한다.

성경적 세계관은 그리스도인으로 하여금 사실상 모든 관점이 모종의 가치를 제공한다는 사실을 염두에 두고 상대를 존중하되 거리낌 없는 태도로 모든 관점에 접근할 수 있게 해준다. 어느 관점에서든지 선한 것을 발견하면 주워 모을 수 있다. 어떤 문화에서든지 최고의 문화적 성과들을 마음껏 향유할 수 있다. 고전 예술 작품과 문학에서 볼 수 있는 예술성과 아름다움을 얼마든지 즐겨도 된다. 과학과 철학에서 발견되는 통찰에서 깨우침을 얻을 수 있다. "경험으로 증명할 수 있다", "합리적이다"라는 좋은 말들을 세속 세계관이 다 차지하도록 허용해서는 안 된다. 균형 잡힌 성경적 내용으로 이런 표현들의 속을 채워야 한다.

그러는 한편, 우리는 진짜로 선하고 참된 모든 것의 본령은 바로 기독교임을 설득력 있게 주장해야 한다. 모든 '주의'ism는 진리라는 풍요로운 직물에서 실 한 가닥을 빼낸 것에 지나지 않는다. 기독교만이 가장 위대한 철학자와 현자들이 줄곧 찾던 것을 제공해 준다. 인간의 모든 지식을 포괄하는 일관성 있고 초월적인 진리의 틀 말이다.

선한 것, 참된 것, 그리고 이교도

어떤 세대에서나 그리스도인은 주변 문화 가운데서 무엇이 선하고 무엇이 참된 것인지를 밝혀낼 의무에 직면했다. 교회는 헬라 철학이 형성해 낸 지적 풍토 속에서 태어났다. 교부들에게 주어진 도전은, 고도로 세련되었지만 본질상 이교적인 문화에 말을 걸 수 있는 전략을 세우는 것이었다. 당대의 주도적인 관념들을 두루 조사해 본 교부들은 성경에 배치되는 것으로 판단해 거부해야 할 것들을 많이 찾아냈다. 뿐만 아니라 선하고 옳은 내용들, 성경적인 세계관 속으로 동화시켜도 될 만한 내용도 그에 못지않게 많이 밝혀냈다. 이때 교부들은 오늘날까지도 널리 통용되는 문구 하나를 만들었다. "어디에서 발견되는 진리든, 모든 진리는 다 하나님의 진리다."

교부들은 구약성경에서 빌려 온 문장도 활용했다. 이스라엘 백성이 애굽에서 탈출할 때 하나님께서는 그들에게 "애굽 사람의 물품을 취하라"고 하셨다(출 12:36). 은유적으로 이 말은 예술과 학문을 포함해 이교 사회의 좋은 점을 우리의 것으로 삼으라는 의미를 갖게 되었다.[56]

사도행전 17장을 보면 바울 자신도 아레오바고에서 헬라 문화의 지도자들을 향해 강설을 하면서 당대의 문헌을 인용하는 깜짝 놀랄 만한 예를 보여준다. 바울이 아덴의 철학자들과 더불어 "변론했다"고 할 때 쓰인 헬라어는 '디알레고마이'*dialegomai*로, 영어 단어 '대화'dialogue는 이 말에 뿌리를 두고 있다. 다시 말해 바울의 강설은 일방통행이 아니었다는 것이다. 그는 이교도 청중에게도 진리를 보는 안목이 있다는 점을 인정하면서 이야기를 시작한다. 비록 그들이 더듬거리며 신을 찾는 모습이 막연하고 혼란스럽긴 해도 말이다. "내가 두루 다니며 너희가 위하는 것들을 보다가 알지 못하는 신에게라고 새긴 단도 보았으니 그런즉 너희가 알지 못하고 위하는 그것을 내가 너희에게 알게 하리라"(행 17:23).

그러고 나서 바울은 한 이교도의 시를 인용한다. "'우리가 그를 힘입어 살며 기동하며 존재하느니라.' 너희 시인 중 어떤 사람들의 말과 같이 '우리가 그의 소생이라' 하니"(행 17:28). 이 인용문과 매우 비슷한 시구가 몇몇 고대 문헌 자료에서 발견되는데, 이는 바울이 당시 널리 퍼져 있던 전제들에 접근해 그것을 활용하고 있었다는 의미가 된다. 그는 헬라 청중들의 타당성 있는 직관과 통찰에 기꺼이 호소하고 있었다. 그 통찰을 성경적 의미의 세계로 통합시킴으로써 그것을 교정하고 변형시키기까지 하면서 말이다. 바울은 기독교가 헬라인들에게 의미 있는 정황을 제시하여 그들 스스로 자기 문화를 해석하게 해준다는 놀라운 주장을 펼치고 있다.

성경의 세계관은 지극히 풍성하고 다차원적이어서 그리스도인은 모든 삶의 철학의 참된 부분에서 교훈을 얻을 수 있고 유익을 얻을 수 있다. 그러나 동시에 그 철학들의 결함을 비판하고 한계를 초월해야 한다.

하지만 무엇보다 먼저 우리는 사람들이 자기 한계를 인식할 수 있도록 도울 필요가 있다. '**원리2**'에서는 우상에 기반을 둔 세계관이 얼마나 사람을 속박하고 비인간적으로 만드는지 입증하는 방법을 알아보겠다.

원리 2. 우상의 환원주의를 규명하라

니체는 어떻게 이기는가?

"하나님은 왜 사람들이 어리석은 세월을 보내게 그냥 놔두시는 걸까요?"

존 에릭슨John Erickson은 자못 자조적인 어조로 자신의 '어리석은 세월'에 대해 내게 털어놓았다. 그가 말하는 '어리석은 세월'이란 교회에 등을 돌린 채, 자기 삶의 기준으로 삼을 수 있는 좀 더 세련된 신조를 찾아 헤매던 시간을 말한다. 이는 많은 청년들이 지금도 걷고 있는 친숙한 인생 경로다.[1]

"저는 서부 텍사스에서 교회 열심히 다니고 흠정역 성경을 철석같이 신봉하는 신실한 침례교도 집안에서 자랐습니다. 그런데 고등학교 3학년 때 다윈과 프로이트 책을 읽기 시작했지요. 랭보 같은 프랑스 시인이나 그 외 퇴폐주의자들의 작품에 흠뻑 빠져들었습니다. 이런 세속적인 관념들에 대해 어른에게 물어보면, 선량한 침례교도는 그런 질문은 하지 않는다는 투의 답변이 돌아왔어요. 만족스럽지 않았습니다."

저항 문화 시대인 1960년대에 성년이 된 존은 그 시대 문화의 격렬한 관념론에 매력을 느꼈다. 베트남 전쟁에서 5만 명이 넘는 미국인이 사망했다는 사실에 도덕적으로 격분했지만, 그가 보기에 교회는 국가의 치마폭에 감싸여 있었다. 남부인인 존은 노예제도와 인종 억압의 역사에서 교회가 했던 역할에도 좌절감을 느꼈다. 그는 정치와 신학 면에서 왼쪽으로 방향을 틀었고, 머리를 장발로 길렀으며, 인종차별과 베트남 전쟁에 항의하는 시위 행렬에 가담했다.

대학 졸업 후 존은 록펠러 재단 장학금을 받고 하버드 신학대학원에 진학해 리처드 니부어Helmut Richard Niebuhr와 하비 콕스Harvey Cox 같은 당대의 주도적인 자유주의 권위자들 밑에서 공부했다. 당시 조셉 플레처Joseph Fletcher도 하버드 대학의 교수로 있었는데, 그의 저서 『상황 윤리』Situation Ethics 덕분에 학생들은 세상에 옳고 그름의 견고한 원칙이 있다는 개념과 사이가 멀어졌다. 존 같은 학생이 보기에 플레처는 지적 대역작을 완성해 낸 사람이었다. 플레처는 "우리가 수 세기 동안 그저 청년기의 환상으로 치부하던 것, 곧 인생길을 가면서 우리가 자주적으로 규칙을 만들 수 있고 그런 다음 그것을 기독교적 규칙이라고 부를 수 있다는 개념에 학문적인 광택을 덧입혔다."

존은 신학대학원을 졸업할 무렵이 되어서야 마침내 그의 신학적 자유주의에 도전해 오는 물음에 직면했다. 그러나 그 도전은 성경을 읽다가 만난 것이 아니라 니체Nietzsche를 읽다가 만난 도전이었다.

떠들썩한 무신론자

방향 전환은 존이 신학대학원 수업 중에 니체에 관한 리포트를 쓰면서 시작되었다. "니체가 매우 시끄러운 무신론자에다 기독교의 적이라는 사실을 알고 있었지만, 그가 무기력한 부르주아 기독교의 면전에 잽을 날리는 광경을 저는 꽤 재미있게 지켜봤습니다. 학기 리포트를 쓸 때 니체하고 몇 라운드 정도 스파링을 벌이면 재미있겠다는 생각이 들었습니다."

그러나 니체와의 스파링은 존의 완패로 끝났다. 놀랍게도 존은 니체가 당대 서양에 보편적이었던 백인 중산층 문화 중심의 기독교를 통렬하게 비판하는 말에 자신이 상당 부분 공감하고 있다는 사실을 깨달았다. 니체는 양처럼 겁 많고 유순한 부르주아 계층의 점잖은 관습 정도로 퇴보하고 있는 기독교를 가차 없이 비판했다.

"리포트를 써서 제출한 뒤 토론 날짜를 정하고 교수님과 만났습니다." 존은 이야기를 이어 갔다. "그런데 고개를 들어 교수님 눈을 쳐다보지도 못했습니다. 그냥 고개를 숙인 채 말했지요. '니체가 이겼습니다. 니체의 주장에 응수할 수가 없었습니다'라고요."

유명한 신학교의 교수니까 역사상 가장 악명 높은 무신론자에게 통쾌한 반격을 날려 주었으리라 기대할지도 모르겠다. 그러나 존이 경악했던 것은, 그 교수가 아무것도 반격할 만한 내용을 가지고 있지 않다는 사실이었다. 존의 리포트에 매긴 A⁻ 점수 말고는.

몇 년 후 존은 니체의 무신론과 허무주의에 사로잡혀 세월을 낭비한 것을 후회하게 되었다. 반항기로 똘똘 뭉친 대학원생이었던 존은, 제도 교회의 태만에는 회초리를 날리면서 기독교의 긍정적인 기여는 소홀히 여기기가 쉽다는 점을 깨달았다. 존은 서양인들이 여러 면에서 누리고 있는 자유와 인권이 기독교 유산의 열매라는 진실을 마침내 깨달았다. 현대 과학도 거의 대부분 성경의 영감을 받은 자연법칙 개념의 산물이었다. 의로운 전쟁just-war 교리는 중세 신학자들이 발전시킨 것으로, 끝없이 벌어지는 살육·강간·약탈·노예사냥 관행을 종식시키는 데 큰 역할을 했다는 사실도 깨달았다. 반反노예제도에서부터 여성 권익에 이르기까지 다수의 도덕적 이상 역시 기독교에 뿌리를 두고 있다는 것도 깨달았다.

"학생인 우리는 이 모든 것을 마치 강의실의 산소처럼 당연한 것으로 여기고 서양 기독교에 가혹한 비판만 해댔지요." 존은 그렇게 회상했다. "우리는 기독교를 무엇인가와 비교할 생각만 했습니다. 그런데 그 비교의 대상이란 게 언제나 일종의 유토피아적 이상이었어요. 유토피아적 이상이 늘 좋기만 한 건 아니에요. 20세기에는 세상의 유토피아적 관념론자들이 수천만 인명을 몰살시키는 일을 지휘했습니다. 다윈, 마르크스, 니체의 사도들이 '더 숭고한 선'을 위해 그들을 죽인 거죠. 역사는 이보다 더 유능한 도살자 군단을 배출한 적이 없습니다."

존은 색다른 것을 좋아하는 학생들의 허무주의에 대해 하버드 대학의 교수들이 훨씬 더 엄격했더라면 좋았을 것이라는 생각을 했다. "지도 교수가 저를 그렇게 놔줘서는 안 되는 것이었습니다. 기독교가 1900여 년에 걸쳐 쌓아 올린 지적·도덕적 업적을 니체가 다 말소시켰다는 생각을 한 채로 제가 교수님 방을 나서게 해서는 안 되는 것이었습니다. 뭔가 이와 비슷한 말을 해주셨어야 하는 겁니다. '니체는 명민한 만큼 고뇌에 사로잡혔던 천재로, 신앙을 붕괴시키고 지상에 지옥을 세우려는 청사진을 제시한 사람이었네. 니체가 자네를 때려눕힌 건 자네가 약하고 반항적이고 무지했기 때문이지. 게다가 자넨 니체에게 당한 걸 자랑스러워하고 있구먼. 리포트 가져가서 다시 써 오게.'"

하버드 대학교에 점점 환멸을 느낀 존은 결국 보따리를 싸들고 대학을 나왔다. 그리고 서부 텍사스로 돌아가 가족들을 비롯해 자신의 원뿌리와 재회했다. 세월이 흐르면서 그는 자신의 신학을 다시 생각하게 되었고 마침내 신실한 그리스도인이 되었다. 현재 존은 아주 잘 나가는 아동문학가로, 많은 이들에게 사랑받는 '행크 더 카우독'Hank the Cowdog 시리즈를 펴내고 있다.

좋을 대로 하라

하나님께서는 왜 존 에릭슨이 말하는 '어리석은 세월'을 사람들에게 허용하시는 것일까? 이에 대답하기 위해서는 다시 로마서 1장의 메시지에 귀를 기울여야 한다. 로마서 1장 본문은 많은 의미를 지닌 한 날카로운 문구를 반복한다. "내버려 두사…… 내버려 두셨으니…… 내버려 두사"(롬 1:24, 26, 28). 이 문구는 하나님께서 사람들을 포기하신다는 의미가 아니다. 오히려 그 반대다. 이 문구는 사람들이 우상을 숭배하기로 선택할 때, 그들이 그 선택의 부정적인 결과를 다 풀어내게 하심으로써 그들에게 다가가려고 하신다는 뜻이다.

이 신적 전략은 성경 전반에 뚜렷이 드러난다. 고대 이스라엘 백성들이 우상에게로 돌아섰을 때 하나님께서는 "그러므로 내가 그들이 고집스러운 자기 욕망을 따르게 버려두어 자기 생각에 따라 살게 하였도다"(시 81:12, NLT)라고 말씀하셨다. 비슷한 예로 모세의 노래에서도 하나님께서는 "내가 내 얼굴을 그들에게서 숨겨 그들의 종말이 어떠함을 보리니"(신 32:20)라고 하셨다. 칠십인역 성경(헬라어판 구약성경)에서 '보다'see는 '보여주다, 지적하다, 드러내다, 가르치다, 입증하다, 알리다'라는 의미다. 그러므로 백성들에게 다가가 소통하는 것이 하나님의 목적임은 확실하다. 본질적으로 하나님은 이렇게 말씀하고 계신다. "그래, 좋을 대로 해봐라. 그리고 그것이 얼마나 파괴적인 결과를 낳는지 너희 눈으로 보아라."

  이 전략은 우리의 일상생활에서도 아주 비슷한 예로 모습을 드러낸다. 부모는 때로 아이가 나쁜 선택을 해도 말리지 않고 그 선택의 결과를 겪게 한다. 학습 습관이 나쁜 학생이 있을 때 교사는 아이가 그 습관 때문에 낙제를 경험하게 그냥 놔두어야 할 수도 있다. 중독 전문 상담가들은 잘 안다. 사람은 바닥까지 내려가 보아야 달라지려는 마음을 먹게 된다는 것을 말이다. 마찬가지로 하나님께서는 우상을 섬기는 사람들을 그대로 내버려 두사 그것이 얼마나 해로운 결과를 낳는지 스스로 알아차리게 하신다. 26절부터 마지막 절에 이르기까지 로마서 1장은 파괴석이고 자멸적인 행실을 길게 나열하며 그 결과를 예시한다. 하나님께서는 이 부정적인 경험을 이용해 사람들을 어떤 결단의 시점으로 몰아가신다. 너희를 파멸시키는 가짜 신에게 계속 예배할 것인지, 아니면 회개하고 참 하나님께 돌아올 것인지 결정하라는 것이다.

우상의 환원주의를 규명하라

우상숭배는 왜 한결같이 파괴적 행실로 귀결되는가? 둘 사이에는 어떤 인과관계가 있는가? 우상은 언제나 인생을 하찮게 여기는 입장을 갖게 만든다는 현실이 그 연결 고리다. 로마서 1장에서 이 인과관계는 '바꾸었다'는 말에서 포착된다. "썩어지지 아니하는 하나님의 영광을 썩어질 사람과 새와 짐승과 기어 다니는 동물 모양의 우상으로 바꾸었느니라"(롬 1:23). 한 세계관이 창조주를 창조 세계 안에 있는 어떤 것으로 바꾸면, 사람이 하나님의 형상으로 창조되었다는 고상한 인간관 또한 사람이 창조 세계 안에 있는 무언가의 형상으로 지어졌다는 저급한 인간관으로 바뀐다.

인간은 자존하거나 자충족하지 않으며, 자기 존재를 스스로 규정하지도 않는다. 인간은 자기 자신을 창조하지 않았다. 인간은 유한하고 의존적이고 외부 조건에 종속되는 존재다. 그 결과 인간은 언제나 외부에서 자신의 궁극적 정체를 확인하고 의미를 찾으려 한다. 인간은 신적인 존재와의 관계로 인간의 본질을 규정하려 한다. 각자가 신성을 어떻게 정의하든 말이다. 초월적 창조주에게서 자기 정체를 확인하지 못하는 사람은 창조 세계 안에 있는 다른 어떤 것에서 자기 정체를 규명하려 한다.

인간에 대한 모든 개념은 모종의 신 형상으로 만들어진다고 말할 수 있다. 그런데 그 신이란 것은 늘 성경의 하나님보다 저급하기 때문에 그 신이 보는 인간 또한 성경에서 말하는 인간보다 저급할 수밖에 없다. 하나님을 욕되게 하는 자는 하나님의 형상으로 만들어진 자들 또한 욕되게 한다. 우상을 만들어 내는 자는 결국 "다 그와 같으리로다"(시 115:8).

철학 용어로 이를 일컬어 '환원주의'라고 하는데, 이는 무언가를 더 고상하고 더 복잡한 현실의 차원에서 더 낮고 더 단순하며 덜 복잡한 차원으로 축소시키는 과정을 말한다. 우상이 피조물의 어떤 부분을 절대화하면, 다른 모든 부분은 그 제한적인 한 부분의 관점에서만 설명되어야 한다. 그 한 부분의 수준으로 격하되어, 그렇게 최저 공통분모로 축소된 하나의 척도에 빗대어 평가되어야 하는 것이다.

'**원리 1**'에서는 모든 비성경적인 세계관과 맞상대하기 위한 첫 단계를 소개했다. 바로 우상의 정체를 규명하라는 것이다. 이제 우리는 '**원리 2**'로 접어들었다. 바로 우상의 환원주의를 규명하라는 것이다. 사람들이 우상숭배에 빠져 있게 하나님께서 내버려 두시면 예외 없이 환원주의적 인간관이라는 결과가 나타난다. 그리고 이 인간관이 결국 해롭고 파괴적인 행실을 낳는다. 사람을 완전히 인간답지 않은 어떤 것으로 축소시키면, 우리는 당연히 사람을 완전한 인간보다 못한 어떤 것으로 대하게 된다.

우리가 하나님을 인격적인 '어떤 분'someone이 아니라 '어떤 것'something으로 규정하면 인간 또한 '어떤 것'들로 대하게 되는 경향이 있다.

네 이웃을 비인간화하라

환원주의는 개인 차원에서 시작하는 것이 더 이해하기 쉬울 수 있다. 많은 이들이 어떤 우상을 위해 살고 있는지 생각해 보라. 경제적 성공을 위해서 사는가? 경제적인 성공이 인생에서 가장 중요한 목표인가? 그렇다면 그 사람은 인생의 모든 활동을 경제적 이득의 관점에서 평가할 것이다. 내 경제적 이익을 증진시키는 데 도움이 되느냐의 여부로 다른 사람들을 평가할 것이다. 삶을 보는 관점은 일차원적이고 실리주의적일 것이다.

혹은 인간관계를 인생에서 가장 중요시하는가? 아니면 외모나 직업적인 성취를 중요시하는가? 어떤 우상을 섬기든, 그 사람은 인생의 모든 면을 그 기준에 맞추어 판단하고 평가해야 한다는 부담을 느낄 것이다. 우상은 언제나 타인을 비인간화하고, 또 내가 중요하게 여기는 일을 위해 타인을 이용하는 것을 정당화하는 환원주의적인 태도를 낳는다.

환원주의는 흔히 "…에 지나지 않는다"는 말로 신호를 보낸다. 일상 대화에서 몇 가지 예를 생각해 보자. 종교는 심리적 필요에 지나지 않는다고 사람들이 흔히 하는 말을 들어 보았을 것이다. 종교는 하늘에 투사시킨 아버지상像일 뿐이라고 하는 말은 어떤가? 미개인들이 자연의 위력에 대한 두려움을 달래기 위해 만들어 낸 신화일 뿐이라고 하는 말은? 전형적으로 대학 강의실이나 텔레비전에서 방영되는 과학 프로그램에서는 이런 환원주의 종교론을 그 어떤 논거도 없이 받아들이고 있다.

또 다른 예로 사랑은 사실 화학반응의 산물일 뿐이라고 하는 말도 들어 보지 않았는가? 최근의 신경과학 이론을 보면 사랑이 뇌 속에 있는 신경 전달 물질과 회로로 축소될 수 있다는 듯한 인상을 받는다. 『월 스트리트 저널』*Wall Street Journal*에 실린 한 기사를 보니, 밸런타인데이 카드에는 하트가 아니라 물기가 철벅거리는 회색빛 작은 덩어리, 곧 뇌 그림이 그려져 있어야 한다고 했다.

"그리고 알 만한 사람이라면 '사랑해'라고 하지 않고 '자기야, 자기를 볼 때마다 내 꼬리핵(대뇌 반구의 회백질 덩어리—옮긴이)에 도파민이 철철 넘쳐흘러'라고 말할 것"이라고 말이다.[2]

도덕은 위장된 이기심에 지나지 않는다고 말하는 냉소가를 한 번쯤은 만나 보지 않았는가? 고대 그리스의 소피스트들은 사람은 자기 이익에 도움이 되는 일을 하며, 그 뒤에는 그 행동을 정당화하는 도덕규범을 만들어 낸다고 주장했다. 이 궤변은 오늘날 진화심리학이라는 이름으로 업데이트되어 대학 강의실에서 학생들을 매료시키고 있다. 진화심리학에서는 사람의 이타적인 행동이 그 생존 가치 덕분에 자연선택에 의해 우리 유전자에 프로그래밍 되었다고 주장한다. 사람이 타인에게 친절한 것은, 그렇게 해야 남들도 나를 친절히 대하기 때문이라는 것이다(상호 이타주의). 또 사람은 다음 세대에 자기 유전자를 전해 주려는 생물학적 본능이 있기 때문에 자신과 유전자 풀$^{gene\ pool}$을 공유하는 사람에게 친절하다고 한다(친족 이타주의). 진화심리학은 이처럼 인간의 모든 행위를 위장된 이기심으로 축소시킨다.

현실에서 사람들은 자기 세계관에 담긴 환원주의적인 의미를 회피할 길을 찾곤 한다. 인간은 하나님의 형상으로 창조되었기 때문에 타인을 대할 때 대개 존엄한 존재로 여겨 존중한다. 인도주의 사업에 동참하고 인권을 옹호한다. 문제는, 비성경적인 세계관은 그러한 이타적 행위에 그 어떤 논리적 근거도 제공하지 못한다는 것이다. 예를 들어 리처드 로티$^{Richard\ Rorty}$는 민주주의 철학자로 존경받았지만, 그런 그도 다음과 같은 말을 했다. "사회민주주의를…… 광범위한 철학적 방식으로 '정당화' 혹은 '옹호'하는 방법을 나는 알지 못한다."[3] 자기 자신이 최고의 이상으로 삼고 있는 이념에 아무 근거가 없다는 것을 사실상 인정하고 있었던 셈이다.

사람들에게 복음을 전할 때 그 사람의 세계관에 어떤 의미가 함축되어 있는지 함께 헤집어 보면서 그 세계관이 사실 그가 최고의 도덕적·인도적 이상으로 삼고 있는 이념에 아무 근거도 제공하지 못한다는 점을 깨닫게 하면 아주 효과적일 수 있다.

속임수의 과학

환원주의는 우상숭배가 왜 부도덕 행위로 이어지는지를 설명하는 열쇠다. 즉, 로마서 1장이 왜 파괴적이고 자멸적인 행위를 나열하는 목록으로 끝을 맺는지 그 이유를 설명해 준다. 생각 속에서 사람을 비인간화하면 결국 실제 행동에서도 사람을 혹사시키고 압제하고 학대하며 착취하게 된다.

생각과 행동의 상관관계는 과학적으로 탐구되어 왔다. 과학 잡지 『사이언티픽 아메리칸』*Scientific American*은 유물론 철학과 또 그에 따른 필연적 결론, 곧 인간에게는 자유의지가 없다는 이론을 견지했을 때 현실에서 어떤 결과가 빚어지는지에 관한 기사를 실었다. 이를 시험해 볼 목적으로 재치 있는 일련의 연구가 시행되었다.

일군의 진취적 연구자들이 모여 인간에 대한 환원주의적 입장이 도덕 행위에 과연 영향을 주는지 여부를 시험해 보기로 했다.

결과는 명백한 '예스'였다. 한 실험에서는 부정행위를 조장하려는 의도로 마련된 간단한 테스트를 했다. 일부 참가자들에게 무작위로 이른바 '결정론' 환경을 조성했다. 이들에게는 "우리는 우주가 적법한 과학 원리에 지배된다고 알고 있는데, 자유의지는 우리가 알고 있는 이 사실과 상충된다"는 문장을 읽게 했다. 그리고 또 다른 그룹의 참가자들에게는 이른바 '자유의지' 환경을 부여했다. 그들에게는 "유혹을 피하려면 내 자유의지를 발휘해야 한다"는 문장을 읽게 했다.[4]

이 테스트에서 어느 그룹이 나중에 속임수를 더 많이 썼을까? 결정론 그룹이었다. 이 그룹 멤버들은 주어진 문장을 읽고 자기들에게 도덕적 선택 능력이 없다는 생각을 하게 되었고, 따라서 도덕적 책임도 없다고 여기게 되었다. 이와 대조적으로 자유의지 그룹은 도덕적인 의지를 행사할 수 있다는 점을 미리 귀띔받았기에 부정행위를 할 가능성이 더 적었다.

돈을 다루는 실험도 했다. 이 실험에서도 결정론 그룹은 돈을 훔칠 가능성이 높았다. 『사이언티픽 아메리칸』은 실험 결과를 이렇게 정리한다. "자유의지를 다루는 연구 분야에서 최근 매우 눈에 띄는 발견으로 손꼽을 수 있는 것은, 자유의지가 그저 환상일 뿐이라고 믿는, 혹은 그렇게 믿도록 유도된 사람들은 반사회적인 행동을 하는 경향이 높다는 결론이다."[5]

어떤 사람이 유물론을 삶의 철학으로 받아들일 때 그 효과는 그 사람의 정신 영역에만 얌전히 머물지 않는다. 개인의 차원에서는 자기를 파괴하는 행동으로 나타나고, 공공의 영역에도 해로운 결과를 낳는다.

이 실험을 보면 과학이 2천 년 전에 바울이 했던 말을 그대로 포착하고 있는 것을 알 수 있다. "당신의 세계관이 당신이 사람을 대하는 방식에 영향을 끼친다"고 말이다. 환원주의적 세계관은 파괴적인 행위로 이어진다. 하나님을 욕되게 하는 자는 결국 자기 자신과 타인을 욕되게 하고 말 것이다.

은폐의 심리학

환원주의 세계관의 부정적인 결과를 생각하면, 도대체 누가 그런 세계관을 채택할까 하는 의문이 들 수도 있다. 이 세계관의 매력이 무엇일까? 바울이 실마리를 준다. 인간 본성은 자연계시의 일부로서 하나님을 증거한다는 사실을 생각해 보라는 것이다. 추론하고, 사랑하고, 계획하고, 선택할 능력이 있는 존재의 현존은 그 존재를 창조한 제1원인에게 적어도 그와 똑같은 능력이 있다는 증거다.

그 원인은 족히 그 결과를 생산해 낼 수 있음이 틀림없다. 인격적인 존재의 기원은 인격적 존재이신 분에 의해 가장 잘 설명될 수 있다.

죄인이며 타락한 인간은 어떤 식으로 이 결론을 회피하려고 하는가? 바울은 이들이 "진리를 막는"다고 한다(롬 1:18). 환원주의의 업적이 바로 그것이다. 환원주의는 인간 본성의 한두 가지 차원을 부인하며, 그렇게 되면 인간 본성에서 얻을 수 있는 증거는 성경이 말하는 하나님을 명쾌하게 가리키지 않는다.

환원주의란 현실을 구성하는 모든 것을 하나의 상자에 다 구겨 넣으려 하는 것과 비슷하다고 했는데, 문제는 그 상자가 늘 너무 작다는 데 있다고 말할 수 있다. 우상은 창조된 질서의 한 부분을 신격화한다. 그러나 인간이 어느 부분을 선택하든, '부분'은 '전체'를 설명하기에는 너무 제한적이다. 우주는 무척 복잡하고 다차원적이어서 어느 한 부분만으로 이루어진 상자 안에 딱 들어맞지 않는다. 예외 없이 무언가가 삐져나올 것이다. 삐져나온 그 무언가는 상자의 제한된 개념 범주에 들어맞지 않는 것들이다. 그렇다면 이제 어떤 일이 벌어지는가? 상자에 들어맞지 않고 삐져나오는 것이 무엇이든, 그 부분은 무시되거나 평가 절하되거나 노골적으로 부인된다. 환원주의적 사고는 이렇게 요약할 수 있다. 내 세계관으로 'X'라는 사실이 설명되지 않는다면 그 'X'만큼 손해라는 것이다. 우상이 인기 있는 이유는 바로 상자 하나에 집어넣어 통제할 수 있는 크기로 현실의 규모를 축소시키기 때문이다. 우상은 현실의 여러 차원 중 그 우상의 세계관이 거짓임을 증명할 만한 부분은 제거해 버린다. 자기 상자에 들어맞지 않는 부분은 무조건 부정해 버림으로써 자기 세계관을 아주 그럴듯해 보이게 만든다.

성경의 표현을 빌리자면, 사람은 자기가 좋아하는 세계관을 위협하는 것은 무엇이든지 다 막아 버린다. 일반계시가 하나님에 대한 증거라면, 하나님을 대신하는 모든 종교는 다 이 증거를 부인해야 할 것이다.

하지만 무조건 막으면, 깊은 균열이 생긴다. 이원론(이분법)이 그 균열인데, 이것은 현실에서는 늘 존재하고, 때로 이론에 생기기도 한다.[6] 그 균열의 한쪽은 상자에 딱 들어맞는 부분, 즉 실제이자 객관적인 것으로 받아들여지는 일들이다. 그리고 다른 한쪽은 상자에서 삐져나오는 부분, 즉 주관적인 환상이나 정신적인 구성 개념으로 축소된 일들이다.

비유를 바꾸자면, 철학자들은 때로 한 건물의 두 개 층 이미지를 써서 이분법을 설명한다. 환원주의자는 오로지 한 층에서만 살려고 한다. 예를 들어 유물론자는 아래층, 곧 물질의 세계에서만 살기를 고집한다. 이들은 우리가 알 수 있는 실재적인 것, 객관적으로 참인 것은 물질과 에너지뿐이라고 말한다. 위층은 유물론 상자에 들어맞지 않는 것, 이를테면 영혼·정신·마음·도덕·자유·사랑·하나님을 다 던져 넣는 일종의 다락방이 된다.

이런 것들은 '미신'이나 '부질없는 기대', '배운 사람은 더 잘 안다'는 꼬리표가 붙은 먼지투성이 트렁크에 담긴 채 다락방에 처박혀 있다고 말할 수 있다. 이 위층과 아래층은 단순한 도식으로 나뉘어져 있다고 볼 수 있다. 프랜시스 쉐퍼나 필자의 전작들을 읽어 보면 이 도식을 이해할 수 있을 것이다.

유물론자는 아래층에서만 살려고 한다

비물질세계

주관적, 미신적, 정신적 구조

물질세계

객관적, 과학적, 인식 가능한 사실

하지만 사람은 하나님의 형상으로 만들어졌기 때문에 실제로는 엄격하게 한 층에서만 살 수 없다. 사람은 다락방에 있는 골칫덩어리 낡은 트렁크를 완전히 없애지 못한다. 그렇게 해서 우리는 '**원리 3**'으로 훌쩍 넘어가게 되는데, '**원리 3**'은 어느 누구도 우상에 기반을 둔 세계관의 좁은 상자 안에서는 살 수 없다고 주장한다.

그 주장을 펼치기 전에, 환원주의가 얼마나 광범위하게 퍼져 있는지를 먼저 확인해 볼 필요가 있다. 세상에 수많은 우상이 있는 만큼 환원주의의 형태도 다양하다. 그래서 우상 감지기가 이를 알아차리고 경고음을 내는 것이 아주 중요하다. 세계관이 논리적인 결론으로 귀결될 때는 사람을 비인간화하는 그 세계관의 영향을 규명하기가 비교적 수월하므로, 최신판 세계관인 유물론과 포스트모더니즘을 한번 생각해 보겠다. 그런 다음 범신론과 이슬람교, 두 종교에 내재되어 있는 환원주의를 규명해 보겠다. 마지막으로, 부정적인 결과는 그 세계관이 공공 정책으로 표현될 때 특히 잘 알아볼 수 있으므로, 두 가지 정치 이론을 살펴봄으로써 마무리하겠다.

"뉴런 다발에 지나지 않아"

최근 '제거적 유물론'eliminative materialism이라고 하는 급진적인 환원주의 버전의 유물론이 주창되었다. 이 이론은 물질 조건이 정신세계를 결정한다는 전통 유물론의 주장을 뛰어넘어, 정신세계는 존재하지 않는다는 더욱 놀라운 주장을 펼친다. 사상·확신·욕망·의도·인식·결정 등 이 모든 것이 다 허구라는 소리다. 이런 것들은 모두 기본적인 두뇌 화학작용이 만들어 낸 환상으로, 해변에 생기는 거품 혹은 기계가 만들어 내는 스파크와 마찬가지로 고유의 인과관계에 따른 결과를 내지 못한다고 말한다.

"과학자로서 우리가 출발점으로 삼아야 할 전제는, 인간의 지각이란 어떤 차원에서는 환상이어야 한다는 것"이라고 케임브리지 대학교의 심리학자 니콜라스 험프리Nicholas Humphrey는 말했다. "이유는 분명하다. 지각에는 특색이 있어 보이는데, 물리 세계의 그 어떤 것도 그런 특색을 가질 수 없다면 지각은 물리 세계의 어떤 사물로 존재할 수가 없기 때문이다."[7] 험프리가 보기에 무엇인가가 '물리 세계의 사물'이 아니면 그 무엇인가는 존재할 수 없는 것이다.

그러나 지각이 환상이라면, 험프리는 그 사실을 어떻게 지각하는가? 그리고 세상에 생각 따위는 없다고 말하는 과학자들의 생각을 왜 신뢰해야 하는가? 한 철학자가 지적한 것처럼, 누군가의

지각 속에서 "환상조차도 경험의 영향이기 때문에" 제거적 유물론은 스스로를 논박한다.⁸

이와 같은 논리적 모순(이에 대해서는 '원리 4'에서 자세히 다룰 것이다)에도 불구하고, 몇몇 주도적인 사상가들은 이와 같은 급진적 환원주의를 신봉한다. DNA 암호를 해독한 것으로 유명한 프랜시스 크릭 Francis Crick 은 훗날 영혼 혹은 자아의 존재를 부정하는 입장을 취했다. 그는 이렇게 말한다. "당신, 당신의 기쁨과 당신의 슬픔, 당신의 기억과 당신의 야망, 정체성과 자유의지에 대한 당신의 인식은 사실 신경세포와 연관 분자들로 이루어진 거대한 조직체의 행동에 지나지 않는다." 그는 『이상한 나라의 앨리스』Alice in Wonderland 한 구절을 흉내 내며 이렇게 결론 내린다. "너는 뉴런 다발에 지나지 않아."(『이상한 나라의 앨리스』의 본래 문장은 "너는 카드 다발에 지나지 않아"—옮긴이).

비슷한 맥락에서, 하버드 대학교의 심리학자 대니얼 웨그너 Daniel Wegner 는 자유의지가 환상이며 우리의 모든 행동은 사실 우리가 의식하지 못하는 물리적 원인의 결과라고 주장한다. 웨그너의 저서 『의식적 의지라는 환상』The Illusion of Conscious Will 은 이러한 그의 생각을 잘 대변해 준다. 한 인터뷰에서 그는 자유의지가 "아주 끈질긴 환상으로, 자꾸 되돌아온다"고 말한다. 그러면서도 그는 자유의지를 마술사의 속임수에 지나지 않는 것으로 취급한다. "그것이 속임수임을 알면서도 번번이 속아 넘어간다. 사람의 느낌이란 그렇게 쉽게 떨쳐 버려지지 않는다."⁹ (어떤 이론이 '쉽게 떨쳐 버려지지 않는' 끈질긴 경험과 상충될 때는 이 끈질김을 그 이론에 대한 반박 증거로 여겨야 한다고 생각할 수도 있겠다. 이 주장에 대해서는 '원리 3'에서 다루겠다.)

인간에게 자유의지나 지각이나 인격적 정체성이 없다는 주장은 대다수 사람들에게 참 극단적으로 들린다. 사람들은 왜 통상의 경험과 그토록 모순되는 이론을 만들어 내는가? 이런 추론은 인지과학자들이 흔히 사용하는 한 비유에 기초를 두고 있다. 바로 인간의 두뇌는 컴퓨터라고 하는 비유다. 예를 들어 하버드 대학교 신경과학자 스티븐 핑커 Steven Pinker는 인간의 두뇌를 가리켜 '정보 처리 혹은 수치 산정'을 위한 복잡한 기계라고 말한다. 물론, 컴퓨터는 지각하지 않고도 완벽하게 작업해 낸다는 것을 우리는 알고 있다. 그런데 인간은 왜 지각을 하는가? 환원주의자의 대답은 이러하다. "우리는 지각하지 않는다." 생각과 경험을 통합하는 내적 자아가 있다는 생각은 환상이라는 것이다. 핑커의 말을 빌리자면 "통합된 자아는 허구임을 증명하는 증거가 상당히 많다."[10]

그런 허구는 어디에서 비롯되는 것일까? 자연선택이 인간의 유전자에 그 허구를 프로그래밍 했다는 것이 이 이론의 주장이다. 그래야 인간이 환경을 좀 더 쉽게 예측하고 통제할 수 있기 때문이라는 것이다. 이를테면, 샐리가 무언가를 마시고 '싶어 하고'want 또 냉장고에 우유가 한 팩 있다고 '생각한다'think는 사실을 알게 되면, 샐리가 곧 냉장고 쪽으로 가리라는 것을 쉽게 예측할 수 있다는 말이다. 그러나 현실에서는 '원한다', '생각한다'와 같은 내면의 상태가 존재하지 않는다고 이 이론은 말한다. 다시 말해 일상적 언어는 그저 편리한 속기법일 뿐이며, 우리가 그 속기법을 쓰는 이유는 어떤 정확한 서술로 샐리의 뇌에서 뉴런이 신호 보내는 것을 관장하는 물리법칙을 상기시키는 것이 굉장히 복잡한 일이기 때문이라는 것이다.[11]

"가장 심각한 불합리성"

제거적 유물론이 지극히 논리적이라는 점은 인정해야 한다. 이 이론은 물질을 우상 삼음으로써 물질의 영역 너머에 있는 모든 것을 배격한다. 하지만 유물론자라고 해서 모두 그 결론에 흡족해하지는 않는다. 이들은 인간이 지각하는 존재라는 분명한 사실을 지적한다. 어찌 됐든 이들은 물질로부터 지각이 창발한다emerge고 말하며, 이 입장을 일컬어 창발론emergentism이라고 한다.[12]

그러나 정신적 속성이 두뇌의 상태에서 창발한다는 주장은 받아들이기가 너무 어렵다. 따지고 보면 정신의 상태는 물리적인 상태와 전혀 다르다. 장미꽃 같은 물리적 물체는 붉고 가시가 많다. 하지만 장미에 대한 우리의 생각은 붉지도, 가시가 많지도 않다. 물리적 물체는 공개적이다. 다른 사람들이 관측할 수 있다. 그러나 (고통이나 기쁨의 감정 같은) 정신의 상태는 개인적이다. 나 아닌 다른 누가 직접적으로 관찰할 수 없다. 일반적으로 물리적 물체는 (과학에서처럼) 일반적인 인과법칙을 떠올림으로써 설명한다. 그러나 정신의 상태는 개인의 의도, 욕구, 선택 등을 떠올림으로써 설명한다. 마지막으로, 정신의 상태는 늘 무언가에 '관한' 것으로서, 한 대상을 향해 있다. (즉, 어떤 사람에 관해 생각하고 어떤 문제에 관해 염려한다.) 하지만 물리적 물체는 무언가에 '관한' 것이 아니다. 그냥 '존재'할 뿐이다.[13]

지각과 물질은 단순히 정도(양적인) 면에서가 아니라 종류(질적인) 면에서도 다른 것 같다. 그러므로 지각이 어떤 식으로든 물질에서 창발한다는 주장은 무無에서 무언가를 얻으려고 하는 것, 이를테면 빈 모자에서 토끼를 꺼내려고 하는 것과 비슷하다. 철학자 에번 페일스Evan Fales는 이것을 불가사의라 일컫는다. "다윈의 진화론은 인간이 자연의 힘이 되는 대로 작용하는 것을 통해 창발되었음을 암시한다. 그런 힘이 어떻게 비물질적인 무엇인가를 발생시킬 수 있었는지 불가사의하다."[14]

철학자 콜린 매긴Colin McGinn은 이를 기적과 비슷한 것으로 여긴다. "지각이 어떻게 앞서 존재하는 물질적인 것에서부터 자연 과정에 의해 생겨나는지 우리는 알지 못한다"고 그는 말한다. "내키지는 않지만 그래도 신의 도움이라는 쪽으로 생각하고 싶은 유혹이 든다. …… 물질에서 지각을 추출해 내기 위해서는 초자연적인 마술사가 있어야 할 것이다." 매긴은 성경에 기록된 사건에 비유하여 이렇게 묻는다. "진화가 어떻게 생물체 조직에 있는 수분을 지각이라는 포도주로 변화시켰는가?"[15]

철학자 마크 비도Mark Bedau는 창발 개념이 "기분이 언짢을 만큼 마술과 유사하다"고 말하며, 그래서 이 개념이 "합리적인 형태의 유물론을 불쾌하게 할 것"이라고 말한다.[16] 비교적 '합리적'인 형태의 유물론은, 인간이 물질에서 생겨났고 인간은 오로지 물질로만 구성되며 정신은 환상이라고 주장한다.

왜 대다수 사람들은 이 '합리적'인 결론을 받아들이기 힘들어하는가? 우리가 일상에서 겪는 가장 집요한 체험과 상충되기 때문이다. 철학자 갤런 스트로슨Galen Strawson의 말을 빌리자면, 지각을 부인하는 것은 "인간 사상의 역사에서 일어난 일들 중 가장 기이한 일이 분명하다." 지각을 부인하는 것은 "인간의 고지식함이 지닌 힘에 한계가 없다는 것, 인간 지성이 이론이나 신념에 장악당할 가능성이 실로 얼마나 무한한지" 보여준다. 이는 "인간 정신의 가장 심각한 불합리성"을 드러낸다.[17]

이는 주목할 만한 비평이다. 스트로슨의 말인즉, 제거적 유물론은 '신앙'이라는 뜻이다. 우리가 상식적인 체험으로 알고 있는 것에 비추어 볼 때 아주 '비합리적'인 신앙 말이다.

18세기 철학자 토머스 리드Thomas Reid는 모순되는 사실 앞에서 극단적으로 논리가 일관되는 것은 일종의 정신이상이라고 주장했다. 단지 어떤 철학 체계가 그렇게 요구한다고 해서 상식을 통해 알고 있는 것을 벗어나 무언가를 추론한다면 "우리는 이것을 형이상학적 정신이상이라고 부를 수 있다"고 리드는 말한다.[18]

철학의 목적은 무엇보다 경험에 속한 사실들을 설명하는 것이지 그 사실을 부인하는 것이 아니다. 그에 미치지 못하는 것은 모두 쟁점을 피하는 것이다. 환원주의의 문제점은, 현상을 설명하지 않고 둘러대려고 한다는 점이다.

상아탑 밖의 보통 사람들은 논리적으로 앞뒤가 맞는 학설에서 벗어나 인간의 체험과 모순되는 세계관에는 관심이 없다. 사람들은 우리가 실제로 살고 있는 이 세상을 납득하게 해주는 세계관을 찾고 있다. 사람들은 인간이 체험하는 부인할 수 없는 사실을 설명해 주는 세계관을 원하지, 세계관 내부의 논리적 일관성을 위해 그 사실을 은폐하는 세계관은 원하지 않는다.

게다가 유물론이 은폐하는 사실은 사람들이 가장 관심 있어 하는 바로 그 일, 곧 지각적 체험 영역이다. 인생을 살 만한 가치가 있도록 만들어 주는 것은 대개 체험에 속한 일들, 곧 사랑, 행복, 성취, 도덕적 이상, 목적의식 등이다.[19]

마지막으로, 보통 사람들은 세계관의 실제적이고 도덕적인 결과에 민감하다. 급진적 환원주의자의 인간관은 아무에게도 해를 끼치지 않는 사색, 곧 철학가들의 한가한 놀이에 그치지 않는다. 한 사회의 지배 계층이 참으로 여겨 견지하는 세계관은 그 사회의 정치사회적 관습을 만들어 낸다. 사회의 엘리트들이 인간을 컴퓨터로 환원시키는 유물론을 신봉할 경우, 그들은 사람을 컴퓨터로 취급할 것이다. 인간의 사고는 컴퓨터의 연산 과정으로 그 의미가 축소될 것이다. 사람은 오로지 주어진 역할을 얼마나 잘 이행하느냐에 따라 판단될 것이다. 그리고 자기 기능을 다 마친 사람은 고물이 된 다른 전자 제품들과 함께 쓰레기장에 버려질 것이다.

낭만주의자의 보복

대학에서 이런 급진적 형태의 환원주의는 대개 자연과학부 학문으로 분류되는 듯하다. 그리고 대부분의 자연과학부 교수들은 유물론을 포용하리라고 예상할 수 있다. 그런데 예술과 인문학부 건물로 가 보면 대다수 교수들이 포스트모더니즘을 수용하고 있는 모습을 확인할 수 있다. 여러 면에서 이 두 세계관은 정반대로 대척된다. 하지만 두 세계관 모두 결국은 사람을 비인간화하는 환원주의로 귀결된다.

'포스트모던'postmodern이라는 말은 많은 이들에게 어쩐지 좀 불가사의하게 여겨진다. 하지만 이 말이 어떻게 발전되어 왔는지 기원을 추적해 보면 이해가 쉬워진다. 그 뿌리는 낭만주의 운동에까지 닿아 있는데, 낭만주의에 대해서는 '**원리 1**'에서 잠깐 다룬 적이 있다. 낭만주의의 영웅 가운데 한 사람인 쇼펜하우어Schopenhauer는 "유물론은 자기 자신을 고려하는 법을 잊어버린 주체의 철학"이라고 말했다.[20] 즉, 유물론자는 물리 세계를 바라보되 그 세계만이 유일한 현실인 것처럼 생각하고, 자아의 내면을 바라보는 법을 '잊었다'는 말이다. 하지만 지각이라는 내면세계 역시 똑같이 중요한 현실의 일부로서, 세계관은 이 현실에 대해서도 설명해 주어야 한다.

그러나 낭만주의자들은 인간 개개인의 정신을 회복시키는 일에만 관심이 있지는 않았다. 이들은 칸트의 초월적 자아(보편적 정신) 개념, 그리고 그것이 신 같은 능력으로 체험 세계를 창조하는 것에 매혹되었다. 많은 이들에게 이는 범신론으로 가는 도약대였다. 신학자 이언 바버Ian Barbour는 낭만주의자들에게 "하나님이란 비인격적인 기계를 창조하는 외연 창조자가 아니라 자연에 스며들어 있는 어떤 기운spirit"이라고 말한다.[21]

낭만주의자들은 우주를 거대한 기계장치로 보는 계몽주의의 우주 이미지를 전복시키고 유기적인 이미지, 곧 우주를 하나의 유기체로 보는 이미지로 대체하고 싶어 했다. 랜들은 낭만주의자들의 이 꿈에서 "세상은 기계가 아니었고 살아 있었으며, 하나님은 세상의 창조자일 뿐만 아니라 세상의 혼, 세상의 생명이기도 했다"고 말한다.[22]

앞에서 말한 대로 이러한 입장에 붙은 철학의 이름표가 관념론으로, 우주의 진짜 인과적 힘은 관념이라는 정신 영역이라고 하는 주장이다. 낭만주의자들은 (궁극적 실재는 물질이라고 하는) 유물론 우상을 때려눕히고 싶어 했고, 그래서 (궁극적 실재는 정신이라고 하는) 관념론 우상을 제시했다. 이들은 물질을 절대화하는 세계관에 대항하고 싶어 했고, 그래서 정신을 절대화했다. 이에 대해 소설가 워커 퍼시Walker Percy는 유물론이 모든 것을 '물질 상자'에 구겨 넣은 반면, 관념론은 모든 것을 '정신 상자'에 구겨 넣는다고 꼬집었다.[23] 2층 건물 비유로 다시 돌아가면, 유물론이나 관념론 모두 어느 한 층에서만 살려고 한다.

서양 철학은 두 개의 철학 '군群'으로 나뉜다

낭만주의

정신 상자

계몽주의

물질 상자

두 개의 흐름은 각각 풍성한 인접 철학의 관계망 속으로 발전해 들어갔다. 오늘날에는 이를 일컬어 각각 분석 전통과 대륙 전통이라고 한다. 분석 전통은 계몽주의에 뿌리가 닿아 있고, 과학·이성·사실을 강조하는 경향이 있다. 대륙 전통은 낭만주의 운동에 기원을 두고 있으며, 정신·의미·도덕을 옹호하려고 한다.[24]

세계관은 서로 동떨어진 개념들이 산탄 총알처럼 마구잡이로 쏟아지는 것이 아니다. 세계관은 여럿이 뭉쳐 계통적 유사성으로 연결되는 경향이 있다. 계통별 세계관의 연결 주제가 무엇인지를 알면 그것이 어떤 유형의 환원주의인지 쉽게 규명할 수 있다.

에머슨의 '대령'

낭만주의자들은 세계에 대해 정신적인 의미를 부여한 개념을 갖고 있었고, 이를 수호하는 개념적 도구를 만들기 위해 신新플라톤주의를 부활시켰다. 신플라톤주의는 관념론의 한 형태로, 3세기에 발원했다. 대학에서 개설하는 철학 강의에서는 신플라톤주의를 건너뛰는 경우가 많지만(필자도 대학원에 가서야 신플라톤주의 수업을 들었다), 이는 서양 역사에 상당히 의미 깊은 영향을 끼쳤다.[25]

명칭에서 암시한 것처럼 신플라톤주의는 플라톤 사상에서 출발하여 그리스의 다른 사상학파에서 이런저런 내용을 그러모아 이어 맞추고 기운 다음 동양의 범신론으로 양념을 한 사상이다. 신플라톤주의는 이런 다양한 재료들로 폭넓은 '빅 텐트'big tent 세계관을 만들어 냈다. 신플라톤주의는 고대의 뉴에이지 운동으로서, 동양의 요소와 서양의 요소를 결합시킨 것이라고 보면 된다.

신플라톤주의의 중심 교의는 세상이 만물의 본원the One 혹은 절대자the Absolute라고 하는 영적 본체의 발출emanation이라는 것이다. 샘물이 높고 낮은 계단식 폭포를 이루며 흘러내리듯, 만물의 본원은 몇 단계를 걸쳐 아래로 흘러내리는 내림차를 발출했다. 영적 실체에서 인간으로, 이어서 지각 있는 피조물(동물)로, 생물(식물)로, 그리고 마지막에는 물질(바위 등)의 단계로 내려온다는 것이다. 이것을 일컬어 생명의 사다리ladder of life 혹은 존재의 대사슬great chain of being이라고 한다. 영적 생명의 목표는 사다리를 다시 올라 물질에서 벗어나 그 만물의 본원과 다시 하나가 되는 것이다.[26]

낭만주의자들이 신플라톤주의에 매력을 느낀 이유는 자연에 영혼(정신)이 스며들어 있다고 하는 개념 때문이었다. 테리 이글턴은, 관념론자들에게 절대자는 '세속화된 유형의 신' 노릇을 했다고 주장한다. 그 신은 생각하고 느끼고 의지가 있고 행동하는 인격적인 하나님이 아니었다. 그것은 인격이 없는 영적 본질(본체)이었다. 랠프 월도 에머슨Ralph Waldo Emerson은 이것을 일컬어 대령Oversoul, 곧 "전체의 영혼…… 영원한 하나the eternal ONE"라고 했다.27

헤겔의 진화론적 신

신플라톤주의는 철학자 헤겔Hegel 덕분에 참신성을 덧입게 되었다. 헤겔은 신플라톤주의에 역사 발전 혹은 역사 진화라는 개념을 덧붙였다. 이때까지 생의 사다리는 정적靜的이었다. 우주에 존재하는 사물들의 고정된 목록이나 일람표일 뿐이었다. 그러나 헤겔과 더불어 이 사다리는 동적動的인 것이 되었다. 이 변화가 어떤 것인지 알려면, 사다리가 점점 위쪽을 향하는 에스컬레이터가 되어, 온 우주가 일련의 단계를 거쳐 상승 진보하는 광경을 상상하면 된다. 헤겔은 자신이 생각하는 범신론적 신을 가리켜 절대정신Absolute Spirit 혹은 우주의 의식Universal Mind이라고 했다. 그리고 이것은 세상의 영혼이기 때문에 세상과 함께 진화한다고 보았다.28

헤겔이 제시하는 사상은 영적인 의미에서의 진화론이었다(니체는 "헤겔이 없었다면 다윈도 없었을 것"이라고까지 했다). 차이점이라면 헤겔은 진화의 개념을 생물학이 아니라 관념의 세계에 적용했다는 것이다. 헤겔의 주장인즉 우리의 모든 관념, 곧 법·도덕·종교·예술·정치적 이상 등은 역사의 경로에서 '우주의 의식이 (점진적으로) 현실화된' 결과라는 것이다. 만사가 궁극적인 완전 상태를

향해 나아가는 거대한 역사 진전 과정에 얽혀 든다는 것이다.[29]

역사 진보의 법칙은 많은 이들에게 신의 섭리 divine Providence의 대체물 역할을 했다. "과학이 하나님을 우주에서 빼내는 것처럼 보이자 인간은 자연의 위력, 이를테면 '진화' 같은 것을 신격화해야 했다"고 랜들은 설명한다.[30] 목표 지향 버전의 진화론은, 모든 사건에는 이유와 목적이 있고, 진화론이 완전체로서 우주의 상향 발전 틀 안에 있다는 소망으로 사람들에게 위로를 주었다.

헤겔의 철학은 역사결정론 historicism의 한 형태로, 모든 관념은 역사적 힘의 산물이라는 학설이다. 역사의 어느 한 단계에서 '참' 이었던 것이 그다음 단계에서는 그보다 더 참인 진리에 자리를 내준다는 것이다.[31] 본질적으로 헤겔은 서로 충돌하는 모든 철학과 세계관, 서로 경쟁하는 종교들의 모든 주장, 서로 전쟁을 벌이는 모든 진영과 문화를 조사 연구한 뒤 그 하나하나를 우주의 마음이 상향 진보하는 과정, 곧 의식의 진화 과정 중에 있는 부분적이고 상대적인 진리로 대함으로써 갈등을 극복하자고 제안했다.

역사결정론에는 논리적으로 어떤 결함이 있는가? 이것은 자기 이론을 자기가 논박한다. 역사결정론은 모든 관념이 부분적이고 상대적인 진리라고 주장하는데, 여기서 말하는 모든 관념에는 역사결정론 자체도 포함되어야 한다. 다른 모든 진화론적 관념과 마찬가지로 역사결정론도 역사에서 이 이론이 등장한 어느 한 순간과 관련된 상대적 진리이고, 그러므로 초역사적인 의미에서 '참' 이 아니다. 철학자 존 패스모어 John Passmore가 말하는 것처럼 우리는 "시간에 제한받지 않는 철학적 진리는 없다는 말을 시간에 제한받지 않는 철학적 진리로 주장할 수 없다."[32]

헤겔은 은근슬쩍 자기 자신만 예외로 삼음으로써 이 불리한 결론을 피해 갔다. 헤겔은 오직 자신만이 진화 과정을 초월해 갈 수 있는 것처럼 말했다. 오직 자신만이 전 역사 과정에 대해 객관적이고, 시간에 구애받지 않으며, 완전한 견해를 가질 수 있는 것처럼 말이다.

그러나 자기 자신을 예외로 삼음으로써 헤겔은 자신의 논리 체계가 다루지 못한 한 가지가 있음을 암시했다. 그 한 가지는 바로 그 자신의 사고였다. 이렇게 해서 헤겔은 자신의 이론 체계 안에 논리적 모순을 도입했다. 어떤 사상 체계 안의 논리적 모순이 그 체계의 신빙성을 떨어뜨림은 물론이다(많은 세계관들이 이런 논리적 결함에 종속되어 있다. 이에 대해서는 '원리 4'에서 더 자세히 다루게 될 것이다).

인종·계층·성의 삼두정치

우리 시대는 낭만주의 시대보다 훨씬 진보했지만, 그래도 유럽 대륙의 전통은 여전히 엄청난 영향력을 행사하고 있다. 유럽 대륙의 사상 전통은 관념론에서 일련의 후계적 사상(이를테면, 실존주의)을 거쳐 지금까지 이동해 왔는데, 이 책에서는 이에 대해 따로 논하지는 않겠다. 최근 몇십 년 사이 대륙 전통은 포스트모더니즘을 낳았다. 비극적인 아이러니는, 낭만주의가 사람들에게 포용된 목적이 계몽주의의 환원론에 대응하기 위해서였는데, 포스트모더니즘도 똑같이 환원주의적이고 비인도적인 것이 되었다는 사실이다.

일상생활에서 우리는 '정치적 올바름'이라는 형태로 포스트모더니즘을 가장 자주 만난다. 다문화주의, 정체성 정치identity politics, 언어 규범 등이 바로 그 예다. 정치적으로 올바른 언어가 되기 위한 수칙은 학교·신문·법률·정치 등 대다수 사회제도에서 예의상 꼭 필요한 것이 되었다. 하버드 대학의 한 교수는, 대학 캠퍼스에서 학생들이 "미국 수정헌법 제1조(종교·언론·집회의 자유 등을 정한 조항―옮긴이)를 들어 이의를 제기할 경우 합법성 테스트를 통과하지 못할 언어 규범 때문에 입에 재갈이 물려 있다"고 불평했다.[33] 이 규범은 인종·계층·성별·민족성·성 정체성 등에 대해 말할 때 우리 사회가 받아들일 수 있는 방식들을 규정한다. 포스트모더니즘은 사실상 한 사람의 정체성을 그 사람이 속한 집단을 기준으로 규정한다.

헤겔에서 어떻게 포스트모더니즘으로의 연결 고리를 읽어 낼 수 있는가? 헤겔의 입장에서 역사의 실제 행위자는 개인이 아니라 '절대정신'으로, 이는 한 공동체의 법률·도덕·언어·사회관계 등을 통해 모습을 드러낸다. 헤겔은 세상이 인식으로 구성된다는 칸트의 관념론을 받아들였지만, 헤겔에게 그 인식은 집단 인식이었다. 한 철학자가 설명한 대로, 절대정신은 "한 문화와 한 사회가 공유하는 측면을 통해, 그리고 무엇보다도 공유하는 언어를 통해" 세계를 창조한다.

사실 헤겔이 보기에 개별적 인간은 그 사람 고유의 어떤 독창적인 관념을 갖지 못한다. 개별적인 인간들의 사상이란 그저 절대정신의 표현일 뿐이다. 헤겔의 말을 빌리자면, 개별적 인간은 "항상 그들 안에서 작용하고 있는 세계정신World Mind의 무의식적 도구"다.[34]

세월이 흐르면서 헤겔의 범신론은 세속화되었고, 절대정신은 시대정신, 곧 '자이트가이스트'Zeitgeist를 비유하는 것으로 그 의미가 축소되었다(독일어 '자이트'는 시간 혹은 시대를 뜻하고, '가이스트'는 정신을 뜻한다).[35] 하지만 개별 인간이 자이트가이스트의 '무의식적 도구'라고 하는 개념은 남아 있었다. 개별 인간은 특정 문화의 생산자라기보다 특정 문화의 산물이라는 것이다.[36] 개별 인간은 자기가 속한 공동체에 의해 만들어지고, 저마다 그 공동체가 공유하는 고유의 관점·가치·습관·언어·삶의 형태를 지니게 된다는 것이다.

우리 시대에서 이와 같은 입장은 모든 사람의 관념이 단지 이런저런 문화적 힘이 함께 꿰매어 붙인 사회 구조물일 뿐이라는 극단적인 결론으로 이어졌다. 개별적 인간은 계층·성별·민족성·성 정체성에 기반을 둔 공동체의 대변자에 불과하다는 것이다.

그렇다면 여기서는 무엇이 우상인가? 포스트모더니즘은 문화나 공동체의 힘을 절대화한다. 도예베르트는 이것을 일컬어 "공동체 이데올로기"라고 한다.[37] 진리는 사회적인 구조물로 재정의되었고, 그래서 모든 공동체에는 그 공동체의 경험과 관점에 근거한 나름의 진리관이 있으며, 그 공동체 외부의 어느 누구도 진리를 보는 이 시각에 대해 이렇다 저렇다 판단할 수 없다. 한 포스트모던 신학자는 이 주장을 이렇게 표현한다. "절대 진리는 없다. 진리는 우리가 참여하고 있는 공동체에 따라 다르다." 로티는 진리란 특정 공동체 사람들 사이의 '상호 주관적 합의'에 지나지 않는다고 말한다.[38]

그렇기 때문에 포스트모더니즘은 일종의 반실재론anti-realism으로서, 현실은 그 현실의 성격, 그리고 어쩌면 우리 생각 속 현실의 현존에 의지한다고 하는 견해다. '반실재론'이라는 용어는 니체가 자신의 입장을 설명하기 위해 만든 말로, 니체는 "사실 따위는 없다. 오직 해석만 있을 뿐"이라는 슬로건으로 자신의 입장을 요약했다. 한 포스트모던 작가의 표현을 빌리자면, "이제 현실은 그저 이질적이고 계속 달라지는 해석의 한 묶음, 서로 논쟁을 이어 가면서 계속 변화 중에 있는 입장들의 느슨한 연대가 되었다."[39]

만일 현실이 서로 충돌하는 해석들 가운데 흩어져 있다면, 그렇게 해서 현실은 인격적 주체 개념을 갖게 된다. 포스트모더니즘은 통일된 자아 같은 것은 없다고 말한다. 그보다 자아는 그저 다양한 해석 공동체, 곧 저마다 자기 나름의 '진리'를 규정하는 공동체에서 흡수하는, 계속 변화하는 관점들이 위치하는 자리일 뿐이다. 계몽주의가 개별 인간을 육체에서 벗어난 정신, 시공간을 초월해 하나님 시점의 안목을 가질 수 있는 존재로 대했던 것을 기억하라('원리 1'을 보라). 이에 대한 반동으로 포스트모더니즘은 역사와 지리적 조건에 따라 관점이 달라지는 공동체에 개별 인간의 인식을 단단히 묶어 놓는다.

모더니즘의 금송아지인 과학조차도 그 어떤 보편적 의미에서든 '참'으로 여겨지지 않았다. 포스트모더니즘에서는 다른 모든 형태의 지식과 마찬가지로 과학도 사회적 구조물이다. 포스트모더니스트들은 "법칙에 일치하는 것들, 하늘의 별과 화학작용 등 우리에게 큰 감명을 주는 것들은 모두 사실 우리가 사물에 부여하는 속성과 맞아떨어진다"[40]고 했던 니체의 말에 동의한다. 과학이 그저 인간 지성의 또 다른 창조물이라면, 왜 다른 사고방식에 비해 과학에 더 특별한 지위가 주어져야 하냐는 것이다. 그리고 객관적이거나 보편적인 진리는 없다고 한다면, 객관적 진리를 가졌다고 하는 주장은 어느 한 해석 공동체가 자신의 제한적이고 주관적인 관점을 다른 모든 이들에게 강요하려는 하나의 시도에 지나지 않는 것으로 취급해야 한다는 것이다. 그것은 억압 행위다. 권력 찬탈이다.

정치적 올바름의 뿌리

다른 우상과 마찬가지로 포스트모더니즘도 몇 가지를 바로잡기는 했다. 포스트모더니즘은 계몽주의의 자율적 자아라는 고독한 개인주의를 반격하는 데 큰 역할을 했다. 포스트모더니즘은 고립된 개별 인식 안에서 역사를 처음부터 다시 시작하기 위해 베이컨과 데카르트 같은 사상가들의 모더니스트 프로젝트를 거부했다. 포스트모더니즘은 우리가 개별적 인간이 지닌 지성의 내용을 직접 직관적으로 통찰함으로써 지식의 오류 없는 기초에 이를 수 있다는 생각을 부인한다.[41]

그 과정에서 포스트모더니스트들은 중립적이고, 시간의 제한을 받지 않으며, 가치 판단의 영향을 받지 않는 지식이 있다는 계몽주의 주장의 허점을 폭로했다. 포스트모더니스트들은 사전에 약속된 사실, 이해관계, 목표, 야망 등의 복잡한 문제들의 집합을 공론화시키고 이에 기여하는 것은 언제나 살아 있으며 실재하는 개인들이라고 주장한다. 심지어 과학 같이 우리가 객관성이라는 규범을 기대하는 분야에서조차 그렇다고 말이다.

하지만 이와 같은 통찰은 오래전 기독교 사상가들이 이미 제시했다. 성경 자체가 우상숭배는 일종의 영적·지적 맹목 상태로 가게 만든다는 경고로 가득 차 있다. 로마서 1장은 우리가 하나님을 인정하기를 거부하면 우리의 지성이 "허망하여지며", 또한 "마음이 어두워"진다고 말한다(롬 1:21). 신학자들은 이를 일컬어 죄가 사람의 지성에 끼치는 noetic 효과라고 하는데, 여기서 영어 단어 '누에틱'은 헬라어 '누스'^{nous}에서 온 말로, 앞에서 본 것처럼 이는 단순한 지성이 아니라 우리 존재의 핵심을 뜻하는 단어다. 프로테스탄트 개혁자들은 우리가 존재 중심에서 하나님께 등을 돌리면 우리의 사고를 포함해 우리가 하는 모든 일이 영향을 받는다고 가르쳤다. 책상 앞에 앉거나 연구실에 들어갈 때 우리는 머릿속에 이미 자리 잡고 있는 복잡한 행동 동기와 경향을 함께 지니고 가며, 그것이 우리가 그럴듯하다고 혹은 참이라고 받아들이는 내용을 어느 정도 미리 결정짓는다. 중립적인 백지상태이기는커녕 우리의 생각은 이미 갖고 있는 확신, 참이기를 바라는 그 확신에 비추어 새로운 데이터를 해석하는 경향이 있다.

하지만 포스트모더니즘은 전형적으로 이 상식적인 성경의 통찰을 넘어, 초超정신적 진리는 없다는 훨씬 더 급진적인 주장을 펼친다. 포스트모더니즘은 진리를 자처하는 주장들을 사회적 구성물로 축소시킨다. 그리고 개인을 사회적 힘에 조종받는 꼭두각시로 축소시킨다. 여기에 담긴 의미는, 사람이 어떤 관념을 갖는 까닭은 그럴듯한 이유가 있어서가 아니라 흑인 혹은 백인이기 때문에, 남자 혹은 여자이기 때문에, 동양인 혹은 남미인이기 때문이라는 것이다.

이는 사람을 철저히 비인간화시키는 주장이다. 개별적인 인간은 무력해서 자기가 속한 공동체를 극복할 수 없다는 뜻을 함축하고 있다. 개인의 정체를 집단 정체성 속으로 융해시켜 버리는 일종의 환원주의인 셈이다. 집단 정체성 목록은 지금도 계속 늘어나고 있다. 하버드 대학교의 케네디 정치대학원에서는 최근 모든 입학생들이 "인종, 성gender, 사회경제적 계층, 성적 지향, 능력, 종교, 국제 정세, 권력 격차 등의 요소를 살피는 '권력과 특권 과목'을 필수 과정으로 공부하게 될 것"이라고 공고했다.[42]

필수 교양 과정에서 이제 고전은 가르치지 않고, 학생들이 인종과 성 정치학에 관한 당대의 연구에 몰두하게 만드는 대학들이 많다. 고전 문학과 철학을 가르친다 해도, '이 과목은 유해할지도 모른다는 경고'가 따를 가능성이 있다. 칸트의 3대 비판서(『순수이성비판』, 『실천이성비판』, 『판단력비판』) 합본 표지에는 이런 경고 문구가 담겨 있다. "이 책은 그 시대의 산물로서, 이 책이 반영하는 가치는 이 책이 오늘날 쓰였을 경우 반영하게 될 가치와는 다르다. 자녀를 키우는 분들은 이 책이 집필된 이후 이제 고전 수업 시간에 자녀들에게 읽히게 되기까지, 인종·성별·민족 그리고 사람과 사람 사이의 관계에 대한 견해가 어떻게 변화되어 왔는지 자녀들과 더불어 토론해야 할 것이다." 역설적인 사실은, 칸트가 진리에 대한 반反실재론적 개념이 발전하는 데 지대한 영향을 끼쳤다는 점이다. 그러나 교육자들의 염려는 그것이 아니다. 이들은 칸트가 정치적 올바름을 거스르는 것에 대해 걱정했다.[43]

포스트모더니즘은 과학 분야에 만연해 있는 유물론과는 거리가 먼 부류이지만, 사람을 비인간화하기는 마찬가지다. 유물론은 인간을 물리적 힘의 산물로 축소시킨다. 포스트모더니즘은 인간을 사회적 힘의 산물로 축소시킨다. 한 철학이 하나님보다 못한 무언가를 (그것이 무엇이든) 절대화시키면, 예외 없이 환원주의라는 결과를 낳는다. 즉, 인간을 인간으로 보지 않는 저급한 인간관을 낳는 것이다. 포스트모더니스트도 자신들의 입장에 '반反인본주의'라는 딱지를 붙인다. 이는 이들이 인간이라는 주체가 사회적·역사적 조건, 곧 자이트가이스트를 초월할 능력이 없는 것으로 본다는 의미다.

하지만 그럴 경우 개별적 인간은 자이트가이스트를 비판할 수 있는 독립적인 입장을 가질 수 없다. 달라스 윌라드가 지적했듯 "포스트모더니즘은…… 버티고 서서 시대정신에 대항할 수 있는 논리적 다리logical leg를 남겨 두지 않는다."[44]

이와 대조적으로 기독교는 초월적 진리를, 곧 시대정신에 매이지 않는 관점을 제시한다. 이 관점은 개별적 인간이 자유로이 당대의 지배적인 풍조에 대해 비판적으로 생각할 수 있게 해준다.

포스트모더니즘의 몰락

필자가 한 복음주의 대학에서 강연을 하고 있는데 한 학생이 질문을 했다. "우리는 누구도 진리 따위에 신경 쓰지 않는 포스트모던 시대를 살고 있습니다. 사실과 이성적인 추론으로 설득되지 않는 사람과는 어떻게 대화해야 합니까?" 포스트모던 시대 사람들이 사실에 근거한 변증에 시큰둥할 수 있는 것은 맞다. 그런 사람들의 마음을 움직이고자 할 때는 그들 고유의 개념 언어를 사용해 주장을 펼치는 것이 좋다.

포스트모던 시대를 사는 사람들의 진리관에서부터 시작해 보자. 포스트모더니스트들은 어떤 진리가 보편적이라거나 객관적이라거나 영원하다고 하는 모든 주장들을 다 배격한다. 이들은 사람의 관점이 특정하고 지역적이며 역사적인 조건에 따라 다른 정황 안에 각각 '위치해' 있다고 주장한다. 그러나 이 비평은 포스트모더니스트 자신의 주장에도 물론 적용된다. 이들의 주장 역시 특정하고 역사적인 정황 안에 '위치해' 있는 것이다. 따지고 보면 포스트모더니즘은 어디에서 나왔는가? 앞에서 살펴보았다시피 포스트모더니즘은 현대 유럽 문화의 한 분파다. 포스트모더니즘은 개별적 인간이 자기가 속한 공동체와 삶의 형태에 따라 사회적으로 그 존재가 구성된다고 하는 개념을 지닌 탈(脫)헤겔적 대륙 철학에서 생겨났다.

포스트모더니즘은 그리스도인이 편협하며 마음이 닫혀 있다고 자주 비난한다. 그러나 포스트모더니즘 자체도 서양 지성사의 특정 흐름 안에 갇혀 있다. 포스트모더니스트들은 좀 더 전통적인 입장에 있는 사람을 깔보는 경향이 있지만, 사실은 그들 자신도 전통적인 입장에 있는 사람 못지않게 자신들만의 역사 지평에 제한받고 있다. 그리고 자기들의 견해가 현상을 실제 그대로 포착하는 견해라고 주장하는 태도는 다른 어떤 이들과 다름없이 배타적이다.

간단히 말해, 포스트모더니스트들이 진리에 대한 전통의 개념을 폄하하는 데 사용하는 그 추론이 그들 자신의 입장에도 똑같이 적용될 수 있다.

일부 포스트모더니스트들은 헤겔의 역사결정론을 과학 기반의 진화론과 연결시킴으로써 역사결정론을 최신판으로 개정했다. 그 한 예가 리처드 로티인데, 그는 세상에 영원한 진리는 없다는 다윈의 진화론에 근거해, 인간의 모든 관념은 '시대와 우연의 산물'일 뿐이라고 주장한다.[45] 하지만 로티의 결론은 다윈의 진화론이 진리라는 가설에 의지하고 있다. 정확히 그 의미에서 그는 무언가가 진리일 수 있음을 부인하는 셈이다.

언젠가 한 라디오 프로그램의 초청을 받아 자칭 포스트모더니스트라고 하는 신학교 교수와 토론을 벌인 적이 있다. 그 교수에게 나는 "그리스도인이 무엇 때문에 포스트모더니즘을 포용하려고 하겠는가?"라고 물었다. 분명한 것은, 포스트모더니즘은 모더니즘이 역사에 좌우되는 제한적 관점임을 보여줌으로써, 보편적 진리를 단언하는 모더니스트들의 주장에서 거품을 걷어 낸다. 그런데 제한적이고 역사적인 조건에 좌우되는 관점이기는 포스트모더니즘도 마찬가지다. 그리스도인으로서 내가 단순히 사회적 구성물일 뿐인 관념에 나 자신을 바치고 싶어 할 이유가 어디 있겠는가?

성경은 우상을 인간의 발명품으로, "사람이 손으로 만든 것이라"(시 115:4, 135:15)고 묘사한다. 우상을 만든 "대장장이들은 사람일 뿐"(사 44:11)이다. 우상에게 예배하는 자들은 "자기 손으로 짓고 자기 손가락으로 만든 것을 경배"(사 2:8)한다. 그리스도인들이 왜 굳이 인간 사고의 산물, 곧 "이 세상의 지혜"(고전 1:20)일 뿐인 어떤 관념 위에 자기 삶을 구축하고 싶어 하겠는가? 인간의 마음은 초월적이고 영원한 진리를 갈구한다. 하나님께서 "사람들에게는 영원을 사모하는 마음을 주셨"다(전 3:11).

유한은 무한에 이를 수 없다. 그래서 영원한 진리를 알 수 있는 유일한 길이 있다면 하나님께서 그것을 인간에게 전해 주시는 길뿐이다. 하나님께서 자신의 초월적인 관점을 우리에게 주시는 것이다. 그것이 바로 지축을 흔드는 기독교의 주장이다. 성경은 하나님에게서 전달된 것으로서, 하나님 자신과 우주와 역사에 관해 우리에게 정보를 준다. 그리스도인들도 전형적으로 이 개념을 너무나 당연하게 여긴다. 이것은 우리가 하나님 시점으로 세상을 보는 자리에 다가갈 수 있다는, 단순한 인간의 지식을 넘어서는 관점, 시간의 제한을 받지 않고 초월적인 진리를 소유한다는 놀라운 주장에까지 이른다.

물론 그 진리에 대한 우리의 이해는 절대 완전하거나 철저하지 않다. 우리의 이해는 문화와 환경의 영향을 받는 오류투성이의 타락한 인간 지성의 거름망으로 걸러진다. 하지만 세상에는 초월로 통하는 창문이 있다. 성경에 기록된 하나님의 말씀은 "사람에게 기원을 두지 않은"(갈 1:11, NIV) 진리에 접근할 수 있게 해준다. 기독교는 포스트모더니즘의 역사결정론과 상대주의에 대항해, 하나님께서 친히 말씀하셨기에 인간은 초역사적 진리에 다가갈 수 있다는 주장을 펼쳐 인간을 자유롭게 한다.

로티는 주목할 만한 발언을 통해, 우주가 "한 인격체에 의해 창조되었다"는 기독교의 확신 기저에 객관적 진리라는 바로 그 개념이 깔려 있음을 인정한다. 인간의 주관성을 초월하는 한 진리에 대한 관념은 "세상이 신의 창조물이요, 친히 어떤 언어를 사용해 자신의 계획을 설명하는 누군가의 작품이라는 관념의 유물"이라고 로티는 말한다.[46] 달리 말하자면, 객관적 진리는 창조주가 인간에게 구원의 일에 대해서만이 아니라 역사와 우주에 대해서도 자신의 영원하고 초월적인 관점을 말로써 전해 주어야만 가능하다는 것이다. 쉐퍼의 책 제목을 차용해서 표현하자면, '하나님이 거기 계신'God Is There 것만으로는 충분치 않고, '침묵하지 않으시는'He Is Not Silent 것도 중요하다는 뜻이다.

하나님께서 의사를 전달하셔야만, 무한이 유한으로 내려와 주어야만 우리는 자유로워질 수 있다. 그러면 이제 계몽주의 사상가들이 생각했던 것처럼 우리의 개별 지성에 갇혀 있거나 포스트모더니즘 사상가들이 말하는 것처럼 공동체의 시성에 갇혀 있지 않아도 된다. 성경의 변증 전략은 "알맹이 없고 기만적인 철학, 인간의 전통에 의지하는"(골 2:8, NIV) 철학에 사로잡혀 있는 이들을 해방시키는 일을 돕도록 우리를 구비시켜 줄 것이다. 성경의 전략은 "한때의 덧없는 우상의 가면을 벗기고"[47] 사람들을 영원한 진리 쪽으로 돌이켜 세우는 법을 가르쳐 줄 것이다.

범신론 vs. 나

지금까지 광범위하게 퍼져 있는 철학들에서 생겨나는 아주 판이한 형태의 두 가지 환원주의, 곧 유물론과 포스트모더니즘을 추적해 보았다. 로마서 1장의 변증 전략은 종교에서 유래하는 환원주의를 진단할 수 있는 도구도 제공한다. 그 도구를 동양의 범신론과 이슬람교에 한번 적용해 보도록 하자.

앞에서 우리는 낭만주의 사상가들이 서양판 범신론을 포용했다는 것을 알게 되었다. 그러므로 이 사상가들이 동양판 범신론에도 열린 자세를 취했다는 것은 놀라운 일이 아니다. 19세기 말, 쇼펜하우어는 완전한 형태의 불교를 서양에 도입한 최초의 철학자가 되었다. 우리 시대에는 뉴에이지 운동이 동양 종교를 할리우드 영화의 독특하고 세련된 취향으로 격상시켰다.

범신론은 전형적으로 신이 우주고 우주가 신이라는 원리로 요약된다('범'은 '모두'를 뜻한다. 즉, 모두가 신이라는 것이다). 신은 하나^{the} ^{One} 혹은 일체$^{the\ All}$라고 불린다. 그리고 세상은 신의 본질이 발현되거나 유출된 것으로 본다.

이는 우상인가? 분명 우상이다.

전형적인 범신론자들은 초월적 하나님에 대한 성경의 가르침이 인간을 자연에서 소외시킨다고 주장한다. 성경의 가르침 때문에 서양 문화가 지구를 강간하고 약탈했다고 한다. 우리가 자연과 영적으로 하나라는 의식을 키우면 모든 생명체를 더 존중하게 될 것이라고 그들은 주장한다.

그들의 주장은 맞는 말 아닌가? 전혀 그렇지 않다. 다른 모든 우상들과 마찬가지로 범신론도 환원주의적이기 때문이다. 범신론은 생명을 가치 있게 여기지 않는 관점을 갖게 만든다.

한 세계관이 무엇을 신으로 여기든 그 신은 그 세계관이 만물을 보는 렌즈요, 무엇이 현실인지를 걸러 내기 위해 사용하는 거름망이 된다. 범신론의 신은 만물에 내재하는 영적 통일체, 하나 the One다. 그래서 이 거름망에서는 다양성, 차이, 개별성 등이 걸러져 나간다. 실제로 힌두교에서는 나의 개별적인 정체성을 '마야'maya라고 부르는데, 이는 환영幻影이라는 뜻이다. 마야는 악·이기심·탐욕·전쟁의 원인으로 간주된다. 명상의 목표는 마치 물방울 하나가 대양 속으로 흩어져 섞이듯 우주적 하나, 획일적 전체와 합쳐짐으로써 개별적 자아로서의 내 자아 인식을 소멸시키는 것이다. 불교에서 '열반'nirvana이라는 말은 문자적으로 '소멸된다'는 뜻이다.[48]

이렇게 자아가 소멸되는 것이 무엇인지는 중국 당나라의 시인 이백李白의 시에 잘 나타나 있다. 이 시는 저녁이 내려앉는 광경을 노래하고 있으며, 다음과 같이 끝을 맺는다.

> 함께 앉아 있네, 산과 나
> 산만 남을 때까지.
> (이백의 시 「독좌경정산」獨坐敬亭山 중에서 – 옮긴이)

이 시는 명상 서적에서 자연과 하나 됨을 감동적으로 표현한 본문으로 자주 인용된다. 그러나 이 하나 됨에서 '나'는 사라진다는 점에 주목하라. '나'는 산허리 바위 속으로 녹아 없어진다. 한 현대 시인이 설명하는 것처럼 산은 영원한 하나를 나타낸다. "영원한 존재인 '산'을 깊은 적요寂寥 가운데 오래 바라보고 있으면 나라는 존재는 어디에서도 보이지 않는다는 것을 알게 된다. 내가 반사적으로 '나'라고 칭했던 모든 것은 아예 거기 있지도 않았다는 사실을 깨닫고 놀라게 된다."[49]

여기에 함축된 메시지는, 개별적인 자아는 하나$^{the\ One}$ 속으로 녹아들어 가야 할 만큼 별 가치가 없다는 것이다. 왜냐하면 이 자아는 '아예 거기 있지도 않았기' 때문이다. 개별적 자아는 환영이었던 것이다.

범신론이 사람의 생명을 존중하지 않는 입장으로 귀결되는 또 한 가지 이유는, 범신론에서 말하는 신이 비인격적이라는 점 때문이다. 고전적 범신론에서 신의 개념은 생각하고, 뜻하고, 느끼고, 행동하는 인격적인 신이 아니다. 그 신은 비인격적인 신으로, 생각도 하지 않고 행동도 하지 않는 채 만물에 내재해 있는 영적 실체다. 과거에 선禪불교도였다가 기독교로 회심한 사람의 설명에 따르면, 범신론에서 신은 "무의식적이고 비인격적인 하나의 본질로서, 하나님·자연·절대자·하나 됨으로 불릴 수 있다"고 한다.[50]

그 결과, 놀랍게도 범신론은 유물론과 다를 바가 없게 된다. 둘은 동전의 양면과 같다. 유물론은 만물이 물질 성분으로 구성된다고 주장한다. 범신론은 만물이 영적 성분으로 구성된다고 주장한다. 둘 다 비인격적이기는 마찬가지다. 그러므로 둘 다 인간 본성의 인격적인 차원에 대해 설명하지 못한다. 그리고 유물론과 범신론 모두 자신들이 설명하지 못하는 부분은 은폐할 것이고, 결국엔 부정할 것이다.

이것이 바로 환원주의 패턴이다. 우상에 기반을 둔 세계관은 하나같이 모든 현실을 상자 하나에 구겨 넣으려고 한다. 그러다 보면 필연적으로 상자 밖으로 삐져나오는 것이 있기 마련이다. 그 상자의 개념 범주에 들어맞지 않는 무언가가 있기 마련이다. 유물론과 범신론은 궁극적 실재를 비인격적인 관점에서 정의한다. 따라서 둘 다 인간의 인격성에 대해 설명하지 못한다. 그리하여 유물론이나 범신론 모두 인격체인 인간의 독특한 면모를 부인하고 경시하며 평가 절하한다. 인간은 비인격적인 힘의 산물로 축소된다. 개별적 인간은 산허리 바위 속으로 녹아들어 가고 만다.[51]

어떤 논리 체계든지 비인격적인 힘으로 시삭하는 체계는 결국 인간의 인격성을 억누르고 은폐한다. 사람을 눈멀고 의식 없는 존재 모형의 구성 요소로 축소시킨다. 물은 물의 근원보다 높아질 수 없다고 하면서 말이다.

이해할 수 없는 것은, 왜 이런 세계관이 사람들에게 그렇게 인기 있느냐 하는 점이다. 따지고 보면 무엇보다 깊은 우리의 갈망은 독특한 존재로서의 우리 모습 그대로 알려지고 사랑받는 것이다. 이는 신이 인격적인 존재일 때에만 충족될 수 있는 갈망이다. 기독교의 하나님은 우리의 개별 정체성을 지워 없애지 않고 오히려 실제적으로 그 정체성을 확증하고 인정하신다. 하나님은 우리를 부르사 더욱 온전한 의미에서 한 사람 한 사람이 다 하나님께 창조된 그대로의 독특한 개인이 되게 하신다. 동양의 신비주의와 대조적으로 기독교의 목표는 우리의 욕망을 억제하고 은폐하는 것이 아니라, 그 욕망이 진정으로 우리를 만족시키는 일을 향할 수 있게 해주는 것이다. 그 일은 바로 궁극의 초월적 인격체이신 분과 뜨거운 사랑의 관계를 맺는 것이다.

이슬람교 vs. 인간의 존엄

동양 종교든 이교異敎든 우리가 지금까지 생각해 본 모든 종교는 로마서 1장의 진단과 맞아떨어진다. 이들은 창조주가 아니라 피조물을 예배한다. 이들은 우주에 내재해 있는 어떤 것을 절대화한다. 이들의 신은 성경에서 말하는 하나님에 미치지 못하는 것들이기 때문에 결과적으로 인격체인 사람을 존중하지 못하는 입장을 갖게 만든다. '**원리 2**'에서 말했듯, 이 종교들은 환원주의로 귀결된다.

이러한 법칙에서 예외인 것들로 유대교와 이슬람교라는 일신론 종교가 있는데, 이들은 기독교와 마찬가지로 초월적인 창조주 개념을 가지고 있다. 또한 이들은 적어도 성경 일부분을 인정한다. 유대교는 기독교와의 복잡한 관계 때문에 이 책에서 논외로 할 작정이다. 그리스도인은 삼위일체 같은 교리가 구약성경에서도 발견된다고 믿는다. 비록 신약성경에서 더욱 명시적으로 가르치고 있기는 하지만 말이다. 그것이 바로 복음이 "먼저는 유대인에게"(롬 1:16) 간 이유다. '유대 그리스도인'이라는 말은 유대교와 기독교 사이에 많은 연속성과 유사성이 있음을 강조한다.

이슬람교는 어떨까? 오늘날 이슬람은 강력한 지정학적 세력이 되었고, 그리스도인들은 이슬람을 이해할 수 있는 좀 더 나은 길을 찾고 있다. 이슬람교는 기독교 성경의 몇몇 부분(히브리어 토라, 다윗의 시편, 복음서)을 거룩한 계시로 받아들인다.[52] 그럼에도 이슬람교의 하나님 개념은 중요한 부분에서 전통 기독교 신학과 다르다. 가장 뚜렷한 차이는, 삼위일체 개념을 거부한다는 점이다.

코란은 예수가 신이 아니라 "알라의 사자使者일 뿐"이라고 가르친다.[53] 이슬람 학자 세예드 호세인 나스르Seyyed Hossein Nasr는 이렇게 말한다. "코란은 하나님의 통일성과 단일성을 계속 강조한다. 이슬람의 존재 이유가 비로 하나님의 단일성과, 그 하나이신 분의 위엄 앞에서는 만물이 무無임을 궁극적이고 정언적인 방식으로 단언하기 위해서라고 말할 수 있다." 이슬람교가 하나님의 단일성을 강조하는 탓에 일부 학자들은 이슬람교가 기독교보다는 신플라톤주의와 힌두교의 범신론에 더 가깝다고 주장하기도 한다.[54]

그 결과로 이슬람교의 신 개념은 인격성의 핵심 요소들을 놓치고 있다. 예를 들어 관계와 연관된 속성을 생각해 보자. 하나님은 관계 안에서만 사랑·공감·친밀함·자기 헌신·의사소통 같은 인격 대 인격의 속성을 표현하실 수 있다. 서로 다른 독특한 인격체 사이에서만 주고받음, 주도와 호응, 나눔과 자기 계시, 연합과 교통이 있을 수 있다.

하나님의 입장에서, 하나님이 완전히 인격적이기 위해서는, 그리하여 사랑과 교제가 있을 수 있기 위해서는 신적 존재 그 자체

안에 순전한 복수성이 있어야 한다. 역사적으로 기독교 신학은 이 인격 대 인격 속성이 성삼위 간에 영원 전부터 표현되었다고 가르친다. 이런 식으로 기독교는, 인격적으로 존재한다는 것이 어떤 의미인지에 대한 가장 고상한 개념이 신격^{Godhead} 안에 담겨 있다고 주장할 수 있다.

"어떤 부류의 인간이든 '하나님은 사랑이시다'는 기독교의 진술을 되풀이하기를 좋아한다"고 C. S. 루이스는 말한다. "하지만 하나님 안에 적어도 두 위격이 있지 않은 한 '하나님은 사랑이시다'는 말은 그 어떤 실제적 의미도 없다는 것을 사람들은 눈치채지 못한다. 사랑은 한 인격체가 또 한 인격체에게 품는 어떤 것이다. 하나님이 단일 위격이라면, 세상이 창조되기 전의 하나님은 사랑이 아니셨다."[55] (아니, 사랑할 능력이 있었다 해도 그 능력을 발휘할 길이 없었다. 그러므로 사랑이라는 자신의 본성을 충족시키기 위해 세상을 창조할 필요가 있었을 것이다. 그러나 이 경우 하나님은 피조물에게 의존하는 존재가 될 터인데, 이런 종류의 신은 이슬람교에서도 기독교에서도 가르치지 않는다.)

오직 사랑의 하나님만이 온전히 인격적이다. 그러므로 삼위일체는 온전히 인격적인 하나님 개념을 주장하는 데 매우 중요하다. 신학자 로버트 레덤$^{Robert\ Letham}$이 말했듯이, "삼위로 계신 하나님만이 인격적이실 수 있다. …… 고독한 단일체는 사랑을 할 수 없고, 사랑을 할 수 없으므로 인격체일 수 없다." 그러므로 고독한 단일체는 "인간의 인격성을 설명할 방법, 심지어 그 인격성을 주

장할 방법조차 가지고 있지 않다."⁵⁶

『스탠퍼드 철학 백과사전』*The Stanford Encyclopedia of Philosophy*은 놀랍게도 이슬람교에는 사람에 대한 개념조차 없다고 말한다. "아랍어와 고전 이슬람 철학에는 서양 철학의 '사람'ᵖᵉʳˢᵒⁿ 개념에 상응하는 개념적 동의어가 없다." 이 사실은 "특히 그 용어의 기독교적…… 기원이 얼마나 중요한지를 확증해 주는 듯하다."⁵⁷

이슬람교에 사람에 대한 명쾌한 개념이 결여되어 있는 것이 사실이라면, 이슬람교가 왜 숙명론적 경향이 있는지, 왜 알라의 뜻에 전적으로 순종하기를 강조하는지 그 이유가 설명될 것이다('이슬람'이란 순종을 뜻한다). 우도 미델만ᵁᵈᵒ ᴹⁱᵈᵈᵉˡᵐᵃⁿⁿ이 설명하는 것처럼, "이슬람은 체념의 종교다. …… 알라가 세상을 만들었고, 당신은 세상이 당신과 교류하는 방식을 받아들여야 한다. 설령 세상이 당신을 죽이더라도 그래야 한다. 질문도, 의심도, 개인의 책임도 허용되지 않는다. 자아를 부정하는 것만이 구원이다."

또한 이는 왜 상당수 무슬림 예배가 거의 기계적 의례들로 이루어지는지를 설명해 주기도 한다. 예배자들은 코란ᴷᵒʳᵃⁿ을 암송한다. 이때 한목소리로, 한 자 한 자, 기억에 의존해, 아랍어 원전으로 암송한다. (코란이란 '암송되는 것'이란 의미다.) 미델만의 말을 다시 인용하자면, "이슬람의 영성은 반복적이고 비인격적이지, 마음과 뜻과 목숨을 다해 하나님을 우선적이고 자각적으로 사랑하는 것이 아니다."⁵⁸

무슬림들은 심지어 자기가 암송하는 말이 무슨 뜻인지 이해할 필요도 없다. 무슬림 중에는 아랍인이 아닌 이들이 많고, 그래서 상당수는 아랍어를 하지 못한다. 두 명의 무슬림이 쓴 어느 책에 이런 말이 있다. "본문을 상당히 많이 외우기는 하는데 거기에 스며들어 있는 세계관을 조금도 이해하지 못하는 이들을 심심치 않게 만날 수 있다." 하지만 이는 그럴 수 있는 일이라고 저자들은 말한다. 이슬람교에서 '의미 이해는 부차적이고', 중요한 것은 암송과 의례이기 때문이다.[59]

이리하여 이슬람은 환원주의 원리를 다시 한 번 입증한다. 하나님을 보는 시각이 보잘것없으면, 인간의 가치와 지위와 존엄에 대해서도 빈약한 견해를 갖게 된다.

세속적 우상에서 죽음의 수용소로

구도자와 회의주의자에게 다가가는 가장 강력한 방법은 그들이 무엇을 우상으로 섬기고 있는지 규명할 수 있게 돕는 것이다. 우상은 실제 삶으로 구현될 때, 특히 정치와 공공 정책으로 구체화되면 쉽게 알아볼 수 있다. 앞에서 '**원리 2**'를 철학과 종교에 적용시켜 보았으므로, 이제 환원주의가 두 가지 정치 이론에 의해 살이 입혀졌을 때 어떤 결과가 생겨 나오는지 알아보자. 두 가지 이론은 나치즘과 공산주의다. 나치즘과 공산주의 모두 우상의 어둡고 파괴적인 힘을 잘 예시해 준다.

인류학자 리처드 슈웨더Richard Schweder는 서양 역사가 종교 서사

시로 형태를 바꿔 전해지는 경우가 많다고 말한다. "계몽주의 이 야기는 고유의 창세기 버전이 있는데, 이 이야기의 주제는 잘 알 려져 있다. 세상은 '암흑시대'라는 선잠 상태에서 깨어나 마침내 진리와 접촉했고, 약 300년 전 북서유럽에서 아주 훌륭하게 융 성했다." 계몽주의라는 세속 신앙은 그 나름의 구원도 제공한다. "사람들의 눈이 열림에 따라 (무지 및 미신과 똑같은 것으로 취급되는) 종교는 (사실 및 이성과 똑같은 것으로 취급되는) 과학에게 밀려났다."

수 세기 동안 이 계몽주의 신화는 발전과 자유를 위한 청사진 으로 떠받들어졌다. 하지만 "하나의 역사 이론으로서 이 이야기 는 예상 효용성이 거의 제로에 가까웠다"고 슈웨더는 건조하게 논평한다.[60] 왜냐하면 세속주의의 발흥이 인간의 자유를 계속 증 진시키지는 못했기 때문이다. 세속주의의 발흥은 오히려 20세기 를 죽음과 파괴의 피바다 속으로 몰아넣었다. 잔학 행위는 대부분 국가사회주의(나치즘)와 마르크스주의(공산주의) 같은 정치 이념에 헌신한 정권에 의해 자행되었다.

역사학자들은 문명화된 현대 유럽에서 어떻게 그렇게 할 말을 잃게 만드는 야만 행위가 등장할 수 있었는지 모르겠다고 의아해 한다. 그 대답은 우상의 힘에서 찾을 수 있다. 나치스 정책은 인종 이라는 우상 중심으로 체계화되었다. 한 개인이 속한 (아리아인이 냐 유대인이냐 혹은 슬라브인이냐 하는) 인종이 그 사람의 견해, 성품, 심지어 그 사람의 가치까지도 결정한다고 여겼다. 공산주의 이데 올로기는 경제 계급이라는 우상을 중심으로 조직화되었다. 한 사람이 속한 (자본가냐 혹은 노동자냐 하는) 경제 계급은 다른 모든 것을 결정하는 요소로 여겨졌다.

지금까지 살펴보았다시피, 우상 기반의 모든 세계관에서는 창조 세계의 어떤 부분이 상자에 딱 들어맞지 않는다. 일반계시의 일부 사실이 은폐된다. 그런데 우상 중심의 세계관이 정치 영역에 적용되면, 국가가 처방한 상자에 들어맞지 않는 사람들이 생겨난다. 이 사람들은 말 그대로 억압당하고 심지어 죽임당하기도 한다. 나치스 치하에서, 국가가 정한 인종 상자에 들어맞지 않는 사람들로는 유대인·집시족·슬라브인·세르비아인·폴란드인·우크라이나인 등이 있었다. 이들은 강제 수용소로 끌려갔고, 약 2500만 명이 거기서 죽거나 처형당했다. 공산주의 치하에서 경제 계급이라는 규격 상자에 들어맞지 않는 사람은 자본가와 부농富農 등이었다. 이 사람들은 국가가 강제하는 굶주림에 시달리거나 혹은 노동 수용소로 끌려가야 했으며, 그렇게 해서 8500만에서 1억 명에 이르는 사람이 죽거나 처형당한 것으로 추산된다(두 체제 모두 이에 반대한 그리스도인들을 잡아들였다).[61]

제2차 세계대전 때는 이런 그릇된 절대 신념이 지구촌 전역에 갈등을 낳았다. 에티엔느 질송이 당시 관측한 것처럼, "두세 가지…… 신격화된 추상 개념이 전쟁터에 등장한 까닭에 수백만 명이 굶어 죽거나 피 흘리며 죽어 갔다. 신들이 자기들끼리 싸움을 벌이면 인간이 죽을 수밖에 없기 때문이다."[62]

여기서 얻는 교훈은, 우상 기반의 이데올로기는 예외 없이 인간성을 말살시킨다는 것, 그리고 저지하지 않을 경우 그 이데올로기는 탄압과 강제와 억압과 전쟁과 폭력으로 이어진다는 것이다. 20세기에 그 이데올로기가 빼앗아 간 인명과 세상에 끼친 대참화는 그때까지 교회가 벌인 마녀사냥, 종교 재판, 종교 전쟁으로 입은 모든 피해를 다 합친 것보다 더 크고 심각했다.

"유물론자들은 자기들이 엉성하게 만들어 놓은 창작물이 마치 절대자이기라도 한 양 기꺼이 그것을 경배하려고 한다"고 올더스 헉슬리Aldous Huxley는 말한다. "유물론자들이 멀쩡한 제정신으로, 그리고 최고선을 위해 애쓰고 있다는 확신으로 자기들의 가장 추악한 욕망을 충족시킬 수 있는 까닭은 바로 그 때문이다."[63] 우상 숭배적 이데올로기가 낳은 유혈 사태와 죽음의 수용소는 (종교전쟁이 기독교의 원칙을 어긴 것처럼) 그들의 원칙을 어기는 것이 아니었다. 그런 일들은 그 세계관의 당연한 논리적 귀결이었다.

철학자 존 그레이John Gray는 그 자신이 무신론자임에도 이렇게 말한다. "무신론이 정치적 과제가 될 때 예외 없이 나타나는 결과는, 전체적인 수단으로만 유지될 수 있는 대용 종교가 나온다는 것이다."[64] 여기서 말하는 전체적 수단이란 비밀경찰과 집단 수용소다.

해방자에서 독재자로

세계관 공부는 단순히 강의실에서 가설상으로 토론하는 이론적인 주제가 아니다. 우상은 삶과 죽음에 직결되는 문제다. 로마서 1장은 하나님께서 사람들을 우상의 파괴적인 영향 앞에 내버려 두신다고 말하는데, 이는 단지 개인의 행위만을 말하는 것이 아니다. 세계관은 강의실뿐만 아니라 회의실·법정·의회·전쟁터에까지 구체적으로 모습을 드러낸다.

근대의 전체주의는, 하나님을 모르는 사람은 우상의 멍에를 매게 될 것이라는 바울의 가르침을 실례로 보여준다. 하나님을 모르는 이들은 "본질상 하나님이 아닌 자들에게 종노릇"(갈 4:8)할 것이다.[65] 과거에 유명한 공산주의자였던 사람들이 모여 공산주의에 대한 환멸을 주제로 책을 한 권 썼는데, 책 제목이 『실패한 신』 *The God That Failed* 이었다.

역사가 아이자야 벌린 Isaiah Berlin 이 한번은 말하기를, 모든 철학은 인간을 오류에서 해방시켜 주겠다고 약속하는 현실 모델을 제시한다고 했다. "하지만 그 철학들은 거의 예외 없이 바로 그 사람들을 노예로 삼음으로써, 그리고 그 체험의 전모를 설명하지 못함으로써 끝이 난다. 해방자로 시작해서 일종의 독재자로 끝맺는 것이다."[66]

인도적 사회를 만들기 위해서는 '체험의 전모를 설명하지 못하는' 우상, 사람을 편파적이고 일차원적인 현실 모델에 가두어 버리는 그 우상의 정체를 규명해야 한다. 순전한 인권과 인간 존엄의 유일한 기반은 온전한 성경적 세계관뿐이다. 기독교는 퍼즐 한 조각을 절대화하는 것이 아니라, 모든 조각이 조화를 이루고 있는 퍼즐 전체를 제시하여 매혹적인 아름다움의 이미지를 창조한다. 이는 현실에 대해 다른 어떤 세계관보다 더 풍요롭고 완전하고 복합적인 전망을 보여준다. 기독교는 다른 모든 세계관의 유효한 통찰을 포괄하는 한편, 그 세계관들의 약점은 피한다.

"인간의 철학으론 꿈도 꾸지 못할 일들이 많다네"

이번 장에서 거론한 모든 사례를 관통하는 공통의 맥락은 무엇인가? 성경에서 말하는 하나님을 부인하는 종교와 세계관은 다른 무엇인가를 궁극적 실재로 여길 수밖에 없다(원리 1). 다른 유일신 종교를 제외하고, 이들 종교와 세계관은 우주에 내재하는 무언가를 신격화한다. 이들은 창조 세상의 어느 측면을 궁극적인 해설자로 절대화한다. 그런 다음 다른 모든 것을 그 단일 범주로 축소시킨다(원리 2). 환원주의는 세상을 단 하나의 렌즈로 보려고 하는 것과 같다. G. K. 체스터턴Chesterton은 환원주의를 일컬어 정신의 감옥, "한 가지 생각의 감옥"이라고 했다.[67] 무엇이든 그 감옥에 들어맞지 않는 것은 모조리 부정되고 은폐된다.

그 결과는 언제나 성경이 보는 세상보다 더 편협하고 더 빈약하고 더 어둡고 덜 인도적인 세상의 모습이다. 한 세계관의 인간 개념은 그 세계관의 신 개념보다 고상할 수 없다.

로마서 1장은 "하나님의 진노"가 하늘에서 나타난다는 말로 우상에 대한 가르침을 시작한다. 신앙과 관련해서 현대인들이 하나님의 진노에 대한 이야기보다 더 듣기 싫어하는 말은 아마 없을 것이다. 하나님의 진노라고 하면 화가 잔뜩 나서 응징하려고 하는 신의 모습이 떠오른다. 그러나 성경적인 개념의 진노는 단순히 하나님께서 악과 불의에 대해 품으시는 깊은 적대감을 뜻할 때가 많다. 하나님의 진노가 꼭 하늘에서 번개가 내리치는 것 같은 큰 재해를 뜻하지는 않는다. 사실 하나님께서 인간사에 개입하신다는 것이 이 말의 필연적인 의미는 아니다. '**원리 2**'에서 말한 대로, 사람들이 자기 원하는 대로 하게 놔두고 자기 선택이 자초한 결과를 겪게 내버려 두는 것이 하나님의 심판일 때가 많다. 하나님께서는 인간이 자멸적인 사고방식과 생활방식을 선택해서 타인과 그들 자신의 명예와 존엄을 다 짓밟게 허용하신다.

내가 생각하기에 환원주의 세계관을 이보다 더 잘 설명할 수는 없다. 우상숭배는 사람을 욕되게 dishonor 하는 행실로 귀결된다고 로마서 1장이 경고할 때 흔히 우리는 그 경고에 함축된 의미를 간과하고 만다. 다시 말해 사람은 원래 자기 자신과 타인을 존중해야 honor 한다는 것이다. 토머스 존슨이 말한 것처럼 이 본문은 "사람이 자기 자신을 존중하는 적절한 방법이 있다"는 사실을 암시하는데, 그 방법은 다름 아니라 하나님의 인간관을 받아들이는 것이다. "사람은 창조주의 형상을 지닌 자로서 하나님의 명령을 이행하기 위해 이 세상에 있는 것이라는 사실을 받아들일 때, 사람은 만인을 존중하게 된다." 그러나 사람이 하나님 대체물을 만들고 우상의 모습으로 자기 형상을 다시 만들면, 그때부터 만인을 욕되게 하고 파멸시키게 된다.[68]

음울하고, 인간성을 말살하고, 인간의 품격을 떨어뜨리며, 인간을 욕되게 하는 세계관을 가진 사람을 볼 때 우리는 가슴 아파해야 한다. 기독교를 철저히 긍정적이고 인도적인 진리로 제시할 기회는 널리 열려 있다. 성경의 세계관은 창조 세계의 어느 한 측면을 신격화하거나 그릇된 절대 원리를 주장하지 않는다. 그 결과 성경적 세계관은 창조 세계의 다른 차원을 평가 절하하거나 부정하는 환원주의로 귀결되지 않는다. 성경적 세계관은 우주를 상자 하나에 밀어 넣고 거기 들어맞지 않는 것을 칼로 베어 내지 않아도 된다. 성경적 세계관은 배타적이지 않고 포괄적이어서 하나님께서 만드신 다양하고 다면적인 세상의 선함과 실재성을 모두 긍정한다.

기독교는 햄릿이 친구 호레이쇼에게 했던 말에 동의한다. "하늘과 땅에는 인간의 철학으론 꿈도 꾸지 못할 일들이 많다네." 환원주의적 세계관은 하늘과 땅에 별 대단한 일이 없다고 주장한다. 이런 세계관을 따라 산다는 것은 창문 없는 콘크리트 벙커 안에서 사는 것과 똑같다. 기독교 세계관을 전한다는 것은 문을 열고 밖으로 나오라고 사람들을 부르는 것과 비슷하다. 우리의 메시지는 작고 비좁은 세상에서 포로들을 이끌어 내, 자유롭고 드넓은 세상으로 인도하는 기쁨을 드러내야 한다.

바울이 어떻게 로마제국 앞에 당당히 서서 "복음을 부끄러워하지 않는다"고 선언할 수 있었는지 우리는 이제 더 잘 이해할 수 있다. 바울은 기독교가 경쟁 종교나 세계관보다 더 설득력 있을 뿐만 아니라 호소력도 더 강하다고 확신했다. 성경에서 "부끄럽게 하다"는 말은 대개 심리적으로 당혹스러워한다는 뜻이 아니다. 이는 무언가를 신뢰하는데 그것이 나를 실망시키며 그 무언가가 잘되어 나가지 않는다는 의미다. "나를 부끄럽지 않게 하시고 나의 원수들이 나를 이겨 개가를 부르지 못하게 하소서"(시 25:2). "주 여호와께서 나를 도우시므로…… 내가 수치를 당하지 아니할 줄 아노라"(사 50:7). 그래서 바울이 "복음을 부끄러워하지 않는다"고 했을 때 이 말은 기독교 세계관이 바울의 기대를 저버리지 않을 것이라는 뜻이다. 기독교 세계관은 우리를 실망시키지 않을 것이다.[69] 기독교는 삶의 기준으로 삼을 수 있는 통일되고 통합된 세계관을 갈급해하는 사람들의 욕구를 충족시킬 것이다. 기독교에는 내적인 모순 없이 일관성 있게, 그리고 포괄적으로 삶의 안내자 역할을 해줄 수 있는 지적 자원이 있다.

물론 어떤 세계관이 사람들에게 매력을 준다고 해서 그 세계관이 참이라는 말은 아니다. 한 세계관이 참인지 거짓인지 시험해 보려면 이제 '**원리 3**'으로 가야 한다. 어떤 개념이 참인지 아닌지 물을 때 이 질문의 전형적인 의미는, 그 개념이 우리가 알고 있는 세상에 어울리느냐는 것이다. 즉, 그 개념은 사실에 부합하는가? '**원리 3**'에서는 로마서 1장이 어떻게 세계관을 시험하고 진실을 밝힐 수 있는 일련의 강력한 도구를 구비시켜 주는지 살펴보겠다.

원리 3. 우상을 시험하라 : 상충

신앙의 세속적 비약

몇 년 전, CNN 홈페이지에 "왜 나는 내 자녀를 하나님 없이 키우는가"라는 제목의 기사가 실렸다. 기사는 즉각 사람들 사이로 퍼져 나갔다. 글을 쓴 사람은 데보라 미첼Deborah Mitchell이라는 젊은 엄마로, 왜 자기 자녀들이 하나님에 대해 배우지 못하게 가로막는지 몇 가지 이유를 나열했다. 그 이유들은 대부분 '악의 문제'를 이렇게 저렇게 변용한 것이었다. 미첼은 사랑 많은 하나님이라면 "살인, 아동 학대, 전쟁, 잔혹한 구타, 고문 등 수많은 가증스런 행위가 인류 역사 전체를 통해 계속 자행되게 허용하지 않았을 것"이라고 주장했다.[1]

악의 문제에 대한 기독교의 고전적인 답변은, 하나님께서 인간을 자유의지를 가진 존재로 창조하셨는데 인간이 끔찍스러울 만큼 상황을 엉망진창으로 만들었다는 것이다. 이것을 일컬어 자유의지 변론free-will defense이라고 하는데, 이 이론은 죄와 고통의 비극적인 현실을 인정하는 동시에 인간의 존엄도 단언한다. 이 이론은 인간을 진정한 도덕 행위자로 그리고 있으며, 인간의 선택은 역사와 심지어 내세의 향방까지 바꿀 수 있을 만큼 중요하고 의미 있다.

미첼은 기독교의 이러한 답변을 거부했다. 그렇다면 미첼이 내놓은 대안 답변은 무엇인가? 미첼은 인간이 자유의지 없이 전적으로 타의에 의해 규정되는 유물론적 세계관을 제안했다. "우리는 그저 크다큰 기계의 아주 작디작은 부품일 뿐"이라고 미첼은 읊조리듯 말했다. "인간이 지닌 영향력은 아주 미미하다. 우리는 인간이 별 볼 일 없는 존재라고 하는 깨달음을 받아들여야 한다"고 말이다.

이것이 과연 기독교를 대신할 만한 호소력 있는 대안이라고 내놓았을까? 인간이 커다란 기계에 설치되어 있는 작은 기계라는 것? 인간의 행동은 아무 의미 없다는 것? 미첼은 자신의 유물론적인 입장이 '겸손'을 낳는다고 주장했다. 그러나 그것은 겸손이 아니다. 그것은 인간을 비인간화하는 주장일 뿐이다. 본질적으로 인간을 로봇으로 환원시키는 주장인 것이다.[2]

무엇보다, 한 세계관이 설명하고자 하는 것이 무엇인가? 세계관이란 도망칠 수 없고 피할 수 없는 경험적 사실에 대해 전 역사에 걸쳐 어떤 문화에서든 모든 사람이 받아들일 수 있도록 체계적으로 설명하기 위해서 있는 것이 아닌가? 성경의 용어를 빌리자면, 그 사실들이 바로 일반계시를 이룬다. 철학자들은 때로 그 사실들을 종합적으로 일컬어 생활 세계^{life-world}, 삶의 경험^{lived}

experience, 혹은 선이론적pre-theoretical 경험이라고 한다.³ 하나의 이론 체계를 구축할 때 주안점은 인간이 선이론적 경험으로 알고 있는 것이 무엇인지 설명하는 것이다. 어떤 철학이든 출발점은 그것이다. 그것이 바로 철학이 설명해야 할 데이터다. 경험의 데이터를 설명하지 못하면 그 철학은 테스트를 통과하지 못한 것이다. 거짓 체계임이 증명된 것이다.

사실의 위엄

위와 같은 내용을 한 세계관에 대한 실제적인 테스트로 생각할 수 있다. 과학자가 어떤 이론을 실험실로 가져가 시험관에 화학물질을 섞어 시험한 뒤 거기서 나온 결과가 그 이론을 확증해 주는지 확인하는 것처럼, 우리도 어떤 세계관을 접하면 그것을 일상생활이라는 실험실로 가져가서 시험한다. 이 세계관은 인간 본성을 거스르는 일 없이 현실 세계에서 일관성 있게 삶으로 구현될 수 있는가? 우리의 삶이 이 세계관이 말하는 방식대로 작용하는가? 이 세계관은 현실에 들어맞는가? 이 세계관은 우리가 세상에 대해 이미 알고 있는 내용에 부합하는가?

한 세계관의 목적은 우리가 세계에 대해 알고 있는 내용을 설명해 주는 것이라고 말할 수 있다. 한 세계관이 세상에 대한 우리의 기본 경험, 곧 일반계시에 의해 우리가 알고 있는 것과 상충될 경우, 이는 그 세계관을 버려야 한다는 것을 알려 주는 좋은 신호다. 도예베르트의 말을 빌리자면, 모든 철학은 "소박한 경험의 데이터와 대조 검토해서 과연 만족할 만한 방식으로 이 데이터를 설명해 줄 능력이 있는지 시험해 보아야 한다." 어떤 철학이든 "이 데이터를 우리가 만족할 만한 방식으로 설명해 주지 못한다면 그 철학은 오류임에 틀림없다."4

철학자 J. P. 모어랜드Moreland는 '저항할 수 없는 사실', 곧 모든 이론이 마땅히 설명해 주어야 할 단호한 사실을 세계관들이 어떻게 설명하느냐로 우리가 그 세계관을 시험한다고 말한다. 사실들을 설명하지 못하면 그 세계관은 거짓으로 입증되었다고 생각해야 한다는 것이다.5

그래서 우리는 우상 중심 세계관은 모두 그릇되었다 입증될 것으로 확신할 수 있다. 우상 중심의 모든 세계관은 적어도 그 단호한 사실 몇 가지를 설명하지 못할 것이다. 왜인가? '원리 2'에서 배웠다시피, 그 세계관들은 환원주의적이기 때문이다. 우상에 기반한 세계관은 부분의 관점에서 전체를 규정하려고 한다. 그래서 필연적으로 그 세계관의 개념 범주는 너무 좁고 제한적일 수밖에 없다. 현실의 일부가 상자 밖으로 삐져나오는 것이다.

순식간에 사람들 사이로 퍼져 나갔던 앞의 CNN 기사를 생각해 보자. 그 기사는 인간을 기계로 축소시키는 유물론 철학을 제안했다. 기계는 물질의 힘에 의해 존재가 규정된다. 그렇다면 이 상자에서 무엇이 삐져나오겠는가? 인간의 자유다. 우리가 부인할 수 없는 사실은, 인간은 선택을 한다는 것이다. 이 사실은 인간이

'크디큰 기계의 아주 작디작은 부품'이 아니라는 증거 역할을 한다. 그보다 인간은 의지를 가지고 선택을 할 수 있는 인격적인 존재이며, 이는 인간이 자연의 맹목적 힘이 아니라 인격적 존재에 기원을 두고 있다는 의미다.

철학에서 '인격적'personal이라는 말은 따뜻하고 친절하다는 의미가 아니라는 것을 기억하라. 이 말은 생각하고 느끼고 선택하고 행동할 수 있는 능력이 있어서, 생각을 하지 않고 자동적으로 행동하는 어떤 실체와 대조되는 존재를 뜻한다. 나트륨을 염소와 결합시키면 어떻게 되는지 생각해 보라. 원자가 서로 반응하여 우리가 먹는 염화나트륨(소금)을 만들어 낸다. 원자는 서로 반응해야겠다고 의식적인 결정을 하지 않는다. 원자는 전자를 전송해 이온 결합을 이루기로 선택하지 않는다. 반응하고 결합하는 과정은 순전히 자동적인 물리력으로 일어난다. 유물론은 인간의 행동도 오로지 우리 두뇌에서 물리력이 작용해 일으키는 화학반응으로 설명될 수 있다고 주장한다. 그러나 자유의지의 존재는 그 이론을 논박한다. 자유의지의 존재는 인간이 자동적 물리력이 아니라 한 인격적 주체에 의해 창조되었다는 증거가 된다.

기독교를 배척하는 사람들, 하나님이 없으면 마침내 자유로울 수 있다고 생각하는 사람들이 결국 인간의 자유를 부인하는 철학에 이른다는 것은 정말 아이러니다.

세계관 테스트에 익숙해지기 위해 몇 가지 실례를 검토해 보겠다. 실례를 검토하면 실제 상황에서 세속 사상가들이 쓰는 실제적인 표현과 추론을 분석하는 법을 알게 된다는 유익이 있다. 이 과정에서 우리가 알게 될 가장 놀라운 사실은, 그 사상가들 중에도 다급해지면 자기 세계관이 사실에 부합하지 않음을 인정하는 이들이 실제로 많다는 점이다. 이번 장에서 다룰 사례들은 그들 자신의 말을 이용해 우리의 입장을 입증하는 데 도움이 될 것이다.

나, 로봇 : 우리, 기계

이와 같은 세계관 문제가 혹여 보통 사람들과는 아무 상관없는 난해한 문제라고는 생각하지 말라. 10대 청소년 시절에 이미 필자는 CNN에 기사를 투고한 그 젊은 엄마가 제기한 문제와 씨름하고 있었다. 나는 루터교 가정에서 자라며 배우고 익힌 신앙을 다 거부하고 물리적·사회적 결정론을 받아들였다. 내가 보기에 그 결정론은 기독교가 누운 관에 박힌 또 하나의 못이었다. 기독교 성경은 인간이 도덕적 책임을 행사한다고 분명히 가르치고 있으니 말이다. "보라, 내가 오늘 생명과 복과 사망과 화를 네 앞에 두었나니······ [그러므로] 너와 네 자손이 살기 위하여 생명을 택하고"(신 30:15, 19).

물론 신학자들은 인간의 자유가 정확히 어떤 본질을 지녔는지에 대해 논쟁한다. 루터와 칼뱅 같은 개혁자들은 인간이 구원에 기여할 만한 그 어떤 일도 하지 못한다는 점을 강조했다. 인간을 자유롭게 하는 복음의 메시지는, 우리가 구원을 위해 무엇을 획득하거나 무슨 일을 할 필요가 없다는 것이다. 칭의와 성화 모두 "듣고 믿음"(갈 3:2,5)으로 된다. 하지만 개혁자들의 말은 우리가 점심에 먹을 샌드위치에 햄을 넣을지 칠면조 고기를 넣을지 선택할 수 없다는 뜻이 아니다. 이와 대조적으로 유물론은 인간이 햄이냐 칠면조 고기냐를 자신이 선택한다고 생각하는 것일 뿐이라고 주장한다. 유물론은 인간의 행위가 실상은 뇌에서 자극받고 있는 뉴런 같은 자연의 힘에 의해 주도된다고 한다. 나트륨이 염소에 반응하는 것처럼 말이다. 그러나 그리스도인이라면 누구나 인간을 그저 로봇이나 고깃덩어리로 된 기계meat machine로 여기는 유물론의 인간 개념을 배격한다.[6]

성경은 인간이 타락한 죄인이라고 가르치지만, 타락이 우리를 인간에 미치지 못하는 어떤 존재로 만든 것은 아니다. 타락이 우리를 기계로 만들지는 않았다.

분명한 것은, 인간은 자기가 꿈꾸는 그 어떤 일이든 할 자유가 있지는 않다는 점이다. 우리는 피조물이지 창조주가 아니기 때문이다. 우리는 물리적인 우주와 사회적인 세상에 심겨 있다. 인간에게는 자신의 선택에 영향을 끼치는 자기 나름의 역사가 있다. 그 매개변수 안에서 우리는 일정 폭의 진짜 선택을 하고 그 선택에 책임을 진다. 우리의 행동은 인과관계에 따라 물리적 사건으로 이어지는 폐쇄적인 사슬에 연결되는 것이 아니다. 우리에게는 일차적 원인이 되어 새로운 인과관계 사슬을 시작할 수 있는 능력이 있다.

나는 라브리에 가서야 비로소 자유의지를 지지하는 설득력 있는 주장을 접하게 되었다. 그 주장들은 인간 체험의 보편성에 중심을 두고 있었다. 역사 기록을 통해 우리가 알고 있는 모든 문화는 인간이 도덕적 자유와 책임을 행사한다고 증언한다. 때때로 좀 변덕스러운 사람들이 반론을 제기하기도 하지만, 인간의 모든 문명은 사람이 자기 행동에 책임을 질 수 있다는 확신 없이는 존속할 수 없다.

현실에서는 유물론자도 인간이 다른 어떤 방식으로는 살 수 없음을 인정한다. 한 철학자는 이런 농담을 한다. 사람이 자유의지를 부정하면, 식당에서 음식을 주문할 때 "뭐든 자연법이 결정하는 대로 갖다 주면 그냥 먹을게요"라고 말해야 할 것이라고.[7] 우리는 자유의지의 사실성을 받아들이지 않을 수 없을 듯하다. 인간은 체질적으로 그렇게 구성되어 있어서 자유의지 없이는 제대로 기능할 수 없다. 이것이 바로 모든 세계관이 반드시 설명해야 할 확고한 사실 중 하나다.[8]

이와 같은 내용이 필자가 라브리에서 공부하는 동안 접했던 주장이다. 그 결과 나는 나의 결정론적 세계관이 틀린 것 아닌가 하고 진지하게 고민하기 시작했다. 결국 인간에게는 도덕적인 자유가 있는 것처럼 보이기 시작했다. 내 세계관이 그 점에 대해 설명을 해주지 않으면 다른 세계관을 찾는 수밖에 없었다. 그와 같은 고민이 지적 전환의 출발점이었다. 기독교가 상당히 그럴듯해 보이기 시작했다.

구도자이거나 불가지론자이거나 혹은 회의주의자인 친구와 가족들에게 어떻게 하면 기독교를 좀 더 그럴듯해 보이게 만들 수 있을까?

우상을 시험하라
: 그 우상이 우리가 세계에 관해 알고 있는 내용과 상충되지 않는가?

지금까지 두 가지 원리를 활용해 세계관을 분석했다. 첫째로, 그 세계관의 우상을 규명했다. 둘째로, 그 세계관의 환원주의를 규명했다. 이제 세 번째로 우리는 우상 중심의 세계관이 우리의 현실 세계에 부합하는지를 물을 것이다.

자유의지는 인간 존엄의 핵심을 이루는 문제이므로 이를 좀 더 살펴보기로 하자. 여러 가지 선택안 중에서 하나를 선택할 수 있는 능력이 있기에 인간은 특유의 다른 수많은 역량을 발휘할 수 있게 된다. 창조성과 문제 해결, 사랑과 관계(로봇은 사랑을 하지 않는다), 심지어 이성의 작용 그 자체까지 말이다(인간의 지성이 한 개념을 견지하도록 미리 프로그래밍 되었다면 그것은 이성적 결정이 아니다). "인간이 도덕적 책임 능력을 갖지 않는 한 정의는 신기루일 뿐"이라고 법학 교수 제롬 홀Jerome Hall은 말한다. 인간에게 자유의지가 있지 않는 한 우리는 정체성이나 자기 가치에 대한 의식을 계발시킬 수 없다(자유의지가 없다면 내가 하는 모든 일이 사실은 무의식적이

고 자동적인 어떤 힘의 산물이 되기 때문이다).[9]

여기에 바로 우리의 '인간 존중' 문제가 걸려 있다고 한 철학자는 말한다. 결정론이 참이라면, "궁극적으로 판단할 때 인간은 단지 운(運)의 노리개일 뿐"이기 때문이다.[10]

그러므로 자유의지는 곧 인간 본질을 한마디로 말해 주는 대리역이 된다. 인간 본질의 모든 영역이 자유의지의 유무에 좌우되기 때문이다. 대학에서 '철학 101'이라는 강의를 듣는다고 할 때 그 과목 교재에는 자유의지 대(對) 결정론 항목이 분명히 포함되어 있을 것이다. 최근 몇 년 사이 이 문제는 철학의 중심 무대로 이동했다.[11] 그래서 이 문제는 세계관을 시험할 때 활용할 수 있는, 일반계시에서 가장 주목되는 사실로 손꼽힌다.

세속주의자가 세속주의로는 살 수 없는 이유

세속주의자들 자신의 말과 글을 이용해 '**원리 3**'을 몇 가지 사례에 적용해 보는 연습을 하자. 철학자 갤런 스트로슨이 특별히 명쾌한 사례가 될 수 있는데, 그는 "자유의지가 불가능하다는 것은……완전히 확실하게 입증될 수 있다"고 엄청난 허세를 부린다.

그런데 한 인터뷰에서 스트로슨은 현실에서는 누구도 그의 결정론적 견해를 받아들이지 않는다고 시인한다. "솔직히 말해 저 자신도 사실은 이 견해를 받아들이지 않습니다. 실상 하루하루를 그 사실과 더불어 살 수는 없습니다. 당신은 진짜로 그럴 수 있습니까?"

그러나 사람이 한 세계관이 함축하는 의미와 '더불어 살아갈 수 없다'면, 그 세계관은 과연 현실을 보여주는 믿을 만한 지도인가? 다른 사례를 접할 때도 위 문구가 있는지 잘 살펴보라. 흔히 그런 표현들이 실마리가 되어, 어떤 사람이 현실 세상과 부합하지 않는 세계관을 삶으로 구현하려 애쓰고 있다는 것을 간파할 수 있다. 다시 말해 그 사람은 성경의 하나님을 가리키는 어떤 완고한 사실과 맞닥뜨린 것이다.

더 나아가 스트로슨은 자기뿐만 아니라 심지어 결정론을 지지하는 책을 펴내고 글도 쓰는 인지과학자들도 결정론을 삶의 기준으로 삼을 만한 효용성 있는 이론으로 인정하지 않는다고 말한다. "그 과학자들이 연구실에서 가운을 입고 있을 때는 결정론을 수용할지 몰라도, 바깥세상에 나오면 아마 우리들하고 똑같이 근원적 자유의지의 사실성을 납득할 것이라 확신합니다."[12]

간단히 말해, 그들의 현실은 그들이 고백하는 말과 모순된다. 그들은 인지 부조화의 덫에 걸려 있다.

스트로슨은 매우 주목할 만한 용어로 그 모순을 표현한다. "인간에게 강한 자유의지가 있을 수 없음을 가정하는 강력한 논리적·형이상학적 추론이, 마찬가지로 인간에게 강한 자유의지가 있다고 믿지 않을 수 없는 강력한 심리학적 추론과 계속 충돌할 것이다. …… 내가 보기에 우리는 선택이 미리 결정된 상태로는 살 수 없고, 그런 선택은 경험할 수도 없는 것으로 보인다. 설령 결정론이 참일지라도 말이다."[13]

여기서 저들의 속사정을 드러내는 표현은 무엇인가? '믿지 않을 수 없는' 개념들이 있다는 표현이다. 설령 우리가 현실과 상충되는 개념을 참이라 생각한다고 해도 그 개념을 기반으로 해서는 '살 수 없다'는 표현이다. (이를테면 자유의지 같은) 어떤 개념이 심지어 그 개념을 정면으로 부인하는 세계관을 지닌 사람의 마음에서까지 피할 수 없게, 불가항력적으로 계속 부글부글 끓어오른다면, 이는 일반계시의 진실이 은폐되고 있다는 훌륭한 암시다. 하나님께서 창조하신 질서는 그 어떤 우상 기반 세계관의 상자에도 들어맞기를 거부한다.

사람들이 하나님을 아는 지식을 은폐하려고 얼마나 애를 쓰든, 창조 세계 자체가 그 사람들에게 계속 도전을 던진다. "인간의 삶은 하나님 및 하나님께서 창조하신 질서를 상대로 끊임없이 벌이는 레슬링 시합"이라고 토머스 존슨은 말한다.[14] 회의주의자나 불가지론자와 대화할 때는 그들의 세계관이 그들 자신이 경험하는 현실을 설명해 주지 못한다는 점을 보여주면 된다. 일반계시의 진리는 궁극적으로 은폐될 수 없다.

세계관은 현실 세상을 항해할 때 우리를 안내해 주는 내면의 지도와 같다. 우상은 창조 세계의 일부를 신격화하기 때문에, 현실의 일부분만 다루는 지도를 만들어 낸다. 그 결과 일상생활의 경로에서 사람이 자꾸 지도를 벗어나게 된다. 자유의지나 도덕적 책임, 그 밖에 세계관의 인지 지도가 다루지 않는 어떤 것을 '믿지 않을 수 없을' 때가 바로 그런 경우다. 그 지도의 비좁은 경계선

안에서는 '살 수 없을' 때가 바로 그런 경우다. 삶 자체가 자꾸 그들을 지도 밖으로 밀어낸다. 그 누구도 제한된 세계관 지도를 토대로 해서는 살 수 없다.

두 마음을 품은 세속주의자

더욱 현실 생활에 가까운 사례를 생각해 보자. 『과학은 인문학에 무엇을 주는가』^{What Science Offers the Humanities}에서 에드워드 슬링거랜드^{Edward Slingerland}는 자기 자신을 당당한 유물론자이자 환원주의자로 규정한다. 과학 저널 『사이언스』^{Science}에 시평을 올린 어떤 사람은 이 책이 유물론 세계관으로의 "개종^{conversion} 체험을 주도하기를 바란다"고 했다. (개종 체험이라고? 유물론에 종교라는 이름표를 붙여 줄 수 있기는 한가?)

슬링거랜드는 진화론적 유물론이 인간은 로봇이라는 논리적인 결론으로 귀결된다고 주장한다. 우리에게 의지나 자아나 지각이 있다는 인식은 환상이라는 것이다. 그러면서도 그는 이 환상이 우리가 도저히 떨쳐 버릴 수 없는 환상임을 인정한다. 누구라도 "자유로운 것처럼 연기하지 않을 수 없고, 어느 수준에서는 실제로 자유롭다고 느낀다"는 것이다. 사람은 "체질적으로 자기 자신과 자기 동류[인간]를 로봇으로 체험할 수가 없다"는 것이다.

슬링거랜드의 책 어느 항목에는 심지어 "우리는 우리가 로봇임을 믿지 않도록 설계된 로봇"이라는 제목이 붙어 있다.

일반계시의 언어를 알고 있는가? 일반계시의 언어는 인간이 경험하고 느끼지 '않을 수 없는' 근본 진리 가운데 존재한다. 설령 그 진리가 자기 고유의 세계관과 상충될지라도 말이다. 슬링거랜드는 위의 책 어느 페이지에서 이렇게 말한다. "우리는 체질적으로 그렇게 조성되어 있어서 불가피하게, 그리고 필연적으로, 도덕적 주체로 사는 현실을 체험한다"고 말이다.

슬링거랜드는 자신이 '사는 현실'과 자신의 결정론 철학 사이의 모순을 어떻게 해결하고자 하는가? 그는 해결하려는 시도조차 하지 않는다. 대신 이렇게 말한다. "이중 인식을 가지고 사는······ 요령을 잘 발휘해서, 인간을 물리적 체계로서의 인간과 인격적 존재로서의 인간으로 동시에 파악하는 능력을 계발해야 한다."[15] 달리 표현하자면, 그는 정신적 이분법, 곧 2층 구획을 명시적으로 권장한다.

'이중 인식' 계발하기

인격체

자유로운 주체

물리적 체계

로봇

그렇게 구획된 사고에 조지 오웰 George Orwell은 저 유명한 '이중 사고'doublethink라는 이름을 붙였는데, 이 이중 사고는 여기서 철학적 대처 메커니즘으로 작용한다. 한 세계관이 현실의 모든 부분을 다 설명해 주지 못할 때 그 세계관의 지지자들은 어떻게 하는가? "내 이론이 틀렸다는 게 증명된 것 같군. 밖에 던져 버리는 게 낫겠어"라고 말하는가? 대다수 사람들은 그렇게 쉽게 포기하지 않는다. 그보다 그들은 자기 세계관이 설명해 주지 못하는 부분을 은폐하며, 현실과 동떨어진 개념 영역, 곧 쓸모 있는 허구, 소원 성취, 환상이라는 2층 방에 던져 넣고 벽으로 막아 버린다.

이중 인식은 일반계시와 모순되는 증거가 은폐되고 있다는 신호다. '**원리 2**'에서 보았다시피, 모든 비성경적 세계관은 일종의 '이중 인식'인 이원론으로 귀착된다. 그 세계관이 인정하는 현실(상자에 들어맞는 부분)과 그 세계관이 부인하는 현실(상자 밖으로 삐져나오는 부분) 사이에는 늘 모순이 있다. 그 세계관이 고백하는 내용과 그 세계관이 은폐하는 내용 사이에 갈등이 있다.

완전한 진리를 잃다

하지만 그렇게 차이가 분명한 이분법을 받아들이는 대가로 인간은 통일된 진리를 잃게 된다. 인간에 대해 슬링거랜드가 가지고 있는 두 가지 개념은 논리적으로 모순된다. 우리가 정말 순전히 물질적인 원인에 의해서 움직이는 로봇이라면, 자유는 불가능하기 때문이다. 인간에 대한 이런 모순된 견해를 둘 다 포괄할 수 있

는, 논리적으로 앞뒤가 맞고 통일성 있는 세계관은 없다.[16]

태곳적부터 사람은 진리의 통일성이라는 이상에 집착해 왔다. 우주 자체가 통합적이고 조화된 전체이고, 그래서 우주에 관한 진리도 통합적이고 앞뒤가 맞는 전체여야 한다는 것이다. 우주에 관한 그 모든 진리가 함께 어떻게 맞아떨어지는지 아직은 알지 못할 수도 있다. 하지만 우리가 알거니와 두 개의 서로 모순되는 진술이 모두 진리일 수 없는 것은 확실하다.

대략 1930년대까지 미국의 고등교육은 명시적으로 '진리의 통일성'이라고 일컫는 것에 기초를 두고 있었다. "모든 진리는 서로 일치되고 궁극적으로 단일한 체계 안에서 서로 연관될 수 있다는 확신" 위에서 교육이 이루어졌다고 하버드 대학교의 역사학자 줄리 루벤Julie Reuben은 말한다.[17] 하지만 오늘날에는 교육 수준이 높다고 하는 사람들도 진리에 대해서 모순되고 파편화된 '2층 이론'을 받아들이기에 이르렀다. 이들은 한편으로는 철저히 환원주의적인 세계관을 받아들인다. 그런데 또 한편으로 이들은 일상의 체험이 강권하는 진리를 부인하지 못한다. 그것은 바로 일반계시의 진리이다. 그래서 이들은 이전 세대는 생각하지도 못했던 일을 한다. 진리의 통일성이라는 이상을 포기하는 것이다.

의심의 비약

우리가 지금까지 다룬 사상가들은 놀라울 정도로 솔직하다. 그들은 자신의 실천과 고백 사이에 분명한 모순이 있다는 사실을 인정한다. 하지만 사람의 판단이 그렇게 정확한 경우는 보기 드물다. 많은 이들이 자기 세계관에 함축된 의미를 제대로 실천하기 직전 상태에서 멈추고 만다. 서로 상충하는 개념들을 조각조각 기워 붙인 채 그냥 그 누더기와 더불어 살아간다. 변증학의 효율적인 전략 한 가지는, 자기 세계관이 실제로 어디로 귀결되는지 사람들이 좀 더 분명히 깨달을 수 있게 해주는 것이다. 우상 중심의 세계관이 현실 적용 테스트를 통과하지 못한다는 사실을 깨달을 때, 우리는 그것을 계기로 그들에게 기독교 세계관을 설득력 있게 논증할 수 있다.

MIT의 마빈 민스키Marvin Minsky를 생각해 보자. 민스키는 인간의 뇌가 "고깃덩어리로 만들어진 3파운드짜리 컴퓨터에 지나지 않는다"는 간결한 발언으로 유명하다. 분명한 사실은, 컴퓨터에게는 선택 능력이 없다는 점이다. 민스키의 말처럼 사람의 뇌가 컴퓨터라면, 사람에게도 선택 능력이 없다는 말이 된다. 그러나 놀랍게도 민스키는 이렇게 묻는다. "그렇다면 우리가 현대 과학의 견해를 수용하고 자발적 선택이라는 오래된 신화는 배격해야 한다는 말인가? 그렇지 않다. 그렇게는 할 수 없다."

왜 그렇게 할 수 없는가? 민스키는 계속해서 말한다. "물리적 세계가 자유의지의 여지를 제공하지 않을지라도, 자유의지 개념은 우리가 알고 있는 정신 영역 모형에 없어서는 안 될 개념이다. …… 우리는 그 개념을 절대 포기하지 못한다. 우리는 사실상 그 믿음을 유지하지 않을 수 없다. 그것이 거짓임을 알지라도 말이다."[18] 자유의지 개념이 거짓이라 함은, 민스키의 유물론적 세계관에 따를 때 그렇다는 말이다.

이는 조지 오웰이 말하는 이중 사고의 놀라운 실제 사례다. 민스키는 사람들이 자유의지에 대한 "믿음을 유지하지 않을 수 없다"고 말한다. 사람들의 세계관이 "그것은 거짓"이라고 말할지라도 말이다. 분명한 사실은, 민스키는 지금 사회마다 다를 수도 있는 문화 풍습이나 전통을 말하는 것이 아니라는 점이다. 그는 지금, 인간이라면 모를 리가 없는 진리를 말하고 있다.

인간이 인격적인 존재라고 하는 이 피할 수 없는 사실은 인간이 한 인격적 존재 a personal Being에 기원을 두고 있다는 증거가 된다. 민스키는 그 증거가 지닌 위력을 어떻게 피해 가는가? 그는 그 증거의 위상을 불가피한 거짓 necessary falsehood 정도로 축소시킨다. 그리고 그 증거를 2층 방으로 던져 버린다.

우리가 유지하지 않을 수 없는 오래된 신화

불가피한 거짓

자유의지

과학적 입장

고깃덩어리로 만들어진 컴퓨터

이것이 바로 믿음의 세속적 비약이다. 유물론자들은 1층이야말로 현실이요 참이라고 단언하는 것으로 시작한다. 그런데 경험한 사실이 자기들의 세계관에 들어맞지 않으면 2층으로 믿음을 비약시켜, 거짓이지만 불가피한 믿음이라고 하는 애매모호한 말로 2층에 있는 사실들을 포용한다.[19]

우리는 이것이 성경이 말하는 믿음의 개념과 거리가 멀다는 점을 강조해야 한다. 성경이 정의하는 믿음은, 자신의 세계관 안에 논리적인 근거가 없는 어떤 것, 곧 거짓이긴 하지만 쓸모 있는 어떤 것으로의 도약이 아니다. 바울은 "우리가 믿음으로 행하고 보는 것으로 행하지 아니함"(고후 5:7)이라고 말하는데, 어떤 그리스도인은 이를 보고 바울이 비유적으로 말하고 있으며 원래 뜻은 '이성으로가 아니라 믿음으로' 행한다는 말일 것이라고 생각한다. 하지만 바울의 말은 문자 그대로의 뜻으로서, '보는 것'sight은 말 그대로 눈에 보이는 것을 말한다. 비물질적인 현실은 불가시적이다. 눈에 보이지 않는다. 믿음은 "보이지 않는 것들의 증거"다(히 11:1). 보이지 않는 현실을 기반으로 행동하려면 엄청난 믿음이 필요할 수 있다. 하지만 이것은 논리적 모순이 아니다. 증거가 있다는 사실을 생각하면 그런 행동은 오히려 눈에 두드러질 만큼 합리적이다. 물리학자가 눈에 보이지 않는 힘과 그러한 영역의 현실을 믿는 것이 합리적이듯이 말이다.

세속주의의 이와 같은 활동은 지식의 자멸과 인격의 분열이라는 결과를 낳는다. 이와 대조적으로 기독교 세계관은 놀라울 만큼 긍정적이어서, 진리의 통일성 및 사고하는 인격체의 전인적 헌신 두 가지를 모두 지지한다.

무신론 vs. 문명화

로마서 1장에서 바울은 우상숭배가 파멸적 행위로, 도덕과 사회의 붕괴로 귀결된다고 경고한다. 놀라운 점은, 일부 세속 사상가들도 바울의 경고가 맞다고 인정한다는 사실이다. 철학자 솔 스밀란스키Saul Smilansky는 자유의지를 가진 행위자는 환상에 지나지 않는다고 주장하는 결정론자다. 하지만 그는 이 환상을 '운 좋은' 환상으로 여긴다. 이 환상 덕분에 문명화된 삶이 가능해지기 때문이다. 스밀란스키는 건전한 도덕적 의무감과 책임 의식을 유지하기 위해서는 사회의 엘리트들이 사람들을 설득해 (사실은 그렇지 않지만) 그들 자신이 책임 있는 행동 주체임을 확신하게 만들어야 한다고 주장한다. 그렇지 않으면 사람들이 도덕 의무나 책임에 냉담한 태도를 보이며 자신은 그런 일에 선택권이 없다고 핑계를 댈 것이라고 말이다. 결국 자유의지는 사회 질서를 유지하기 위해, '도덕적으로 불가피한' 허구라는 것이다.

스밀란스키는 자신의 주장을 이렇게 요약한다. "우리는 자유의지가 부재한다는 철저한 인식을…… 가지고는 제대로 살아갈 수가 없다. [그러므로] 자유의지 문제에 대한 핵심적이되 논리적으로 앞뒤가 맞지 않는, 모순적인 믿음을 계속 유지해야 한다."[20]

스밀란스키의 발언에서 그가 일반계시의 도전을 받고 있음을 드러내는 표현은 무엇인가? 자기 세계관이 가르치는 내용에 근거해서는 "살 수 없다"는 것을 인정하는 부분이다. 자유의지에 대한 모순적인 믿음을 "계속 유지해야 한다"는 부분이다.

물론 스밀란스키의 유물론적 세계관은 어떤 도덕적 '당위'에 대해 아무런 근거도 제공하지 않는다. '당위'란 단어는 인간에게 도덕적인 선택 능력이 있다는 의미를 함축하기 때문이다. 스밀란스키의 책을 읽고 어떤 서평자는 그가 '2층 체계'를 옹호하고 있다고 지적한다. "식자들(대개 철학자와 과학자) 중에는 자기 자신에 대한 자연주의적 진실을 깨닫는 이들이 있다. 그리고 우리를 포함해 나머지 대다수는 혹여 사기가 꺾일까 해서 우리의 진짜 본성에 관해 오도(誤導)를 당하고 있는 것이 분명하다."[21]

사람들이 어떤 개념에 대해 말하면서 그 개념이 비록 거짓이기는 하지만 인간 사회의 질서를 위해 불가피하다고 말한다면, 이는 그들이 자기 세계관에 들어맞지 않는 현실의 난해한 모서리에 계속 충돌하고 있다는 신호다. 그들은 일반계시의 진리에 걸려 넘어지고 있다. 그리고 그 진리를 가리켜 쓸모 있는 허구라고 가치를 떨어뜨림으로써 진리를 은폐하려고 한다. 바울이 로마서 1장에서 말하고 있는 은폐의 역학이 어떻게 최신 세계관에도 이렇게 딱 들어맞는지를 보면 놀라울 정도다.

도킨스의 '감당할 수 없는' 세계관

새로운 무신론자 중 가장 유명한 사람은 리처드 도킨스다. 자신의 저서에서 그는 인간이 그저 "생존 기계", 유전자에 의해 "마구잡이로 프로그래밍 된 로봇 장치"에 불과하다고 주장한다. 따라서 사람이 자기 행위에 책임이 있다고 하는 주장은 의미가 없어진다. 결국 그의 말은 "컴퓨터가 제대로 작동하지 않을 때 우리는 컴퓨터에게 벌을 주지 않는다. 문제점을 추적해 고치면 된다"는 것이다. 도킨스는 사법 체계 전체를 완전히 분해해 검사해야 한다고 역설한다. "살인자나 강간범은 그저 부품에 결함이 있는 기계 아닌가?"라고 말이다.

도킨스는 「폴티 타워스」Fawlty Towers라는 영국 코미디 프로그램의 한 에피소드를 즐겨 예로 든다. 빨간색 작은 자동차의 시동이 걸리지 않자 베실 폴티는 먼저 자신의 차를 꾸짖는다. 마치 부모가 말 안 듣는 아이를 꾸짖는 것처럼. 그리고 셋을 센다. 셋을 다 셌는데도 시동이 걸리지 않자 그는 나뭇가지 하나를 주워 들고는 차를 호되게 내려친다. "물론 우리는 웃음을 터뜨린다"고 도킨스는 말한다. 그러고는 "범죄자에게 징벌을 내리는 판사에게는 왜 웃음을 터뜨리지 않는가?"라고 묻고 이어서 "신경 체계에 대해 진정 과학적이고 기계적인 입장을 가지면, 책임이라는 바로 그 개념이 무의미해지지 않는가?"라고 덧붙인다.[22] 도킨스가 생각하기에 사람에게는 빨간색 작은 자동차 수준의 자유도 없다.

그러나 한 공개강좌에서 어떤 청년이 이 문제에 대해 질문을 하며 압박하자, 도킨스는 자기가 가르치는 내용을 자신도 실천하지 않는다고 인정했다. 도킨스는 책임이라는 개념을 허튼소리로 취급하지 않는다. 그는 자기 행동에 책임을 지라고 사람들에게 말한다. "나는 사람들에게 책임을 묻기도 하고 공을 돌리기도 합니다."

"하지만 당신의 입장에서 그건 앞뒤가 안 맞는 말인 걸 모르십니까?" 청년이 물었다. 그러자 도킨스는 이렇게 대답했다. "네, 말하자면 그렇지요. 하지만 이 모순은 우리가 인생을 살 때 함께 가지고 가야 할 그런 모순입니다. 그렇지 않으면 삶은 '감당할 수 없는' 상태가 될 것입니다."[23]

자신이 홍보하는 자연주의 세계관을 가지고는 현실에서 그 누구도 살아갈 수 없다고, 그렇게 했다가는 '감당할 수 없는' 결과가 빚어지리라고 인정했다는 것은 참 놀라운 일이다.

아인슈타인의 딜레마

우리가 이와 같은 사례에서 알게 되는 것은, 저명한 사상가 중에는 두 개의 층 혹은 양극의 존재로 살아가는 이들이 많다는 사실이다. 전문가로 일할 때는 사람을 본질상 빨간색 작은 자동차로 취급하는 환원주의 철학을 채택한다. 그러나 하루 일을 마치고 연구실을 나와 집으로 돌아갈 때는 그 철학과 모순되는 패러다임 쪽으로 스위치 방향을 바꾸어야 한다. 그래야 사람을 정당하게, 사람답게 대할 수 있고 '감당할 수 없는' 삶을 피할 수 있는 것이다.

저 위대한 알베르트 아인슈타인도 똑같은 딜레마를 겪었다. 그는 한편으로는 "인간은 생각하고 느끼고 행동하는 면에서 자유롭지 않으며, 운행 중인 별처럼 인과관계에 묶여 있다"고 말한다. 그러나 또 한편으로는 "나는 자유의지가 존재하는 것처럼 행동할 수밖에 없다. 문명화된 사회에 살고 싶다면 책임 있게 행동해야 하기 때문"이라고 말했다.[24]

아인슈타인의 발언 중 '것처럼'이라는 표현은 그가 믿음의 비합리적 비약에 대해 말하고 있음을 무심결에 드러내고 있다. 이 표현의 출처는 이마누엘 칸트의 글이다. 칸트는 인간이 물리법칙으로 작동하는 거대한 기계의 요소라는 것이 과학의 결론이라고 생각했다. 그러나 다른 한편으로 칸트는 도덕을 보존하기 위해서는 우리가 자유로운 '것처럼' 행동해야 한다고 했다. 그리고 도덕 기준을 지키기 위해서는 하나님이 존재하는 '것처럼' 행동해야 하고, 도덕은 결국 정의가 우세하지 않고서는 아무 의미가 없으므로, 우리는 내세가 있는 '것처럼' 행동해야 한다고 했다. 그렇지 않으면 "모든 도덕법이 다 쓸데없는 공상으로 여겨질 것"이라고 말이다.

칸트의 입장에서, 이러한 신학적인 가르침이 참인지의 여부를 알기는 불가능하다. 그러나 그는 도덕 행위를 권장하기 위해서는 그 가르침이 참인 '것처럼' 살아야 한다고 말했다. '것처럼'이라는 표현은 2층으로 던져진 한 개념을 우리에게 암시한다.[25]

기독교가 참인 '것처럼' 살기

'…인 것처럼' 우리가 받아들이는 것들
자유, 하나님, 도덕, 내세

우리가 알고 있는 것들
유물론, 결정론

칸트 이후로 '것처럼'이라는 문구는 사람이 주장하지 않으면 안 되는 진리를 나타내는 말이 되었다. 설령 자기 세계관 안에서 그런 진리를 설명할 수 없을지라도 말이다. 사람들은 기독교가 참인 '것처럼' 살아간다. 자기 세계관이 기독교를 부인할지라도 말이다. 반대되는 사실 앞에서 자기 세계관을 부인하지 못하고, 대신 심각한 정신 분열을 감내하는 것이다.

세속 신비주의

우리는 여전히 칸트의 그림자 아래서 살고 있다. 컴퓨터과학자 에릭 바움Eric Baum은 자신의 저서 『생각이란 무엇인가?』What Is Thought? 에서 인간의 정신은 본질적으로 진화 과정이 생산해 낸 컴퓨터 프로그램이며, 따라서 자유의지는 환상이라고 주장한다. 이 논리적 주장에는 "빈틈이 없다"고 바움은 역설한다. 그런데 놀라운 점은, 그가 다음과 같이 덧붙인다는 사실이다. "하지만 모든 현실적인 목적에 대해 실상 누가 관심을 갖겠는가? 자유의지를 믿는 믿음 위에 나를 구축하는 게 내 유전자의 입장에서는 훨씬 합리적이고 실제적이며, 나에게 자유의지가 있는 '것처럼' 행동하고 생각하는 게 내 입장에서는 훨씬 합리적이고 실제적이다." 다시 말해 자유의지는 쓸모 있는 허구라는 것이다.

하지만 쓸모 있는 허구라는 말 또한 허구다. 자기 세계관이 '쓸모 있는 허구'를 부인하는데도 이를 주장하는 것은 비합리적이다. 이것은 일종의 세속적 신비주의라고까지 할 수 있다. 바움은 그렇게 부를 만하다고 인정한다. 인간의 행위를 설명하기에 "자유의지는 아주 유익한 이론"이라고 그는 말한다. 그런데 유익하기는 해도 여전히 "틀렸다"고 한다. 정확히 표현하자면 "틀렸다고 할 수조차 없다"고 한다. 왜냐하면 이 이론에는 "그 어떤 논리적 해석도 주어질 수 없기 때문"이다(적어도 그의 세계관 안에서는 그럴 것이다). 그래서 바움은 이렇게 결론 내린다. "자유의지에 대한 믿음은 한마디로 신비주의다."[26]

일단의 사상가들에게는 '신비주의자'mysterians라는 이름표가 붙여지기까지 했다. 이들은 인간이 지능을 구비한 것은 단순히 지각知覺의 신비를 풀기 위해서가 아니라고 주장한다. 인간의 지능이 진화한 것은 순전히 식량을 구하고 도구를 만드는 것 같은 현실 문제를 해결하기 위해서라고 한다. 이 그룹을 대표하는 철학자인 콜린 매긴은 이렇게 말한다. "인간의 지각은 어쨌든 물질에서 진화했음에 틀림없지만, 우리가 궁리하거나 상상하는 그 어떤 것도 그것을 설명할 수 있다는 실낱같은 희망조차 주지 않는 듯하다. …… 한마디로 그 신비감을 없앨 만한 이해 능력이 우리에게는 없다."[27]

프랜시스 쉐퍼는 『거기 계시는 하나님』*The God Who Is There*에서 말하기를, 2층 이원론을 담고 있는 세계관의 지지자들은 자기 세계관이 합리적으로 설명할 수 없는 진리를 긍정할 수밖에 없으며, 그런 의미에서 그 세계관은 결국 '신비주의'로 귀결된다고 했다.[28] 합리성의 투사임을 자부하는 많은 사상가들이 일종의 신비주의를 받아들이고, 거기서 더 나아가 자기가 선호하는 세계관과 모순되는 사실을 은폐하려는 충동 때문에 극단적인 입장으로 치닫는 것은 아이러니가 아닐 수 없다.

다원주의적 사이코패스

로마서 1장은 하나님께서 사람들을 "내버려 두사" 더 열심히 우상을 좇게 하여, 그들이 고백하는 내용과 실천하는 내용 사이에 점점 더 균열이 커지게 하신다고 말한다. 이 말씀을 읽으면 하나의 연속선을 따라 세계관들이 계속 무너져 내리는 광경이 상상된다. 사람들이 더 일관되게 자기 세계관의 논리를 세워 나갈수록 더욱 환원주의적인 결과가 생겨날 것이고, 고백과 실천 사이의 균열도 더 커질 것이며, 비합리적인 신비주의로 더 비약하게 될 것이다. 그들이 어떤 선택에 직면하는지는 더더욱 분명해진다. 일반 계시의 증거를 따를 것인가? 아니면 그 증거를 눈앞에 두고 자기 이론에 더 집착할 것인가?

고백과 실천 사이의 균열이 얼마나 더 심해지는지, 그리고 얼마나 더 혼란스러워지는지 스스로 경계하는 의미에서 몇 가지 사례를 더 살펴보자.

슬링거랜드에서 이야기를 시작했으니 이제 그의 이론이 어떻게 끝나는지 알아보자. 다윈주의자요 유물론자로서 그는 인간이 본질상 로봇이라는 자신의 환원주의적 입장이 일상 체험과 모순된다는 사실을 시인한다. 그의 입장은 "종류가 무엇이든 인간의 평범한 관점과 다르고 오히려 대립된다." 그는 자기 딸을 가리키며 이렇게 말한다. "중요하고도 변경할 수 없는 차원에서 내 딸이 단순히 내 유전자를 다음 세대에 전해 주는 복합 로봇에 지나지 않는다는 개념은 나 자신이 보기에도 기괴하고 불쾌하다." 그런 환원주의적인 견해는 "우리에게 일종의 정서적 저항감, 더 나아가 혐오감까지 불러일으킨다."

그의 말인즉, 만일 이런 개념에 혐오감을 느끼지 않는다면 그 사람은 무언가 잘못되었다는 뜻이다. "이런 감각이 결여된 사람, 아주 쉽고도 철저하게 자기 자신과 타인을 순전히 도구적이고 기계적인 관점에서 생각하는 사람도 있을 수 있지만, 우리는 그런 사람에게 '사이코패스'라는 딱지를 붙인다. 그런 사람은 얼른 밝혀내서 어딘가로 멀리 보내 나머지 사람들을 보호하는 게 좋다."[29]

어떤 사람이 자기 자신도 기괴하고 불쾌하게 여기는 인간관을 채택하라고 우리에게 종용하면 뭐라고 말해야 하겠는가? 혐오감을 불러일으키는 입장을 강권하면? 너무 위험해서 만일 그 입장에 따라 행동했다가는 '사이코패스'라는 딱지를 붙여 가두어 놓아도 할 말 없는 그런 견해를 종용한다면?

슬링거랜드의 다원주의적 유물론이 (아래층에서) 그에게 하는 말과 살아온 경험이 (2층에서) 그에게 하는 말은 서로 심각하게 충돌한다. 그는 어떤 것을 참으로 여겨 받아들일까?

이 충돌을 설명하기 위해 우리는 '인지 부조화'라는 말을 썼지만, 이 말도 사실은 너무 순화된 표현이다. 이 충돌은 혹독한 모순이다. 바울은 우상 위에 자기 삶을 구축하는 사람은 "그 생각이 허망하여지며 미련한 마음이 어두워졌"다고 경고한다(롬 1:21). '허망하다' futile라고 번역된 헬라어는 '비생산적이다, 비효율적이다, 목적을 이루지 못한다'는 뜻이다. 이 예가 분명히 보여주다시피, 우상 기반의 세계관은 삶의 철학이 원래 우리에게 주어야 할 것, 곧 삶의 모든 부분을 의미 있게 해주는 일관성 있고 논리적으로 만족스러운 세계관을 생산해 내지 못한다.

'미련하다' foolish라고 번역된 헬라어는 우리가 다루고 있는 주제를 더욱 강화시킨다. 이 단어의 어원 '시니에미' syniēmi는 '종합하다, 마음속에서 사물을 한데 모으다, 그리하여 이해하다, 지혜롭다'는 뜻이다. 그러므로 이를 부정하는 '미련하다'는 어떤 개념들을 의미 있는 구조로, 앞뒤가 맞는 하나의 전체로 연결 짓지 못한다는 뜻이다. 우상을 받아들인 결과인, 파편화되고 균열이 생기고 내부적으로 모순되는 2층 구조 세계관을 성경은 아주 적확하게 묘사하고 있다.

바울이 창조주를 거부하는 자들은 "핑계하지 못할지니라"(롬 1:20)고 말하는 것도 당연하다. 이는 '변명할 말이 없다'는 뜻으로, 원래 법정에서의 법적 변호를 가리키는 말이다. 헬라어로는 '아나폴로제토스' *anapologétos*로, '변증학' *apologetics*과 동일한 어원을 갖고 있다. 바울의 이 말은, 창조주가 아니라 창조주 대체물을 채택한 자는 결국 '논리적으로 일관성 있고, 앞뒤가 맞고, 현실적'이라고 변호할 수 없는 2층 구조 세계관을 갖게 된다는 의미다. 이들의 세계관은 이들이 삶에서 직접 체험하는 현실과 들어맞지 않는다.

이와 같은 접근법이 갖는 강점은, 세계관들이 왜 그 세계관 자체의 조건도 충족시키지 못하는지 이유를 보여준다는 것이다. 나 자신의 관점에서 다른 입장을 비판하는 것은 별로 설득력이 없다. 그런 방법은 다른 입장이 내 입장과 일치하지 않음을 보여주는 것이 고작이다. 그보다는 상상력을 발휘해 다른 입장 속으로 걸어 들어가, 그 입장에 왜 설명의 힘이 결여되어 있는지 내부에서 입증해야 한다.

MIT 교수: "내 자녀들은 기계다"

하나님께서 사람들을 내버려 두사 우상을 섬기게 하실 때, 사람은 자기 세계관과 자신이 사는 현실 사이에 점점 갈등이 커져 가는 것을 경험하게 된다. 필자가 강의실에서 이 개념을 가르칠 때 학생들이 특별히 가슴 아프게 여기는 사례는 MIT 명예교수 로드니 브룩스Rodney Brooks의 책 『육체와 기계』 Flesh and Machines다. 브룩스는 인간이 기계에 지나지 않는다고 말한다. 인간은 물리와 화학법칙으로 상호작용하는 "생체분자가 가득 들어 있는 커다란 가죽 가방"이라는 것이다.

물론 일상생활에서 사람들이 그런 식으로 생각하는 경우는 보기 힘들다. 하지만 그는 "내 아이들을 보면서 나 자신에게 강요하면, 아이들을 기계로 볼 수 있다"고 말한다.

자기 아이들을 기계로 대한다는 말인가? 물론 그렇지는 않다. "기계로 볼 수 있다고 해서 아이들을 기계로 대한다는 말은 아니다. …… 나는 전혀 다른 차원에서 아이들과 교감한다. 아이들은 나에게 무조건적으로 사랑받는다. 그런 사랑은 합리적 분석에서 얻을 수 있는 결론하고는 아주 거리가 멀다." '합리적'이라는 단어가 인간이 기계라는 유물론적 세계관을 의미하므로, 자녀를 사랑하는 것은 비합리적이다. 브룩스의 세계관에서 그것은 근거를 찾을 수 없는 일이다. 자녀 사랑은 그의 상자에서 삐져나온다.

브룩스는 그렇게 가슴 아픈 인지 부조화와 어떻게 화해하는가? 그는 화해하지 않는다. 브룩스는 이런 말로 끝을 맺는다. "나는 서로 조화되지 않는 두 가지 체계의 믿음을 견지한다."[30] 브룩스는 자기 이론을 자기 체험과 화해시키려는 모든 시도를 포기했다. 논리적으로 일관성 있는 통일된 세계관에 대한 모든 희망을 버린 것이다. 그는 변명할 말이 없다.

이것이 포스트모던 시대의 비극이다. 인생에서 가장 중요하고, 인간 사회에 필수적인 일, 곧 도덕적 자유와 인간 존엄, 심지어 자녀 사랑까지도 쓸모 있는 허구에 지나지 않는 일로 의미가 축소된다. 이런 일들은 다락방에 던져 넣어지며, 다락방은 유물론 패러다임으로 설명할 수 없는 일이 등장할 때마다 편리하게 던져 넣어 버리는 쓰레기 하치장이 된다.

성경은 하나님이 없으면 인간은 도덕적으로 길을 잃고 만다고 가르친다. 하지만 하나님이 없으면 사람은 지적으로도 길을 잃은 상태가 된다. 너무 비좁고 편협해서 자기 고유의 인간성을 설명해 주지 못하는 세계관의 한계 안에서 살려고 애쓰기 때문이다. 하나님 없는 상태의 인간은 자기 자신이 비합리적이고 이해할 수 없다고 간주하는, 불가피한 오류일 뿐이라고 여기는 2층 영역에 존엄과 의미에 대한 소망을 두지 않을 수 없다.

비극적인 사실은, 시간이 흐르면서 인간미 있는 그 이상理想도 필연적으로 무력해지고 만다는 것이다. 우리는 하나님의 형상에 따라 논리적인 존재로 창조되었고, 그래서 자신이 전제한 내용의 논리적인 결과를 따르려고 하는 경향이 있다. 자신이 허구로 여기는 개념을 받아들이기는 심리적으로 불가능하다. 그 개념이 아무리 쓸모 있다 하더라도 말이다. 만일 어떤 사람이 브룩스처럼 정말로 자기 자녀를 회전하는 기어의 힘으로 작동하는 기계로 생각한다면, 그 생각은 결국 자기 자녀에게 느끼는 '무조건적인 사랑'을 서서히 마모시키고 말 것이다. 사회 지도층이 정말로 시민들을 기계로 여긴다면, 그 생각은 결국 정치적 자유를 서서히 좀먹어 들어갈 것이다. 우상은 이렇게 현실적인 결과를 낳는다.[31]

"참이기에는 너무 훌륭한" 기독교

오늘날 그리스도인들에게는 성경적 세계관을 적극적이고 삶을 긍정하는 세계관으로 제시할 수 있는 전례 없는 기회가 열려 있다. 맹목적이고 기계적인 힘으로 작동하는 물질에서 이야기가 시작된다면, 논리적으로 인간은 결국 복잡한 기계장치밖에 안 된다. 어떤 전제를 가지고 출발하느냐에 따라 그 세계관에서 활용할 수 있는 범주가 제한을 받는다.

하지만 초월적이고 인격적인 주체에서부터 이야기가 시작되면, 왜 인간 또한 인격적 주체인지에 대해 완벽히 논리적으로 설명할 수 있다. 원인을 보면 결과를 알 수 있다. 과학적 유물론에서 그토록 골치 아파하는 문제, 이를테면 자유의지·지각·사랑 같은 현상이 기독교 세계관에서는 논리적으로 설명될 수 있다. 인간 체험의 단 한 부분도 기독교 세계관의 범주를 벗어나지 않는다. 그 무엇도 그 세계관 상자에서 삐져나오지 않는다. 기독교 세계관에서 인간은 결정론적인 세상에서처럼 부적격자가 아니다. 내 세계관에 들어맞지 않는 것들을 숨겨 둘 신비한 다락방이 필요하지 않기 때문에 위층 아래층의 구분이 없다. 기독교는 앞뒤가 맞고 논리적으로 일관성 있는 하나의 전체로서, 진리의 통일성을 계속 확언한다. 그리스도 안에서는 만물이 "함께 섰느니라"(골 1:17).

G. K. 체스터턴은 세속주의자들이 기독교를 거부하는 이유는 기독교가 나쁜 이론이기 때문이 아니라 "참이기엔 너무 훌륭해 보이기 때문일 것"이라고 장담한다. 그의 표현에 따르면 유물론자들에게 "우주는 보편적 감옥"이다. 원인과 결과라는 맞물림 사슬로 인간에게 족쇄를 채운다. 그래서 세속주의자가 성경의 견해를 접하고 성경에서 말하는 "그런 자유를 믿는 것은 동화 속 나라를 믿는 것이나 마찬가지"라는 것이다.

세속주의자들이 기독교를 '믿어지지 않는' 것으로 생각한다면, 그 까닭은 기독교가 인간의 자유와 존엄을 소중히 여기고 믿을 수 없을 만큼 적극적으로 그러한 입장을 주장하기 때문이라고 체스터턴은 결론 내린다.[32]

세속 사상가들은 기독교가 비합리적이라고 자주 비난한다. 그러나 역설적이게도 오늘날 논리적으로 모순이 없는 체계로 일관성 있는 주장을 펼치는 세계관은 기독교뿐이다. 기독교 세계관은 인지 부조화에서 우리를 해방시켜, 깊은 내적 공감과 평안함을 전해 준다. 기독교 세계관은 온전하고 총체적인 삶을 희구하는 인간의 본능적인 갈망과 맞아떨어진다('온전함'integrity이란 단어는 '총체성'wholeness을 뜻하는 라틴어에서 왔다). 세속적인 사람들과 대화할 때 우리는 기독교가 어떻게 그들의 가장 고상한 소망과 이상을 실현시켜 주는지 보여줄 수 있다.

물론 유물론이나 자연주의를 받아들인다고 해서 그 사람들 모두가 결정론을 수용하는 것은 아니다. 내 말은, 그들이 결정론을 수용하는 원인은 유물론이나 자연주의라는 전제가 논리적으로 어떤 결과를 낳는지 세심하게 따져 보지 않기 때문이라는 것이다. 사람들은 매력적이거나 세련되어 보이는 개념을 받아들이기는 하지만, 그 개념의 궁극적 함의에 도달하기까지 줄곧 그 개념을 따르지는 않는다. '원리 3'에서 지금까지 만나 본 과학자와 철학자들의 사례를 제시함으로써 우리는 현실을 점검해 보일 수 있다. 유물론자들과 무신론자들이 직접 쓴 글을 보면서 유물론과 무신론이 어떤 부정적인 결과를 낳는지 알게 된다면 사람들은 아마 좀 더 쉽게 설득될 것이다.

포스트모던 지도에서 걸어 나오라

지금까지 계몽주의 세계관들을 현실적으로 테스트해 보았다. 그렇다면 '원리 3'을 동전의 뒷면, 곧 낭만주의 운동에서 생겨 나온 대륙 전통에 적용하면 어떻게 될까? 앞에서 보았다시피, 철학적 관념론은 아래층(물질)을 절대화하는 것이 아니라 위층(정신)을 절대화한다. 관념론은 관념이라는 정신 영역이 궁극적인 현실이라고 주장한다. 쇼펜하우어는 관념론이 이전 모든 철학의 기초가 되는 "영원한 진리"를 취하여 "그 기원을 탐구하고, 그리하여 그 기원이 사람의 머릿속에 있음을 알게 된다"는 말로 관념론을 설명한다.[33]

그러나 그 '영원한 진리'가 정말로 '사람의 머릿속에' 있다면,

논리적 결론상 그 진리는 전혀 영원한 진리가 아니다. 그저 인간이 구성해 낸 것으로서, 상대적이고 늘 변화하는 진리일 뿐이다. 우리 시대에서는 포스트모더니즘이 그와 같은 결론을 이끌어 냈다. 포스트모더니즘은 인간이 객관적, 혹은 초정신적 세계에 다가갈 수 없다고 주장한다. 리처드 로티가 간결하게 정리하는 말로 표현하자면, 진리는 "발견된다기보다 만들어진다."[34]

유물론이 그 낡은 트렁크를 다락방에 보관한다면, 포스트모더니즘은 그 트렁크에 '로고스 중심적', '탈식민주의자', '메타담화', '그릇된 인식' 같은 포스트모던 전문용어로 이름표를 써 붙여 지하실에 넣어 둔다고 말할 수 있다.

계몽주의 세계관에 던졌던 질문을 다시 해보자. 포스트모더니즘은 인간이 보편적으로 체험하는 사실들을 설명해 주는가? 현실 세계와 충돌되는 일 없이 포스트모더니즘을 삶으로 살아 낼 수 있는가? 아니면 도저히 지지할 수 없는 이원론으로 귀결되는가?

대답은, 현실에서 포스트모더니스트들은 자기 철학을 기반으로 일관성 있게 살아가지 못한다는 것이다. 그들은 모든 관념을 인간이 구성해 낸 것으로 취급하지 않는다. 그들도 다른 모든 평범한 사람들과 똑같이 초정신적 현상에 빗대어 여러 가지 방식으로 자기가 가진 정신적인 개념을 시험한다. 예를 들어 그들은 빵이 냉장고에 들어 있다고 생각했는데 사실은 조리대 위에 있다는 것을 알았다. 그들은 열쇠 꾸러미가 탁자 위에 있다고 생각했는데 사실은 주머니에 들어 있는 것을 발견했다. 어떻게 알았을까? 머릿속 생각을 외부 세계의 현상과 비교해 봄으로써 알게 된 것이다.

일상생활에서 포스트모더니스트들은 여느 사람과 다름없이 객관적인 진리를 중시한다. 이에 대해 달라스 윌라드는 이렇게 논평한다. "내가 보니 가장 강경한 포스트모더니스트도 자신의 현실적인 삶에 큰 차이를 야기하는 부수적 이익이나 그 외 문제들을 논할 때는 아주 냉정할 만큼 모더니스트로 변한다."[35] 세계관을 정신적인 지도에 비유해서 표현한다면, 포스트모더니스트들은 자기가 가진 지도를 자꾸 벗어난다. 자신이 어떤 존재인지 그 전체 지형을 다 보여주기에는 그들이 가진 지도가 너무 허술한 것이다.

'원리 2'에서 본 대로, 포스트모더니즘은 일종의 반反실재론으로서, 현실을 사회적 구성물로 보는 견해다. 하지만 인간은 외부 세계가 현실이고 그 현실에 대한 우리 인식이 기본적으로 신뢰할 만한 것인 듯 생각하며 살아갈 수밖에 없다. 우리가 외부 현실에 다가갈 수 있음을 부인하는 사람도 도로를 건너기 전에는 좌우를 살핀다. 이들도 발코니에서 뛰어내리는 행동은 삼간다. 물속에서는 숨을 참는다. 달리 표현하자면, 이들은 자기 행동을 적응시켜 나가야 할, 관념 외의 초정신적인 현실이 있다는 것을 안다. 그 현실을 모른다면 결과는 재앙일 것이다.

우리는 아주 어렸을 때부터 모두 이 기본 진리를 익혔다. 아장아장 걸어 다니던 시절, 벽에 부딪히거나 의자가 뒤집혀 바닥으로 넘어질 때 우리는 세상에 객관적인 구조물이 있다는 것을 아픔과 함께 깨달았다. 장난감 상자에 내가 좋아하는 장난감이 들어 있지 않을 때, 우리는 현실이 나의 주관적 욕구에 굴복하지 않는다는 것을 깨달았다. 무슨 일이 됐든 세상에서 한 사람으로 살아가기 위해 인정하지 않으면 안 되는 일들이 바로 일반계시의 일부다.

기독교는 진리가 왜 단순히 인간이 만들어 낸 구성물이 아닌지 그 이유를 설명한다. 세상은 내 마음이 만들어 낸 창조물이 아니다. 세상은 하나님의 작품이다. 인간의 지성은 창조주의 역할과 기능을 찬탈하지 못한다. 성경의 창조 개념은 인간이 걸음마를 배우던 때의 체험을 통해 불가피하게 결론 내린 사실들을 뒷받침하는 논리적인 근거를 제공한다.

주목할 만한 사실은, 로티가 객관적 진리, 곧 '저기 밖에' 있는 진리라는 개념은 오직 기독교 세계관을 기반으로 할 때에만 의미가 통한다고 인정한다는 점이다. "진리가 저기 밖에 있다는 명제는…… 세상을 자기 고유의 언어를 지닌 존재의 창조물로 보던 시대의 유산"으로, 이 언어는 우주에 쓰인 "비인간 언어"다.[36] 로티는 교부 시대 이래로 그리스도인들이 줄곧 포용해 온 하나의 이미지를 상기시킨다. 그것은 세상에 두 가지의 책, 곧 하나님의 말씀이라는 책(성경)과 하나님께서 만드신 세상이라는 책(자연)이 있다는 개념이다. 그리고 세상 자체가 일종의 책이기 때문에 우주에는 하나의 메시지와 의미가 기록되어 있다. 인간은 창조 세계에 기록된 어떤 근본 진리를 '읽을' 수 있어야 한다. 로마서에서 가르치듯이 우리는 일반계시에서 하나님에 대한 증거를 분별할 수 있어야 한다.

너의 사실들을 강요하지 말라

앞에서 우리는 모든 우상은 정신적 이분법(이원론)으로 귀결된다는 사실을 알게 되었다. 포스트모더니즘도 예외가 아니다. 철학자 윌리엄 레인 크레이그$^{William Lane Craig}$는 사실상 누구도 포스트모더니즘을 시종일관 전면적으로 적용하지 않는다고 지적한다. "사람들은 과학·공학·기술과 관계된 문제에서는 상대주의적인 태도를 보이지 않는다. 그런데 종교와 윤리 문제에서는 상대주의적이고 다원주의적인 모습을 보인다."[37]

간단히 말해, 사람들은 포스트모던 회의주의를 선별적으로 적용한다.

이렇게 생각해 보자. 사람들은 흔히 "네 종교를 나에게 강요하지 말라"고 말한다. 그런데 "너의 사실들을 내게 강요하지 말라"는 말은 들을 수가 없다. 왜인가? 사실^{facts}이란 것은 객관적이고 보편적이어서 누구에게나 구속력이 있다고 가정하기 때문이다.

그래서 결국 대다수 사람들은 모더니스트이자 포스트모더니스트로 살아가게 된다. 즉, 그때그때 상황에 따라 달라지는 것이다. 종교와 도덕 문제를 대할 때 대다수의 사람들은 이제 참과 거짓의 관점에서 생각하지 않는다. 이제는 종교를 삶에 관한 우주적 의문에 답변하기 위한 설명 체계로 보지 않는다. 대신 벽지 무늬를 고르거나 식당에서 메뉴를 정할 때처럼 종교를 선택한다고 철학자 어니스트 겔너$^{Ernest Gellner}$는 말한다. 종교는 순전히 개인적인 취향이나 정서를 기반으로 행동해도 되는 삶의 영역이 되었다. 이와 대조적으로 돈을 번다거나 의학의 도움이 필요하다거나 하는 '중요한 문제가 걸려 있을' 때 사람들은 '실질적인 지식'에 근거한 해법을 찾으려고 한다. 사람들은 객관적으로 학문과 연구를 통해 검증된 결과를 알고 싶어 한다.[38]

이것이 무슨 의미인가 하면, 대다수 사람들이 파편화된 삶을 산다는 뜻이다. 가정이나 교회 그리고 인간관계 같은 개인 영역에서는 진리를 주관적이고 상대적인 것으로 보는 포스트모더니스트 입장에서 행동한다. 그러나 일터나 비즈니스, 재정 관리 같은 공적 영역에서는 진리를 객관적이고 입증 가능한 것으로 보는 모더니스트 입장에서 행동한다. 간단히 말해, 사람들은 이제 일관성 있고 앞뒤가 맞는 삶의 철학을 지닌 전인全人으로 살지 않는다.

철학자 루이 뒤프레Louis Dupré는 통합시키는 진리가 없다는 현실이 우리 시대의 주된 난제라고 말하는데, 당연한 말이다. "우리는 파편화된 문화를 체험하고 있다. 우리는 의미의 조각들 위에서 살고 있으며, 그 조각들을 하나의 전체로 모아 주는 종합적인 안목이 우리에게는 없다." 그 결과, 사람들은 진리를 스스로 통합시켜야 할 필요를 절실하게 느끼고 있다. 기독교는 우리 삶을 통합하며 앞뒤가 맞는 인격 구조를 창조해 낼 능력이 있다. 하지만 그것은 우리가 기독교를 모든 하급 진리들truths을 다 끌어모으는 궁극적 진리Truth로 받아들일 때만 있을 수 있는 일이다. 기독교 진리에 대한 우리의 헌신은 "삶의 다른 부분과 상관없는 별개의 영역으로 머무를 수 없다"고 뒤프레는 말한다. 기독교 진리에 대한 헌신은 "우리 존재의 다른 모든 측면을 통합시킨다."[39] 거기에 미치지 못하는 진리들은 우리의 열정이 불타오르게 만들거나 우리 성품을 변화시킬 수 있을 만큼 아름답지도, 설득력 있지도 않다.

한 하버드 대학 교수의 고백

언젠가 한 공개 강연에서 이번 장에서 다룬 사례들을 이야기한 적이 있다. 강연이 끝난 뒤, 청중석에 앉아 있던 하버드 대학의 어떤 교수가 나를 찾아왔다. 화가 난 기색이 역력했다. 내가 하버드 같은 곳에서 일하는 교수들, 그러니까 자기 동료들의 작업을 비난했다는 것이다. "그 사람들도 자기 이론이 연구실 밖 일상의 삶을 설명하지 못한다는 걸 잘 압니다." 그는 강조하듯 말했다. "하지만 그 사람들 면전에 그 이론을 던져 버리는 이유가 뭡니까?"

이 교수의 말을 들으며 가장 먼저 든 생각은, 그가 자기도 모르게 놀라운 고백을 했다는 것이다. 그는 자신의 이론이 현실 세상에 들어맞지 않는다는 것을 과학자들과 철학자들이 다 알고 있다고 고백했다. 로마서 1장에서 바울은 일반계시의 증거는 누구나 알 수 있다고 말한다. 그렇다면 이 교수는 자기도 모르는 사이에 바울이 하는 말을 확증하고 있는 것 아닌가?

로마서 1장을 읽을 때, 우상에게 예배하는 자는 "핑계하지 못할지니라"는 말씀을 보면 좀 가혹하게 여겨질 수도 있다. 그러나 이번 장에서 우리는 자기의 환원주의 이론이 체험하는 사실과 충돌한다고 공공연히 시인하는 학자들을 만나 보았다. 이들은 자기들이 심각한 모순을 품 안에 보호하고 있다는 사실을 어느 정도 의식한다. 철학자 데릭 퍼핏 Derek Parfit은 이런 유형의 내적 갈등이 사실상 매우 일반적인 현상이라고 말한다. 퍼핏은 동료 철학자들을 향해 이렇게 말한다. "성찰의 차원 혹은 지적인 차원에서 우리는 어떤 입장이 참이라고 확신할 수 있다. 그러나 다른 차원, 우리의 정서와 좀 더 직접적으로 연관된 차원에서는 다른 어떤 입장을 자꾸 참인 '것처럼' 생각하거나 느낄 수 있다." 퍼핏은 이렇게 결론을 내린다. "내가 생각하기에 우리들 중에는 [자유의지·인식·자아 같이] 우리에게 가장 중요한 형이상학적 문제들에 관해 그처럼 일관성 없는 신념을 가진 이들이 많다."[40]

철학자들은 '일관성 없는 신념'으로 사는 삶을 어떻게 정당화하는가? 예일 대학교의 철학자 카스텐 해리스 Karsten Harries는 많은 철학자들이 '이중 진리' 이론을 견지한다고 노골적으로 말한다. 그들은 일인칭 체험의 관점에서는 특정 관념을 참이라 여기도록 사고가 고정되어 있지만, 과학에 의해서는 그 관념을 거짓이라고 믿는다는 것이다. 해리스는 그것을 이렇게 표현했다. "지적 주체로서 우리는 특정한 일들을 믿지 않을 수 없다. 가장 중요한 믿음은 우리의 의지가 자유롭고, 우리는 시간을 헤치고 존속하는 자아이며, 보편화할 수 있는 도덕 진리가 존재한다는 믿음인데, 우리는 과학에 전념하는 개별적 인간으로서는 이 믿음을 거짓으로 인

식한다." 즉, 유물론자의 과학 개념을 따를 때는 그 믿음이 '거짓'이라는 것이다.[41]

자신이 일관성 없는 신념을 가지고 있다는 사실을 알게 되면 그보다 나은 신념을 추구하지 않겠느냐고 생각할 수도 있다. 그러나 우리가 살펴본 것처럼 많은 학자들이 자기의 환원주의 이론 속으로 오히려 더 깊이 참호를 파고 들어간다. 일반계시에서 증거를 시인하게 되면 그것이 가리키는 성경의 하나님을 바라보아야 할 것이므로 그 증거를 은폐해 버리는 것이다.

흥미롭게도 하나님을 제거하는 것, 그것이 바로 자신이 주장하는 환원주의 이론의 목표라고 공공연히 말하는 이들도 있다. 프랜시스 크릭은 제임스 왓슨James Watson과 더불어 DNA 이중나선 구조를 발견한 사람으로, DNA 구조 모형은 이들의 이름을 따서 왓슨-크릭 모형으로 불린다. 크릭은 자신이 환원주의 이론을 추구한 것은 종교의 신빙성을 떨어뜨리기 위해서라고 거리낌 없이 말한다. "나는 이런 종교적 이유 때문에 과학에 투신했다. 그 점에는 아무 의심이 없다"고 그는 한 인터뷰에서 말했다. "설명할 수 없을 것으로 보이면서 종교적 믿음을 떠받치는 데 쓰이는 것 두 가지가 무언지 나 자신에게 물었다." 크릭은 생명의 기원(물리적 본질)과 인식의 기원(인간적 본질)이 바로 그 두 가지라고 판단했다. 그리하여 둘을 물리화학적인 원인으로 환원시킴으로써 속 시원히 설명하는 것을 자신의 목표로 삼았다.

같은 인터뷰에서 왓슨도 자신의 연구에 종교적인 동기가 있음을 밝혔다. 그는 이중나선 구조 발견으로 "전통적으로 신의 배타적 속성으로 여겨졌던 능력들이 언젠가는 인간의 것이 될 것이라 생각할 수 있는 근거가 생겼다"고 말했다.[42]

적어도 일부 사람의 경우에는, 창조주를 부인하고 그 신적 권능을 빼앗는 것이 환원주의 이론을 제안하는 목적이다.

세속주의자에게는 너무 보잘것없는 세속주의

앞의 하버드 대학 교수의 말에서 내가 놀란 두 번째 이유는, 누군가의 세계관을 분석하는 일을 "그 사람 면전에 그 세계관을 던져 버리는" 일로 특징짓는 까닭이었다. 세계관을 시험하는 목적은 절대 그 세계관을 지닌 사람을 공격하기 위해서가 아니라 그 사람의 마음을 열어 더 나은 대안을 볼 수 있게 해주기 위해서다. 사람들은 자신이 견지하는 신념이 결국 무엇으로 귀결되는지 좀 더 명쾌히 알게 되면 곧 배척해 버릴 그런 설익은 신념을 가지고 있는 경우가 많다. 그래서 이들은 자기 세계관의 비논리적이고 비인도적인 결과를 깨닫게 되는 사태에서 자신을 보호하기 위해 일종의 완충 지대를 설정한다. 따라서 세계관에 함축된 의미를 더 명쾌하게 볼 수 있도록 보호층을 벗겨 냄으로써 좀 더 비판적으로 사고하라고 친절하고 힘 있게 권면하는 것이 효과적인 변증 전략일 수 있다. 그렇게 되어야만 사람들은 진정으로 자유롭게 자기의 근본 확신에 관해 견실한 선택을 하게 될 것이다.

하지만 본인이 내린 결론의 논리를 추적해 보라고 사람들에게 촉구할 때는 사랑과 공감의 마음을 가지고 행동해야 한다. 자신의 견해가 어떤 위력을 갖고 있는지 절감하면 마음 깊이 불안감을 느낄 수 있기 때문이다.[43]

성경은 아덴 곳곳에 우상이 점점이 박혀 있는 풍경을 보고 바울이 "마음에 격분"했다고 말하는데, '격분하다'는 단어는 '동요하다, 괴로워하다, 고민하다, 비탄에 젖다'로도 번역된다(행 17:16). 그리스도인이 변증에 임할 때는, 잃어버린바 된 자들에 대해 하나님께서 마음에 불어넣어 주신 슬픔이 동기가 되어야 한다. 우리와 똑같은 사람들에게서 인간성을 빼앗아 인간을 욕되게 하고 파멸시키는 환원주의에 대해 마음 아파해야 한다. 자신이 선택하는 삶에 의미가 있고 도덕적인 중요성이 있음을 부인하는 음험한 세계관을 지닌 사람들을 위해 눈물 흘려야 한다. 사랑과 꿈과 지고한 이상이 결국 두뇌 속 시냅스를 뛰어넘는 전기 자극에 지나지 않는다고 배우는 사람들에 대한 슬픔으로 우리 마음이 움직여야 한다. (쇼펜하우어의 말처럼) '영원한 진리'는 오직 사람의 머릿속에만 있다고 생각하는 포스트모더니스트들을 위해 애통해야 한다.

세속 세계관의 덫에 걸려 있는 사람들과 대화할 때 우리는 그 세계관이 그들 자신이 가장 염려하는 현실적인 삶의 문제에 어떤 토대도 되어 주지 못한다는 사실을 깨달을 수 있게 도와야 한다. 그 세계관의 비좁은 한계 안에서는 도저히 살 수 없다는 바로 그 사실이, 사람은 원래 더 넓고 풍성한 개념의 우주에서 살아야 할 존재로 지음받았음을 알려 주는 신호다. 세속주의는 세속주의자들에게 너무 좁다. 세속주의자들과 대화할 때는, 의미와 중요성을 찾고 싶어 하는 그들의 가장 깊은 갈망에 연대를 표함으로써 대화를 시작해야 한다. 그런 다음, 성경적 세계관에서는 그 갈망이 단순히 환상이나 쓸모 있는 허구가 아니라 생생한 현실임을 보여주어야 한다.

기독교는 부정적이고 억압적이라고 하는 판에 박힌 말을 자주 듣게 된다. 사람들은 기독교가 인간을 본디 부패하고 무가치한 존재로 여긴다고, 이 땅에서의 삶에 별 가치를 두지 않는다고 말한다. 그러나 기독교 세계관은 그 어떤 경쟁 체계보다 훨씬 더 인간의 삶을 귀하게 여긴다. 기독교 세계관은 우리 시대의 지배적 세속 세계관이 부정하는 체험적인 사실들, 곧 자유, 창조성, 사랑, 개인의 중요성, 순전한 진리 등에 논리의 근거를 제공한다. 그러니 우리가 생명을 주는 메시지를 타인에게 전하기를 좋아하고 기뻐하는 존재가 되지 않을 수 있겠는가?

우리가 흔히 듣는 또 한 가지 상투적이고 부정적인 비판은, 기독교는 비합리적이며 몽매蒙昧에 빠져 있다고 하는 말이다. 다음 장에서는 그와 같은 비난 앞에서 어떻게 형세를 역전시킬 수 있는지, 정작 비합리적이고 자기모순적인 세계관으로 귀결되는 것은 우상이라는 사실을 어떻게 증명할 것인지 알아보겠다. 우상숭배적 세계관이 어떤 식으로 자기 무덤을 파는지 입증할 수 있는 단순하지만 기가 막힌 전략을 배우게 될 것이다.

원리 4. 우상을 시험하라 : 모순
세계관은 왜 자멸하는가?

그리스도인은 교회당 문 앞에서 자신의 과학 지식을 점검해 보아야 하는가? 최고의 신경외과 의사 마이클 에그노Michael Egnor는 그래야 한다고 생각했다. 오랜 세월 엄밀한 과학 교육 과정을 밟은 에그노는 과학적 세계관은 그 어떤 형태의 종교와도 양립할 수 없다고 확신했다.

역설적이게도, 그 생각이 얼마나 잘못되었는지 알게 해준 것도 과학 자체였다.

"저는 무신론자로 자라났고, 성장기 대부분을 과학적 유물론자로 살았습니다." 에그노는 필자에게 그렇게 말했다.¹ 그는 기독교를 도덕적인 풍설을 모아 놓은 영감 있는 이야기 모음으로 취급하게 되었다. 사람을 영적으로 고양시키기는 하지만 참true은 아닌 교훈 정도로 여긴 것이다.

에그노는 왜 그렇게 확신했을까? 그가 보기에 과학이 유신론의 모든 주장들을 단호히 반박하기 때문이었다. "대학에서 과학을 전공하면서 저는 다윈의 진화론에 깊이 물들었습니다. 그 이론은 생명이 유물론 메커니즘으로써만 완벽하게 설명될 수 있음을 증명하는 것 같았지요. 하나님을 불러들일 이유가 없었어요." 다윈의 이론은 지적 설계를 바탕으로 하는 고전적인 주장은 모두 믿지 못한다고 여기는 것 같았다.

에그노의 연구는 프로이트도 다루었는데, 프로이트 이론은 "종교란 소원 성취 wish fulfillment(무의식에서 생겨 나오는 소원을 실제로는 환상 혹은 승화 같은 위장된 수단으로 성취하려는 것을 뜻하는 프로이트의 용어―옮긴이)이며, 아버지 형상을 찾아 헤맨 데서 나온 산물, 우리 내면의 두려움과 욕망을 처리하는 한 방법"이라고 에그노를 설득했다. 대학에서 공부를 마친 결과 그는 "기독교를 생각할 때마다 과학의 통합성을 포기한다는 의미일 것이라는 데 생각이 미치면서 마음이 냉랭해졌습니다"고 했다.

세월이 흐르면서 에그노는 자기 분야의 정상에 올랐다. 뉴욕주립 대학교 스토니브룩 캠퍼스 신경외과 교수와 부학과장으로 임명되었고, 신경외과 분야에서 상도 받았으며, 『뉴욕 매거진』*New York Magazine*에서는 그를 뉴욕 최고 의사 중 한 사람으로 지목하기도 했다. 에그노의 전문 분야는 뇌수종(뇌실에 뇌척수액이 지나치게 많이 고이는 증상)이지만, 혈액이 뇌로 흐르는 이론을 전개하던 중 그의 연구는 놀라운 반전을 맞게 된다. 에그노는 자신이 연구 중인 두개골 체계가 마치 독창적으로 설계된 기계장치 같다는 것을 깨달았다. 심장이 뛸 때 그 박동하는 힘으로부터 여리고 섬세한 모세혈관을 보호하는 필터는 "기계공학에 널리 사용되는 제진장치 vibration dampers(진동에너지를 흡수해 구조물의 진동을 억제하는 장치—옮긴이)와 유사한 메커니즘으로 정교하게 조율되어" 있었다. "사실 제가 알아야 할 대부분의 내용은 생물학 교과서가 아니라 기계공학 교과서에 나오는 것들이었습니다." 기계공학자들이 하는 일은 물론 기계를 설계하는 일이다.

마침내 에그노는 모든 생물학 연구가 실은 설계라는 가정 위에서 수행된다는 사실을 깨달았다. 예를 들어, 생물학의 한 표준 절차를 일컬어 '역공학'reverse engineering이라고 하는데, 이 절차는 이름도 모르고 작동법도 모르는 작은 기계장치를 만났을 때 우리가 하는 생각을 모델 삼아 만들었다. 그런 장치를 보면 우리는 그것을 조각조각 다 분해한 다음, 엔지니어가 최초로 그 기계를 설계할 당시 어떤 생각을 하며 설계했을지 그의 생각 과정을 역으로 추적해 가며 재조립해 보려 할 것이다. 생물학자들이 연구실에서 하는 일이 바로 그런 종류의 분석이다. 이들은 단백질이나 유전자 분자를 풀어 헤치면서 각 부분이 어떤 기능을 하는지, 그 기능을 완수하기 위해 각 부분들이 어떻게 상호작용하는지를 묻는다.

본질상 생물학자들은 항상 설계라는 기초 위에서 움직인다. 어떤 이론을 견지하는지와 상관없이, 적어도 실제에서는 그렇다.

철학자 마이클 루스Michael Ruse는 그 자신이 노골적 다윈주의자이기는 하지만, 생물학이 불가피하게 '설계 유형 사고'에 의지한다고 말한다. 생명체는 그 생명체를 이루고 있는 각 부분이 어떤 목적에 이바지하느냐를 밝혀냄으로써 가장 잘 설명될 수 있다는 것이다. 심장의 목적은 혈액을 내보내는 것이다. 눈의 목적은 보는 것이다. 지느러미는 헤엄을 치기 위한 것이고, 날개는 날기 위해 있다. 모든 부품들이 서로 긴밀히 결합되고 조정된 방식으로 협력하여 하나의 목표를 이룬다.

"생체 기관을, 적어도 각 부분을 대할 때 우리는 그 기관이 마치 누군가에 의해 만들어진 '것처럼', 누군가에 의해 설계된 '것처럼' 대하며, 그런 다음 그 기관이 무슨 기능을 하는지 풀어내려고 애쓴다." 루스는 이렇게 말한다. "생물학에서 목표 지향적인 사고, 곧 목적론적 사고가 적절한 것은, 생체 기관이 마치 누군가에 의해 만들어진 '것처럼', 지적 존재가 창조해서 작동시킨 '것처럼' 보인다는 단 한 가지 이유 때문이다."[2]

놀라운 사실은, 다윈도 세상이 마치 설계된 것처럼 보인다는 사실을 부인하지 않았다는 점이다. 다윈은 그저 설계의 외관이 우리를 오도한다고 주장했을 뿐이다. 즉, 예의 그 목적론적 질서는 지적 존재가 아닌 물질의 힘에 의해서도 창조될 수 있다고 말이다.[3]

'원리 3'에서 살펴보았다시피, '것처럼'이라는 표현은 인지 부조화를 알리는 신호다. 이것은 한 사람의 세계관이 뭐라고 말하든, 실제에서는 도무지 피해 나갈 수 없는 어떤 개념이 있음을 지적한다. 생명의 체계를 이해하기 위해서는 (이를테면 '설계' 같은) 어떤 개념을 가정해야 하며, 이는 그 개념이 일반계시의 한 부분임을 알 수 있는 실마리다.

"별로 어려운 일이 아닙니다.
아니, 잠깐만요, 어려운 일 맞습니다"

의학자로서 연구실에서 작업할 때 에그노도 이 같은 인지 부조화에 거듭 부딪치고 또 부딪쳤다. "다윈의 패러다임이 내 연구에 기여하는 게 거의 없다는 사실에 저는 깜짝 놀랐습니다." 에그노는 필자에게 말했다. "그와 대조적으로, 설계 패러다임은 제 연구의 가장 중요한 측면과 멋지게 조율되었지요." 결국 그는 결정을 해야 했다. 이론과 사실이 서로 충돌할 때 어느 쪽을 따를 것인가?

에그노의 원칙은 증거를 따르는 것이었다. 그 증거가 그를 어디로 인도하든 말이다. 에그노는 생물체가 마치 누군가에 의해 설계된 것처럼 작용하는 이유를 가장 잘 설명해 주는 체계가 무엇인지 마침내 결정했다. "다윈주의는 논리적으로 앞뒤가 맞는 과학이라기보다 철학적 편향이라는 걸 비로소 알게 되었습니다. 다윈주의적 사고 과정이 개체군의 유전자 빈도에 나타나는 어떤 패턴과 변화를 일부 설명해 줄지는 몰라도, 실제 증거들은 우연과 필연이 생물체의 복잡한 설계 현상을 충분히 설명해 준다는 주장을 간접적으로조차 뒷받침하지 않습니다."

프로이트에 대해서는 어떻게 되었을까? "종교가 소원 성취에 지나지 않는다는 프로이트의 견해는 프로이트 자신의 이론에 대립될 수 있습니다. 사실 기독교보다는 무신론이야말로 일종의 소원 성취라고 하는 게 훨씬 더 그럴듯합니다. 하나님이 없다면, 그래서 아무도 우리를 지켜보지 않는다면, 도덕적으로 책임을 질 일도 없을 테고 내가 원하는 건 뭐든지 다 할 수 있을 테니 말입니다. 어떤 식으로든 처벌만 피할 수 있다면 말이지요." 폴란드의 시인 체스와프 미워시Czesław Miłosz가 관측하다시피, "죽음 후에 아무것도 없다는 믿음"은 크나큰 안도감을 준다. "우리가 저지른 배신·탐욕·비겁함·살인에 대해 심판을 받지 않을 것이라고 생각하면 엄청나게 위로가 된다."[4]

에그노가 결국 깨닫게 된 것은, 사실이 어떤 결론으로 이어지든 사실을 좇아야 한다면 기독교를 받아들이는 수밖에 없다는 결론이었다. 과학자라면 당연히 사실을 존중해야 했는데, 에그노가 한 일이 바로 그것이었다. 그리고 즉시 그는 새로운 의미의 통일성과 완전함을 발견했다. 성경에서 말하는 하나님은 연구자로서나 한 개인으로서나 그의 삶의 모든 영역을 통일시키기에 충분한 하나의 통합 지점임이 드러났다. 기독교는 인간의 모든 체험을 충분히 설명하고도 남는, 개념적으로 아주 풍요로운 세계관이다.

"이제 저는 과학을 하나님께서 창조하신 세계의 아름다움을 깊이 음미할 수 있는 또 하나의 길로 여깁니다. 교회에 갈 때 저는 과학과 함께 갑니다. 진리는 단일하니까요."

진리를 시험하다

에그노의 이야기는 철학 혹은 세계관을 시험하는 두 가지 주요한 방식을 설명해 준다. 이 철학 혹은 세계관은 사실에 부합하는가? 그리고 논리적으로 앞뒤가 맞는가? 이것은 우리가 어떤 개념을 테스트하든 반드시 제기되는 질문이다. 과학 실험실에서든, 법정에서든, 약속 시간에 늦게 나온 친구에게 늦은 이유를 물을 때든 관계없다. 첫째, 그 설명이 우리가 세계에 대해 알고 있는 사실에 부합하는가? 이는 우리가 '**원리 3**'에서 했던 질문이다. 둘째, 그 설명이 논리적으로 서로 연결되는가? 이는 우리가 이제 '**원리 4**'에서 살펴보게 될 질문이다.

어떤 세계관에서든지 그 세계관 내부의 모순이 치명적인 결함이 되는 이유는, 모순되는 그 진술이 필연적으로 거짓일 수밖에 없기 때문이다. "이 원은 정사각형이다"는 말은 모순이다. 그래서 이 말은 거짓이다. 성경은 논리적으로 모순되는 두 가지 진술이 둘 다 참일 수는 없다고 전제한다. "모든 거짓은 진리에서 나지 않기 때문이라"(요일 2:21). 하나님은 "거짓이 없으"시다(딛 1:2). 하나님은 "자기를 부인하실 수 없으시리라"(딤후 2:13).

특별히 더 파괴적인 형태의 모순은 자기 참조적self-referential 불합리성인데, 이는 어떤 이론이 진리에 대해 정의를 해놓고는 스스로 그 정의를 충족시키지 못하는 것을 말한다. 그러므로 그 이론은 자기 자신을 논박한다.

평범한 대화에서도 자기 참조적 불합리성을 바탕으로 한 주장을 아마 들어 보았을 것이다. 비록 그 주장에 그런 이름을 붙이지는 않았을지라도 말이다. 절대 진리란 없다고 말하는 상대주의자를 생각해 보자. 절대 진리는 절대적으로 없는가? 인간은 그 무엇도 확실히 알 수 없다고 말하는 회의주의자에게 말해 보자. 그 무엇도 확실히 알 수 없다는 것을 당신은 확실히 아는가? 상대주의자든 회의주의자든 그 사람의 주장으로 그를 반격하여 자기 주장이 자기 발등을 찍는다는 것을 보여줄 수 있다. 이런 주장들은 자기 자신을 논박하고 있다.

변증가 그렉 커클이 즐겨 말하기를, 하나의 철학은 이런 식으로 자멸한다고 한다. 자기 기준을 스스로에게 적용하면 자기를 죽이고 만다. 자기 목에 칼을 대는 것이다.[5]

때로 사람들은 이러한 종류의 논증을 그저 퉁명스런 심술이나 말장난으로 치부하기도 한다. 기독교 가정에서 자랐지만 최근 신앙을 버린 한 대학생이 자기 부모에게, 이제 절대 진리란 없다는 것을 깨달았다고 말했다. 절대 진리란 없다는 말 자체가 절대 진리 아니냐고 부모가 물었더니 그것은 말장난일 뿐이라고 하면서 자녀는 더 이상의 논쟁을 거부했다. 이제 '**원리 4**'에서는 이것이 왜 말장난이 아니라 유효하고도 강력한 논증 형식인지를 밝혀 보겠다.

결국 우리는 우상 기반의 세계관이 사실상 자승자박의 체계임을 밝히게 될 것이다. 어째서 그런가? 우상 기반의 세계관은 모두 환원주의이기 때문이다. 환원주의를 인간의 정신에 적용하면 인간 정신은 이성에 미치지 못하는 무언가로 축소된다. 환원주의는 인간의 정신 속에 담긴 생각들이 자연선택의 산물이거나(다윈주의), 경제 조건의 산물이거나(마르크스주의), 두뇌에서 일어나는 전기화학적 반응(현대의 신경과학)이라고 말한다. 그러나 한 세계관이 고유의 논거를 펼쳐 나가는 유일한 길은 이성을 활용하는 길뿐이다. 그러므로 이성을 신용하지 않는 세계관은 자기주장의 근거를 밑동부터 잘라 내는 셈이다. 자승자박인 것이다.

물론 대다수 세계관은 다양한 논리적 난제와 모순으로 오염되어 있다. 그 난제와 모순을 하나하나 개별적으로 추적한다면 해도 해도 끝이 없는 작업이 될 것이다. 하지만 우상 중심 세계관은 모두 환원주의적이기 때문에 한 가지 결함만은 예측할 수 있다.[6] 그 결함을 규명하는 법을 배우면, 그 어떤 세계관을 만나든지 적용할 수 있는 강력하고도 집중적인 전략을 구비하게 될 것이다.

그리스도인이 이런저런 세계관의 자체 모순을 문제 삼으면 사람들에게서 그 즉시 반격이 들어온다. 기독교에도 모순이 있지 않느냐고 말이다. 이들은 삼위일체 교리나 예수께서 하신 역설적인 말씀, 예를 들어 "제 목숨을 구원하고자 하면 잃을 것"(마 16:25)이라는 등의 말씀을 지적한다. 하지만 이 말씀은 진정한 논리적 모순이 아니다. 논리학에서 말하는 모순 없음non-contradiction의 법칙은, 서로 반대되는 두 명제는 동일한 의미에서 동시에 참일 수 없다고 말한다. 성경의 신학은 하나님은 한 분이시라고 말하되 하나님은 세 분이라는 것과 동일한 의미에서 그렇게 말하지 않는다.

예수께서 역설적인 언어를 사용하시는 것은 자기주장을 입증하기 위해서다(역설paradox은 누가 봐도 뚜렷한 모순이다). 예수의 진술은 사람들의 주목을 끌기 위한 언어유희이기는 해도 논리적으로 모순되는 말은 아니었다.

더 중요한 것은, 기독교는 자기 참조적으로 불합리하지 않다. 기독교는 인간의 이성에 대해 환원주의적인 입장이 아니기 때문에, 자기가 자기를 논박하지 않는다. 기독교는 자멸하지 않는다.

우상을 시험하라: 이 우상은 자기 자신과 모순되지 않는가?

자기 참조적 불합리성을 논박하는 주장이 왜 단순한 말장난이 아닌지 알아보기 위해 먼저 역사에서 사례를 찾아보도록 하자. 20세기 상당 기간 동안 미국의 학문 세계는 논리실증주의logical positivism라고 하는 극단적인 형태의 경험론에 지배되었다. 앞에서 살펴본 것처럼 고전적인 경험론은 모든 것을 감각sense이라는 상자 안에 집어넣는다. 어떤 진술이든 감각 인상sense impression에 기원을 두지 않은 것은 다 거짓으로 배격되었다. 논리실증주의는 여기서 한 걸음 더 나아가, 어떤 진술이든 감각 인상으로 환원되지 않는 것은 다 거짓일 뿐만 아니라 인지적으로 무의미하다고 주장했다. 즉, 참이냐 거짓이냐를 따질 대상조차 되지 않는다는 뜻이다.

예를 들어 "노예제도는 불의하다"는 말을 생각해 보자. 정의는 시험관이나 연구실 현미경 아래 구겨 넣을 수 있는 무언가가 아니다. 그러므로 "노예제도는 불의하다"는 말에는 인지적 알맹이가 없다고 논리실증주의는 주장했다. 그들에게 그것은 그냥 개인적인 느낌이나 기호를 표현한 말일 뿐이었다. 사실은 "나는 노예제도를 싫어한다"는 뜻이라는 것이다. 도덕에 대한 이런 입장을 때로 주정주의 emotivism 라고도 한다. 도덕적 진술을 "우!"나 "와!"처럼 감정을 표현하는 말로 축소시키기 때문이다. "와!"는 참이나 거짓일 수가 없다. 논리실증주의에 따르면, 도덕적 진술은 그 말을 하는 사람에게는 중요할 수 있지만 인지적으로는 아무 의미도 없다. 말 그대로 터무니없는 말 nonsense 이다.

도덕에 대한 이런 관념은 사회의 각계각층에 스며들었다. 사실 누군가의 입장에 대해 "그건 가치 판단일 뿐이야"라고 하면서, 진지하게 검토해 보면 그 입장이 진실로 드러날 수 있다는 자세를 보이지 않고 그저 주관적인 기호의 문제로 치부해 버리는 것이 훨씬 간단하기는 하다.

그러나 논리실증주의의 기준을 논리실증주의 자체에 적용해 보면 어떻게 될까? 논리실증주의의 핵심 주장은, 어떤 진술은 경험적으로 시험해 볼 수 있어야만 의미를 지닌다는 것이다. 하지만 그 주장 자체가 과연 경험적으로 시험해 볼 수 있는 주장인가? 물론 아니다. 이 주장은 경험적 관측이 아니다. 이것은 형이상학적 규칙이다. 과연 무엇을 인식 가능한 것으로 규정할 것인가에 대한 임의적 정의다. 그러므로 논리실증주의의 기준을 그 자체에 적용해 볼 때 논리실증주의는 믿을 수 없는 것으로 판명된다. 스스로를 정죄하는 것이다.

　논리실증주의가 하도 오랜 세월 동안 영향력을 행사해 온 탓에 이 개념의 붕괴는 지식 세계 전반에 큰 충격을 안겼다. 논리실증주의의 몰락은 "20세기의 가장 중요한 철학적 사건이었다"고 윌리엄 레인 크레이그는 말한다.[7]

　한 철학이 주장하는 진리의 기준을 그 철학 자체에 적용하는 전략은 단순한 말장난이 아닌 것으로 입증되었다. 이는 진리를 자처하는 주장을 시험하는 강력한 도구다. 이 전략은 다른 많은 철학에도 적용하여 그 철학들이 동일한 방식으로 자멸한다는 것을 입증할 수 있다.

마르크스 때리기

한 세계관이 어느 지점에서 자멸하는지를 규명하는 열쇠는 그 세계관 고유의 환원주의를 밝혀내는 것이다. 어떤 이론이든 "진리를 자처하는 주장은……에 지나지 않는다"고 말하는 이론이라면 자승자박으로 무너질 가능성이 높다. 예를 들어 카를 마르크스Karl Marx는 말하기를, 진리를 자처하는 주장은 경제적 이익을 합리화한 것에 지나지 않는다고 했다. 법은 부자가 자기 재산을 보호하려고 만들어 낸다고 했다. 종교는 '인민의 아편'으로, 행복한 내세를 거짓으로 약속해 가난한 이들을 회유한다고 했다.[8] 하지만 마르크스의 법칙을 그 자신의 이론에 적용하면 어떻게 되는가? 마르크스는 자기 이론을 자기 자신의 경제적 이익을 합리화하기 위해 만들어 냈는가? 만일 그렇다면 이는 진지하게 진리를 자처하는 주장으로서는 실격이다. 마르크스 이론은 이렇게 자멸한다.

이번에는 프리드리히 니체를 생각해 보자. 그는 인간의 모든 행동은 권력의지의 추동을 받는다고 주장했다. 도덕은 약자가 강자에게 지렛대 효과를 내도록 하려고 약자들이 만든다고 했다. 종교는 사람들을 통제하기 위해 사용되는 '거룩한 거짓말'이라고 했다.[9] 하지만 니체 자신의 이론은 어떤가? 권력의지의 추동을 받아 만들어 낸 이론인가? 그렇다면 니체 외의 다른 사람이 그 이론에 관심을 보여야 할 이유가 무엇이겠는가? 이 이론 역시 자기 발등을 찍는다.

지그문트 프로이트$^{Sigmund\ Freud}$는 인간의 생각이 무의식의 감정적 필요에 따라 형성된다고 주장했다. 성격은 어린 시절의 배변 훈련 같은 일에 의해 형성되며, 인간의 행위 상당 부분은 성적 억압의 결과라는 것이다. 그러나 이는 프로이트 이론의 기원에 관해 무엇을 암시하는가? (정신분석 치료는 당신이나 받으시죠, 프로이트 박사님.)

행동주의 심리학자 B. F. 스키너^{Skinner}는 인간이 자극에 반응하는 메커니즘에 지나지 않아서, 보상과 처벌에 반응을 보인다고 주장했다. 그에 따르면 인간의 행동은 조작적 조건형성$^{operant\ conditioning}$의 관점에서 설명될 수 있다고 한다. 실험용 비둘기가 모이를 얻으려고 지렛대를 쪼는 것처럼 말이다(스키너는 실험용 상자에 비둘기를 넣은 뒤 특정 표적을 건드리면 모이가 떨어지게 했고, 우연한 반복을 통해 이를 학습한 비둘기는 모이를 얻고자 할 때 바로 표적을 부리로 쪼았음—옮긴이).[10] 그렇다면 스키너의 이론도 그 자신이 조건화된 데 따른 산물인가? 이렇게 이 이론 또한 스스로를 논박한다.

위 모든 철학의 공통점은, 진리를 자처하는 주장을 액면 그대로 받아들이기를 거부한다는 점이다. 대신 이들은 그 주장들을 숨겨진 동기와 위장된 자기 이익을 덮어 가리는 덮개로 해석한다. 이런 폭로 성향에는 '의심의 해석학'hermeneutics of suspicion이라는 이름표가 붙었다. 이 해석학을 실행하는 이는 '의심의 대가'masters of suspicion라는 별명으로 불렸다.[11] 그러나 논리적으로 일관성 있으려면 이 대가들이 자기 자신의 견해에 대해서도 똑같이 의심의 시선을 보내야 했다. 하지만 그런 사람은 거의 없었고, 있다 해도 드물었다.

비판적 사고의 도구로서 의심의 해석학은 인간이 보편적으로 실패하는 일을 조명하는 데 유익하다. 그것은 바로 경제적 이득이나 심리적 충동 같은 것 때문에 우리의 사고가 어떻게 왜곡될 수 있는지 그 방식을 진단하는 일이다. 성경은 우리가 자신의 진짜 행동 동기에 관해 늘 자기 자신을 속인다고 가르친다. "만물보다 거짓되고 심히 부패한 것은 마음이라. 누가 능히 이를 알리요마는"(렘 17:9). 그러나 의심의 해석학은 그 자체의 관점으로 볼 때 철저히 환원주의적이다. 이 해석학은 진리를 권력과 욕망의 문제로 축소시킴으로써 진리의 문제를 그냥 방기한다.

폭로자들 폭로하기

자기 참조적 불합리성의 원리는 모든 이들의 도구함에 담겨 있을 것이다. 이 원리는 주로 변증가들과 철학자들이 활용하지만, 그들이 이 원리를 활용하는 어떤 근본 이유나 방식은 없다. 로마서 1장 접근법의 독특함은, 로마서 1장의 논증이 왜 효과가 있으며 어떻게 해서 어떤 세계관에든 다 적용되는지를 설명한다는 점이다. 환원주의를 찾아내라. 그것이 바로 그 세계관이 자멸하는 지점이다. 인간을 하찮게 생각하는 세계관은 인간의 정신, 곧 논리·이성·합리성 또한 하찮게 생각한 것이다. 환원주의 세계관은 인간의 합리성을 비합리적인 힘이나 절차로 축소시킬 것이다. 만일 어떤 개념이 비합리적 힘의 산물이라면 그 개념은 그것 자체를 포함해 모든 개념에 적용되어야 한다. 이리하여 폭로자들은 결국 자기 이론의 결함까지 폭로하게 될 것이다.

하지만 그것은 이들에게 그나마 일관성이 있을 때의 일이다. 폭로자들은 자기 입장의 신빙성이 떨어지는 사태를 막으려고, 다른 모든 이론을 폄하하는 데 써먹었던 그 비판에서 자기 자신은 교묘하게 피해 나간다. 이들은 다른 모든 입장을 왜곡시키고 편향시키는 비합리적인 힘이 자신들만은 눈멀게 만들지 않은 '것처럼' 행동한다. 자신들에게는 신비한 능력이 있어서 다른 모든 이들을 노예로 만든 그 힘보다 우위에 있는 것처럼, 자신들만 흠 없는 안목으로 현실을 통찰하는 단계에 이를 수 있는 것처럼 행동한다.

온 우주를 상자 하나에 구겨 넣으면서도 신기하게 자기 자신들만은 그 상자에 갇히지 않는다. 어찌 된 일인지 이들에게는 상자 위를 유유히 떠다니면서 자기 이론을 객관적으로 타당하고 참된 것으로 만들 수 있는 권능이 있다.

물론 항상 자신만을 예외로 함으로써 이들은 자기 이론 체계에 논리적 모순을 도입한다. 이들은 자기 이론 체계가 다루지 않는 단 한 가지(즉, 자기 자신의 사고)가 있다고 말한다.

그렇다면, 어느 경우든 우상 기반 세계관은 논리적으로 모순이다. 그리고 이는 곧 그 세계관의 실패를 의미한다.

이와 대조적으로 기독교 세계관은 환원주의적이지 않다. 기독교 세계관은 이성을 이성보다 못한 어떤 것으로 축소시키지 않으며, 따라서 이 세계관은 자멸하지 않는다. 기독교 인식론은 초월적 창조주에게서 시작되며, 창조주는 자기 말씀으로 온 우주에 명하사 세상을 존재하게 하셨다. "하나님이 이르시되"(창 1:3). "태초에 말씀이 계시니라"(요 1:1). 여기서 요한은 '로고스'*Logos*라는 헬라어를 쓰는데, 이는 하나님의 말씀을 의미할 뿐만 아니라 이성 혹은 합리성을 뜻하기도 한다. 이성과 합리성은 세상을 우연과 혼돈과 반대되는, 질서 있는 우주로 통합시키는 중요한 원칙이다. 요한의 복음을 들은 헬라인들은 요한이 그리스도야말로 우주의 질서와 통일성의 근원이라 주장하고 있음을 이해했을 것이다.

이 같은 성경의 입장에는 두 가지 중대한 의미가 함축되어 있다. 첫째, 인간의 지성으로 알 수 있는 우주 질서는 창조주의 지성을 반영한다. 둘째, 하나님께서 인간을 자기 형상으로 만드셨기 때문에 인간의 지성도 그 질서에 호응한다. 세상의 구조와 인간 인지의 구조는 서로 조화를 이룬다. 앎의 행위 주체와 그 대상 사이에 상호 관계가 있는 것이다. 플랜팅가가 말한 대로, "하나님께서는 우리와 우리의 세상을 둘 다 창조하시되 세상과 우리의 인지 능력 사이에 어떤 적합성이 있게, 짝이 맞게 창조하셨다."[12]

중세인들은 "아다에쿠아티오 인텔렉투스 아드 렘"*adaequatio intellectus ad rem*이란 표현을 썼는데, 이는 지식은 현실에 적합하다는 뜻이다. 물론 인간은 상하고 타락한 피조물이고, 그 결과 우리의 사고 절차는 혼란스러워지고 뒤틀렸다. 그렇지만 타락 후에도 여전히 우리는 인간이다. 여전히 우리는 하나님의 형상을 지니고 있다. 역사 전체를 통해 성경은 인간의 인지 능력이 본질적으로 신뢰할 만하다는 사실에 계속 확신을 불어넣어 주었다.

성경의 인식론은 일반계시에 의해 경험적으로 뒷받침된다. 우리 인간이 하루하루 자기 역할을 제대로 감당하며 살려면, 자신이 아주 많은 것을 알고 있다고 전제해야 한다. 즉, 물질세계는 현실이고(내가 앉아 있는 의자가 내 몸을 지탱해 줄 것이다), 우주는 원인과 결과에 의해 운행되며(내가 이 컴퓨터를 놓치면 컴퓨터는 바닥에 떨어진다), 수학적 진리는 보편적으로 적용되고(5 더하기 7은 언제나 12이다), 인간의 기억은 기본적으로 믿을 만하고(나는 오늘 점심으로 샌드위치를 먹었다), 다른 사람에게도 지성이 있고(비록 직접 보지는 못하지만), 논리 법칙은 타당성 있다고(논리의 신뢰성을 떨어뜨리려면 논리를 이용해 싸워야 한다) 말이다. 일상의 행동 속에서 우리는 인간 인지에 대한 신뢰를 기본적으로 가정해야 한다. 철저한 회의주의자라면 모든 것이 마비되어 아무 행동도 하지 못할 것이다.

이 세상에서 사람 구실을 하며 살기 위해 우리가 반드시 전제해야 하는 것은 바로 일반계시다. 부인할 수 없는 경험적 사실들은 물질의 본질이나 인간의 본질 혹은 두 가지 모두가 피조물 구조를 지니고 있음을 반영한다. 그 사실들은 성경의 하나님을 가리키는 이정표다. 오직 성경적 세계관만이 인간이 신뢰할 만한 지식을 갖는 것이 어떻게 가능한지 그 이유를 설명해 준다.

요지를 말하자면, 모든 세계관은 기독교 인식론을 차용해야 한다는 것이다. 적어도 그 세계관들이 자기주장을 펼치는 순간만큼은 말이다. 모든 세계관은 인간의 이성과 합리성은 믿을 만하다고 암묵적으로 가정해야 한다. 오직 기독교 세계관만이 지지하고 있는 그 개념을 말이다. 모든 세계관은 기독교가 참인 '것처럼' 작동해야 한다. 기독교를 배격하는 그 순간에도 말이다.

C. S. 루이스, 유물론의 가면을 벗기다

자기 참조적 불합리성을 간파해 내는 기술을 연습하기 위해 몇 가지 예를 더 분석해 보자. 유물론이나 자연주의는 대부분의 학문 세계에서 의심의 여지없이 수용되는 전제이므로 거기서부터 시작해 보자. 유물론은 내 생각이 물리적 사건의 산물이라고 주장한다. 그것이 무슨 뜻일까? 이는 내가 5 더하기 7은 12라고 계산할 때, 장미를 보고 붉다고 인식할 때, 혹은 고문하는 자들은 악하다고 생각할 때 실제로 일어나는 사건은 내 두뇌에서 벌어지고 있는 물리적 작업이라는 것, 곧 화학반응이 발생해 뉴런이 활성화되고 있다는 뜻이다.

이에 대한 적절한 예로, 최근에 나온 어떤 책은 유물론을 해설하면서 관념이란 "우리 뇌 속 물질의 물리적 상태"라고 주장했다. 그러므로 사고 처리 과정은 "두뇌의 일련의 상태, 곧 뇌 속 물질의 일련의 물리적 배치 상태가 물리적 물체의 상호작용을 지배하는 결정론적 법칙에 맞춰 계속 다음 상태를 초래하는 과정"이라는 것이다.[13] 다시 말해, 생각(사고)은 마치 내분비선이 땀을 분비하는 것처럼, 혹은 위에서 소화액을 분비하는 것처럼 두뇌가 생산해 낸다는 뜻이다.

문제는, 그 소화 과정이라는 것이 참이나 거짓일 수 없다는 점이다. 소화는 그저 생물학적 사실일 뿐이다. 우리의 생각도 생물학적 사실이라면, 그래서 생물학 법칙에 따라 결정된다면, 그 생각 역시 참일 수도 거짓일 수도 없는 그런 부류의 일이 되고 만다.

그런데 거기에는 유물론에 대한 우리의 생각도 포함되어야 한다. 그러므로 '참'임을 자처하는 유물론의 주장 역시 제 살을 깎아 먹는 주장이다. 유물론에 함축된 의미를 유물론 자체에 적용하면 유물론도 자멸한다.

C. S. 루이스는 몇몇 글에서 비슷한 논거를 펼친다. 한 가지 예

를 보자. "인간 정신이 전적으로 두뇌에 의지하고 두뇌는 생화학에 의지하며 생화학은 (결국) 원자의 무의미한 유동流動에 의지한다면, 그 정신의 생각이란 것이 과연 나무 사이로 부는 바람 소리 이상의 어떤 의미가 있는 것인지 모르겠다." 그러고 나서 루이스는 이 같은 주장이 어떻게 스스로를 논박하는지 보여준다. "내가 나 자신의 생각을 믿지 못한다면 무신론으로 귀결되는 주장 또한 물론 믿지 못할 것이며, 그러므로 나는 무신론자나 다른 무엇이 될 이유가 없다."[14]

무신론자나 유물론자는 스스로를 논박하는 이 결론을 어떻게 피해 가는가? 이들은 자기 이론에 대해서는 루이스가 말하는 '암묵적 예외'를 적용한다. 적어도 자기주장을 진술하는 순간만큼은 그렇다. 자기주장을 펼칠 때 이들은 은연중에 자기 생각을 신뢰한다. 이들은 자기가 말하는 환원주의적 분석 범주에서 자기 자신은 예외로 할 수밖에 없다. 한 철학자의 말처럼, 유물론자는 다른 모든 사람들을 결정론의 우리cage에 가두어 놓고 어찌 된 일인지 자기는 마치 '천사 시점의 관찰자'로 우리 위를 떠다닐 수 있는 것처럼 행동한다.[15]

본질상 유물론자들은 기독교 인식론을 암묵적으로 가정해야 한다. 적어도 자기주장을 펼치는 순간만큼은 그래야 한다.

사실 유물론을 주장하는 단순한 행위조차도 이미 모순이다. 내가 만일 "존재하는 모든 것은 다 물질이다"라고 주장한다면, 그 주장 자체도 물질인가? 그저 단순히 소리의 파동이 계속 이어지는 것뿐인가? 그 진술을 글로 적는다면 그것은 그냥 종이 위의 표시들일 뿐인가? 물론 아니다. 그 진술에는 언어적 의미가 있다. 그 진술에는 논리적 속성이 있고, (타인에게 자기 의사를 전하는) 사회적 기능이 있다. 이 모든 것이 물질의 차원을 초월한다. 역설적이게도 유물론은 그 자체를 논박하지 않고는 언어로 진술될 수조차 없다.

인간은 온전하고 통합된 존재이기 때문에, 무엇인가를 생각할 때 우리는 두뇌에서 벌어지는 물리적 사건들이 그 생각에 수반될 것을 예측해야 한다. 그러나 사고 과정을 두뇌의 처리 절차로 축소시키면, 그 결과 논리적 모순이 발생한다.

진화론은 그 자체로 살아남을 수 없다

자기 참조적 불합리성의 또 한 예는 진화론적 인식론이라고 하는 이론인데, 이는 진화론을 앎의 과정에 적용시키는 자연주의적 접근 방식이다. 이 이론은 인간의 지성이 자연선택의 산물이라고 주장한다. 이 주장에 담긴 의미는, 인간 정신 속 관념이 그 진리 가치^{truth value} 때문이 아니라 생존 가치^{survival value} 때문에 선택되었다는 것이다.

하지만 이런 이론을 이 이론 자체에 적용하면 어떻게 되는가? 이 이론 역시 진리이기 때문이 아니라 생존했기 때문에 선택된 것인가? 그렇다면 진리를 자처하는 이 이론의 주장을 의심할 수밖에 없다. 진화론적 인식론은 이렇게 자멸한다.

놀랍게도 저명한 사상가들 중에는 이러한 논리적 모순을 간파하지 못한 채 진화론적 인식론을 수용하는 이들이 많다. 철학자 존 그레이는 말한다. "다윈의 자연선택설이 참이라면…… 인간 지성은 진리에 공헌하는 것이 아니라 진화론의 성공에 이바지한다."[16] 이 말에 어떤 모순이 있는가?

그레이의 말은 본질적으로, 만일 다윈의 이론이 참이라면 그 이론은 "진리가 아닌 진화론의 성공에 이바지한다"는 뜻이다. 다시 말해 다윈의 이론이 참이라면 이는 참이 아니다.

자기 참조적 불합리는 유명한 거짓말쟁이 역설과 비슷하다. "이 말은 거짓말이다." 이 진술이 참이라면, 그것은 (진술 자체가 말하는 것처럼) 참이 아니라 거짓이다.

또 다른 예는 프랜시스 크릭이다. 『놀라운 가설』*The Astonishing Hypothesis*에서 크릭은 이렇게 말한다. "하지만 고도로 발달된 인간 두뇌는 과학적 진실을 발견해야 한다는 압박 아래서 진화한 것이 아니라, 다만 우리로 하여금 충분히 생존할 수 있을 만큼 영리해지게 했을 뿐이다."[17] 그런데 이 말은 크릭의 이론이 '과학적 진실'이 아니라는 의미다. 크릭의 이론 또한 그 이론 자체에 적용해 보면 자멸하고 만다.

물론 단순히 생존에 대한 압박감이 어떤 옳은 개념을 산출할 가능성도 있다. 사자가 우호적이라고 생각하는 얼룩말은 오래 살지 못할 것이다. 하지만 틀린 개념이 생존에 도움이 되기도 한다. 진화론자들은 그 정도는 시인한다. 에릭 바움은 이렇게 말한다.

"때로는 진실을 믿기보다는 거짓을 믿을 때 생존하고 번성할 가능성이 좀 더 크다." 스티븐 핑커도 말한다. "인간의 두뇌는 진실 쪽을 향하는 것이 아니라 적합성 쪽을 향한다. 진실은 적응성이 있을 때도 있고 없을 때도 있다."[18] 요점을 말하자면, 생존은 진실을 보증하지 못한다는 것이다. 생존만이 유일한 기준이라면, 우리는 어떤 개념이 참이고 어떤 개념이 적응성은 있되 거짓인지 절대 알 수 없다.

이 딜레마를 더 심화시킬 작정인지 진화론자들은 자연선택이 인간의 정신에 온갖 종류의 거짓 개념을 생산해 냈다고 말한다. '**원리 3**'에서 우리는 자유의지가 환상이고 지각도 환상이며 심지어 우리의 자아의식도 환상이라고 말하는 유물론자들에 대해 알아보았다. 그들은 이 모든 거짓 개념은 다 생존 가치$^{\text{survival value}}$ 때문에 선택된 것이라고 말한다.

그렇다면 진화론 자체도 바로 그 거짓 개념 중 하나는 아닌지 어떻게 알겠는가? 이렇게 진화론은 자기 발등을 찍는다.

용케도 몇몇 사상가들은 문제점을 인식한다. 문학평론가 리언 위슬티어$^{\text{Leon Wieseltier}}$는 말한다. "이성이 자연선택의 산물이라면, 자연선택을 지지하는 이성적 주장에 우리가 얼마나 확신을 가질 수 있는가? …… 진화생물학은 이성의 능력을 불러내지 못한다. 불러내는 순간 그 능력을 훼손시키기 때문이다."[19]

비슷한 어조로 철학자 토머스 네이글$^{\text{Thomas Nagel}}$도 이렇게 묻는다. "[진화] 가설이 이성을 여전히 지식의 근원으로 믿는 믿음과 정말로 양립할 수 있는가?" 네이글의 답변은 "양립할 수 없다"이다. "나는 내가 논리 법칙을 따르는 이유가 그 법칙이 옳기 때문이지 단순히 그 법칙을 따르도록 생물학적으로 프로그래밍 되었기 때문이 아니라고 믿을 수 있어야 한다." 그러므로 "진화 가설 자체가 이성에 의존하는 한, 이 가설은 자기 살을 깎아 먹는 가설이라 할 것이다."[20]

다윈의 선택적 회의주의

때로 사람들은 다윈 자신도 문제점을 인식하고 있었다고 믿는다. 그럴 때 이들이 전형적으로 인용하는 유명한 말이 다윈의 '끔찍한 의심' horrid doubt 구절인데, 여기서 다윈은 인간의 정신이 진화의 산물이라면, 과연 그것을 신뢰할 만한지 묻는다. "내 경우, 인간 정신이 인간보다 저급한 동물의 정신에서 발전한 것이라면 과연 무슨 가치가 있을까, 혹은 조금이라도 신뢰할 만할까 하는 끔찍한 의심이 늘 생긴다."

물론 다윈의 이론은 그 자체가 '인간 지성에 대한 확신'이었다. 그렇다면 그 이론이 어떻게 조금이라도 믿을 만한 것일 수 있겠는가?

그러나 놀랍게도 다윈은 자신의 이론에서 이런 내부적 모순에 한 번도 부딪친 적이 없다. 어째서 그런가? 자신의 '끔찍한 의심'을 선별적으로 드러냈기 때문이다. 즉, 창조주의 존재를 지지하는 주장에 대해서만 그 의심을 표현한 것이다.

다윈은 그래도 하나님 개념이 설득력 있음을 깨닫는다고 이따금 시인했다. 한번은 "우주가 우연의 결과가 아니라는…… 내면의 확신"을 고백하기도 했다. 그리고 바로 다음 문장에서 그는 예의 '끔찍한 의심'을 드러냈다. 그러므로 다윈이 불신한 그 '확신'은 우주가 우연의 산물이 아니라는 내키지 않는 확신이었던 것이다.

다른 구절에서 다윈은 "인간의 지적 정신과 어느 정도 유사한 지적 정신을 가지고 있는 제1원인First Cause을 어쩔 수 없이 바라보게 된다"고 털어놓았다. 그러나 여기서도 그는 곧 회의주의로 방향을 돌린다. "하지만 곧 또다시 의심이 생긴다. 인간 지성, 가장 하급한 동물이 지닌 정신에서 발달되어 왔나고 내가 믿어 마지않는 그 인간 지성이 이렇게 엄청난 결론을 도출해 낼 때 그것을 과연 신뢰할 수 있는가?"

즉, 인간 지성이 제1원인에 대해 '엄청난 결론'을 이끌어 낼 때 그것을 어떻게 신뢰할 수 있느냐는 것이다. 하나님 개념은 아마 그저 자연선택에 의해 우리 안에 본능적으로 프로그래밍 되었을 뿐일 것이라고 다윈은 덧붙였다. 원숭이가 "뱀을 본능적으로 두려워하고 싫어하는 것"처럼 말이다.

간단히 말해, 다윈의 지성이 그를 이끌어 유신론적 결론을 내리게 만든 그 순간 그는 자신의 지성은 믿을 만하지 못하다고 일축해 버렸다.[21] 그러나 다윈은 자신의 이론에 논리적 일관성이 있으려면 자신의 회의주의를 자기 이론에도 적용해야 한다는 점을 깨닫지 못했다.

이 시대에 다윈을 추종하는 이들도 여전히 다윈의 이론을 선별적으로 적용한다. 하버드 대학교의 고생물학자 스티븐 제이 굴드Stephen Jay Gould는 "다윈이 유물론이라는 견실한 철학을 자연에 대한 자신의 해석에 적용했다"고 하면서 이 철학에서 "정신·영혼·하나님은 뉴런의 복잡성이 낳는 경이로운 결과를 표현하기에 적합한 단어들"이라고 했다.[22] 다시 말해, 하나님 개념은 두뇌의 전기회로가 진화해 어떤 일정한 수준의 복잡성에 도달할 때 인간 지성에 등장하는 개념이라는 것이다.

하지만 굴드의 말이 논리적으로 앞뒤가 맞으려면 다윈의 개념을 향해서도 이와 똑같은 회의주의를 품어야 하건만 굴드는 그렇게 하지 않았다. 굴드는 자신의 진화론적 회의주의를 선택적으로 적용했다. 하나님 개념을 신뢰할 만하지 못한 것으로 만들기 위해서 말이다.

일관성 있게 적용할 경우 다윈주의는 다윈주의 자체를 공격할 뿐만 아니라 과학 작업 전체를 무력화시킨다. 신경생물학을 공부한 작가 케넌 말리크Kenan Malik는 이렇게 말한다. "인간의 인지 기능이 단지 진화된 성향일 뿐이라면, 그 기능 중 어느 것이 우리를 참 믿음으로 이끌어 주고 어느 것이 거짓 믿음으로 이끌어 주는지 알 길이 없을 것이다." 그러므로 "인간을 그저 복잡하고 정교한 동물 정도로 보는 입장은…… 과학적 방식에 대한 믿음을 갉아먹는다."[23]

딱 맞는 말이다. 이는 과학 자체가 걸린 문제다. 옥스퍼드 대학의 수학 교수 존 레녹스John Lennox는 말하기를, 무신론에 따르면 "과학하는 지성은…… 지성도 없고 그 무엇의 안내도 없는 과정의 최종 산물이다. 자, 당신의 컴퓨터가 지성도 없고 그 무엇의 안내도 받지 않는 과정의 산물이라면 당신은 그 컴퓨터를 신뢰하지 못할 것이다. 그래서 내가 보기에 무신론은 과학을 할 때 필요한 합리성의 근본을 잠식한다"고 했다.[24]

무신론자도 과학 연구를 할 때는 다른 모든 이들과 마찬가지로 합리성에 의존할 도리밖에 없다. 그것은 당연한 사실이다. 요점은, 합리성에 의존해 연구 작업을 할 때 무신론자에게는 아무런 철학적 근거가 없다는 것이다. 이성을 지닌 창조주의 존재를 인정하는 사람에게만 인간의 합리성을 신뢰할 근거가 있다.

무신론자와 유물론자 중에 이 문제점을 인식하는 사람이 별로 없는 이유는, 다윈처럼 이들도 자신의 회의주의를 선택적으로 적용하기 때문이다. 이들은 자기가 배격하는 개념, 특히 하나님에 관한 개념의 가치를 깎아내릴 때만 회의주의를 적용한다.[25] 이들은 자기 세계관은 은근슬쩍 예외로 취급한다.

과학은 왜 '기적'인가?

과학혁명이 시작될 때 기독교가 왜 중요한 역할을 했는지 그 이유가 이제 명백해졌다. 오직 성경적인 세계관만이 과학 작업에 적절한 인식론을 제공한다. 첫째, 이성적 존재이신 하나님께서 이성으로 이해 가능한 구조로 세상을 창조하셨다. 둘째, 그 하나님께서 자신의 형상으로 인간을 창조하셨다. 역사가 리처드 코언Richard Cohen의 말을 빌리자면, 과학은 "만물을 창조한 합리적 창조주" 개념뿐만 아니라, 그와 더불어 "인간은 하나님의 합리성 덕분에 그분보다 조금 덜 합리적인 존재로서 자연법칙을 판독해 낼 수 있다"는 필연적 귀결을 필요로 했다. 신학자 크리스토퍼 카이저Christopher Kaiser는 동일한 개념을 다음과 같이 간결하게 진술한다. 초기의 과학자들은 "로고스의 질서를 잡아야 할 책임이 있는 바로 그 로고스가 인간 이성에도 반영되어 있다"고 가정했다.[26]

초기 과학자들에게 하나님의 형상 개념은 그저 인지적으로 동의해야 하는 건조한 교리가 아니었다. 또한 그 개념은 순전히 개인적인 '신앙'도 아니었다. 초기 과학자들은 하나님의 형상 개념을 공적인 진리이자 모든 과학 작업의 인식론적 토대로 대했다. 그들은 하나님을 좇아 하나님의 생각을 생각하는 것이 과학의 목표라고 말했다.[27] 과학혁명의 시대에, 성경적 인식론은 인간이 지성을 구비한 것은 세상에 대한 진정한 지식을 얻기 위함이라는 보증이었다.

오늘날에도 달라진 것은 없다. 널리 인용되는 유진 위그너Eugene Wigner의 평론 가운데 「자연과학에서 수학의 비합리적 효과」The Unreasonable Effectiveness of Mathematics in the Natural Sciences라는 글이 있다. 이 글에서 위그너는 인간이 머릿속에서 고안해 낸 수학 공식이 왜 그렇게 외부 세계를 잘 설명해 주는지 그 이유를 묻는다. 이 둘 사이의 조화는 "무언가 거의 신비라고 해도 좋다." 사실 "이 조화에 대한 합리적인 설명 같은 것은 없다." 즉, 과학적 유물론에는 설명이 전혀 없다.

"기적이 우리 앞에 있다는 인상을 피하기 어렵다"고 위그너는 신중하게 말한다. 적어도 "인간의 추론 능력은 거의 완벽해 보이는데, 이 추론 능력이 다윈이 말하는 자연선택 과정에 의해 완벽 상태에 이르렀다고는 믿기 어려운 게 확실하."[28]

이와 대조적으로 성경적 세계관은 수학의 효과를 완벽히 합리적으로 설명한다. 즉, 이성을 지닌 하나님께서 인간을 당신의 형상으로 창조하사 당신을 좇아 당신의 생각을 생각하게 하셨다는 것이다.

사실 역사를 보면 우주의 수학적 구조에 대해 성경으로 영감 받은 믿음이 먼저 등장하고, 실제 어떤 과학적인 발견은 그다음에 이루어진 것을 알 수 있다. 수학자 모리스 클라인Morris Kline은 이렇게 말한다. "초기 수학자들은 자연 현상의 기저에 있는 수학 법칙의 존재를 확신하고 그 법칙을 끈질기게 탐색했는데, 이는 하나님께서 우주의 구조 안에 그 법칙을 짜 넣으셨다는 것을 그들이 선험적으로 확신했기 때문이다."[29]

사람들은 자연에 수학적 질서가 있다는 것을 먼저 확신하는 게 틀림없다. 그렇지 않으면 그 법칙을 탐색하지 않을 것이다. 그리고 과학은 진척되지 않을 것이다.

이것이 무슨 의미인가 하면, 오늘날에도 누구든 과학을 연구하는 사람이라면 성경의 세계관에서 유래된 인식론을 채택해야 한다는 뜻이다. 적어도 실제에서는 말이다. 과학을 하기 위해서는, 제아무리 비정한 무신론자일지라도 기독교가 참인 '것처럼' 생각하고 행동할 수밖에 없다.

포스트모던 감옥

포스트모더니즘은 어떠한가? 포스트모더니즘을 상대로 자기 참조적 불합리성을 테스트해 보면 어떻게 될까?

앞에서 살펴본 대로 포스트모더니즘은 사회적 집단을 절대화한다. 포스트모더니즘의 주장에 따르면, 개인의 정체성은 거의가 그 사람이 어떤 공동체의 구성원이냐에 따라 결정되는데, 사람이 자기가 속한 공동체의 언어를 흡수하면, 그 과정에서 공동체의 세계관도 흡수하게 된다. 세계를 설명하기 위해 그 집단이 불러들이는 스토리라인 혹은 내러티브를 흡수한다는 뜻이다. 그러므로 포스트모더니즘의 관점에서 우리가 어떤 이야기를 한다는 것은 우리가 이미 동화되어 있는 한 스토리라인을 외면화하는 것일 뿐이다.

포스트모더니스트들은 "우리가 언어를 말한다기보다 언어가 우리를 말한다"는 역설적인 진술로 이 개념을 표현한다.[30] 이들의 요점은, 사람은 자기 집단에서 자기가 동화시킨 언어와 동떨어져서는 무엇을 생각조차 할 수 없다는 것이다. 니체는 특유의 날카로운 감각으로 말하기를, 우리가 '언어의 감옥'에 갇혀 있다고 했다.

세계관은 언어를 통해 전달되기 때문에, 포스트모더니스트들은 '언어 게임'이라는 비유를 활용한다. 이들은 야구와 축구가 사실상 공통 규칙이 전혀 없는 게임인 것처럼, 세계관도 저마다 독특한 규칙을 가진 언어 게임이라고 말한다. 각 집단마다 세계를 이해하는 고유의 언어 게임이 있다고 말이다. 장 프랑수아 리요타르Jean-François Lyotard는 이를 일컬어 소담론little narratives이라고 한다. 하지만 거기에는 모든 시대의 모든 인간에게 유효한 우주적 담론, '메타담화'metanarrative는 없다. 리요타르의 말을 빌리자면, "언어 게임이 어떤 메타담화 안에서 통일되거나 합계될 가능성은 전혀 없다."[31]

그런데 리요타르는 어떤 이유를 대면서 우리에게 자신의 이론을 받아들이라고 할 수 있을까? 리요타르의 견해도 다른 모든 언어 게임과 다름없는 또 하나의 언어 게임일 뿐이 아닌가? 다른 모든 이들과 마찬가지로 리요타르도 그 자신의 언어라는 감옥에 갇힌 것 아닌가? 그렇다면 우리가 왜 그의 주장에 관심을 가져야 한다는 것인가?

포스트모더니즘은 이른바 '수행 모순'performative contradiction의 한 예로, 이는 어떤 한 입장이 그 입장이 주장되는 행위 중에 모순을 일으킨다는 뜻이다.[32] 일상생활에서 이 수행 모순의 예를 찾아본다면, "나는 영어를 할 줄 모른다"고 영어로 말한다든가, "나는 존재하지 않는다"고 말하는 것(그렇게 말하려면 내가 존재해야 한다) 등이다. 한 포스트모더니스트가 세상에 보편적으로 타당한 진리는 없다고 주장한다면, 암묵적으로 그는 자신의 주장만 보편적으로 타당하며 참이라고 주장하는 셈이다. 그 같은 진술을 하기 위해서는 초월적인 위치에 있어야 하는데, 포스트모더니즘은 세상에 그런 초월적 위치는 없다고 말한다. 그러므로 포스트모더니스트가 자기 입장을 진술하면 그때마다 그의 말은 모순을 일으킨다. 그 입장은 스스로를 논박한다.

바르트가 박살나다

포스트모던 사상을 문학 이론에 적용하자 해체주의deconstructionism라는 파생물이 생겨 나왔다. 포스트모더니즘에서 개별 인간은 한 집단의 구성원 신분으로 정체성이 결정된다고 했던 것을 기억해 보라. 여기에 담긴 의미는, 개별 인간에게는 사실상 독창적이거나 창의적인 개념이 없고, 인간은 그저 자기가 속한 집단의 이념을 반영할 뿐이라는 것이다. 예를 들어 문학평론가 롤랑 바르트Roland Barthes는 말하기를, 한 편의 글은 주변 문화에서 흡수한 "인용문 덩어리"라고 한다.

바르트는 "저자의 죽음"이라는 슬로건으로 가장 잘 알려져 있는데, 그의 말은 개인의 창의성 바로 그 개념의 죽음을 뜻한다. 바르트가 보기에 작가는 옛날의 음유시인이나 무당과 비슷해서, 자기 고유의 이야기를 창안해 내는 사람이라기보다는 자기 종족이나 부족 혹은 자기 집단의 이야기를 전달해 주는 사람이었다. 자크 데리다Jacques Derrida도 "텍스트에는 저자가 없다"는 역설적인 진

술에서 의미상 이와 똑같은 말을 했다.³³

더 나아가 우리는 인종·계급·민족·성 정체성 등과 같은 속성을 기반으로 다양한 집단에 속해 있는데, 이런 모든 집단은 관점과 이해관계가 충돌한다. 그 결과, 모든 저자들은 무의식적으로 이렇게 서로 충돌하는 사회적 메시지를 반영하기 마련이다. 바르트의 경우, 텍스트는 "다양한 글"이 뒤섞여 있는 혼합물로, "독창적인 글은 하나도 없고, 이것저것 섞여서 충돌한다"고 한다.³⁴ 문학비평의 목표는 텍스트의 표면 그 아래를 파고 들어가, 서로 충돌하는 의미들을 캐내고 얽힌 것들을 푸는 데 있다.

이것을 가리켜 텍스트를 해체deconstructing한다고 하는데, '해체주의'라는 말은 여기서 나왔다.

그러한 이론을 받아들이는 데 대해 바르트는 어떤 이유를 제시하는가? 앨런 제이콥스가 말하는 것처럼 "이유를 제시하는 작업에 들어가자마자 해체주의자들은 부득이하게 무언가를 주장하는 일을 하게 되고, 그리하여 그들 자신의 주장도 그들의 비평의 대상이 된다."³⁵ 바르트의 견해를 바르트 자신에게 비평받게 한다면 어떻게 되겠는가? 바르트도 인종·계급·성 같은 사회적 힘의 대변자에 지나지 않는다고 결론 내려야 할 것이다. 바르트 '자신의' 글도 독창적이거나 창의적인 안목을 제시하는 것이 아니라, 그가 속한 집단에서 무의식적으로 흡수한 서로 상반되는 인용문들을 짜 맞춘 것에 지나지 않는다. "저자의 죽음"에는 바르트 자신도 포함되어야 하는 것이다.

실제에서 해체주의자가 제구실을 할 수 있는 길은, 다른 모든 이들에게 적용하는 그 비평을 자기 자신은 은근슬쩍 피해 가는 것뿐이다. 해체주의자들은 자신만은 짐짓 모든 논쟁의 현장을 초월해 있는 양 행동한다. 다른 모든 이들의 진술은 숨어 있는 이해관계와 권력 다툼의 산물로 치부해 해체시키면서 자기의 글은 해체 과정을 면제받은 것으로 여긴다. 그들은 자기들만 인종·계급·성 같은 사회적 힘을 초월할 수 있고, 다른 모든 이들은 이 힘 때문에 허위의식의 피해자가 되는 것처럼 글을 쓴다.[36]

그러므로 아이러니하게도 포스트모더니스트들은 책이나 글을 쓸 때마다 자기 견해와 충돌을 일으킨다. 해체주의자들은 자신의 작업이 단순히 문화적 메시지가 아니라 창조적 지성으로 이루어 낸 진지한 기여로 대접받기를 희망한다. 이들은 '저자author가 없다고 주장하는 책'을 자꾸 지어내고author 있다.

신학자 마크 C. 테일러Mark C. Taylor는 그 자신이 포스트모더니스트로서, 저자의 죽음은 하나님의 죽음의 필연적 결과라고 설명한다. "하나님의 죽음은 세상의 역사에 절대 진리와 단일의單一義의 의미를 써넣은 저자Author의 소멸이었다. [그리고 인간이 하나님의 형상으로 지어졌기에] 하나님의 죽음은 인간 저자의 소멸이라는 의미를 함축한다"고 결론 내린다.[37] 창조주가 없다면 인간은 하위 창조자sub-creators로서의 위엄을 가지지 못하기 때문이다. 창조주가 없다면 인간은 사회적·역사적 힘의 산물에 지나지 않는다.

포스트모더니즘과 공포

포스트모더니즘의 근원을 알기 위해서는 포스트모더니즘 창시자들을 역사적 맥락에서 파악해야 한다. 이들은 왜 거대한 메타담화에 그토록 저항했을까? 대답은, 이들이 거대 메타담론을 야만적이고 억압적인 정치 체제의 근원으로 여겼다는 것이다. 포스트모더니즘 창시자들은 대부분 유럽인으로, 이들은 역사상 가장 잔혹하고 억압적인 정치 체제를 직접 목격한 사람들인데, 그 체제는 바로 나치즘과 공산주의다. '원리 2'에서 보았다시피 이 두 체제 모두 하나의 단일 원리를 중심으로 하고 있다. 나치즘의 단일 원리는 인종이었고, 공산주의의 단일 원리는 경제 계급이었다. 두 체제 모두 어떤 이상 사회를 향해 가차 없이 움직이는 역사라는 거대한 비전을 품고 있었다. 그리고 나치즘과 공산주의 모두 전체주의totalitarian가 되어, 자신들의 유토피아적 이상을 들먹이며 비밀경찰과 죽음의 수용소를 정당화했다.

제2차 세계대전이 끝나자 그간 이런 억압적 체제 아래서 고통당한 유럽의 사상가들은 '전체화'하는totalizing 메타담화에 전체주의의 근원이 있다고 판단했다. 이들이 말하는 '전체화'란 인간 체험의 단일 차원에 초점을 맞추어 그 차원을 거짓된 절대 원리로 격상시키고, 다른 모든 것은 그 차원의 여러 범주에 종속시키는 세계관을 뜻한다. 일차원적이고 전체주의적인 세계관이 정치권력을 얻으면, 이에 동의하지 않는 사람들은 주변으로 밀려나고, 억압받고, 소외당하고, 침묵을 강요당하고, 지배당하고, 흡수되고, 통제당한다. 그들은 별난 사람이라는 낙인이 찍히고, '타자'로 인식되며, 강제 수용소에 감금당한다. 국가가 주도하는 우상에 만인이 다 절해야 한다. 그렇지 않으면 억압이라는 극렬히 타는 풀무불에 던져지고 만다.

포스트모더니스트들이 거짓된 절대 원리의 역학을 통찰하는 방식을 보면 좀 낯익다는 느낌이 들어야 한다. 창조 세계의 일부가 절대화될 때 어떤 식으로 우상이 만들어지는지를 설명하면서 이 책에서 우리도 비슷한 비평을 하고 있기 때문이다. 그런데 포스트모더니스트들이 착각한 것은, 어떤 포괄적 진리에 매진하는 것이 문제의 근원이라고 생각했다는 점이다. 리요타르는 『포스트모던의 조건』*The Postmodern Condition*에서 말하기를, 세상에 진리는 단 하나, 곧 온전한 진리는 단 하나뿐이라는 확신은 필연적으로 '공포'로 귀결된다고 했다. "19세기와 20세기는 우리에게 더 이상 감당할 수 없을 만큼의 공포를 안겼다. 우리는 온전한 단 하나[의 진리]에 대한 향수 때문에 엄청난 대가를 치렀다."

포스트모더니스트들은 절대 '권력'을 요구하는 주장에 도전하는 길은 곧 절대 '진리'를 요구하는 주장에 도전하는 것이라고 결론 내렸다. 이글턴은 포스트모더니즘이 "모든 열정적 확신은 애초에 다 교의적*dogmatic*이며⋯⋯ 마지막에 남는 것은 강제 노동 수용소뿐이라고 가정하는 잘못을 저지른다"고 표현한다.[38]

왜 그와 같은 잘못을 저지를까? 포스트모더니즘이 자기 스스로를 논박하기 때문이다. 모든 보편 진리를 다 거부함으로써 포스트모더니즘은 진리를 자처하는 자신의 주장을 무력화시킨다.

더욱이 정의에 대한 어떤 보편적인 기준이 없으면, 포스트모더니스트들이 그토록 우려했던 바로 그것, 곧 불의와 압제에 저항할 길이 없어진다. 한 철학자가 말한 대로, "시대를 초월하는 보편적인 도덕 원리가 없으면 다른 문화나 다른 시대의 가치를 비판할 수 없을 듯하다. 그 문화나 그 시대가 아무리 혐오스럽더라도 말이다."[39]

이렇게 생각해 보자. 만일 진리에 대한 모든 주장을 해체시킬 수 있다면, 부자가 가난한 사람을 억압해서는 안 된다는 주장은 어떻게 할 것인가? 편견에 근거한 증오나 인종차별에 저항해야 한다는 주장에 대해서는? 저들의 말에 따르면 그러한 주장 역시 해체될 수 있다. 따라서 포스트모더니즘은 급진적으로 보일 수는 있지만, 제이콥스가 말한 것처럼 "사실상 정치적인 현재 상황에 저항할 힘을 주지 못한다."[40] 만일 포스트모더니즘의 주장을 일관성 있게 삶으로 실천한다면 결국 악과 불의에 공모하는 상황이 되고 말 것이다.

다양성의 횡포

포스트모더니즘의 주장을 일관성 있게 삶으로 실천한다면, 이는 다양성을 강압적으로 억누르는 상황으로도 귀결될 것이다. 언뜻 들으면 말이 안 되는 것 같다. 애초에 '다양성'이라는 말을 그토록 설득력 있는 전문적 어감의 유행어로 만든 것이 바로 포스트모더니즘이기 때문이다. 포스트모더니스트들은 사회를 전체화시키는 메타담화에서 전체주의라는 결과가 빚어졌기 때문에 권력 집중을 막을 수 있는 길은 소담론들mini-narratives을 다양하게 유지하는 것이라고 판단했다. 포스트모더니스트들은 다양한 집단과 그 집단 고유의 언어 게임을 찬양함으로써, 절대화된 단일 범주로 조직화된 사회의 강압을 피할 수 있기를 바랐다.

그러나 현실에서는 선별된 집단만이 '다양성'을 대표하는 집단으로 지목됨으로써 인종, 계층, 성, 민족 집단, 성 정체성 같은 것에 기반을 둔 피해자 집단의 존재를 확증한다. 포스트모더니즘에 역행하는 이런 광경 앞에서 지적·정치적·신학적 다양성을 밀고 나가는 움직임은 보기 드물다. 문제점 분석은 보통 마르크스주의를 바탕으로 이루어진다. 일부 집단이 피해자가 되어 억압당한다고 하면서, 압제자에게 저항하는 것이 해방으로 가는 길이며 이 저항은 흔히 정치적 행동주의를 통해 표현된다고 말이다.

이는 평범한 대학 캠퍼스가 왜 철저히 정치화되는지 그 이유를 잘 설명해 준다. 영문과의 문학비평 수업에서는 이제 문체나 구조, 문장 구성 같은 미학적 이슈들을 다루지 않는다. 마르크스주의 비평이나 페미니스트 비평 혹은 무엇이 됐든 비평가가 선호하는 이론을 적용하는 것이 이즈음의 추세다. 한 영문학 교수는 『고등교육신문』Chronicle of Higher Education에 기고한 글에서 말하기를, 문학 수업의 목표는 학생들이 "세계사 속의 계급투쟁에서 어느 편을 택할지 결정할 수 있도록 돕는 것"이라고 했다. "생산수단을 소유한 자 쪽을 택하느냐 아니면 노동자 쪽을 택하느냐, 이것이, 오직 이것만이 텍스트를 읽고 쓰는 지식의 진짜 논점"이라는 것이다.[41]

프랭크 렌트리키아Frank Lentricchia는 하도 급진적이어서 한때 "문학 이론계의 더티 해리Dirty Harry"로 불렸던 비평가인데, 자신의 수업을 듣는 학생들이 숨 막힐 정도의 도덕적 우월감을 키워 가는 모습에 끝내 환멸을 느끼고 말았다. 학생들은 작품을 읽어 보지도 않고 저자들을 향해 인종차별주의자니 성차별주의자니 자본주의자니 제국주의자니 혹은 동성애 혐오자니 하며, 그들을 판정해 버렸다. 당혹감에 빠진 렌트리키아는 이렇게 말했다. "여러분의 [문학] 이론을 말해 보라. 그러면 어떤 작품에 대해, 특히 그 작품을 읽어 보지도 않고 여러분이 뭐라고 말할지 내가 맞춰 보겠다."[42]

소위 정치적으로 올바르다는 대학 강의는 학생들을 자유롭게 해주어 스스로 생각할 수 있게 하지 않는다. 오히려 자기도취적 반동주의의 핵심 요원으로 만들어, 순간의 유행을 좇는 변덕스러운 공론가에게 언제라도 지령을 받을 태세를 갖추게 한다.

과학 사회학자 브뤼노 라투르Bruno Latour도 비평 이론의 억압 효과에 점점 큰 우려를 표했다. 그 이론을 발견하는 데 자신 역시 일조했음에도 말이다. 라투르는 '순진한 신자들'의 믿음을 해체시켜 버려 그들을 욕보이는 우월한 사상가 입장에 서게 해주는 것이 포스트모던 비평의 매력이라고 말한다. "당신은 언제나 옳다!"고 라투르는 말한다. "저들의 행위를 전적으로 결정짓는 것은, 저들은 보지 못하나 당신에게는 보이는, 그렇다, 오직 당신만 볼 수 있는 객관적 현실에서 생겨 나오는 강력한 인과관계 행동이다."[43]

포스트모더니즘은 모더니즘 세계관에 잠재된 제국주의의 정체를 벗긴다는 고상한 목표와 더불어 시작되었다. 그러나 아이러니하게도 포스트모더니즘 자체도 제국주의가 되어, 포스트모더니스트들에게만 다른 모든 이들의 근원적 관심사와 감춰진 행동 동기를 폭로할 능력이 있다고 주장한다. 자신들에게만 그 관심사와 행동 동기를 해체하고 정체를 밝힐 능력이 있다고 말이다. 이렇게 해서 포스트모더니즘은 사실상 다른 모든 관점을 침묵시킨다.

더 고약한 것은, 포스트모더니즘이 다양성에 대해 내리는 특정 정의에 공감하지 않을 경우, 그 정의를 강요하는 듯한 느낌이 든다는 점이다. 『어틀랜틱』*Atlantic*에 실린 한 기사를 보니, "정치적 올바름이 언어 규범, 감수성 훈련, 도서 규제라는 횡포로 변모했다"고 관측한다.[44] 다양성 추구는 자유를 지켜 주는 보호 장치로 여겨지지만, 이 보호 장치 자체가 강압적으로 모든 것을 동질화시키게 되었다. 다양성은 새로운 형태의 전제정치를 나타내는 암호 문자가 되었다.

자아를 상실하다

최근에 한 친구 부부를 만났는데, 딸이 그동안 받은 신앙 교육을 다 거부한다면서 큰 걱정에 빠져 있었다. 놀랍게도 친구 부부의 딸은 기독교 대학에 다니던 중 그렇게 되었다고 한다. 딸의 전공은 영문학인데, 영문학이라고 하면 대다수 부모들은 셰익스피어나 디킨스를 읽는 비교적 '안전한' 전공이라고 생각한다. 하지만 복음주의 대학에도 포스트모더니즘과 해체주의 요소들을 수용한 교수들이 많은 것이 현실이다. 친구 부부의 딸은 대학에 입학한 지 얼마 안 되어 세상에 과연 진리란 것이 있기는 한지 의문을 품게 되었다고 한다. 교회와 집에서 그동안 배워 온 성경의 진리까지 포함해서 말이다.

대학에 들어간 청년들은 강의실에서 조만간 포스트모던 이론들을 접하게 될 텐데, 이들을 어떻게 준비시키면 좋을까?

다른 세계관들과 마찬가지로 포스트모더니즘도 어떤 면에서는 정확한 통찰을 제공한다. 모더니즘 비판 면에서 특히 더욱 그렇다. 계몽주의는 육체에서 분리된 이성Reason(이성을 뜻하는 Reason은 흔히 대문자 'R'로 시작됨)을 소유한 자율적 개인 개념을 찬양했다. 이 이성이 사람을 시공간 속의 보잘것없는 위치에서 들어 올려 시대의 제한을 받지 않는 객관적인 진리를 전해 준다고 여겼다. 이와 대조적으로 포스트모더니즘은 지식은 언제나 상황에 매인다고 주장한다. 포스트모더니즘에서 인격체는 육체에서 분리된 인식이 아니다. 인간은 공동체 안에 위치한 물리적 존재이고, 이들의 세계관은 문화 전통과 경제적 이익과 권력관계에 영향을 받는다.

하지만 계몽주의에 반발하는 과정에서 포스트모더니즘은 말 잔등의 반대편으로 떨어지고 만다. 포스트모더니즘은 개별 인간을 어떤 안정된 인격적 정체성 없이 역사와 사회의 힘을 조각조각 이어 붙인 존재로 끌어내린다. 그렇게 하는 이유는 헤겔의 역사결정론으로까지 거슬러 올라가는데, 이는 인간이 쉼 없이 이어지는 역사 진전의 흐름에 휘말려 있다는 개념이다. 이 개념에 함축된 의미는, 인간의 본질 같은 건 존재하지 않는다는 것이다. 인간으로 존재한다는 것이 무슨 의미인지에 대한 안정적이고 이상적인 청사진 따위는 없고, 우리가 어떤 존재이며 우리의 진짜 본질을 어떻게 충족시킬 것인지에 대한 보편적인 기준도 없다는 뜻이다.

실존주의자 장 폴 사르트르Jean-Paul Sartre의 표현을 빌리자면, "인간의 본질이 어떤 것인지 짐작하게 해줄 만한 하나님이 없기 때문에 인간의 본질 같은 건 없다."[45] 종種이 끊임없이 변화하며 진화하는 것처럼, 개별 인간도 변동 없는 기준들을 다 뒤로 하고 부단한 삶의 흐름에 푹 잠겨 자기 자신을 끊임없이 창조하고 재창조해야 한다는 것이다.

포스트모던 용어로 표현하자면, 자아는 유동체에다 여기저기 파편으로 흩어져 있다. 미셸 푸코Michel Foucault는 우리가 일관성 있는 자아로 존재한다는 의식이 현실에서는 과거 사건들의 '공허한 종합'empty synthesis임을 증명함으로써 '자아를 분열시키는 것'이 자신의 목표라고 말한다. 이 말은 정확히 무슨 뜻인가? 한 철학자가 설명하기를, 푸코에게 "인간의 정체성은 결국 허구다. 우리 각 사람은 복수複數의 존재로, 여러 방향으로 끌어당기는 힘의 집합"이라고 한다.[46]

하지만 우리의 정체성이 '허구'라면, 그렇게 말하는 푸코는 누구인가? 그의 글에서 누가 실제로 말을 하고 있다는 것인가? 객관성에 도달하기는 불가능하다고 어떤 포스트모더니스트가 말할 때, 이 말은 객관적 진술이 아닌가? 이렇게 이 이론도 그 자체의 주장을 무력화시킨다.

더 나아가 이 주장은 인간의 경험과도 충돌한다. 우리 각 사람은 자신이 일관성 있는 자아로 존재한다는 피할 수 없고 저항할 수 없는 인식을 경험한다. 단순히 서로 대립하는 사회적 힘이 수동적으로 자리하는 곳이 아니라 인식의 능동적 중심지로 존재함을 인식하는 것이다. 삶의 변화를 겪을 때에도 우리는 핵심적인 인격 정체성은 지속되는 것을 의식한다. 이 일인칭 자각의 보편성은 설령 이를 부인하는 세계관을 지닌 사람들 사이에서도 이것이 인간 체험의 고유한 부분임을 알 수 있게 해주는 실마리다. 우리는 포스트모더니스트들의 급진적 환원주의를 바탕으로 해서는 일관성 있게 살아갈 수 없도록 만들어진 존재들이다. 이는 포스트모더니스트들도 부인할 수 없는 사실이다. 일반계시의 진실은 궁극적으로 은폐될 수 없다.

포스트모더니즘을 위한 삼위일체

우리의 개별 정체성을 공동체 일원으로서의 신분과 어떻게 조화시킬 것인가 하는 문제는 철학 영역에서 하나인가 다수인가 혹은 일치인가 다양성인가로 끊임없이 반복되어 온 문제다. 기독교는 이에 대해 놀랍고도 독특한 답변을 제시한다. 기독교는 인류가 하나님의 형상으로 창조되었다고 가르치는데, 이 하나님은 삼위 일치tri-unity의 존재, 곧 세 위격이 아주 밀접하게 연관되어 한 분 하나님을 이루는 분이다. 하나님의 본질 자체가 성삼위(성부·성자·성령) 간 상호 사랑과 교통으로 이루어져 있다. 하나이자 다수, 개별성과 상호 관계 두 가지 모두가 하나님의 본성 안에 존재한다.[47]

삼위일체 안에서 이뤄지는 일치와 다양성의 완벽한 조화는 인간의 사회적 삶에 하나의 모델을 제시한다. 그리고 이는 포스트모더니즘과 모더니즘이라는, 서로 대립하는 두 극단에 대한 하나의 해법이기도 하다. 포스트모더니즘이 자아를 분해하는 데 반하여, 삼위일체는 개별 자아의 존엄을 넌지시 말한다. 삼위일체 안의 각 위격이 저마다 다르고 구원의 드라마에서 각각 독특한 역할을 하는 것처럼, 개별 인간도 저마다 독특한 정체성과 목적을 갖는다는 것이다.

그리고 모더니즘과 그 급진적 개인주의에 대해 삼위일체가 던지는 함축 의미는, 인간은 서로 단절되어 있는 자율적 존재가 아니라 관계를 맺고 살도록 창조되었다는 것이다. 사회성이 인간 본성의 바로 그 본질 안에 내장되어 있다. 죄의 결과를 별도로 하면, 우리를 개별적 존재로 발전시키는 것과 결혼·가족·일·교회·민족 등과 같은 관계 안에서 우리를 발전시키는 것은 본래부터 조화를 이루게 되어 있다. 자기 자신에게 충실한 것과 하나님께서 정해 주신바 우리를 서로 연결시키는 관계에 참여하는 것 사이에는 원래 아무런 충돌이 없다.

기독교는 포스트모더니스트가 육체에서 분리된 지각이라는 계몽주의의 개념을 비판하는 내용에 동의한다. 성경은 하나님께서 인간을 창조하시되 육체를 지닌 존재로, 생물학적으로 가족과 연결되어 역사의 특정한 시기에 특정한 국가에서 살아가는 존재로 창조하셨다고 가르친다. 우리는 물리적이고 물질적인 세상에 뿌리내리고 산다. 이는 우리가 초월해야 할 부정적인 한계가 아니다. 오히려 창세기는 물질적 창조 세계가 선하다고 반복해서 말한다. "하나님이 보시기에 좋았더라"(창 1:4, 10, 12, 18, 21, 25, 31).

더 나아가 사도행전에서 바울은 우리가 물리석·사회적·역사적으로 지금 이 위치에 있는 것은, 우리를 하나님께로 이끄는 수단으로 하나님께서 의도적으로 그렇게 정하신 것이라고 가르친다. 민족(헬라어로 '에트노스'*ethnos*, 민족 집단ethnic group이란 단어는 여기서 나왔다)에 대해 말하면서 바울은 하나님께서 "사람들에게 시대를 정해 주시고 어디에서 살아야 할지 정확한 장소를 정해 주신 것은…… 사람들이 하나님을 찾아 구하며 어쩌면 하나님께 손을 뻗쳐 그분을 찾도록 하기 위해서"(행 17:26-27, NIV)라고 말한다.[48] 우리의 생물학적·사회적 정체성은 원래 하나의 복編으로, 우리에게 하나님을 추구하려는 마음을 불어넣기 위한 것이다.

그와 동시에 기독교는 포스트모더니즘처럼 개별 인간을 그들이 속한 집단으로 환원시키기를 거부한다. 그리스도인들은 모든 자연적 집단을 초월하는 구속된 공동체로 거듭난다. 가장 기본적인 생물학적 공동체인 가족조차도 우리의 주된 정체성을 결정짓지 못한다. 그리스도인이 된 사람은 다 "하나님의 자녀이니, 타고난 혈통이나 인간의 결정이나 [자녀를 갖자는] 남편의 뜻에 따라 난 자녀가 아니라 하나님에게서 난 자녀다"(요 1:12-13, NIV). 하나님의 자녀라는 것이 우리의 주된 정체성이므로 우리가 타고난 집단의 죄와 상함을 초월할 수 있다는 약속이 바로 우리를 자유롭게 하는 성경의 메시지다.

이와 같이 삼위일체를 믿는 입장은 현실에서 놀라운 조화와 균형의 효과를 낳는다. 교회에서 출생·집안·성·민족·국적 등과 같은 물리적 기원에 기반을 둔 다양성은 하나님께서 주신 선물로 여겨져 감사함으로 찬미된다. 그와 동시에, 이러한 물리적 기원이 궁극적으로 우리를 규정하지는 않는다. "거기에는 헬라인이나 유대인이나 할례파나 무할례파나 야만인이나 스구디아인이나 종이나 자유인이 차별이 있을 수 없나니 오직 그리스도는 만유시요 만유 안에 계시니라"(골 3:11).

주목할 만한 사실은, 무신론자인 한 마르크스주의 철학자가 사람을 자유롭게 하는 복음의 유산에 대해 감동적인 글을 썼다는 점이다. 슬라보예 지젝Slavoj Zizek은 기독교가 인간은 "과거의 사슬에 묶여 있지 않다"고, 인간은 "태어날 때부터 속한 특정 질서와 자기를 동일시할 것을 강요하는 관성에서 풀려날 수 있다고 가르친다"고 말한다.[49] 기독교는 일치와 다양성, 특히 특정성과 보편성의 독특한 조화를 제시한다.

교회 자체가 본디 하나의 강력한 변증으로서, 성경의 균형 잡힌 견해를 가시적이고 생생하게 드러내 보여준다.[50] 모든 지교회는 "그리스도의 편지니 이는 먹으로 쓴 것이 아니요 오직 살아 계신 하나님의 영으로 쓴 것"이다(고후 3:3). 외부인들이 이 '편지'를 읽으면, 인간이 속한 집단이나 공동체에 대한 삼위일체적 견해가 비록 완벽하게는 아닐지라도 믿을 만한 방식으로 구현되는 모습을 볼 수 있을 것이다. 예수께서도 사람들은 교회에서 삼위일체적인 사랑을 목격함으로써 기독교가 참인지 아닌지를 판단할 것이라고 말씀하셨다. 예수께서는 성부와 성자가 하나인 것처럼 모든 그리스도인도 "온전함을 이루어 하나가 되게" 하여 "아버지께서 나를 보내신…… 것을 세상으로 알게"(요 17:23) 해주시기를 기도했다.

프랜시스 쉐퍼는 그리스도인들 사이에 사랑이 가시적으로 발현되는 것을 가리켜 '최종 변증'이요, 지쳐 있는 세상 사람들의 관심을 끌 가능성이 가장 높은 유일한 광경이라고 말했다.[51] 우리가 하는 말에 담긴 메시지는 우리가 사는 삶의 메시지로 확증될 때에만 열매를 맺을 것이다.

환원주의 탈출

환원주의를 이해하면 "하나님 아는 것을 대적하여 높아진 것을 다 무너뜨"릴(고후 10:5) 수 있는 강력한 수단을 구비하게 된다. '**원리 3**'에서 환원주의를 규명하는 것은 우상 기반 세계관이 현실과 상충한다는 것을 보여줄 수 있는 열쇠라고 했다. '**원리 4**'에서 보면, 환원주의를 규명하는 것은 그 세계관이 어떻게 자멸하는지를 입증하는 실마리다.

우상을 전복시킬 때는 그 우상보다 나은 무언가로 빈자리를 채우는 일이 불가피하다. 그 세계관의 핵심 결함이 환원주의일 경우, 기독교는 환원주의가 아님을 입증하는 것이 기독교를 적극적으로 논증하는 길이다. 기독교는 창조 세계의 어느 한 부분을 신격화하지 않으므로, 그 부분을 제외한 모든 것을 단일한 일련의 범주 안에 구겨 넣지 않아도 된다. 그 결과 기독교는 아주 풍요로운 존재론ontology을 갖게 된다. 기독교가 창조 세계를 높이 존중하는 태도는 다른 어떤 경쟁적 세계관과 비교해 보아도 유독 두드러진다. 다음과 같은 비교를 통해서 기독교가 얼마나 긍정적인지를 생각해 보라.

유물론: 유물론에 대항하기 위해서는, 성경적 세계관이 다른 세계관에 비해 물질세계를 훨씬 더 존중하는 입장임을 보여주면 된다. 물리적 우주는 그저 우연의 산물이 아니다. 지구는 고상한 목적이나 의미 없이 빈 공간을 두루 회전하며 다니는 돌덩어리가 아니다. 물리적 우주는 사랑과 아름다움의 하나님께서 존재하게 하셨다. 우주는 계획과 의도의 산물이다.

대단히 흥미로운 점은, 초대 교회도 비록 이유는 다르지만 물질세계를 귀하게 여기는 입장을 옹호해야 했다는 사실이다. 고대 헬라

문화에는 영지주의나 신플라톤주의 같은 철학이 스며들어 있었는데, 이 철학들은 물질 영역을 죽음·부패·멸망의 영역으로 여겼다. 영지주의는 세상이 너무 악해서 지고지상至高至上의 신이 창조했을 리가 없고 악한 하위 신의 작품임에 틀림없다고 가르쳤다. 지상의 하나님께서 물질이나 만지작거리면서 자기 품격을 떨어뜨리지는 않았을 것이라고 말이다. 영지주의는 육체를 '영혼의 감옥'으로 여기며 모욕했다. 영지주의가 말하는 구원의 목표는 물리 영역에서 도피하여 그 세계를 뒤로 하고 떠나는 것이었다.

이와 같은 맥락에서 볼 때 기독교는 혁명과 다름없었다. 기독교는 하나님은 오직 한 분뿐이고, 그 하나님이 물질을 창조하셨다고 가르친다. 그러므로 물질은 본래 선하다. 기독교 최대의 스캔들은 성육신, 곧 하나님께서 친히 육신을 입으셨다고 하는 주장이었다. 그 하나님은 (영지주의에서 가르치는 것처럼) 그저 인간으로 '보이는' 아바타가 아니었다. 하나님은 실제로 인간이 되셨다. 성육신은 물질세계에 놀라울 정도로 높은 존엄을 부여하는 사건이다.

이보다 더 혁명적인 것은, 예수께서 물리적인 세계를 '탈출'하신 뒤, 즉 죽으신 뒤 다시 돌아오셨다는 사실이다. 몸의 부활을 통해서 말이다. 헬라인들이 보기에 이는 영적 진보가 아니었다. 이는 오히려 퇴보였다. 물질세계, 곧 악과 부패의 영역으로 다시 돌아오고 싶어 하는 이가 어디 있단 말인가? 헬라인들에게 부활은 처음부터 끝까지 철저히 어리석은 개념이었다(고전 1:23).

마지막으로, 성경에 따르면 종말에 어떤 일이 일어나는가? 하나님께서는 종말에 물리적인 우주 개념을 해체한 뒤 마치 애초에 실수하셨다는 듯이 순전히 천상적인 존재 차원으로 이를 대체하지 않으실 것이다. 그보다 하나님께서는 "새 땅"(계 21:1)으로 이 물리적 우주를 대체하실 것이다. 그리고 우리는 새로운 물리적 몸을 입고 그 새 땅에서 살게 될 것이다. 사도신경에서 그리스도인들은 "몸이 다시 사는 것"을 확언한다. 이는 물리 세계를 놀라울 만큼 높이 평가하는 태도다. 기독교는 그 어떤 형태의 유물론과도 비교할 수 없을 만큼 물질 영역에 큰 가치를 부여한다.[52]

경험론: 경험론을 반격할 때 그리스도인들은 성경의 세계관이 인간의 감각을 신뢰할 수 있는 더 나은 토대를 제공한다는 것을 보여 주면 된다. 앞에서 살펴본 것처럼, 우리가 감각을 통해 인식하는 것이 참임을 전혀 보증하지 못한다는 사실이 경험론의 결함이다. 사람이 두뇌 밖으로 나와 서서 외부 세계와 맞서 감각 데이터를 시험해 보기에 유리한 독립적 입장을 얻을 수는 없다. 우리가 감각 인식을 신뢰할 수 있는 유일한 근거는, 창조주께서 인간의 감각기관을 만드실 때 당신께서 창조하신 세상에서 신뢰할 만하게 작동할 수 있도록 만드셨다는 것뿐이다.

창조 교리는 인간의 갖가지 기능이 본래 외부 세계의 구조에 적절히 순응하게 되어 있다는 인식론적 보증이다. 플랜팅가는 우리의 감각 인식을 신뢰하는 것이 '인간 설계 계획'의 한 부분이라고 말한다. 우리의 감각 인식 기능이 정상적으로 잘 작동하면서 하나님께서 처하게 하신 환경에서 제 역할을 다하고 있다면, 우리는 우리가 인식하는 색채와 모양이 실제 세계의 실제 대상임을 자연히 믿게 된다.[53]

경험적 지식에 높은 가치를 두는 것은 근대 과학 발흥의 중요한 전제 조건이었다. 그리스도인은 고대 헬라인에게까지 거슬러 올라가는 오랜 전통에 맞서야 했는데, 이들은 경험 세계를 늘 이동하는 그림자의 영역으로 여기며 모욕했다. 예를 들어 플라톤은 감각 영역을 현실이 아니라 '현상'appearance의 영역으로 보았기에 그에게는 감각 영역의 진짜 지식을 얻는 것이 불가능했다. 이렇게 경험 세계를 경시하는 태도가 바로 고대 헬라인들이 근대 과학을 발전시키지 못한 한 가지 이유라고 많은 역사학자들이 입을 모아 말한다. 그리고 이는 경험적 과학 방법론의 터를 닦는 데 기독교가 꼭 필요했던 이유이기도 하다.[54]

합리론: 합리론에 응수할 때는 기독교가 인간의 합리성을 하나님의 형상의 일부로 존중한다는 사실을 보여주면 된다. 기독교가 융성하던 중세 시대가 안셀무스Anselmus나 토마스 아퀴나스Thomas Aquinas 같은 위대한 합리적 체계 설립자의 시대와 겹친다는 사실은 역사상의 우연이 아니다. 이들이 인간 이성에 대해 유례없는 신뢰를 가졌던 것은, 이성을 하나님의 선물로 보았기 때문이다. 이들은 세상이 합리적인 하나님의 창조물이라 확신했고, 그러므로 세상에는 이성으로 충분히 이해 가능한 구조가 있다고 믿었다. 우리가 살

펴보았다시피, 오늘날에도 기독교는 현대 세계관을 파편화시키는 1층/2층 구분에 맞서 통일되고 논리적으로 앞뒤가 맞는 진리의 상징이 되고 있다.

또한 기독교는 인간의 합리성이 비합리적 힘에 몰려 궁지에 빠졌다고 주장하는 '의심의 대가들'과도 맞서 싸우고 있다. 성경의 하나님은 우리를 부르사 "서로 변론하자"(사 1:18)고 하신다. 성화는 "마음mind을 새롭게 함"(롬 12:2)을 통해 오며, 성화의 목표는 "뜻mind을 다하여"(마 22:37) 하나님 사랑하기를 배우는 것이다. '논리'logic라는 말은 '로고스'Logos에서 왔으며, 이는 요한복음 1:1에서 예수를 설명하는 데 쓰인 단어다. 이 사실은 논리가 하나님 고유의 생각과 성품, 그 본질을 반영한다는 것을 암시한다.

포스트모더니즘: 포스트모더니즘에 대항하기 위해 기독교는 저들이 말하는 인간 지식의 우연성에 관해 훨씬 더 철저한 통찰을 제시한다. 포스트모더니즘은 지식에 대한 주장을 인종·계급·성별·민족·성 정체성에 기반을 둔 이해관계와 권력의 표현으로 환원시킨다. 그러나 우상에 관한 성경의 가르침은 훨씬 더 깊은 곳을 예리하게 파고 들어가, 인간의 행동 동기 핵심에는 최종적으로 영적 헌신이 자리 잡고 있다는 것을 알려 준다. 성경은 우리가 무엇인가를 선택하는 행위에서 가장 중요한 요소는 신神 개념에 대한 헌신이라고 가르친다. 우리 삶의 모양은 우리가 예배하는 신이 만든다. 그 신이 성경에서 말하는 하나님이든 혹은 다른 어떤 대체 신이든 말이다.

어느 영역에서나 기독교는 다른 세계관에서 찾아볼 수 있는 유효한 통찰은 모두 포괄하고 그것들의 약점은 피해 간다. 기독교는 우상 중심 철학들의 탁월한 통찰을 다 통합하되 제한적이고 생명을 부인하는 환원주의에 빠지지는 않는다. 이는 정말 반가운 소식이 아닐 수 없다.

실제로 기독교는 너무 매력적이어서 무신론자들이 자꾸 손을 뻗쳐 그 개념들을 빌려 갈 정도다. 다음 장에서는 무엇이 기독교의 진리를 그렇게 호소력 있게 만드는지, 왜 무신론자들까지 스스로 기독교의 일부 개념을 자꾸 자기 것으로 삼으려 하는지 그 이유를 알아보겠다.

원리 5. 우상을 대체하라

기식하는 무신론자

몇 년 전, 한 도시의 대형 교회를 방문한 적이 있는데, 그 교회에는 시내 전역에서 많은 대학생들이 모이고 있었다. 대학생과 전문직장인 그룹을 이끌고 있는 리더는 화학 전공 학생으로 박사 학위 과정을 밟고 있는 중이라고 했다.

"훌륭하군요!" 내가 말했다. "화학이 기독교 이해와 연관된다고 생각해 본 적이 있어요? 예를 들어 화학적 진화론이나 생명의 기원 이론 같은 것을 공부했나요?"

"아, 아닙니다. 제가 합성화학 쪽을 택한 이유가 바로 그래서입니다. 그쪽에서는 그런 이슈들을 다룰 필요가 없으니까요."

그날 저녁, 다른 학생들과 교제를 나누던 중 이번에는 생물학을 전공한다는 어린 여학생을 만났다. "멋지네요!" 내가 말했다. "전공과 관련해서 쟁점이 되고 있는 문제들, 그러니까 진화나 지적 설계 같은 주제를 다루는 책을 읽어 본 적 있어요?"

놀랍게도 여학생의 반응은 낮에 만났던 젊은 화학자의 답변과 큰 차이가 없었다. "아니요, 제가 의예과 쪽을 택한 게 바로 그래서예요. 그런 이슈들을 다루지 않아도 되니까요."

이 영민하고 교양 있는 청년들은 자기 은사를 활용해, 교회가 공공 대화의 장에 들어가 전문 정보로 목소리를 내는 법을 교육시킬 수 있는 사람들이다. 하지만 이들은 그러한 책임을 맡기를 거부하고 있었다.

공적 영역에 잘 들어맞는 성경적 세계관을 세워 나가는 문제와 관련해 어찌할 바를 모르고 당혹스러워하는 그리스도인이 많은 것 같다. 대개 이들은 성경의 신학을 그저 재진술하기만 한다. 예를 들어 조지 바나 George Barna는 성경적 세계관을 지닌 그리스도인이 어느 정도나 되는지 알아보는 설문 조사를 시행한다. 그런데 바나가 정의하는 성경적 세계관은 신학적 명제로만 구성되어 있다. 성경이 "전적으로 정확하다"든가, 예수는 "무죄한 삶을 사셨다"든가, 사탄은 "실제로 존재한다"든가, "사람은 선하게 살려고 애쓰는 것으로는 천국에 가는 길을 획득할 수 없다"든가 등등.[1] 그러나 세계관이 곧 신학은 아니다. 세계관이란 철학·과학·교육·오락·정치 같은 분야에 신학적 진리를 적용하는 일이다.

우상을 대체하라: 기독교를 설득력 있게 진술하라

성경적인 답변을 정교하게 만들어 내는 한 가지 방법은, 질문을 좀 더 면밀하게 경청하는 것이다. 사람들이 자기 세계관의 결함과 약점을 구체적으로 인지하는 지점에서 기독교의 메시지를 또박또박 명료하게 전한다면 메시지의 적절성이 극대화될 것이다. 예를 들어 '**원리 3**'에서 우리가 만난 사상가들은 자신들의 환원주의적 세계관이 자기가 보기에도 현실과 '상반되고 대립되는' 결론으로 이어진다는 것을 인정한다. 그들 자신도 그런 결론을 가지고서는 현실을 '살아갈 수 없다.' '**원리 4**'에서 우리가 만난 사람들은 은연중에 인간 이성에 대한 성경의 입장을 따른다. 결국 환원주의자들도 자기 자신의 세계관 상자에 갇혀서는 살 수 없고, 그래서 기독교 세계관에서 몰래 사다리를 갖고 들어와 상자 밖으로 빠져나가려 한다고 할 수 있다. 이들은 자기들의 우상이 제시하는 세계관보다 좀 더 온전하고 인도적인 세계관을 갈구한다.

놀랍게 생각되겠지만, 기독교 세계관이 얼마나 호소력 있는가 하면, 이 세계관을 거부하는 사람들조차도 의식적으로든 무의식적으로든 이 세계관에서 이런저런 개념을 종종 빌려 갈 정도다.

모든 분야에서 기독교의 주장을 정교하고 설득력 있게 입증하기 위해서는 또 한 권의 책을 펴내야 할 것이다. 하지만 일단 사람들이 기독교에서 어떤 요소들을 몰래 빼내 가는지 규명하는 것부터 시작하면 된다. 그 요소들을 보면 그들 자신의 세계관이 어느 지점에서 무너지는지, 동시에 그들이 기독교와 관련해 어떤 점을 가장 호소력 있게 여기는지 알 수 있다. 그리고 이렇게 해서 성경적인 세계관이 우리 시대의 질문들에 주파수를 맞출 수 있도록 틀을 짜는 전략적 출발점이 마련된다.

상대주의자가 인종차별주의에 반대할 수 있는가?

몇 가지 광범위한 예들로 이야기를 시작해 보자. 오늘날 많은 이들이 도덕적 상대주의자를 자처하면서 세상에 보편적이며 시대를 초월한 도덕법 같은 것은 없다고 주장한다. 하지만 이런 사람들도 인종차별이나 학대 행위에 대해서는 고개를 돌리며 잘못된 것이라고 말한다. 단순히 불쾌하다거나 개인적으로 화가 나는 행위가 아니라 정말로 잘못된 행동이라고 말이다. 또한 제아무리 도덕적 상대주의자라 할지라도 어떤 식으로든 사기를 당하거나 자기 권리를 부당하게 침해당하면 아마 격렬하게 항의할 것이다. 사실 인간은 도덕적 평가를 하지 않고서는 단 몇 시간도 제대로 기능할 수 없다. "저 남자가 저런 말을 하면 안 되지"라든가 "저 여자는 참 비열하군"이라고 매 순간 평가를 내리며 사는 것이다.

아이러니하게도 대다수의 상대주의자들은 자신들이 도덕적으로 다른 이들보다 우월하다고 자랑스러워하기까지 한다. 자신들은 너그럽고 개인적인 기준으로 무언가를 함부로 판단하지 않는다고 말이다. 참을 수 없을 만큼 편협하고 마음이 닫혀 있어 가장 가혹한 정죄를 받아 마땅한 다른 이들과는 다르다고 한다. 그런데 사람이라면 누구나 모래밭 한가운데 어디쯤 경계선을 긋고 이 정도면 나는 도덕적으로 우월하다고 생각한다. 예수의 비유에 등장하는 바리새인이 자기가 다른 사람과 같지 않은 것에 대해 하나님께 감사한 것처럼 말이다(눅 18:11).

도덕적 상대주의는 관용과 겸손에 관한 것이라고 말할지 모르지만, 실제에서 도덕적 상대주의는 상대를 아주 비판적으로 정죄하는 태도를 조장하는 경우가 흔하다.

요점을 말하자면, 도덕적 상대주의의 용어를 흡수하는 사람은 많지만 그들의 말은 실제 모습과 다르다. 그들은 온전히 자기 기능을 다하는 인간을 말하지만, 이는 그들의 실제 모습과는 거리가 멀다. 기독교 세계관만이 그들의 실제 모습에 부합된다. 인간은 하나님의 형상으로 창조되었기 때문에 본원적 도덕감각으로 행동 양식이 고정화되어 있다. 로마서 2장을 보면, 글자로 기록된 하나님의 율법을 갖지 못한 이들에게는 "마음에 새긴"(롬 2:15) 도덕법이 있다고 한다. 도덕적 상대주의자들도 도덕적 주장을 하지 않을 수 없다. 그런데 이 주장은 그들 자신의 상대주의적 세계관에서는 근거를 찾을 수 없는 주장이요, 그들이 배격하는 성경적 세계관의 토대에서만 뜻이 통하는 주장이다.

도덕적 상대주의자들은 기독교가 참인 '것처럼' 기능한다고 말해도 될 것이다. 도덕적 진리를 알고 인정하는 것이 일반계시의 한 측면이다. 사람들이 그 지식을 얼마나 격렬하게 은폐하든지 이 지식은 자꾸 표면으로 솟아오른다.

또 한 예로, 지식 면에서 회의주의자를 자처하는 이들도 있다. 이들은 한편으로는 사람이 그 무엇도 확실히 알 수 없다고 주장하면서 또 한편으로 자기들 마음에 드는 이론에 대해서는 과학이 이를 입증한다고 주장한다. 실생활에서는 이들도 아마 은행 거래 내역서를 살펴보면서 입출금 숫자가 맞는지 확인할 것이다. 간단히 말해 도덕적 상대주의자들도 진짜 지식에 근접할 수 있는 것처럼 행동하며 산다.

어떤 사람이 아무리 회의주의적이라 해도 몇 가지 일만큼은 사실상 의심이 불가능하다. 적어도 현실에서는 말이다. 물질세계가 실재한다는 것은 사실상 누구도 의심하지 않는다(그래서 누구나 길을 건너기 전에는 좌우를 살피지 않는가). 기쁨이나 고통 같은 내면의 경험은 누구도 의심하지 않는다(머리가 아프다고 말하는 사람에게 "그것을 어떻게 아느냐?"고 묻지는 않는다). 원인과 결과의 현실 또한 누구도 의심하지 않는다(불은 뜨거울 것이고 얼음은 차가우리라는 것은 누구나 믿는다). 그 누구도 자기 개인의 실존은 의심하지 않는다(그래서 '나'라는 말을 쓰지 않는가). 누구든 이런 기본적인 사실을 부인한다면 우리는 그 사람을 가리켜 정신 나간 사람이라고 한다. 혹은 철학자라고 할 수도 있다.

철학자들도 잠정적으로만 그와 같은 기본적인 사실들을 부정한다. 앞에서 보았다시피, 데이비드 흄은 극단적 경험론의 전형으로 여겨지는 인물로, 이 극단적 경험론이 그를 극단적 회의주의로 이끌었다. 그렇지만 흄도 연구실을 나서는 순간부터는(흄 자신의 표현대로라면, 친구들과 어울려 주사위 게임을 벌이는 순간부터는) 회의주의를 유지할 수 없다는 것을 깨달았다. "일상생활에 몰두하다

보면 회의주의적 의심은 연기처럼 사라지고, 가장 단호한 회의주의자도 다른 평범한 사람들과 똑같은 조건에 남겨진다"고 흄은 말했다.[2]

현실 삶 속의 개인 참호에는 회의주의자가 없다고 말할 수 있다. 회의주의자도 평범한 세계에서 한 인간으로 살아가야 할 때는 회의주의가 '연기처럼 사라진다.' 이들은 그들 자신의 세계관이 가능하지 않다고 말하는 방식으로 순전한 진리에 접근할 수 있는 것처럼 행동하지 않을 수 없다.

간단히 말해, 회의주의자들은 기독교 인식론이 참인 것처럼 행동해야 한다. 기독교는 인간이 하나님의 형상으로 만들어졌다고 가르친다. 우리의 생각과 감각은 하나님께서 만드신 세상에서 정상적으로 기능하도록 만들어졌다. 극단적 회의주의를 견지하는 사람도 단순한 삶의 정황 속에서는 인간의 인식에 대한 성경의 입장이 참인 것처럼 행동하지 않을 수 없다.

사람들은 왜 자기 세계관이 뒷받침해 주지 않는 개념들을 주장하는 것일까? 성경은 모든 인간이 하나님의 형상으로 만들어졌고, 하나님께서 만드신 세상에 살며, 하나님의 일반은총을 경험한다고 말한다. 그 결과, 실제에서 이들은 일반계시의 생생한 진실을 경험한다. 설령 이들이 그 지식을 선별적으로 은폐하기는 해도 말이다. 심리학자들이 말한 대로, 억압된 지식은 결국 스스로 길을 찾아 표면으로 드러난다. 토머스 존슨은 말하기를, 그럴 때 "사람들은 자기가 인정한다고 주장했던 신념에 따라 행동하는 것이 아니라 자기가 억압했던 지식, 하나님의 일반계시에서 받아들인 그 지식에 따라 행동하고 말한다"고 한다.[3]

사람은 누구나 기독교가 참인 '것처럼' 행동하며 살 수밖에 없다는 이 사실이 일반 세상을 향해 말을 걸 수 있는 창조적 기회의 문을 열어 준다. 어찌 됐든 인간은 그렇게 처신할 수밖에 없는데, 기독교는 그러한 행동 방식에 근거를 제공한다. 어떤 세계관을 지녔든 우리는 다 그렇게 기능할 수밖에 없는데, 그 행동 방식에 근거를 제공하는 세계관은 오직 성경적 세계관뿐이라는 사실을 보여주는 것이 바로 성경적 세계관을 설득력 있게 제시하고자 할 때의 전략적 출발점이다.

리처드 로티의 고백

기독교를 설득력 있게 논증해 나갈 때 한 가지 난제는, 우리가 공유하는 문화의 기저에 기독교의 원리가 상당히 많이 깔려 있어서 이제는 그것을 특별히 성경적인 것으로 인지하지 못한다는 점이다. 예를 들어, 서양인들은 평등이나 보편적 인권 같은 고상한 이념을 갖고 있다고 자주 자랑한다. 그런데 아이러니하게도, 우리가 앞 장에서 살펴보았다시피 우리 시대의 지배적 세계관들은 인간의 자유, 그 실제성을 부인하며 인권 같은 도덕적 이상에 아무런 근거를 제시하지 못한다.

그렇다면 평등권 개념은 도대체 어디에서 왔는가?

19세기 정치사상가 알렉시스 드 토크빌Alexis de Tocqueville은 이 개념이 기독교에서 왔다고 인정했다. 그는 "로마와 그리스에서 가장 깊이 있는 천재들도 평등권 개념을 생각해 내지 못했다"고 말했다. "예수 그리스도가 이 땅으로 와야 했던 이유는, 모든 인간 종족이 천부적으로 다 똑같고 평등하다는 것을 이해시키기 위해서였다."[4]

19세기의 무신론자 프리드리히 니체도 이에 동의했다. "기독교의 개념 또 한 가지가…… 모더니티 조직 깊숙이 들어와 그 일부가 되었다. 그것은 바로 '하나님 앞에 모든 영혼이 다 평등하다'는 개념이다. 이 개념이 모든 평등권 이론의 원형이 된다."[5]

현대의 무신론자 뤽 페리Luc Ferry도 똑같은 말을 한다. 우리는 평등 개념을 당연시하는 경향이 있다. 하지만 고대 사회의 부자와 가난한 자, 주인과 종 사이에 있었던 위계질서를 전복시킨 것이 바로 기독교였다. "기독교의 주장에 따르면, 우리는 다 '형제'로서 하나님의 피조물이라는 동일한 위치에 있다"고 페리는 말한다. "기독교는 최초의 보편주의 윤리다."[6]

일부 용기 있는 무신론자들은 기독교에서 인권 개념을 차용해야 한다고 솔직하게 인정한다. 리처드 로티는 독실한 다원주의자다. 다원주의가 말하는 존재 다툼에서 강자는 이겨서 번성하고 약자는 도태된다. 따라서 진화론은 보편적 인권 개념의 출처일 수가 없다. 오히려 로티는 이 개념이 "인간이 하나님의 형상으로 만들어졌다는 종교적 주장에서 나왔다"고 말한다.[7] 로티는 자신이 기독교에 손을 내밀어 이 보편 인권 개념을 빌려 왔다고 흔쾌히 인정한다. 심지어 자기 자신을 일컬어 "(기독교에) 기식 寄食 하는" 무신론자라고도 한다. "나처럼 기식하는 무신론자들은 감사하는 마음으로 우리의 전통 속에 있는 유대 기독교적 요소를 불러낸다."[8]

미국이라는 나라가 탄생할 때, 건국 시조들은 인권이 하나님에게 근거를 두고 있는 것이 자명하다고 여겼다. 독립선언문은 다음과 같이 타오르는 불처럼 선명하고 명백한 말로 시작된다. "우리는 다음과 같은 내용을 자명한 진리로 견지한다. 즉, 모든 사람은 평등하게 창조되었고, 이들은 창조주에게서 몇 가지 양도할 수 없는 권리를 부여받았다."

2013년 여름, 한 맥주 회사가 독립기념일을 맞이해 맥주 광고를 내놓으면서 한 가지 논란에 불을 붙였다. 이 회사는 광고에 등장하는 독립선언문에서 "창조주에게서"라는 중요한 문구를 삭제했다. 광고 문구는 "이들은 몇 가지 양도할 수 없는 권리를 부여받았다"고만 되어 있었다(누구에게 부여받았다는 것인가). 이 광고는 많은 세속주의자들이 하는 행동을 상징한다. 이들은 성경적 세계관에서 평등과 인권 같은 이상을 빌려 오기는 하지만, 그 이상의 출처가 창조주라는 데까지 나가지는 않는다. 이들은 기식자들이다. 그리스도인은 그 고귀한 이상의 소유권을 되찾아와, 논리적으로 오직 성경적인 세계관만이 이 이상을 지지한다는 사실을 논증해야 한다.

무신론자들은 흔히 기독교가 가혹하고 부정적이라고 비난한다. 하지만 현실에서 기독교는 그 어떤 경쟁 종교나 세계관보다 훨씬 더 긍정적인 인간관을 제시한다. 기독교가 얼마나 호소력이 있는지, 다른 세계관 신봉자들이 기독교에서 자기가 가장 좋아하는 부분을 자꾸 거저 얻어 갈 정도다.

과학이 존재할 수 있는 이유

서양 문화 중 우리에게 너무도 널리 받아들여져 있어서 이제는 특별히 기독교적이라고 여겨지지 않는 또 한 가지 요소가 있는데, 그것은 바로 과학 작업 그 자체다. 종교와 과학은 서로 전쟁 중이라는 것이 우리의 일반적 통념이다. 하지만 역사학자들은 이 통념을 근본부터 뒤엎었다.

　예를 들어 자연의 '법칙'을 생각해 보자. 오늘날 이 개념은 상식으로 받아들여질 만큼 친숙하다. 하지만 역사학자들은 동서고금의 다른 어떤 문화도 자연법칙 개념을 생각해 내지 못했다고 말한다. 이 개념은 중세 유럽에서만 등장했는데, 그 시기는 서양 문화에 기독교적 전제가 철저히 스며들어 있던 때였다. 많은 이들에게 존경받는 역사가 A. R. 홀[Hall]은 자연적 사건의 정황에서 '법'이라는 단어를 쓰는 것이 "고대 사람들에게는 이해하기 어려운 일이었을 테지만, 히브리인과 그리스도인은 한때 창조주이자 율법 수여자였던 신을 믿는 사람들이므로 이 표현이 타당했을 것"이라고 지적한다.[9]

　물론 자연 속에서 볼 수 있는 인과관계 패턴은 어느 사회나 인정한다. 그렇기 때문에 사람은 건물도 지을 수 있고 다리도 놓을 수 있다. 다른 점이라면, 대다수의 문화는 이 패턴을 단지 경험에 의거한 법칙으로 여겼다는 점이다. 자연에 내재된 질서 자체는 인간 지성으로는 헤아릴 수 없는 수수께끼로 여겨졌다. 이처럼 자연 현상 이면에 합리적 법칙이 있다고 생각하지 않으면 사람들은 그 법칙을 찾아 나서지 않을 것이다. 그리고 과학은 시작되지 않을 것이다.

철학자 메리 미즐리Mary Midgley는 심지어 기독교를 과학 '고유의 세계관'으로 표현하기까지 한다. 미즐리는 이렇게 말한다. "과학에는 세상의 사연에 관해 우리의 방향을 인도하는 전제가 담긴 고유의 세계관이 없다. 근대 과학 창시자들은 당시에 이 점을 아주 명백하게 밝혔다. (그들은 이렇게 말했다.) 우주의 질서는 하나님에게서 전적으로 흘러나오며, 그래서 과학은 하나님의 영광을 높인다."[10]

폴 데이비스는 훨씬 더 강경하게 이 점을 역설한다. "초기의 과학자들, 예를 들어 뉴턴 같은 사람은 이런저런 면에서 다들 신앙인이었다. 이들은 자신의 과학 작업을 우주에 있는 하나님의 작품의 흔적을 밝히는 수단으로 생각했다." 우리가 지금 자연법칙이라고 부르는 것을 이들은 하나님의 마음속 생각으로 여겼다. "그래서 이들은 과학 작업을 하다 보면 하나님의 마음을 언뜻이나마 볼 수 있을지 모른다고 상상했다. 참으로 유쾌하고 넉살 좋은 상상이었다."

어쩌면 넉살 좋다고 할 수도 있겠으나, 이 같은 주장은 우리 시대에 이르기까지 과학 작업을 떠받치는 중심 토대로 남아 있다.

지금도 여전히 과학은 세상에 인간의 지성으로 이해 가능한 질서가 있음을 전제해야 한다. 그런데 유물론 세계관이나 자연주의 세계관은 그 질서를 설명하지 못한다. 우주가 이성 없는 어떤 과정의 산물이라면, 어째서 그 우주에 이성적 질서가 있는가? 우주가 어떤 지성의 산물이 아니라면, 어째서 우주는 인간 지성으로 이해가 가능한가? 오늘날 대다수 과학자들 사이에서 "자연에 내재하는 질서, 곧 물리법칙은 단순히 외면할 수 없는 기정사실로만 받아들여진다." 데이비스는 또 말한다. "그 사실들이 어디에서 오는지 아무도 묻지 않는다. 예의를 아는 이들이 모인 곳에서는 적어도 그렇게 하지 않는다. 하지만 가장 무신론적인 과학자들까지도 믿음의 행위로서 받아들이는 것은…… 물리적 존재에 이성적 토대가 있다는 사실이 자연 속에서 마치 법칙 같은 질서로 드러난다는 것이다."

과학은 '믿음의 행위'를 요구하는가? 그 '믿음'은 무엇에 기초를 두고 있는가? 데이비스는 다음과 같이 놀라운 결론을 내린다. "과학은 과학자가 본질상 신학적 세계관을 채택해야만 계속 진행될 수 있다."[11]

간단히 말해, 무신론자들이 어쨌든 간에 과학이라는 작업을 하려면 성경적 세계관을 채택해야만 한다는 뜻이다.[12] 그리스도인은 성경적 세계관이 일단 과학 작업을 존재 가능하게 한다고, 그리고 오늘날에도 여전히 과학에 철학적 토대를 제공하고 있다고 자신 있게 다시 주장해야 한다.

한 무신론자가 인본주의를 공공연히 비난하다

또 다른 기식 사례를 쭉 훑어 내려가다 보면, 무신론자들이 자기 집단 안에서 말다툼을 벌이는 것을 엿들을 수 있다. 예를 들어 존 그레이는 꾸준히 동료 무신론자와 유물론자들의 기식 습관을 가혹하게 책망한다. 그레이는 논리상 유물론은 환원주의로 귀결된다고 지적한다. 즉, 인간은 동물 이상도 이하도 아니라는 결론이다. 그러나 대다수 유물론자들은 그 모진 결론을 인정하고 싶어 하지 않는다. 이들은 인간에게 좀 더 높은 위상과 존엄을 부여하고 싶어 한다. 이들은 인간에게 '인식·자아·자유의지'가 있다고 믿고 싶어 한다고 그레이는 말한다. 인간을 고귀하게 여기는 이 입장에 그는 '인본주의'humanism라는 이름표를 붙여 놓고 이것이 바로 기식의 가장 탁월한 예라고 매도한다.

"인본주의자들은 [인간의 자유라는 복음을] 지치지도 않고 설교한다"고 그레이는 투덜거린다. 그레이는 "다윈은 우리가 동물임을 입증"했고, 그러므로 "자유의지 개념은 과학에서 온 것이 아니"라고 하며, "자유의지 개념의 기원은 종교인데, 이는 다른 어떤 종교도 아니고 인본주의자들이 그토록 고집스럽게 욕하는 기독교 신앙"이라고 말한다. 그러므로 그의 말에 따르면 인본주의는 기독교 원리의 "세속 버전일 뿐"인 것이다.[13]

우리가 말할 수 있는 것은, 인본주의자는 자신들 고유의 유물론 상자에 갇혀 살고 싶어 하지 않는다는 사실이다. 그래서 이들은 기독교 세계관에서 몰래 사다리를 갖고 와 그 사다리를 타고 상자 밖으로 나간다.

다윈은 "틀린 게 거의 확실하다"

이제 그레이의 상대편 이야기도 엿들어 보자. 이들은 그레이가 인본주의자라고 부르는 사람들로서, 환원주의의 비인도적 결론을 받아들이고 싶어 하지 않는 이들이다. 토머스 네이글이 펴낸 『마음과 우주』*Mind and Cosmos*라는 책에는 "왜 유물론적 신新다윈주의의 자연 개념은 틀린 것이 거의 확실한가"라는 도발적인 부제가 붙어 있다. 네이글은 다윈주의 이론이 '틀린 것이 거의 확실한' 것은 이 이론이 환원주의로 귀결되기 때문이라고 주장한다. 그리고 환원주의 이론은 우리가 세상에 관해 알고 있는 내용들을 설명해 주지 못한다고 말한다.

간이 계산기를 생각해 보자. '5 더하기 3'을 치면 '8'이라는 숫자가 화면에 나타난다. 숫자 '8'의 화소pixels 패턴은 순전히 물리적 용어로 설명 가능하다. 전자 파동이 마이크로칩 게이트를 두루 돌아다니면서 '8'이라는 숫자를 만들어 냈다든지 하는 식으로 말이다. 그러나 네이글은 우선 계산기가 어떻게 '8'을 만들어 내도록 프로그래밍 되었는지에 대한 환원주의적 설명이 없다고 주장한다. 그것을 설명하려면 '설계자의 의도'가 요구된다.

네이글은 무신론자다. 따라서 그가 말하는 설계자는 신을 암시하지 않는다. 네이글의 주장은, 다윈주의 이론이 인간 설계자의 의도조차 설명하지 못한다는 뜻이다. "지각이 있고 사고할 줄 아는 피조물이 어떻게 존재할 수 있는지 설명하기 위해서는 무언가가 더 필요하다."[14] 인간은 단순히 정도 면에서만이 아니라 종류 면에서도 다름을 드러낸다.

도덕적 지식과 과학 지식을 설명하는 데도 무엇인가가 더 필요하다. 네이글은 인간 지성에 대한 진화론적 개념은 '인간의 도덕적 믿음이라는 객관 진리에 대한 우리의 확신'뿐만 아니라 '수학적 혹은 과학적 추론이라는 객관적 진실'에 대한 확신까지 꺾어 버린다고 주장한다(진화론적 인식론이 왜 인간의 지식을 무력화시키는지 그 이유를 떠올리려면 '원리 4'를 다시 펼쳐 보라). 그런데 네이글은 우리가 이런 영역에서 우리의 지식을 그냥 포기하지는 못한다고 말한다. 왜 포기하지 못하는가? 그 지식은 "궁극적으로 상식에, 그리고 도무지 부인할 수 없는 것들에 바탕을 두고 있기" 때문이다.[15]

이 진술에 일반계시를 말하는 것임을 금방 알 수 있는 문구들이 있다는 것을 눈치챘는가? 신다윈주의는 '상식에 바탕을 둔 것' 그리고 '도무지 부인할 수 없는 것'과 충돌한다.

네이글은 인지 부조화의 덫에 걸려 있다. 네이글은 환원주의를 받아들이고 싶어 하지 않으며, 환원주의는 "이념적 이론이 상식에 이긴 것"이라고 비판한다. 그는 지적 설계론자들을 포함해 다윈주의 비판자들을 찬양하는데, 이 행동 때문에 그는 가혹하게 공격당해 왔다.[16]

심지어 네이글은 유신론적 세계관이 자신의 고민을 해결해 주리라고까지 말한다. 다원주의가 설명하지 못하는 것, 이를테면 인간 지성이나 도덕성 같은 바로 그것들을 하나님의 현존은 설명해 주리라고 말이다. 그럼에도 불구하고 네이글은 유신론의 답변을 거부한다. 왜인가? 그 이유는 지적인 이유라기보다는 정서적인 이유다. "나는 무신론이 참이기를 원한다. …… 나는 하나님이 존재하기를 원하지 않는다. 나는 우주가 그렇게 존재하는 것을 원하지 않는다." 그는 자신의 이런 마음 기저에 '종교 자체에 대한 두려움'이 깔려 있다고, 그 두려움은 궁극적으로 '우주의 권위 문제'에 뿌리를 두고 있다고 시인한다.[17]

하지만 네이글은 이렇게 하나님을 거부하면서 어떤 대안을 내놓는가? 아무 대안도 없다. "내 목표는 문제를 제기하는 것이지 해법을 내놓는 것이 아니다."[18]

네이글은 심각한 인지 부조화의 양면을 모두 유지하려고 필사적으로 애쓰고 있는 무신론자의 놀라운 사례다. 그는 한편으로는 무신론을 유지한다. 그리고 다른 한편으로는 유신론만이 설명해 줄 수 있는 '상식적이고, 부인할 수 없는' 사실도 포기하지 않으려 한다.

네이글은 기독교 세계관의 '유익'을 그대로 유지하려 애쓰면서도 그 유익이 기독교에 바탕을 두고 있다는 사실은 배격한다. 네이글은 기식하고 있다.

'당당한 무신론자'의 난관

심각한 인지 부조화를 겪고 있는 또 한 사람의 인본주의자는 레이먼드 탤리스$^{Raymond\ Tallis}$다. 의사이자 『원숭이 흉내를 내는 인류』$^{Aping\ Mankind}$라는 책의 저자이기도 한 탤리스는, 스스로 '당당한 무신론자'요 진화론자라고 자랑한다. 그러나 한편으로 탤리스는 "인간에 관해 그보다 더 중요한 무엇인가가 진화론으로 설명되지 않은 채 남아 있다"고 말한다. 실제로 그는 설명되지 않은 상태로 남아 있는 몇 가지 중요한 일들을 다음과 같이 열거한다.

- 맹목적인 물리력이 인간을 만들어 냈는데, 인간이 시각을 가지고 '맹목적인 물리력'을 (인지적으로) 볼 수 있고 규정할 수 있고 논평할 수 있다는 설명에는 문제점이 없는가? 물리력이 어떻게 그 물리력을 초월하는 존재를 창조해 냈는가?

- 자연의 힘이 인간을 창조했는데, 인간이 그 힘을 반전시키고 활용해 "마치 그 힘의 외부에 존재하는 양 자연과 관계를 맺는다"는 설명에 문제점은 없는가? 자연의 힘이 인간을 창조했다고 하는데, 인간이 그 힘을 넘어설 수 있는 이유는 무엇인가?

- 우주가 "아무 생각도 없는 일련의 과정으로 목적도 없이 우리를 존재하게 만들었다"는 설명에 문제점은 없는가? 생각이라는

것을 할 줄 모르는 과정이 어떻게 생각을 가진 존재를 창조했는가? 아무 목적도 없는 과정이 어떻게 목적을 지닌 존재를 창조했는가?

- 설계되지 않은 우연한 과정이 "실로 설계자인 종種을 생산해 낼 수 있었다"는 설명에 문제점은 없는가? 우리 인간은 어떻게 그 과정과 딴판일 수 있었는가? 인간이 자기들을 만들어 냈다고 하는 그 힘과 어떻게 '그렇게 다를' 수 있는가? 물이 어떻게 그 물의 근원을 초월할 수 있는가?[19]

환원주의자라면 인간은 사실 그다지 특별하지 않다고 판결함으로써 이 딜레마를 간단히 해결할 것이다. 종류가 다른 것으로 보이지만 사실은 정도의 차이일 뿐이라고 말이다. 하지만 탤리스는 환원주의를 거부한다. 오히려 그는 일종의 신경생물학적 환원주의가 사실상 모든 분야에서 거점을 확보해 가고 있다고 크게 염려한다.

예술 분야의 경우, 신경생물학은 우리가 예술 작품에 마음이 끌리는 이유가 일정한 시각 패턴이 두뇌의 보상중추 reward center를 자극하기 때문이라고 주장한다. 문학 분야에서 신경문학 비평가들은 셰익스피어를 읽는 사람의 뇌를 스캔해서 인간이 문학을 사랑하는 이유를 설명하려고 한다. 법 이론 분야에서 신경법 neurolaw은 MRI(자기공명 영상 장치)를 활용해 유무죄 여부를 가리려고 한다. 철학에서 신경윤리학은 "우리의 신경생물학에 도덕 기준, 도덕 관행, 도덕 정책이 존재한다"고 주장한다. 신경경제학은 두뇌의 상상 방식을 활용해 소비자가 브랜드와 상품에 어떻게 반응하는지를 판단한다.[20] 신경정치학은 두뇌과학을 이용해 정책결정자들을 안내하고자 한다. 신경신학도 MRI를 이용해 '하나님 지점'$^{God\ spot}$을 발견하려고 하는데, 두뇌의 한 부분인 이곳에서 사람들을 이끌어 하나님 개념을 갖게 하고 신비 체험을 겪게 한다고 한다.

신경 이론은 사실에 기반하기보다는 그 시대의 유행을 좇는 경향이 있다. 예를 들어 기독교를 신경생물학으로 설명하려고 하는 시도를 생각해 보자. "과연 어떤 종류의 신경 충동이 그 제한적이고 국소적이며 순간적인 환경 조건을 초월해 무한하고 편재하며 영원한 무언가를 생각해 낼 수 있다는 것인가?" 탤리스는 심지어 유신론자들까지 소환해, 자기 같은 무신론자들과 더불어 '신경진화론적 환원주의'에 대적할 수 있는 공통의 이유를 찾아보자고 한다.

그러나 탤리스는 이렇게 그리스도인들과 연합을 모색하면서도 기독교 자체는 단호히 거부한다. 그렇다면 자신이 그토록 반대하는 환원주의에 대해 그는 어떤 답변을 내놓는가? 아무 답변도 내놓지 않는다. "진실인즉 나는 아무것도 모른다."[21]

무신론자들의 말을 엿듣고 우리는 무엇을 알게 되는가? 첫째, 무신론자 중에도 자기 세계관의 한계와 실패를 인식하고 있는 이들이 많다는 점이다. 사실, 무신론자들 자신의 말과 논증을 이용해 얼마든지 설득력 있게 무신론에 반론을 펼칠 수 있다. 둘째, 기독교 세계관의 요소들을 지극히 호소력 있게 여긴 나머지 이 요소들을 계속 차용하는 무신론자가 많다는 점이다. 이들은 기식자다.

기식 행위가 얼마나 광범위하게 이루어지고 있는지를 알면, 성경적 세계관이 정말 얼마나 매력 있는지 더 실감하게 된다. 그렇지 않다면 왜 모두들 이 세계관에서 자기가 가장 좋아하는 부분을 마음대로 사용하려고 하겠는가?

바울이 "복음을 부끄러워하지 아니"(롬 1:16)한다고 말하는 것도 당연하다. 성경에서 "부끄럽게 하다"는 말은 '무엇인가에 실망하다', 혹은 '무엇인가가 기대를 저버리다'라는 뜻임을 기억하라. 바울은 기독교 세계관이 내 기대를 저버리지 않을 것이라고 말하고 있다. 기독교 세계관은 인간의 가장 고상한 소망과 이상을 충족시킨다. 이는 환원주의의 부족함과 몰인정함에 넌더리가 난 사람들의 마음을 끌어 복음에 귀를 기울이게 해줄 좋은 소식이다.

"내게 구시대의 철학을 달라"

기식의 가장 터무니없는 예는 아마도 기독교에서 명백히 신앙적인 특질들을 강탈해 가려는 움직임일 것이다. 예를 들어 철학을 이용해 심리적 문제를 처리하려는 새로운 분야가 있다. '철학 상담'Philosophical Counseling이라는 이름이 붙은 이 분야는 심리치료사·사제·목회자가 제공하는 치료의 대안이라고 극구 칭찬받고 있다.

기독교에서 심리적인 위로를 받으려고 하면서 기독교의 내용은 거부하는 이들이 바로 무신론자들이다.

철학 상담이라는 주제를 다루는, 『프로작 말고, 플라톤!』*Plato, Not Prozac!*(프로작: 우울증 치료제—옮긴이)이라는 책은 세계적인 히트작이 되었다. 심지어 철학 상담가 자격증 제도도 생겼다. 『워싱턴 포스트』*Washington Post*의 한 기사에 따르면, 철학 상담가들은 "지적인 삶—아주 지적인 삶—을 안내해 주는 코치 같다. 이들은 삶의 본질에 관한 장 폴 사르트르의 실존주의 이론에 깊이 있는 지식을 갖고 있으며, 존재 문제에 관한 마르틴 하이데거*Martin Heidegger*의 현상학적 설명을 줄줄이 암기한다. 게다가 이들은 그 이론들을 이용해 내담자가 어머니 문제를 극복할 수 있게 도와주기도 한다."[22]

철학 상담이 새로운 분야일 수는 있지만, 철학 상담의 내용 자체는 새롭지 않다. 철학은 단 한 번도 단순한 학적 작업인 적이 없었다. 철학은 하나님을 대신하는 것으로 시작하여 온전한 하나의 세계관으로 발전해, 생을 의미 있게 만들고 죽음을 준비하는 법에 대해 사람들을 훈계한다. 차이점이라면, 오늘날 일부 무신론자들은 테리 이글턴의 표현대로 "종교 정신을 강탈해 가려고" 적극적으로 시도한다는 점이다.[23] 이들은 세속주의가 영성을 보듬어 키워 줄 수 있다고 주장한다.

뤽 페리는 『간략한 사상사』*A Brief History of Thought: A Philosophical Guide to Living*에서 몇 가지 '대체 종교'를 진단한다. 수많은 무신론 이념이 세속인들에게 영성을 제시한다고 하면서 그는 이렇게 말한다. "종교를 '구원의 교리'라고 정의할 수 있다면, 위대한 철학 역시 구원의 교리라고 정의될 수 있다(하지만 거기에 하나님의 도움은 없다)."[24]

피에르 아도Pierre Hadot의 책 『삶의 방식으로서의 철학』Philosophy as a Way of Life이 한 가지 사례다. 아도에 따르면, 철학을 받아들이는 것은 개종conversion과 똑같다고 한다. 철학을 받아들이는 행위에는 "한 사람의 시야, 생활양식, 처신의 총체적 변화"가 포함된다. 이 행위는 "삶 전체를 완전히 전복시킨다."[25] '참'인 일련의 이념에 말 그대로 자기 삶을, 그리고 내세를 거는 행위다.

고대 세계에서는 철학의 연륜이 아직 짧았음에도 삶을 변화시키는 철학의 힘이 널리 인식되어 있었다. 철학자는 학문 분야의 전문가로 여겨지지는 않았지만 '영적 안내자'로 존경받았다고 아도는 말한다. "철학자는 자신에게 맡겨진 학도들에게 개종을 권면했고, 개종 후에는 그들에게…… 지혜의 길을 지도했다."[26] 아도는 세속 철학자들에게 그 영적 역할을 회복시켜 주려 애쓰고 있다.

『무신론자를 위한 종교』Religion for Atheists를 쓴 철학자 알랭 드 보통Alain de Botton도 마찬가지다. 보통은 런던에 한 학교를 창설하기도 했는데, 이 학교 학생들은 철학을 공부하되 학위를 따기 위해서가 아니라 '가장 엄숙한 영혼의 문제를 고민'하기 위해서 공부한다. '신 모양의 구멍 메우기'Filling the God-Shaped Hole라는 이름의 수업에서는, 사람들이 전통 종교를 버릴 때 삶에 생기는 공허감을 메울 수 있도록 돕는다고 한다.[27]

이런 사례들을 관통하는 공통의 줄거리는, 이들이 하나님 아닌 다른 무언가로 하나님 모양의 구멍을 메우려고 한다는 것이다. 어떤 책은 『무신론 영성에 관한 작은 책』 The Little Book of Atheist Spirituality 이
라는 제목으로 아주 솔직하게 그와 같은 주장을 펼친다.[28] 무신론
자들은 심지어 무신론자들만의 교회를 세우기도 한다. 영국에는
지금 영국 최초의 무신론자 교회가 있다. 뉴스 보도에 따르면 "'무
신론자 메가처치'라는 별명으로 불리는 열두어 곳의 모임이······
미국 전역에서 생겨나고 있다."[29]

무신론자들은 종교적 예배 의식에 기식하고 있다. 이들은 기
독교의 의식을 마음대로 사용하려고 하면서도 기독교의 실제는
거부한다.

찰스 다윈을 위한 미사곡

자신들이 기독교에서 얼마나 많은 내용을 강탈해 가는지 모든 무
신론자가 깨닫고 있는 것은 아니다. 가장 일반적인 패턴은, 무신론
이 엄격하게 사실과 과학에 기반을 두고 있다고 주장하는 것이다.

하지만 과학에 몰두하는 것도 하나의 우상이요 궁극적인 헌신
으로 기능할 수 있다. 과학이 진리의 유일한 근원으로 대접받으면
이는 과학만능주의 scientism 가 된다. 철학자 윌프리드 셀러스 Wilfrid
Sellars 는 "과학은 만물의 척도"라고 말하면서 과학만능주의에 대한
헌신을 드러냈다. 버트런드 러셀 Bertrand Russell 은 "과학이 밝혀낼 수
없는 것은 인간이 알 수 없다"는 말로 속내를 드러냈다.[30]

여기에 깔린 전제는, 무엇이든 과학으로 알 수 없는 것은 다 현

실이 아니라는 뜻이다. 하지만 생각해 보자. 그 말 자체가 과연 과학이 밝혀낸 사실인가? 분명 아니다. 이는 과학이 확정할 수 있는 사실과는 거리가 멀다. 이는 형이상학적 전제요, 무엇을 진짜 지식으로 여길 수 있는지에 대한 임의적 정의다.

과학만능주의는 여전히 오늘날 가장 인기 있는 우상 중 하나다. 어떤 주장이든 "과학자들은 이제 알고 있다"는 말로 시작되는 주장은 다른 모든 경쟁적인 주장들을 쓰러뜨리는 으뜸 패가 될 가능성이 높다. 존 그레이의 말처럼 "과학은 우리가 신화 없이 살 수 있게 해주지 못한다. 과학은 오히려 신화를 전달하는 매개물이 되었다. 그중에서 으뜸은 과학을 통한 구원이라는 신화다. 종교에는 코웃음을 치면서도 과학을 활용함으로써 인간이 더 나은 세상을 향해 전진해 나갈 수 있다고 엄숙하게 확신하는 이들이 많다."[31]

과학에 대한 헌신은 심지어 종교적 헌신과 유사한 심리 효과를 내는 것으로 입증되기도 한다. 『뉴 사이언티스트』*New Scientist*의 보도 기사에 따르면, 스트레스 상황에서 무신론자들은 '과학에 대한 믿음'에 더 깊이 몰두하는 반응을 보였다고 한다. 그 기사는 이렇게 결론을 맺는다. "잘 알려진 대로 종교적 믿음은 불확실한 때에 신자가 그 상황에서 의미를 찾을 수 있게 해주고, 그 상황을 통제할 수 있게 함으로써 스트레스와 불안에 대처하게 해준다. 이제 과학과 합리적 견해에 대한 '믿음'도 비신앙인에게 똑같은 역할을 해주는 것 같다."[32]

진화론도 무신론을 뒷받침해 주는 이론으로 자주 인용되면서 대체 종교 기능을 할 수 있다. 1965년판 다윈의 『종의 기원』 ^{Origin} $_{of\ Species}$ 서문에서 W. R. 톰슨^{Thompson}이 관측하기를, 많은 생물학자들에게 생물 진화 개념은 "진정한 종교적 믿음의 대상이다. 왜냐하면 그들은 이 개념을 최고의 통합적 원리로 여기기 때문"이라고 했다.[33]

최근의 예로, 마이클 루즈$^{Michael\ Ruse}$는 진화론이 흔히 종교 기능을 한다고 지적해서 동료 무신론자들에게 충격을 안겼다. "진화론은 하나의 이념, 세속 종교로 선전된다. 기독교를 충분히 대신할 수 있을 만큼 발전된 하나의 대안으로서, 나름의 의미와 도덕성을 갖추고 있다."[34]

예배에 관해서도 몇 가지 사례를 덧붙일 수 있다. 몇 년 전,「찰스 다윈 미사」$^{Missa\ Charles\ Darwin}$라는 제목의 미사곡이 작곡되었다. 곡은 전통 미사곡의 5악장 구조(전통 미사곡은 키리에 엘레이손[자비송], 글로리아[대영광송], 크레도[사도신경], 상투스[거룩하시도다], 아뉴스 데이[하느님의 어린양]라는 다섯 개의 악장으로 구성됨—옮긴이)를 기반으로 한다. 곡을 들어 보면 르네상스 시대의 교회 음악과 매우 비슷하지만, 성경 본문에서 가져온 가사가 『종의 기원』과 『인간의 유래』 ^{The} $_{Descent\ of\ Man}$ 같은 다윈의 책에서 발췌한 내용으로 대체되어 있다.[35]

진화론교

다윈주의가 시중에 나온 유일한 진화론은 아니다. 대다수의 대체

이론들은 훨씬 더 지나치게 종교적이다. 생물학자 스튜어트 카우프먼 Stuart Kauffman은 자가 조직 self-organization 이론으로 잘 알려져 있다. 하지만 카우프먼은 이것을 단순히 또 하나의 과학 이론으로 여기지 않는다. 그는 이 이론이 "새로운 세계관"으로서 "초월적이지 않고, 하나의 주체도 아니며, 다만 우주 자체의 바로 그 창조성으로 인식되는 새로운 하나님 개념을 지녔다"고 주장한다. 다시 말해 카우프먼은 하나님을 우주의 쉼 없는 유동을 뜻하는 하나의 단어로 취급하고 있다. "나에게 하나님은 그것으로 충분하다"고 말하고 있는 것이다.

'하나님'이라는 말에는 '초월적이고 배려심 있고 지적인 인격체'라는 의미가 담겨 있는데, 사실은 내재적이고 사람을 배려하지도 않으며 비인격적인 과정을 수반하는 이론을 주장하면서도 그 단어를 계속 쓰는 이유는 무엇일까? '하나님'이라고 하면 연상되는 정서적 힘을 몰래 빼내 가기 위해서다. 카우프먼은 이런 자기 의도를 숨기지 않는다. "하나님이란 단어를 써서 우리가 얻는 것이 무엇인가? 상당히 많은 것을 얻지 않을까 싶다. 그 단어에는 경외와 경의가 담겨 있기 때문이다. 그 경외와 경의를 오래전 이스라엘 지파가 섬기던, 아브라함의 초월적 하나님에게로가 아니라 우리가 직면하고 있는 놀랄 만큼 멋진 현실로 이동시킬 수 있다면, 우리는 새로워진 영성을 허용할 수 있을 것이며 살아 있는 모든 것에게, 지구에게 경외와 경의와 신뢰성을 부여할 수 있을 것이다."[36]

간단히 말해, 카우프먼은 완전히 유물론적인 우주에 사람들이 정서적으로 반응할 수 있도록 감정을 고쳐시키고 싶은 것이다. 마치 그 우주가 성경에서 말하는 인격적인 하나님이기라도 한 양 말이다. 카우프먼은 또 한 명의 기식자다.[37]

마지막으로, 경제학자이자 미래학자인 제레미 리프킨Jeremy Rifkin이 있는데, 그는 유사범신론적 진화론을 선전하는 사람이다. 리프킨이 생각하는 진화는 내재적 '지성'이 생명의 사다리, 존재의 대사슬을 타고 상향 발전하는 과정이다. "진화는 이제 지성이 개입되지 않은 일로 간주되지 않는다. 오히려 그 반대다. 진화란 지성이 종의 사슬로까지 그 영역을 확장시키는 것이다." 이 말에서 우리는 절대 지성이 역사를 통해 상향 발전한다는 헤겔의 개념이 메아리치는 것을 들을 수 있다. 리프킨은 계속해서 이렇게 말한다. "결국 만물을 감독하고, 지휘하고, 질서와 구조를 세우는 지성으로서의 우주 개념으로 결말지어진다."

진화의 이런 범신론적 모델에는 어떤 의미가 함축되어 있는가? 가장 분명한 것은, 이것이 초월적 창조주를 제거한다는 것이며, 리프킨은 이를 바람직한 일로 여기고 있다. 초월적 창조주 개념을 없앤다는 것은 "더 이상 우리 자신이 다른 누군가의 집 손님인 듯한 기분을 느끼지 않아도 된다"는 의미이기 때문이다. 따라서 "선재하는 일련의 우주적 질서에 우리 행동을 순응시켜야 한다"는 생각을 하지 않아도 된다. 이제 우리는 아무 거리낌 없이 우리 자신의 규칙을 만들 수 있다는 것이다.

이제 이 세상은 우리의 피조계다. 우리가 규칙을 만든다. 현실을 한정하는 요소는 우리가 제정한다. 우리가 세상을 창조하며, 때문에 더 이상 외부의 힘에 신세지고 있다는 생각을 하지 않아도 된다. 더는 우리 행실을 합리화하지 않아도 된다. 우리가 우주의 건축자이기 때문이다.

우리가 세상을 창조한다고? 우리가 우주의 건축자라고? 리프킨은 만일 초월적인 하나님이 없다면 인간이 그 자리를 대신 차지한다고 말하고 있는 것이 분명하다. 인간이 작은 신들 mini-gods이 되는 것이다. 리프킨은 진화된 인류를 찬송하는 말로 이야기를 맺는다. "우리는 자기 자신 외에 아무것에도 책임을 지지 않는다. 우리가 바로 나라와 권세와 영광이기 때문이다. 영원히."[38]

이것이 진화의 신학적 환상이 아니라면 도대체 무엇인지 나는 모르겠다.

세속 세계관의 종교적인 성질을 알게 되면 공평한 경쟁의 장이 만들어진다. 그렇게 되면 종교적으로 짐짓 중립인 척하는 세속주의자들의 자세를 무너뜨릴 수 있다. 이들은 그런 자세를 이용해 종교에 대한 우월성을 주장한다. 즉, 자신들은 객관적이고 사실에 기초하고 있는 반면 종교는 편향되어 있고 '믿음에 기초'하고 있다고 주장하며 종교를 폄하한다. 하지만 어떤 세계관도 중립적이지는 않다. 심지어 무신론도, 세속주의도 그렇다.

성경이 말하는 하나님과 관련해 세상 사람들은 회의주의자를 자처할지 모른다. 그러나 그들도 자신들이 섬기는 대체 신과 관련해서는 참 신자들이다. C. S. 루이스가 관측한 내용을 조금 각색하자면, 세상 사람들의 회의주의는 겉껍질일 뿐이다. 그 회의주의의 용도는 타인의 신앙을 말할 때뿐이다. "세상 사람들은" 자기 자신의 믿음에 대해서는 "거의 회의적이지 않다."[39]

진화를 종교적으로 변용하게 만드는 것이 무엇인가 하면, 현실에는 유물론이 제시하는 단조롭고 일차원적인 시각 말고 그 이상의 것이 있어야 한다는 관념이다. 진화론자들은 생명의 더 큰 의미를 갈망하는 인간의 바람에 답변하기 위해 더 높은 차원으로 손을 뻗친다. 그 갈망은 일반계시의 또 다른 표현이다. 그 갈망은 성경의 하나님을 가리키는 이정표다.

신앙 잃기, 하나님 발견하기

기독교의 매력적인 특색을 조명하는 한 가지 방법은, 세속주의자들이 기독교의 어느 부분에서 내용을 빌려 가는지 보여주는 것이다. 그리고 또 다른 방법은, 그 매력을 포기하면 무엇을 잃게 되는지를 물어보는 것이다. 필자의 경우, 기독교를 버리고 떠난 뒤에야 기독교의 진가를 알아 가기 시작했다. 기독교 가정에서 자라나 청년이 된 나는 물이 무언지 모르는 물고기 격언에 나오는 그 물고기 같았다. 때로는 신앙을 잃는 것이 하나님을 발견하는 길이 되기도 한다.

열여섯 살 무렵 나는 근본적인 질문을 하기 시작했다. 기독교가 참인지 어떻게 아는가? 기독교 신앙을 가져야 할 그럴듯한 이유가 있는가? 주변의 어떤 어른도 해답을 갖고 있는 것 같지 않았다. 한번은 어떤 교수에게 당신은 왜 그리스도인이냐고 물었다. 그렇게 많이 배운 사람은 사려 깊은 반응을 보일 것으로 기대했다. 하지만 그 교수가 한 말은 "나에게 효과가 있으니까!"가 전부였다. 나는 속으로 말했다. '나한테는 효과가 없는데.'

나중에 한 신학교 학장과 이야기를 나눌 기회가 있었다. 나는 그분처럼 수준 높은 신학 훈련을 받은 사람이라면 답변을 줄 수 있을 것이라 기대했다. 하지만 학장의 대답도 "염려하지 말아요. 누구나 다 의심을 할 때가 있어요"가 전부였다. 마치 내가 누구나 통과하는 심리적 발달 단계를 거치고 있는 중이기라도 한 것처럼 말이다. 나는 속으로 말했다. '그런데 왜 내 의심에는 답변을 해주지 않느냐고요!' 결국 내가 내린 결론은, 기독교를 이렇게 실용적이고 심리학적으로 해석하는 태도에서는 아무런 진지한 답변도 찾을 수 없다는 것이었다. 나는 이런 기독교를 거부했고, 작정하고 진리를 찾아 나서는 여정을 시작했다.

내 입장에서 그 결정은 지적 정직함의 문제였다. 원칙적으로 내가 무언가를 견지하는 그럴듯한 이유가 없으면, 사실상 어떻게 그것을 믿는다고 말할 수 있는가? 그것이 기독교든 다른 무엇이든 말이다.

얼마 지나지 않아 나는 철저한 상대주의자요 회의주의자가 되었다. 자기가 무엇을 놓치고 있는지 모르는 채 살아가는 '행복한 이교도'도 있겠지만, 나는 내가 무엇을 잃었는지 예리하게 의식하고 있었다.

그리스도인으로서 나는 내 삶에 목적이 있다는 것을 알고 있었다. 그 목적은 바로 하나님을 위해 살며, (웨스트민스터 소요리문답의 표현을 빌리자면) "하나님을 영원히 즐거워하는 것"이었다. 그런데 만일 하나님이 없는 존재라면, 그리고 생명이란 것이 맹목적 물리력의 우연한 산물일 뿐이라면, 인간의 삶에는 어떤 목적이 있는가? 삶이란 것이 차갑고 텅 빈 우주 공간을 날아다니는 돌덩어리에서 우연히 생겨난 사건일 뿐이라면? 고등학생 때부터 나는 "인생의 목적이 뭐라고 생각해?"라고 물으며 친구들을 궁지에 빠뜨렸다. 안타깝게도 친구들 중에는 주말에 있을 파티 외에는 아무 생각도 하지 않고 사는 아이들이 많았다.

그리스도인으로서 나는 내 행동에 내세에까지 지속될 의미가 있다는 사실을 알고 있었다. 그러나 하나님이 없다면, 우리는 죽어서 그냥 썩고 만다. 결국 우주 자체도 열역학적 죽음을 겪을 것이고, 인간의 모든 문명은 다 재로 변하고 말 것이다. 인류가 이룬 최고, 최상의 업적은 아무런 지속적 의미를 갖지 못할 것이다.

그리스도인으로서 나는 모든 일시적 현실 이면의 궁극적 현실은 바로 사랑이라는 것도 알고 있었다. 우주는 한 인격적 행위자의 창조물로, 그분은 생각도 하고 느끼기도 하며 선택도 하고 행동도 하시는 분이다. 그런데 만일 그런 인격적인 하나님이 없다고 한다면, 눈먼 기계론적 힘이 궁극적 현실이 되고 만다. 우리를 사랑하는, 혹은 우리에게 무슨 일이 일어나는지 염려하는 분이 '저기에' 안 계신 것이다. 리처드 도킨스의 말처럼 "사실은 아무 계획도, 아무 목적도, 악도, 선도 없고, 오직 몰인정한 무관심만 있을 뿐"인 것이다.[40]

그리스도인으로서 나는 객관적인 도덕 기준의 존재를 인정했다. 무엇인가를 선택할 때 나는 영원히 유효한 진리 위에 내 삶을 세워 나가고 있다고 확신할 수 있었다. 그러나 만일 하나님이 안 계시다면 초월적인 도덕 진리가 과연 존재하기나 할까? 내가 정말로 중요한 일 위에 내 삶을 구축해 나가고 있음을 확신할 수 있는 다른 길이 있는가? 고등학생 때는 '상대주의'라는 말을 몰랐다. 그러면서도 나는 세상에 무언가 정말로 옳고 그른 것이 있는지 알 수 없다고 주장했다. "인간은 자유로워지라는 형을 선고받았다"는 사르트르의 말이 무슨 뜻인지 나는 몸소 경험했다. 내 선택이 궁극적으로 좋았는지 나빴는지, 혹은 이로웠는지 해로웠는지 알 길이 없는 채 도덕적 진공 상태에서 행동하라는 형을 선고받은 것이다.

청년 때 해외를 여행하면서 내 고뇌는 더욱 깊어졌다. 우리는 대가족이라 호텔을 빌릴 형편이 못 되어 캠프장에서 잠을 잤다. 그렇게 유럽을 돌아다니며 우리는 다양한 문화와 풍습을 가까이에서 지켜보았다. 한번은 차를 몰고 터키로 가는 중에 당시 공산국가였던 유고슬라비아와 불가리아를 지나게 되었다(불가리아 농

촌 지역에서 보았던 극단적인 빈곤은 난생처음 보는 광경이었다). 이 경험으로 나는 미국인이 당연시하는 일들 중에 문화적으로 상대적인 것이 많다는 지워지지 않을 깨달음을 얻게 되었다. 이때부터 나는 궁금해졌다. 모든 문화 전통을 초월하는 어떤 진리가 있을까? 아니면 우리는 그저 제한적이고 늘 변화하는 인간의 관점에 발목 잡혀 있는 것일까?

마지막으로, 그리스도인으로서 나는 성경을 통해 하나님께서 친히 인간에게 말씀하셨다는 것을 알고 있었다. 많은 이들이 성경을 인간 저자들의 글을 모아 놓은 잡동사니 가방으로 여긴다. 영적인 경험을 기록한 글 혹은 도덕 교훈을 전해 주려고 궁리해 낸 옛날이야기 모음 정도로 말이다. 그러나 성경이 펼치는 놀라운 주장은, 이것이 인간의 역사 가운데서 행동하시고 그 역사에 말씀하시는 분인 하나님께서 전하신 말씀의 기록이라는 것이다. 구약성경에서 선지자들은 자기가 하는 말이 하나님의 말씀이라고 주장한다. "여호와께서 말씀하시느니라." 신약성경에서 바울은 성경을 가리켜 "하나님의 말씀"the oracles of God(롬 3:2)이라고 한다. 베드로는 성경 기록자들이 성령의 감동을 받았다고 말한다(벧후 1:21). 이로 볼 때 고전적 기독교 신학은 성경을 인격적인 하나님에게서 전달된 말씀으로 본다. 천국은 열려 있다.

그러나 내가 불가지론을 받아들였을 때 하늘은 닫혔다. 나는 나 자신의 생각에 갇혔고, 내 존재는 광대한 시공 속 나만의 자그마한 공간으로 제한되었다. 보잘것없는 관점에서 볼 때 어떤 초월적인, 혹은 시간의 제한을 받지 않는 진리를 안다는 것은 내게 불가능해 보였다. 사실은 어떤 진리든 진리를 안다는 것 자체가 불가능할지도 몰랐다. 사실 내 관념이란 것을 검증할 수 있는 객관적인 입장을 얻기 위해 내 머리 밖으로 걸어 나올 수는 없는 노릇이었다. 이에 따른 논리적 결론은 단순한 회의주의가 아니라 유아론唯我論, 곧 우리가 아는 것은 사실 우리 자신의 경험 '내부에' 있다고 하는 개념이었다.[41] 고등학교 영어 시간에 나는 내 머릿속에서 생각 거품이 부글부글 끓어오르는 모습으로 온 우주를 묘사하는 낙서를 하며 시간을 때우기 시작했다.

버트런드 러셀, 나의 롤 모델

도덕적·지적 회의주의와 씨름하며 보낸 몇 년은 내 인생에서 참으로 암울하고 힘든 시기였다. 사람들은 믿음이 시들해져도 교제를 위해서나 사회적 지지를 얻기 위해 계속 교회에 다닌다. 그들이 여전히 성경을 읽고 소중히 여기는 이유는 객관적 도덕성을 위해서다(적어도 타인을 위한 객관적 도덕 말이다. 그것이 있어야 남들이 내 것을 빼앗거나 나에게 사기를 치지 않을 것이기 때문이다).

그러나 내 입장은, 만일 기독교가 참이 아니라면 기독교가 주는 어떤 유익도 누리고 싶지 않다는 것이었다. 나는 버트런드 러셀을 닮기를 열망했다. 그는 무신론자는 "굽히지 않는 절망이라는…… 발판 위에 자기 삶을 구축해야 한다"고 말했다. 왜 하필이면 절망인가? 무신론은 인생에 그보다 더 고상한 목적은 없다고 말하기 때문이다. "인간은 자기가 이루어 나가고 있는 종말에 대한 선견이 없는 원인의 산물이다. 인간의 기원, 인간의 성장, 인간의 소망과 두려움, 인간의 사랑과 믿음은 원자가 우연히 그렇게 배치된 데 따르는 결과일 뿐이다."

무신론이 참이라면 나는 겁을 먹고 꽁무니를 빼면서 무신론의 염세적 함의를 멀리하고 싶지 않았다. 러셀은 시적詩的 우울함으로 그 염세적 의미를 설명한다. "만대의 모든 수고, 모든 경건, 모든 영감, 인간의 천재성이 낳은 그 대낮 같은 모든 광휘, 이 모든 것은 태양계의 거대한 죽음 때에 다 소멸될 운명이며, 인간의 업적이라는 신전은 폐허가 된 우주의 잔해 밑에 필연적으로 파묻히고 말 것이다."[42]

코넬 대학교의 진화생물학자 윌리엄 프로바인 William Provine은 러셀보다 더 퉁명스럽게 결론을 말한다. 하나님이 존재하지 않는다면, "윤리의 궁극적인 토대 같은 것은 존재하지 않고, 생의 궁극적인 의미도 존재하지 않으며, 자유의지는 그저 근거도 희박한 인간의 통념일 뿐이다."[43]

불가지론자 시절 나는 머릿속으로만 그런 생각을 한 것이 아니라 실제 삶도 그렇게 살았다. C. S. 루이스가 『순례자의 귀향』 The Pilgrim's Regress을 쓴 이유는 인간이 살아온 경험에 세계관이 어떤 영향을 끼치는지 설명하기 위해서였다고 한다. 주인공은 참 하나님을 발견하는 여정에서 합리론, 유물론, 관념론, 프로이트 학설 등을 포함해 하나님을 대신하려는 여러 가지 대체물을 만난다. 루이스는 이 책이 "단순히 내 철학의 진보 과정에서 말로 주장된 변증법이 아니라 실제 삶으로 살아온 lived 변증법"을 설명하고 있다고 했다.⁴⁴

나 역시 '실제 삶으로 살아온 변증법'에 몰두했다. 한 걸음 한 걸음 내디딜 때마다 생사가 달린 몸부림으로 느껴졌다. 고등학생 때 나는 도서관에 다니며 철학 코너의 책들을 뽑아 들기 시작했다. 기독교에 해답이 없다면 철학이야말로 "무엇이 진리인가?", "삶의 의미는 무엇인가?" 같은 큰 의문들을 논하는 자리 아닐까 하는 생각이 들었다. 철학을 공부하고 싶다는 충동이 든 것은 단순한 지적 호기심 때문이 아니라 삶의 해답을 찾아야 한다는 고뇌 때문이었다.

훗날 독일에서 공부하던 시절 나는 기차를 타고 라브리로 갔다. 라브리는 스위스 알프스의 눈 덮인 산봉우리 사이 작은 마을에 둥지를 틀고 있는 프랜시스 쉐퍼와 이디스 쉐퍼 부부의 사역 단체였다. 처음에는 그곳을 잠시 방문 중인 가족들만 만나고 돌아갈 생각이었다. 그러나 라브리 사람들이 기독교에 접근하는 방식을 보면서 나는 깜짝 놀랐다. 난생처음으로 나는 내 질문에 설명을 해줄 수 있는 그리스도인들을 만났다. 그들은 지적·문화적으로 광범위한 세계에 속해 있었다. 역설적으로 들릴지 모르겠지만, 그곳이 너무도 매력적으로 느껴졌기에 나는 한 달 만에 거기를 떠났다. 사실을 말하자면 도망을 쳤다. 진정한 지적 확신에 의거해 행동하는 것이 아니라 그저 라브리의 정서적 매력에 이끌리는 것을 나는 경계했다.

하지만 그곳에 머무는 동안 나는 변증학이라는 것을 알게 되었고, 그 후 계속해서 그 분야 책을 혼자 읽어 나갔다. 그리고 마침내 나는 기독교가 참이라는 사실을 지적으로 납득하게 되었다. 아니, 그 당시의 생각을 그대로 표현하자면, 나는 하나님이 논쟁에서 이겼다고 인정했다. 그때까지 교회에 전혀 나가지 않고 있던 나는 결국 라브리를 다시 찾았다. 그리고 1년 반 후 스위스로 돌아와 몇 달간 더 공부하면서 기독교 세계관에 대한 이해를 심화시켰다.

뭐라고 답변하겠는가?

청소년 때 내가 가졌던 의문들은 특이한 의문이 아니다. 10대 청소년과 청년들 중에는 지적 의문과 씨름하는 이들이 많다. 이들이 비록 정형적인 의미의 지식인은 아닐지라도 말이다. 기독교를 거부하고 있는 청년들과 그냥 한번 대화라도 해보라.

코네티컷 대학교의 사회학자 브래들리 라이트[Bradley Wright]는 전에 그리스도인이었던 사람들을 상대로 회심을 번복한 이유를 조사했다. 연구자들은 사람들이 교회를 떠나는 이유가 교회에서 상처를 받았거나 정서적으로 타격을 입었기 때문이라는 이야기를 들을 수 있을 것으로 예상했다. 그러나 놀랍게도 과거에 그리스도인이었던 사람들이 교회를 떠난 이유로 가장 자주 언급된 것은 자신의 의심과 의문에 답변을 얻을 수 없었기 때문이라는 말이었다. 답변은커녕 교회는 사실상 이들의 의문을 진지하게 대해 주지조차 않았다. 전에 남침례교도였던 어떤 사람은 (아직도 화가 나 있는 게 역력한 말투로) "그리스도인들은 자기들이 너무 아둔해서 질문에 대답을 못 해줄 때면 끝에 가서 언제나 '믿음'을 들먹이곤 한다"고 했다.[45]

이들은 결국 교회가 질문에 답변하지 못하는 까닭은 답변을 가지고 있지 않기 때문이라고 결론 내렸다.

교회는 탈기독교 사회를 살아가는 사람들이 필연적으로 품게 되는 의문에 답변할 수 있도록 교인들을 준비시킬 의무가 있다. 청소년이든 성인이든 모두 세속적이고 이교적인 이념들이 쉴 새 없이 포탄처럼 날아와 떨어지는 세상에 살고 있다. 교회와 학교와 가정 모두 설득력 있고 저항하기 어려운 답변을 제시할 책임을 감당해야 한다.

의심하는 사람과 회의주의자에게 대응하는 한 가지 효과적인 방법은, 그들 자신의 입장이 현실 세상에서 어떤 의미를 갖게 되는지 직시할 수 있게 해주는 것이다. 언젠가 장로교 가정에서 자란 한 10대 여학생과 대화를 나눈 적이 있다. "제가 생각하기에 전 이제 그리스도인이 아니에요." 학생이 내게 말했다.

"그거 흥미로운 얘기네. 그럼 기독교 대신 뭘 믿는데?" 내가 물었다.

"네?"

"하나님이 안 계시다면, 그럼 그다음엔? 네 생각엔 뭐가 참인 것 같아? 그리고 그걸 어떻게 입증할 건데?"

학생은 아무 말이 없었다. 이제까지 그 여학생은 부모와 교회에 반항하는 데만 온통 신경을 써 왔다. 기독교가 아니면, 그럼 다른 무엇을 택할지 스스로 고민하면서 정보에 근거해 진리를 추구할 책임이 있다는 데까지는 생각이 미치지 못한 것이다.

학생은 대안을 연구하기 시작했고, 그 과정에서 기독교 신앙을 포기하는 것은 단순히 교리 파일 몇 개를 생각 속에서 삭제해 버리는 문제가 아니라는 사실을 깨달았다. 기독교는 정의에서부터 평등과 보편적 인권에 이르기까지 서양 문화의 수많은 위대한 이상을 떠받치고 있는 하나의 완전한 세계관이다. 그 학생은 이 이상들을 버리고 싶지는 않았다.

사람들이 기독교에 대해 의문을 제기할 때 최상의 대응은 그 의문을 찍어 누르는 것이 아니라 오히려 그 반대다. 먼저 그들 자신의 입장에 어떤 의미가 담겨 있는지 좀 더 진지하게 따져 보기를 촉구하라. 이는 지적 성실성의 문제이므로, 의문을 제기하는 사람은 기식을 멈추고 자기 고유의 확신이 논리적으로나 실제적으로 어떤 결론에 이르는지 두려움 없이 목록을 작성해 보아야 한다.

이는 위험도가 높은 일이다. 하나님께서 그 옛날 히브리인들에게 하신 말씀은 오늘날에도 여전히 유효하다. "내가 생명과 사망과 복과 저주를 네 앞에 두었은즉 너와 네 자손이 살기 위하여 생명을 택하고"(신 30:19). 기독교는 참이냐 거짓이냐 둘 중 하나이지, 이치에 안 맞는 것으로 일축될 수는 없다.

『앵무새 죽이기』에서 얻는 교훈

사람들에게 자기 세계관의 논리적 결론이 무엇인지 따져 보라고 촉구할 수 있으려면 우리 자신이 먼저 준비되어 있어야 한다. 그렇다면 이 준비 과정의 첫 단계는 무엇인가? 당연히 그들의 세계관을 알아야 한다는 것이다. 우리는 이 시대 문화에 널리 퍼져 있는 사상 체계들에 대해 배울 필요가 있다.

이 일을 선교사 훈련으로 생각하라. 그리스도인은 모두 선교사로 부름받는다(마 28:18-20). 선교사나 목회자나 교사라면 누구나 알듯이, 효과적인 의사소통의 열쇠는 '청중을 알라'는 것이다. 청중의 세계관에 대해 철저히 알면 알수록 그들이 제기하는 의문과 반론과 숨겨진 전제에 답변할 준비를 더욱 잘 갖출 수 있다. 『앵무새 죽이기』 *To Kill a Mockingbird*(미국에서 인종차별이 가장 심했던 지역인 남부 앨라배마 주에서 실제로 있었던 일을 토대로, 젊은 백인 여성을 성폭행했다는 누명을 쓴 흑인 청년을 백인 변호사가 변호하는 이야기를 담은 하퍼 리의 소설-옮긴이)의 등장인물이 말한 것처럼, "그 사람의 관점에서 생각해 보기 전에는 그 사람을 절대 모른다. 그 사람 피부 속으로 들어가 그 안에서 세상을 보기 전까지는."[46]

이슬람 국가에 파송된 선교사가 이슬람 문화에 대해 배우려 하지 않는다면 어떻게 되겠는가? 그 선교사는 성경의 메시지를 그다지 효과적으로 전달하지 못할 것이다. 선교사 같은 정신 자세를 갖는다는 것은 우리가 처한 선교지의 언어와 사상 패턴을 기꺼이

익히려 한다는 뜻이다.

바울은 "내가 여러 사람에게 여러 모습이 되었다"(고전 9:22)고 말하는데, 이는 어느 지역을 가든 그곳 사람들과 똑같은 복장을 했다는 뜻이 아니다. 문화 상대주의를 포용했다는 뜻도 아니다. 그보다 이는 청중들이 전제하고 있는 사실을 그들의 언어와 방식으로 생각하고 따져 보았다는 뜻이다. 바울은 그들의 눈으로 세상을 보고, 그리하여 좀 더 설득력 있게 의사소통을 하려고 했다. 라비 재커라이어스Ravi Zacharias는 인도에서 성장기를 보내고 청년 시절에 서양으로 온 사람으로, 다음과 같은 말을 한다. "지구의 이쪽 끝과 저쪽 끝에 있는 두 나라 말을 할 수 있다는 것은 공감을 하는 데도 도움이 되고, 단순히 듣는 게 아니라 경청하며, 질문이 아니라 질문자에게 공명하는 데도 도움이 된다."[47]

청년들을 대할 때는 경청법을 배우는 것이 특히 중요하다. 오늘날에는 문화 변화가 아주 급속하게 일어나기 때문에 어린아이들은 흔히 어른들의 문화와는 근본적으로 다른 전제를 흡수한다. 한 젊은 여성이 자기 인터넷 블로그에서 한탄하기를, 가족이나 교회는 자신이 일반 대학에 진학하는 것에 대비해 그 어떤 준비도 시켜 주지 않았다고 했다. "부모님은 대학에서 무슨 일들이 벌어지고 있는지 전혀 모르셨고, 그래서 내가 그 일에 대비할 수 있도록 도와줄 생각 같은 건 전혀 못 하셨다." 부모는 다원주의 환경에서 기독교를 설득력 있게 논증하는 법을 딸에게 가르치지 않았다. "가장 힘들었던 일은, 교수님들과 다른 학생들에게서 나와 생각을 달리하는 믿음과 세계관을 엄청나게 많이 접했다는 것이다. 당시 나는 자기 입장의 타당성에 대해 그들이 나에 비해 훨씬 탁월한 논거를 가지고 있다고 생각했다."[48]

이 사례는 어른들이 이 젊은 여성의 삶에 큰 실책을 저질렀음을 보여준다. 무엇보다도 어른들은 사랑을 실천하지 못했다. 세계관을 공부하는 중심 동기는 '이웃 사랑'이어야 한다(마 22:39). 그리스도인은 이웃을 사랑하되 이웃의 질문을 경청하고 답변을 찾으려 애쓸 수 있을 만큼 사랑해야 한다.

성경은 아주 절묘하게 균형 잡힌 접근 방식으로 우리를 부른다. "사랑 안에서 참된 것을 하여"(엡 4:15). 이 균형이 어떤 것인지는 변증학을 위해 가장 중요하다고 할 수 있는 성경 구절에 상세히 설명되어 있다(벧전 3:15). "너희 속에 있는 소망에 관한 이유를 묻는 자에게는 대답할 것을 항상 준비하되." 이 부분에는 진리가 있다. "온유와 두려움으로 하고." 그리고 이 부분에는 사랑이 있다.

헬라어 원전에서 베드로가 '대답'을 뜻하는 말로 사용한 단어는 '아폴로기아'*apologia*로서, '변증'apologetics이라는 단어가 여기서 나왔다. 하지만 베드로는 지적 질문에 답변하는 것에 대해서만 말하고 있지 않다. 위의 구절은 편지 말미에서 부당한 고난이라는 주제를 주로 다루는 부분에 등장한다. 앞서 베드로는 자기 스스로 복수하지 말고 의를 위해 고난받기를 기뻐하라고 그리스도인들에게 훈계했다. 베드로는 왜 이런 맥락에서 변증에 대해 말하는 것일까? 베드로는 변증의 목적이 단지 더 훌륭한 논증을 제시하는 것이 아니라 더 훌륭한 성품을 드러내는 것이라고 말하고 있는 듯하다. 특히 적의와 적대를 겪고 있을 때 말이다.

로마서 1장에서 바울도 마찬가지로 고난이라는 정황에서 메시지를 전하고 있다. "의인은 믿음으로 말미암아 살리라"(롬 1:17)는 그 힘차고 호소력 있는 구절은 하박국서에서 인용한 말인데, 거기서 선지자는 왜 늘 악이 이기는 것처럼 보이냐고 하나님께 묻는다. 하나님은 왜 자기 백성들이 공격받고 억압당하고 착취당하며, 노예가 되고 죽임당하는 것을 허용하느냐고 말이다. 하나님의 대답은, 하박국이 "믿음으로 말미암아 살아야" 한다는 것, 하나님이 악과 불의에서 선을 이루실 수 있음을 확신해야 한다는 것이다(합 2:4).

우리도 그와 같은 확신을 키워야 한다. 그렇지 않을 경우 우리 그리스도인들은 방어적인 태도와 분노 쪽으로 기울어질 위험이 있다. 오늘날과 같은 불만의 문화에서는 누군가가 자신들을 불쾌하게 했다고 항의하는 집단이 계속 새로 등장하는 것 같다. 그리스도인도 그런 피해자 언어를 몸에 익히기 쉽다. 하지만 우리가 목소리를 높여 무언가를 말하는 동기가 누군가가 우리를 모욕했다는 그것 때문만이어서는 안 된다. 사실 우리는 십자가의 모욕에 동참해야 할 사람들로 부름받지 않았는가. 그리스도인은 메시지뿐만 아니라 메시지를 전하는 방식과 태도에서도 성경의 진리를 반영해야만 효과적으로 사람들에게 다가갈 수 있다.

성경이 말하는 대로 사랑을 실천하면 회심의 가능성이 전혀 없어 보이던 사람까지도 매료시킬 수 있다. 섹스와 마약과 폭력에

찌든 거친 삶을 살던 한 젊은이까지도 말이다. 드라마 같은 그 청년의 이야기는 다음 장 말미에서 펼쳐 보이겠다.

III

비판적 사고가 어떻게 신앙을 구하는가?

"비판적 사고라고요?" 라디오 진행자가 버럭 소리를 질렀다. "보수 기독교 우파 사람들은 대부분 이렇게 말할 겁니다. 그게 바로 우리의 최대 위험 중 하나라고요. 비판적 사고라는 이 말도 안 되는 개념 말입니다."

나는 베리 린Barry Lynn이 진행하는 한 라디오 프로그램의 게스트로 출연 중이었다. 린은 미국정교분리연합Americans United for the Separation of Church and State의 전무이사로 일하는 사람이고, 이 단체는 공적 영역에서 기독교를 나타내는 요소들을 다 제거하려고 부단히 노력하는 조직이다. 방송 중에 린은 내 책 『세이빙 다빈치』Saving Leonardo에 대해 물었다. "세계관, 그러니까 철학에 대한 책을 쓰신 이유가 무엇입니까?" 나는 사람들이 자기가 살고 있는 세상을 이해할 수 있도록 실력을 구비시키고 비판적 사고를 계발할 수 있도록 돕는 것이 내 목표라고 대답했다.

린이 끼어든 것은 바로 그 순간이었다. 그는 그리스도인이 지성 계발에 신경을 쓴다는 사실이 믿어지지 않는 눈치였다. 그로부터 얼마 뒤『크리스채너티 투데이』에 그날 방송에 관한 글을 한 편 썼는데, (편집인으로 일하고 있는) 남편이 글 제목을 "비판적 사고가 어떻게 신앙을 구하는가" How Critical Thinking Saves Faith 라고 하면 어떻겠느냐고 제안했다.[1]

호의적이지 않은 라디오 진행자들은 이해 못 할 수도 있지만, 성경 자체가 지성을 활용해 진리를 자처하는 주장들을 시험하라고 인간에게 권면하고 있다. "범사에 헤아려 test everything 좋은 것을 취하고"(살전 5:21). 결국 좋은 것을 알아보고 취할 수 있는 지혜를 계발하기 위해서는 이 말씀 첫 부분을 실천해야 한다는 말이 된다.

오늘날에는 비판적 사고의 필요성이 어느 때보다 크다. 우리는 마우스 클릭 몇 번으로 온갖 종류의 정보를 얻을 수 있는 기술 문명 시대에 살고 있다. 젊은이들이 기독교에 반反하는 세계관의 도전을 피할 수 있는 '안전한' 곳은 없다. 그리스도인은 다양한 관점에 대해 비판적으로 사고할 수 있는 도구를 지닌 독립적 사고자가 되어야 한다. 그 도구를 가지고 갖가지 주장의 증거를 비교 검토하고 타당성을 판단해야 한다. "송사에서는 먼저 온 사람의 말이 바른 것 같으나 그의 상대자가 와서 밝히느니라"(잠 18:17). 미디어·정치·교육·오락, 그리고 교회에서까지 수많은 미심쩍은 개념들이 큰소리를 내며 활개 칠 때 이에 대해 '구매 저항' sales resistance 자세를 계발하기 위해 그리스도인은 양측의 말을 다 검토하는 법을 배워야 한다.

오늘날과 같은 다원주의·다문화 사회에서는, 간접적으로 전해 들은 개념을 바탕으로 해서는 누구도 오래 생존할 수 없다.

"이 세대를 본받"는(롬 12:2) 것을 피하는 길은 '세상의' 생각들을 피하는 것이라고 생각하는 그리스도인들도 있는 것 같다. 그러나 그보다 더 좋은 전략은 그 생각들을 비판적으로 평가하는 기술을 습득하는 것이다. G. K. 체스터턴은 세상의 생각을 학습하지 않은 사람에게는 그 생각들이 실제로 더 위험하다고 주장했다. 옳고 그른 것을 걸러 낼 수 있는 정신적인 거름망이 없기 때문에 어떤 새로운 개념이 "마치 술을 절대 입에 대지 않는 사람의 머릿속으로 포도주가 스며들 듯이 그 사람의 머리에 스며든다."[2] 이런 사람은 그 개념들에 중독될 가능성이 높다.

로마서 1장의 전략은 중독을 피할 수 있는 기본 도구를 제공한다. 로마서 1장의 다섯 가지 원리는 모든 세계관의 핵심을 찌를 수 있으며, 중심 교의를 비교 평가해서 우리가 살고 있는 세상의 "시세를 알"게(대상 12:32) 하는 능력을 구비시켜 줄 것이다. 비판적 사고를 훈련받으면 어떤 관점이든 그 관점을 존중하는 태도, 그리고 지적인 태도로 그 관점과 상호작용할 준비를 갖추게 된다.

이번 장에서는 비판적 사고가 어떻게 우리의 신앙을 구할 수 있는지를 보여줄 몇 가지 핵심 적용 사례들을 살펴보겠다. 그리고 맨 마지막으로는 힙합 아티스트 레크래[Lecrae] 이야기를 들어 보며 그가 왜 복음을 '부끄러워하지 않는지' 이유를 알아보겠다.

준비된 그리스도인 되기

최근에 한 여성이 두 눈에 눈물이 가득한 채 내게 말했다. 주립 대학에 다니는 아들이 신앙을 잃었다는 것이다. 아직 10대 나이인 아들은 심리학을 전공한다고 했다. 프로이트 이후 대다수 심리학 이론은 기독교를 일종의 정신병리학, 노이로제 증상, 유아기로의 퇴행으로 취급해 왔다. 그 청년은 신앙 돈독한 가정에서 견실한 교회에 다니며 자랐지만, 대학에서 배우는 이론들을 비판적으로 평가할 준비는 전혀 되어 있지 않았다. 청년은 한 학기 만에 자신의 신앙적 배경을 완전히 벗어던졌다.

종교는 정서적 미숙함의 증상이라고 하는 프로이트의 도전에 직면하는 심리학도를 우리는 어떻게 도울 수 있을까? 진리를 자처하는 주장들은 그저 파워플레이power play일 뿐이라고 하는 푸코의 고발에 답변을 찾고 있는 영문학도는? 법은 도덕과 아무 상관 없다고 주장하는 교수에게서 배우는 법학도는? 로마서 1장 전략의 독특한 점은, 어느 이론에나 보편적으로 적용할 수 있다는 것이다. 이제는 각 이론의 저마다 다른 논거를 다 외울 필요가 없다. 로마서 1장은 그 모든 이론에 두루 적용된다고 확신할 수 있다.

로마서 1장 전략의 핵심 요소들을 다시 떠올려 보자. '**원리 1**'은 우상을 규명하라는 것이다. 로마서 1장은 말하기를, 인간이 창조주를 예배하지 않으면 피조계 안에 있는 다른 어떤 것을 신으로 삼게 될 것이라고 한다. 맹인과 코끼리 이야기처럼 이들은 피조된 현실의 일부를 궁극적인 현실로 선언한다.

'원리 2'는 환원주의를 규명하라는 것이다. 창조 세계의 한 부분이 신격화되면, 나머지 부분은 모독당할 것이다. 왜인가? 일부는 전체를 설명하기에는 너무 작기 마련인 탓이다. 항상 무언가가 상자 밖으로 삐져나올 것이다. 그래서 그 '무언가'는 은폐될 것이다. 평가 절하당하거나, 일축되거나, 혹은 부인될 것이다. 그렇지 않으면 한 세계관이 거짓임을 입증하는 증거로 여겨질 테니 말이다.

환원주의는 언제나 인간성을 말살한다. 인간을 하나님의 형상으로 만들어진 존재로 보고 귀하게 여기는 인간관을, 창조 세계 안에 있는 다른 어떤 것의 형상으로 바꾸어 버린다. 그리하여 환원주의는 인간을 독특하게 인간답게 하는 핵심 속성을 부인한다. 그래서 환원주의 세계관이 정치권력을 얻게 되면, 억압적이고 강제적이고 비인도적인 결과가 빚어진다.

'원리 3'은 경험적 사실, 즉 일반계시의 진리에 비추어 세계관을 시험하라는 것이다. 사람들이 하나님에 대한 증거를 은폐하려고 제아무리 애를 써도, 창조 질서 자체가 자꾸 사람들에게 문제를 제기한다. 도무지 '믿지 않을 수 없는' 일들에 대해서 말이다. 그러므로 모든 우상 기반 세계관은 우리가 알 수 있는 일반계시의 사실들과 충돌할 것이다.

'원리 4'는 모든 환원주의 세계관은 스스로를 논박한다는 사실을 보여주라는 것이다. 환원주의 세계관은 자멸한다. 그것은 이 세계관이 사람의 이성을 이성보다 못한 무언가로 격하시키기 때문이다. 한 세계관이 자기를 논증할 수 있는 유일한 길은 이성을 활용하는 길뿐이다. 그러므로 이성의 가치를 깎아내리는 세계관은 곧 자기 자신을 깎아내리는 셈이다. 이 세계관은 스스로를 논박한다.

'원리 5'는 기독교 세계관을 설득력 있게 논증하라는 것이다. 비그리스도인들이 기독교의 어느 부분에 기식하는지를 규명함으로써 우리는 우리가 설명하고 있는 영역이 곧 저들이 무언가 부족함을 감지하는 바로 그 영역임을 확신할 수 있다.

비그리스도인과 대화할 때 이 다섯 가지 원리를 어떻게 활용할 수 있을까? 로마서 1장에 하나님을 피하려고 몸부림치는 사람들의 역학적 원리가 설명되어 있으므로, 우리도 똑같은 출발점에서 시작할 수 있다. 그 출발점은 바로 일반계시, 곧 인간 보편의 체험이기 때문에 누구나 알 수 있는 일단의 지식이다. 내 앞에 있는 사람은 자신이 하나님의 형상으로 지음받은 존재라는 것을 경험적으로 깊이 알고 있다. 그 사람의 세계관이 "너는 물질의 형상으로 만들어진 기계일 뿐"이라고 말하는 순간에도 그 지식은 문득문득 자꾸 모습을 드러낸다.

이런 경우 우리는 세계관을 평가할 때 보편적으로 활용하는 바로 이 테스트 방법을 적용한다. 즉, 현실 세계에 비추어 그 세계관을 외적으로 시험하고, 그 세계관 내부에 논리적 일관성이 있는지 시험하는 것이다.

간단히 말해, 로마서의 다섯 가지 원리는 사람이라면 누구나 참이라고 알고 있는 사실, 사람이라면 누구나 타당성 있는 추론으로 인식하는 사실에 의지하고 있다. '우상'이라는 말조차도 (니체의 저 유명한 에세이 『우상의 황혼』 이후로) 세속 사상가들이 쓰는 표현이다. 로마서 1장의 전략이 독특한 것은, 이 테스트가 왜 효과가 있는지 그 이유를 말해 준다는 점 때문이다. 로마서 1장의 내러티브는 우상과 그 은폐 작전에 대한 드라마틱한 설명과 더불어 하나의 커다란 틀을 이룬다. 그리하여 이 논증에 신학적 합리성을 부여하고, 이 논증을 씨실과 날실로 엮어 역동적인 조화를 이루어 낸다.

스텔스 세속주의

이 책에서 논의된 철학들이 모든 서양 사상의 근간을 이룬다. 필자는 공부하는 분야가 각각 다른 여러 학생들을 가르치는데, 이들은 로마서 1장의 접근 방식 덕분에 자기 분야와 상관없이 모든 이론을 다 비평할 수 있는 도구를 얻게 되었다고 말한다. 한 학부생이 최근 이런 글을 써 보냈다. "수업 때 교수님께서 가르쳐 주신 비평 방식이 저에게는 믿을 수 없을 만큼 큰 도움이 되었습니다. 단순히 수업 때뿐만 아니라 책을 읽거나 영화를 보는 등의 일상생활에서도요." 석사 과정의 한 학생은 이렇게 말했다. "가족들과 함께 텔레비전이나 영화를 볼 때면 세속적 생각들이 저의 정신으로 스며들까 봐 두렵곤 했는데, 이제 마침내 그 생각들의 정체를 규명하고 비평할 수 있는 실력을 갖추게 되었어요. 제 아이들도 호기심을 보이며 재미있어 합니다."

책과 영화에 관한 부분이 특히 중요하다. 대다수 사람들이 삶에 관한 생각을 포착하는 통로가 바로 그것이기 때문이다. 사람들은 "개인적인 철학이 필요하다"는 생각이 들어서 지역 대학의 철학 강좌에 등록하거나 하지는 않는다. 대신 그들은 책을 읽거나 영화를 보거나 음악을 들으면서 거기에서 삶에 관한 생각을 흡수한다.

세계관에는 이 세계관을 통해 우리가 무슨 생각을 하게 될지 알려 주는 경고 표시가 붙어 있지 않다. 우리의 정신적 공간으로 침투해 들어오기 전에 허락을 구하지도 않는다. 그보다 세계관에는 '스텔스'stealth 세속주의리고 불러도 될 만한 것이 있는데, 이는 갖가지 영상과 스토리를 이용해 사람들의 비판적 거름망을 우회하면서 때로는 우리가 미처 알아차리지도 못하는 사이 정서적으로 우리를 낚아챈다. 바로 그 때문에 반드시 세계관 해독 기술을 배울 필요가 있다. 이 세계관이 우리가 비교적 인식하기 쉬운 글의 형태가 아니라 그림이나 구도, 줄거리 혹은 성격 묘사 같은 표현 형식으로 다가올 때가 있기 때문이다.[3]

예를 들어, 앞에서 다루었던 가장 영향력 있는 철학 중 하나인 유물론(자연주의)을 생각해 보자. 19세기에 실제로 문학의 자연주의라고 불렸던 하나의 움직임이 일어났다. 인간을 단순히 자연의 산물로, 자유의지 없이 유전자와 환경에 따라 행동이 결정되는 존재로 묘사하는 소설과 희곡이 등장하기 시작했다.

내가 가르치는 학생들 중 잭 런던Jack London의 『야성의 부름』*Call*

of the Wild 같은 작품을 안 읽은 학생은 사실상 하나도 없다. 그런데 학생들이 모르는 사실이 있다. 그것은 청년 시절 런던이 한 가지 경험을 했으며, 한 역사가는 그 경험을 가리켜 찰스 다윈의 작품을 읽고 급진적 유물론으로 돌아선 '회심 체험'이라고 한다는 사실이다. 런던은 다윈의 책에 나오는 긴 구절들을 다 암기했고, 심지어 외워서 인용할 수도 있었다(마치 그리스도인들이 성경을 외우는 것과 같다). 런던은 그 체험의 충격을 가라앉히기 위해 개에 관한 작품을 썼지만, 그가 전하는 진짜 메시지는 인간은 진화된 유기체에 지나지 않아서 자유의지 같은 것은 없고, 자연선택과 적자생존 원리에 지배된다는 논리다.

런던의 짤막한 이야기 「생生의 법칙」 *The Law of Life*에서 보면, 한 에스키모 노인이 가족들 뒤에 남겨져 눈 속에서 죽어 간다. 늑대들이 다가와 자기를 잡아먹으려 하자 노인은 생각한다. 진화는 개인에게 단 한 가지 의무만을 부여한다고. 그 의무는 바로 번식을 해서 종種을 생존시키는 것이었다. 노인은 말한다. "자연은 신경도 안 썼어. 생에 한 가지 의무를 정해 주었고 한 가지 법칙을 주었지. 종을 영속시키는 게 생의 과제야." 그렇게 되면 개인이 죽는다 한들 "그게 뭐 대수인가? 그게 생의 법칙 아닌가?"

이 이야기는 단순히 생물학적 생존 외에 인간에게 더 고귀한 목적은 없다는 주제를 가슴 아플 만큼 통렬하게 전해 준다.

고급문화는 대중문화를 걸러서 가라앉힌다. 그래서 유물론적 주제는 대개 영화와 텔레비전에 등장한다. 「스타트렉」의 한 유명한 에피소드에서 등장인물들은 안드로이드인 데이터 중위가 기계냐 아니냐를 두고 논쟁을 벌인다.

물론 그는 기계다. 하지만 피카르 함장은 이렇게 반박한다. "이런 논쟁은 적절치 않아. 우리[인간]도 기계니까. 그저 종류만 다를 뿐이지."

자연주의는 짐짓 억세고 현실적인 자세를 취하면서 흥미를 끌려고 한다. 그러나 아이러니하게도 사실은 그다지 현실적이지 않다는 것이 자연주의의 주된 약점이다. '**원리 3**'에서 보았다시피, 자연주의는 현실 세상에 들어맞지 않는다. 자연주의는 인간이 본질상 자유의지가 없는 기계일 뿐이라고 주장한다. 그러나 세상의 어떤 사람도 기계처럼은 살지 못한다. 우리는 하루 매 순간 선택을 하며 산다.

비평가들은 문학적 자연주의자들 자신도 자기 철학에 따라 살지 못했다고 지적한다. 예일 대학교의 한 역사학자는 그들이 "결정론을 하나의 이론으로 받아들였지 삶의 기준으로 삼을 어떤 것으로 받아들이지는 않았다"고 말한다. 내가 한마디 덧붙이자면, 누구도 현실에서는 자연주의에 따라 살 수 없기 때문이라고 말하고 싶다. 도무지 사실에 부합되지 않는 것이다.

그림 속 철학

문학뿐만 아니라 시각 예술도 철학에 깊이 영향받았다.

인상파

인상파 화가들의 그림이 어떤지는 누구나 다 안다. 붓의 터치와 색감이 가볍다. 그런데 그들은 왜 대상의 이미지를 그런 식으로 맥 빠지게 묘사하기로 했을까? 경험론 철학에 영향을 받았기 때문이다. 경험론은 지식의 궁극적인 기초가 감각이라고 주장한다. 그리고 그 기초에 도달하기 위해서는 순전히 감각적 인식이 머리에 들어오는 단계로 내려가야 한다고 말한다. 감각을 해석할 때도 삼차원 공간에 서 있는 불연속 대상이라는 관점에서가 아니라, 우리의 시야를 채우고 있는 색채 조각으로 해석해야 한다.

그런 이유로 인상파의 대가 클로드 모네(Claude Monet)는 다음과 같이 말했다. "그림을 그리러 나갈 때는 눈앞에 있는 대상, 나무, 집, 들판, 아니 그것이 무엇이든 다 잊으려고 노력하라. 그냥 이렇게 생각하라. 여기에는 푸른색 작은 정사각형이 있고, 여기에는 분홍색 타원형이 있고, 여기에는 노란색 줄무늬가 있다고." 모네의 목표는 날것 그대로의 직관적 감각 데이터 수준으로 대상을 칼질하는 것이었다. 점, 줄, 색채 조각들로 말이다.

경험론에 따르면, 인간은 색채 조각을 바탕으로 하여 정신적으로 세상을 구축한다고 했던 것을 기억하라('원리 1'을 보라). 모네는 바로 그 개념을 시각적으로 전달하고 싶어 했다. 확실한 것은, 모네는 단순히 예쁜 그림을 그리는 데는 관심이 없었다는 점이다. 그는 앎이라는 철학적 문제(인식론)와 씨름하고 있었다. 철학의 관점에서가 아니라 예술의 관점에서 말이다.

많은 경우, 추상적인 개념이 시각 형태를 입고 구체화되면 그 의미를 파악하기가 훨씬 수월하다. 경험론이 시각적으로 어떻게 표현되는지 알게 되었다면, 경험론자가 "내가 기독교를 받아들일 수 없는 이유는 그 핵심 주장이 경험적 과학에 의해 직접적으로 검증될 수 없기 때문"이라고 말할 때 어떻게 대응하겠는가?

그럴 때는 이렇게 되물을 수 있다. 왜 경험론이 진리 여부를 가리는 기준이 되어야 하는가? 솔직하게 말해, 정말로 앎의 궁극적인 기초가 색채 조각이라고 생각하는 사람이 있을까? 사랑이나 정의 같은 것은 다 비실증적이라고 하면서 정말로 배격하는 사람이 있을까? 실제에서는 어느 누구도 완전히 일관성 있는 경험론자가 아니다. 경험론은 현실 테스트를 통과하지 못한다. 기독교는 경험의 차원을 존중하지만('원리 1'과 '원리 4'를 보라), 진리라는 풍요로운 직물을 짜는 한 올의 실로 존중할 뿐이다.

입체파

또 한 예를 들어 보자. 입체파 화가의 그림이 어떤지는 누구나 다 안다. 작은 정사각형과 직사각형이 모여 있다. 입체파 화가들은 왜 대상의 이미지를 그런 식으로 허물기로 했을까? 합리론 철학의 영향을 받았기 때문이다. 과학혁명의 정점은 수리물리학 mathematical physics의 발전이었다. 갈릴레이의 그 유명한 발언을 보면, 자연이라는 책은 수학 언어로 기록된다고 한다. "그리고 등장인물은 삼각형, 원, 기타 기하학 도형들이다."

합리론은 이렇게 일종의 기하학적 형식주의geometric formalism에 영감을 주었다. 입체파에게 지적 도약대 역할을 한 것은, 예술가는 "자연을 실린더, 구, 원뿔로 보는 관점에서 해석해야 한다"는 세잔Cézanne의 발언이었다. 사실상 이는 갈릴레이의 말을 달리 표현한 것일 뿐이다. 입체파 화가들의 목표는 우주의 기저에 있는 수학적 구조를 그리는 것이었다. 이들은 대상을 작은 정사각형과 직사각형으로 해체해서 자연에 숨겨진 기하학적 청사진을 반영하고자 했다.

이들 합리론자들의 생각은 미술관 안에만 갇혀 있지 않았다. 건축 분야에서 이들은 인터내셔널 스타일International style에 영감을 주었는데, 유리와 강철을 소재로 마치 입체파 그림에서나 볼 듯한 상자 모양의 건물을 짓는 이 양식은 오늘날 수많은 도시에서 유행하고 있다. 건축가들은 합리적인 계획에 따라 사회 구조 개편을 주도하는 사회 개혁자를 자처하기 시작했다. 이들은 여러 도시를 설득해 거대한 주택단지 건설 프로젝트를 추진하면서, 빈곤에서부터 범죄와 약물 남용에 이르기까지 일단의 사회문제를 일거에 해결할 수 있다고 약속했다. 가장 영향력 있는 이는 르 코르뷔지에Le Corbusier인데, 자신이 건축한 건물에 기계 같은 기능적 효율성이 있다는 이유로 자기 작품을 "들어가서 살 수 있는 기계"라고 불렀다. 건축가들은 인간을 복합적인 기계장치로 여기는 합리주의자들의 전제를 받아들여, 인간에게 문제가 생기면 "들어가서 살 수 있는 기계"에 끼워 넣어서 고칠 수 있다고 생각했다.

주택단지 프로젝트 상당수는 콘크리트 감옥으로 변모해, 음울하고 우울한 범죄와 사회 병리의 온상이 되었다가 마지막에는 다이너마이트 장치로 남김없이 폭파되고 말았다. 한 사회 비평가가 말한 것처럼, 주택단지 프로젝트가 붕괴하는 광경은 세계 전역의 도시에서 아직도 볼 수 있으며 여전히 이 프로젝트는 '인간의 삶에 대한 유물론적이고 합리론적인 개념'의 가시적 표현이 되고 있다.

대학에서 나온 아이디어가 공공 정책으로 스며들면 그 아이디어들의 흠을 더 쉽게 알아볼 수 있다. '인간의 삶에 대한 유물론적이고 합리론적인 개념'은 인간이 어떤 존재인지를 충분히 고려하지 못한다. 그래서 이 개념이 낳는 결과는 비인도적일 수밖에 없다. 이와 달리 기독교는 인간의 본성에 대해 훨씬 더 풍성한 견해를 가지고 있기 때문에 인도적이고 삶을 긍정하는 결과를 낳을 수밖에 없다.

추상미술

대중이 가장 당혹스러워 하는 미술 운동은 아마 추상미술일 것이다. 일부 화가들이 대상을 그리는 행위 자체를 아예 중단한 이유는 무엇일까? 이들이 범신론에 영향을 받았기 때문이다.

최초의 추상 화가는 바실리 칸딘스키 Wassily Kandinsky로, 동양과 서양 신비주의의 융합을 포용한 사람이다. 칸딘스키는 철학적 유물론에 맞서는 길은 물질적인 대상을 없애는 것이라고 주장했다.

그의 말을 빌리자면, 추상미술은 사람의 지성을 "유물론 철학의 가혹한 폭정"에서 해방시켜 "영적 생명의 가장 강력한 동인動因"이 되게 해준다. 추상미술의 목적은, 사람의 지성을 물질적인 대상에 몰두하는 상태에서 벗어나게 하고, 감상자의 시선을 끌어올려 영적 영역을 보게 하는 것이다. 목표는 "불교에서 말하는 '수냐타' sunyata, 곧 거대한 공空, 공허라는 신비한 상태"에 대한 감각을 전해 주는 것이다.[4]

프랜시스 쉐퍼는 매혹적인 표현으로 알맹이가 없는 이런 종류의 종교 체험을 설명한다. 쉐퍼는 그와 같은 체험을 가리켜 "거기 아무도 없는 신비주의" mysticism with nobody there라고 했다. 이런 체험이 우리를 일상적이고 평범한 세상에서 고양시켜 줄 수는 있다. 하지만 그 고양 상태에서 무엇과 접선하려는 것인가? 우리를 사랑하고 우리와 의사소통하는 초월적 인격체가 아니라 전적인 공허—공空—와 접선할 뿐이다.

마크 로스코Mark Rothko는 휴스턴에 있는 로스코 채플에 어두운 단일 색상의 커다란 패널화를 그렸다. 그는 이 칙칙하고 우울한 그림들로 무얼 말하고 있었던 것일까? 이 작품을 의뢰한 사람의 말에 따르면, 이 그림들은 "하나님의 침묵, 하나님의 참을 수 없는 침묵"을 표현한 것이라고 한다.

그림 작업을 마친 직후, 채플이 개관을 하기도 전에 로스코는 자살했다. 거기 아무도 없는 신비주의는 생生에 의의와 의미를 부여하기에는 부족하다.

포스트모더니즘

포스트모더니즘은 어떤가? 포스트모더니즘은 미술에 어떻게 표현되는가? 포스트모더니즘은 모든 시대 모든 사람들에게 유효한 '메타담화'나 보편적 스토리라인은 없다고 주장한다는 사실을 기억하라. 각각의 집단마다 세상을 납득하는 저마다의 스토리라인이 있다는 것이다. 그러면 화가는 한 집단 고유의 생각을 어떻게 시각적으로 표현하는가?

그 방법은 작품에 어떤 일관성 있는 개괄적인 구도를 부여하지 않는 것이다. 이는 해체주의 화가들이 왜 혼성모방pastiche이나 콜라주를 좋아하는지 그 이유를 설명해 준다. 혼성모방이나 콜라주는 서로 아무 상관없는 이미지들을 모아 붙이는 기법으로, 작품에 대한 모든 해석 시도를 공공연히 무시한다.

예를 들어 로버트 라우센버그Robert Rauschenberg의 유명한 콜라주 작품에 대해 한 예술사가는 "두서없이, 앞뒤가 맞지 않음을 암시하는 방식으로 이미지들을 나란히 늘어놓았으며, 작가(그리고 감상자)는 이 방식에 어떤 유의미한 질서를 부여할 수가 없다"고 말한다. 라우센버그는 이 불연속 이미지로 무엇을 말하고 있었던 것일까? "생명의 두서없는 발생은…… 어떤 내재적 의미의 위계에 들어맞게 만들 수 없다"는 것을 말하고 있다.

포스트모던 건축은 혼성모방이나 콜라주를 나름대로 각색해서 표현한다. 한 저널리스트가 말하는 것처럼, 포스트모더니즘은 "건물 모서리에 미완으로 매달려 있는 대들보, 허공에서 잘려 나간 아치, 다른 벽과 연결되지 않는 벽으로 우리를 데려간다." 라비 재커라이어스는 한 포스트모던 건축가가 설계한 건물을 보고 다음과 같이 감상을 말한다. "꼭 한 가지 의문이 생겼다. 건물 기초 공사도 저렇게 했을까?"[5] 이는 예술의 관점에서 표현한 변증학적 논증이다.

예술이든 문학이든, 교육이든 심리학이든, 수학이든 과학이든, 모든 이론이나 동향은 그 기저에 깔린 철학의 영감을 받는다. 우리가 이 책을 통해 전략적 원리를 터득하면, 위에 언급한 모든 분야에서 서양 세계를 형성해 온 개념들을 규명하고 비판적으로 그에 임할 수 있는 채비를 갖추게 될 것이다.

무엇이 당신의 신학을 흔드는가?

로마서 1장의 접근법은 심지어 신학 분야의 여러 주장들도 가려서 볼 수 있게 해준다. 로버트 가르시아(Robert Garcia)는 철학 교수다. 청소년 시절 그는 신학을 공부하러 루터교 대학에 진학했다. 당시에는 신정통주의(neo-orthodoxy)가 유행이었는데, 이는 성경에서 '신화성을 제거'하는, 곧 우리가 신화적이라고 생각했던 요소들을 말끔히 벗겨 없애려는 움직임이다. 처음에 이 어린 새내기는 당혹스러웠다. 강의실에서 가르치는 내용이 그동안 집과 교회에서 배운 것과는 너무나 달랐다.

가르시아는 신정통주의가 실존주의 철학에 강하게 영향받았다는 것을 마침내 알게 되었다. 그는 그 신학을 이해하는 가장 좋은 길은 철학과 강의실로 가서, 그 신학에 영향을 준 실존주의를 공부하는 것임을 깨달았다.

이는 매우 중대한 통찰이었다. 사실상 모든 유형의 신학이 어느 정도는 철학에 영향을 받아 왔다. 자유주의 신학을 주도하는 학파를 생각해 보자. 고전적인 19세기 자유주의는 헤겔의 관념론의 관점에서 기독교를 다시 주조했다. 19세기 자유주의는 본질적으로 '성령'을 헤겔의 유사범신론적 '절대정신'과 동일시했다. 구원은 역사의 진전 과정 안에, 그리고 그 과정 전체에 내재하는 신의 목적이 점진적으로 전개되어 나가는 것으로 재정의되었다. 그것은 하나님의 보편적 아버지 됨universal Fatherhood of God과 인간의 보편적 형제 됨을 점차적으로 인식하는 데에서 드러날 수 있다고 했다. 자유주의 신학자 라이먼 에보트Lyman Abbott의 표현을 빌리자면 이는 "세계 자체가 인간의 형제 됨human Brotherhood으로 변모하는 것"이다.[6]

비교적 최근의 동향으로는, 해방신학이 마르크스주의의 용어로 기독교를 재정의했다. 구스타보 구티에레스Gustavo Gutiérrez는 해방신학이라는 말을 만들어 낸 사람으로서, "해방신학은 사람들을 신자냐 불신자냐가 아니라 압제자냐 피압제자냐의 범주로 구분한다"고 말한다.[7]

여성신학은 일반 페미니즘에서 차용한 용어로 기독교를 재주조한다. 엘리자베스 슈슬러 피오렌자Elisabeth Schüssler Fiorenza는 말하기를, 페미니즘 해석학은 "성경을 1차 자료로 여겨 이에 호소하지

않고, 여성 고유의 체험과 해방의 이상에서 시작한다"고 한다.[8]

여러 주류 신학교에서 인기 있는 신학은 과정신학으로, 과정철학의 파생물이다. 신플라톤주의('원리 2'를 보라)에 뿌리를 둔 이 신학은 영혼이 몸 안에 있듯 하나님이 이 세상 안에 있다고 주장한다. 그러므로 하나님은 무한하지 않고 유한하다. 하나님은 전지하거나 전능하지 않다. 악의 문제에 대해 과정신학이 주는 답변은, 하나님은 당신이 할 수 있는 한 최선을 다하고 계시다는 것이다. 하나님은 미래를 예견하거나 악이 발생하는 것을 미리 막을 능력이 없다는 소리다.[9]

오늘날 최첨단의 신학은 포스트모던 신학으로서, 포스트모더니즘이 이에 영감을 준 것이 분명하다. 일반 포스트모더니즘과 마찬가지로 포스트모던 신학은 인간이 시대를 초월한 어떤 보편적 진리에 다가갈 수 있음을 부인한다. 심지어 성경을 통해서도 이는 불가능하다고 주장한다. 『변증학의 종말』 *The End of Apologetics*에서 마이런 페너(Myron Penner)는 이렇게 말한다. "물론 우리는 객관적으로 '참'인 일을 직접적으로 말할 수 있다. 예를 들어 '오늘 아침 바깥 온도가 영하 27도'라든가, '하나님이 예수 그리스도 안에 계시사 세상을 자기와 화목하게 하셨다'고 말이다. 그러나 중요한 것은, 먼저 이런 종류의 객관적 '사실' 혹은 진술은 대략적으로 참일 뿐이고, 유한하고 불확실한 관점에서 생겨 나왔다는 점이다."[10] 이렇게 성경 구절(고후 5:19)을 인용함으로써 페너는 성경의 진술조차도 '유한하고 불확실한 관점에서 나온' 것이라고 주장하고 있다. 인간은 결국 언어의 감옥에 갇혀 있다고 말이다.

포스트모던 기독교는 전형적으로 변증학을 배격한다. 이성과 논증을 활용해 성경의 진리를 옹호한다면 이는 '계몽주의 모더니즘'에 항복하는 것이라고 주장한다. 그러나 우리가 이 책에서 지금까지 배워 온 추론 방식은 성경 자체가 알려 주는 방식이다. 즉, 이 추론 방식이 전근대premodern에 뿌리를 두고 있고, 적절성 또한 역사를 초월해서 어떤 문화나 역사상의 어떤 시기에든 다 적용됨을 의미한다.

위에서 이야기한 모든 사례 중 신학 분야의 자유주의 학파들은 고전적 기독교 신학을 우상 기반의 철학 형태로 재정의했다. 그러면서도 이들은 전통적인 신학 용어를 그대로 사용한다. 가르시아는 필자에게 말했다. "우리 대학 교수들은 정통 기독교의 용어와 언어를 그대로 쓰기를 고집하면서, 그 용어와 언어에 세속 철학에서 들여온 의미를 부여한답니다. 그래서 그들의 가르침은 도무지 요령부득에다 아주 기만적이죠."

나아가 자유주의 신학을 가르치는 사람들은 이를 객관적으로 가르치지 않는다. 객관적인 가르침은 그 신학에 대한 비판적 이해를 얻는 길인데도 말이다. 가르시아의 말에 따르면, 자유주의 신학을 가르치는 사람들은 "득의만면한 자세로 이 신학이 각성과 해방의 원천이 되어 기성세대의 순진하고 초자연적인 기독교 신앙에서 벗어나게 해준다는 투로 가르친다"고 한다. 유력한 신학교와 대학에서 신학을 공부하는 학생들이 처음 공부를 시작할 때

지녔던 정통 기독교 신앙을 결국 거부하는 경우가 많은 데에는 바로 위와 같은 태도의 영향이 크다.

어떤 분야에서든지 그리스도인은 비판적 사고 능력을 익혀야 한다. 그렇지 않으면 지식 세상에서 순진하게 우상 기반 세계관을 흡수할 수 있다.

20대 초반에 필자는 로스앤젤레스에 있는 바이블 스쿨에 다니면서 제일신용금고 창구 직원으로 일했다. 우리 직원들은 진짜 지폐와 위조지폐의 차이를 구별하는 법을 세심하게 교육받았다. 이를 표본 삼아 우리도 세계관, 곧 그 시대에 통용되는 사상들의 차이를 분간하는 법을 모두 훈련해야 한다.

비평하고 창조하라

변증은 우상을 '비평'할 뿐만 아니라 생명을 주는 대안을 '창조'한다. 그것이 변증의 최고 기능이다. 그리스도인들은 흔히 무엇을 반대하느냐를 기준으로 자기 자신을 규정하는 습관이 있다. 하지만 틀린 것에 반대하기 위해서는 무언가 더 나은 것을 제시하는 게 가장 효과적이다. "선으로 악을 이기"는 것이다(롬 12:21).

과학이 흔히 유물론과 결정론의 논거를 강화하는 데 이용된다면, 그리스도인은 그보다 더 훌륭하고 더 정확한 과학 작업을 목표로 삼아야 한다. 문학이 죄와 상함을 미화하는 데 이용된다면, 그리스도인은 상상력을 가동해 더 수준 높고 더 영감 있는 작품을 창작해야 한다. 영화와 음악이 사람들을 정서적으로 '낚아채' 할리우드 세계관으로 끌어들이는 도구로 쓰인다면, 그보다 더 설득력 있고 더 아름다운 예술 형식으로 성경의 세계관을 표현하는 것이 최상의 대책이다. 철학이 무신론으로 귀결될 수 있다면, 더 이치에 맞고 더 예리하고 더 진실에 부합하는 사고방식을 정교하게 만들어 내는 것이 해법이다. C. S. 루이스가 말한 것처럼, "좋은 철학은 존재해야 한다. 다른 이유가 없다면, 나쁜 철학에 답변하기 위해서라도."[11]

내 강의를 듣는 철학과 학생 가운데 부모와 교회로부터 철학은 공부하지 말라는 주의를 들은 학생들이 있다. 이들의 부모와 교회는 철학에 '사로잡히지' 말라는 바울의 경고(골 2:8)를 인용한다고 한다. 그러나 달라스 윌라드가 지적한 대로, 성경이 우리에게 헛된 철학을 피하라고 명할 때 이는 철학이라면 무턱대고 피하라는 의미가 아니다. 성경이 우리에게 음란한 옷차림을 피하라고 명할 때 이것이 옷을 아예 입지 말라는 뜻이 아닌 것과 마찬가지다.[12] 삶의 모든 영역에서, 선한 것을 일구어 냄으로써 나쁜 것에 대항하는 것이 우리의 목표여야 한다.

완전한 진리를 위한 완전한 책

모든 영역에서 선한 것을 일구어 내고자 할 때 가장 큰 장애물은, 현대 문화가 기독교를 오직 삶의 일부로만 축소시킨다는 점이다.

기독교는 천국 가는 법을 알려 주는 구원의 메시지일 뿐이라는 것이다. 그 결과 기독교를 삶의 모든 면에 적용되는 근본 원리를 제시하는 하나의 세계관으로 여기는 이가 별로 없다.

그러나 성경 자체가 가르치기를, 하나님을 아는 지식은 하나의 보편적인 틀을 제공한다. 다음 말씀을 생각해 보라. "여호와를 경외함이 지혜의 근본이라"(시 111:10, 잠 1:7; 9:10; 15:33). 그리스도 안에 "지혜와 지식의 모든 보화가 감추어져 있"다(골 2:3). 기독교는 "모든 착함과 의로움과 진실함"(엡 5:9)의 열쇠다. 이 말씀들은 정말 하나님을 경외함이 모든 지혜의 토대요, 모든 참된 것으로 가는 열쇠라고 가르치고 있지 않는가? 이는 지극히 근원적인 주장으로 보인다.

우상에 관해 이제 많은 것을 알게 된 만큼, 우리는 성경이 주장하는 내용을 훨씬 쉽게 이해할 수 있다. 성경은 모든 사상 체계가 어떻게 작동하는지 단순하게 설명하고 있다. 모든 것은 궁극적이고 무조건적이고 신적인 것으로 간주되는 무언가로부터 시작된다. 그리고 이는 그 뒤에 이어지는 모든 생각과 행동과 말을 주도하는 동기로 작용한다. 모종의 '신'에 대한 두려움이 인간이 제안하는 모든 세계관의 시작이다. 이런 점에서 기독교는 우주의 수수께끼에 대한 다른 모든 답변과 비슷하다. 기독교의 출발 전제는 그 후에 이어지는 모든 것의 논리적 기초가 된다.

그것이 바로 성경이 모든 진리는 하나님에게서 비롯된다고 주장하는 이유다. 성경은 보편적이고 우주적인 역사의 줄거리를 이야기해 준다. 모든 참된 지식은 그 줄거리 안에 각자의 자리가 있다.

앨런 블룸Allan Bloom은 베스트셀러 저서 『미국 정신의 종말』*The Closing of the American Mind*에서 말하기를, 미국 역사를 통틀어 통일된 진리의 개념은 바로 성경에서 왔다고 한다. 이 개념이 "일반 문화, 곧 완전체의 질서라는 하나의 이상을 위한 바로 그 모델로서······ 단순한 것과 정교한 것, 부자와 빈자, 청년과 노인을 통합시킨 문화"를 창조했다고 주장한다.

그러나 성경이 영향력을 잃으면서 서양 세계는 그 어떤 통일된 진리에 대한 감각을 잃고 있다. "그런 완전한 책이 있다는 생각 자체가 사라지고 있다"고 블룸은 통단한다. 그리고 그와 더불어 완전한 진리에 대한 개념도 사라지고 있다. 부모는 자녀를 학교에 보내 일자리를 얻을 수 있는 특화된 기술을 배워 오게 한다. 그들은 자녀를 통합된 삶의 전망을 실제로 구현하는 전인으로 키우려는 이상을 잃었다. "흔히들 생각하는 것과 반대로, 성경이 없으면 완전the whole이라는 개념까지도 잃게 된다."[13]

하지만 완전한 진리라는 개념이 오늘날 다시 회복되고 있다. 대개는 예상치 못했던 곳에서 말이다.

어떻게 떨치고 풀려나는가?

"하나님은 제가 배기 청바지 차림에 귀고리를 하고 다닐 때 저를 만나 주셨습니다." 유명한 힙합 아티스트 레크래 무어Lecrae Moore는 이렇게 자기 이야기를 시작한다.[14] 아버지 없이 자란 그는 학대와 무관심 속에서 어린 시절을 보냈다. 그의 삶은 온통 마약과 도둑질과 술, 섹스, 그리고 폭력배 생활로 찌들어 있었다. 얼마나 거칠었던지 친구들이 "미친놈 크래"Crazy Crae라는 별명을 붙여 줄 정도였다.[15] 그는 도시의 하위문화 어디에서나 볼 수 있는 전형적 인물의 대표 격이었다.

레크래가 기독교 신앙을 접할 수 있기 위해 필요했던 것은, 하위문화를 두려워하지 않는 어떤 사람이었다. 그 사람은 레크래의 진짜 문제는 그의 문화가 아니라, 그의 죄와 상함이라는 것을 알고 있었다. 조Joe라는 이름의 이 백인은 그 10대 흑인을 사랑하되 그의 문화 속으로 들어가 그의 언어로 말하는 것을 두려워하지 않을 만큼 사랑했다. 오늘날 레크래는 리치 레코드Reach Records사의 대표이자 공동 창립자로 변모했고, 도브상Dove Awards(미국 가스펠뮤직협회에서 주관하는 상—옮긴이)과 그래미상을 몇 차례 수상하기도 했다. 레크래의 앨범 「어나멀리」Anomaly는 가스펠 앨범과 '빌보드 200' 차트 모두에서 정상을 차지한 최초의 앨범이었다.

한 강연회에서 레크래는 회심 후에 닥치는 일의 의미를 파악했을 때가 자기 인생의 가장 중요한 전환점이었다고 말했다. 그때 그는 "기독교가 단순히 종교적 진리가 아니라 완전한 진리Total Truth임을 알게 되었다"고 한다.[16] 다시 말해, 진짜 변화는 그리스도인으로서 어떤 일로 부름받았는지를 깨달았을 때 찾아온다는 것이다. 그리스도인은 소매를 걷어붙이고 나가 성경적 세계관이 사법과 정치, 과학과 학문, 예술과 음악, 그리고 그 외 삶의 모든 부분에 끼치는 함축적인 의미를 현실로 성취해 낼 의무가 있음을 그는 깨달았다.

"우리는 기독교를 구원과 성화에 한정시켰습니다." 레크래는 말했다. 하지만 "기독교는 모든 것에 관한 진리입니다. 내가 기독교 세계관을 지녔다고 말한다면, 그것은 내가 세상을 그 렌즈를 통해서 본다는 뜻입니다. 단순히 사람이 어떻게 구원받고 무엇을 멀리해야 하는지를 의미하는 게 아니라는 말입니다."[17]

기독교에는 모든 문화를 상대로 말할 수 있는 자료가 있으므로, 문화 차이를 두려워할 필요가 없다는 것이 레크래의 메시지다. 레크래는 필자의 저서 『완전한 진리』에 나오는 말을 인용해, 그리스도인들이 세상의 빛과 소금 역할을 하지 못하는 이유는 성속聖俗을 나누는 덫에 걸려 있기 때문이라고 말한다. "우리는 파열되고 파편화된 삶을 살고 있습니다. 교회와 가정이 우리의 일터와 공공 생활을 향해 발언하는 경우가 드뭅니다. 우리는 서로 분리된 두 개의 세상, 그 사이를 항해하고 있습니다."[18]

"대다수 종교는 신과 사이좋게 지내는 법뿐만 아니라 우리가 살고 있는 세상을 해석하는 법을 말해 줍니다." 레크래는 계속해서 설명한다. "역사적으로 그리스도인은 첫 번째 기능, 곧 '영혼을 구원하는 일'은 잘해 왔습니다. 그런데 사람들이 '주변 세상을 해석할 수 있도록 돕는 일'은 잘하지 못했습니다. 우리는 신앙을 구원과 성화에 한정시킵니다."

물론 구원은 그리스도인의 삶에서 매우 중요한 첫 단계다.

"그런데 우리는 정치·과학·경제·생명 윤리·텔레비전·음악·예술을 어떻게 대합니까? 우리는 이런 영역에 대해서는 그냥 저마다 알아서 하게 내버려 두는 게 보통입니다. 성경적인 세계관을 바탕으로 사람들에게 영향을 끼치지 못합니다. 이중 초점을 가지고, 반은 영적으로 보고 반은 세속적으로 봅니다."

그렇다면 성과 속은 어디에서부터 갈라지는가? 성경에서는 이 둘을 나누지 않는다. 그 시작은 헬라 문화다. 그리고 이 둘이 갈리는 이유는, 헬라인들이 물질을 영원하다고 생각했기 때문이다. "그리스 철학자들이 물질은 선재하며 영원하다고 주장했을 때, 물질에는 창조주께 저항할 수 있는 능력이 있다고 주장했을 때, 대분할이 발생했습니다." 레크래는 계속해서 말했다. "그리스도인으로서 우리는 오직 하나님만이 무無에서 $^{ex\ nihilo}$ 선재하시고 영원하시다는 교리로 그 주장을 논박합니다. 하나님은 모든 피조물의 근원이십니다." 이 말에 담긴 의미는, 피조계의 단 한 부분도 원래부터 나쁘거나 악하지 않다는 것이다. "하나님께서 창조하신 것은 모두 선합니다. 감사함으로 받으면 단 한 가지도 배격할 것이 없습니다"(딤전 4:4 참조).

대부분의 악은 "선한 것을 왜곡함으로 이루어진다"고 레크래는 말한다. "하나님께서는 우리에게 고기 써는 칼을 만들 수 있는 재주와 도구를 주셨습니다. 그런데 우리는 이 칼을 써서 사람을 죽일 수도 있고, 음식을 만들어 노숙자에게 가져다줄 수도 있습니다."[19]

성과 속이 나뉜 것, 그리스도인을 주변인으로 만들고 능력을 앗아 가는 이 구분을 어떻게 바로잡을 수 있을까? "복음에는 우리 삶의 모든 국면을 구속할 수 있는 능력이 있는데, 그 능력을 강탈해 가는 이 구분을 우리는 어떻게 떨쳐 버릴 수 있을까요?" 레크래 역시 묻는다. 그리고 이렇게 답한다. "기독교는 구원에 이르게 하는 진리요 우리를 성화시키는 진리입니다. 동시에 우리는 기독교가 총체적인 진리라고 믿습니다. 기독교는 경제에서부터 남자다움과 결혼에 이르기까지 삶의 모든 측면에 관한 진리입니다. 하나님에게는 이 모든 일을 바로 볼 수 있는 능력이 있습니다."[20]

레크래에게 이는 단순히 경건한 대화가 아니다. 그는 완전한 진리의 원리들이 어떻게 자신의 일에 적용되는지 이해하려고 열심히 노력했다. 그리스도인들 중 힙합 음악은 악하다고 가차 없이 단정 짓는 사람이 있을지도 모르지만, 그런 이들과 달리 레크래는 이 장르의 창조성과 예술성을 계발하기로 마음먹었다. 레크래가 한번은 내게 말하기를, 완전한 진리를 발견하니 자기 예술이 풍요로워졌다고 했다. 완전한 진리를 발견해서 자유로워지니 노래 가사를 통해 삶의 모든 영역에 말을 걸 수 있게 되었다고 했다. 기독교 음악은 성경적 관점에서 그 모든 주제 영역에 말을 걸 수 있는 음악이다.

그리스도인은 그리스도의 대사로 부름받았다(고후 5:20). 이는 국제 관계 일을 하는 여느 전문인처럼 우리도 스스로 철저히 준비를 갖출 필요가 있다는 의미다. 워싱턴 DC 지역에 살 때 나는 대사와 외교관이 되려고 준비 중인 대학원생들을 자주 만났다. 그런데 이들을 접하면서 이들이 세계관 개념에 매우 친숙하다는 것을 알게 되었다. 이들이 이 주제에 관한 기독교 서적을 읽기 때문이 아니라 외교 분야 대학원 공부가 거기에 초점이 맞춰져 있기 때문이었다. 진로를 준비하다 보니 해외 문화 속으로 들어갈 때 중요한 요소는 언어 공부가 아니라 세계관 공부임을 알게 된 것이다.

"대다수 사람들은 자기가 잘 모르는 세계관에는 겁을 먹습니다." 레크래는 말한다. 두려움을 극복하려면, 거짓 우상의 폭정 아래 고통당하는 사람들에 대한 연민으로 마음이 움직일 필요가 있다. 「진리」Truth라는 제목의 랩에서 레크래는 '마음속 우상'에 사로잡혀 있는 사람들에 대해 말한다. 레크래의 음악은 진리의 능력을 대치시킴으로써 사람들을 거짓 신의 권세에서 풀어놓아 주는 것을 목표로 한다.

최근 레크래는 '부끄러워하지 않기 운동'Unashamed movement을 진두지휘하고 있는데, 이는 로마서 1:16에서 착상한 운동이다. 레크래와 리치 레코드와 뜻을 같이하는 힙합 아티스트들은 자칭 '116 동맹'116 clique이다(레크래는 오른쪽 팔에 116이라는 숫자를 문신으로 새겼다). '부끄러워하지 않기 운동'의 목표는 사람들이 삶의 모든 영역에서 확신을 가지고 성경의 진리를 삶으로 구현할 수 있도록 힘을 불어넣어 주는 것이다.

어느 영역도 출입 금지 구역은 아니다. 그리스도인으로서 자신이 굳게 쥐고 있는 확신을 잃을까 너무 '겁나는' 영역도 없다. 레크래의 발언에서 마지막으로 한마디만 인용하면서 이 책을 마치도록 하겠다. "우리가 반드시 깨달아야 할 것은, 기독교는 완전한 진리이지 단순한 종교적 진리가 아니라는 점입니다. 완전한 진리인 덕분에 기독교는 삶의 모든 영역과 연관되며 삶의 모든 영역에 적용될 수 있습니다."[21]

이 책에서 말하는 다섯 가지 전략적 원리는 우리가 부끄러워하지 않는 삶을 살게 도울 수 있다. 일터에서든, 학교에서든, 가정에서든, 친구 관계에서든, 그 어느 곳에서든. 이 원리가 우리에게 제공하는 도구만 있으면 어떤 세계관을 만나든 그 세계관에서 무엇이 옳고 무엇이 그른지 인식할 수 있다. 그 결과, 성경이 가르쳐 주는 관점, 곧 참되고 인도적인 관점을 형성할 수 있게 된다.

부록 | 로마서 1:1-2:16

1:1 예수 그리스도의 종 바울은 사도로 부르심을 받아 하나님의 복음을 위하여 택정함을 입었으니

2 이 복음은 하나님이 선지자들을 통하여 그의 아들에 관하여 성경에 미리 약속하신 것이라.

3 그의 아들에 관하여 말하면 육신으로는 다윗의 혈통에서 나셨고

4 성결의 영으로는 죽은 자들 가운데서 부활하사 능력으로 하나님의 아들로 선포되셨으니 곧 우리 주 예수 그리스도시니라.

5 그로 말미암아 우리가 은혜와 사도의 직분을 받아 그의 이름을 위하여 모든 이방인 중에서 믿어 순종하게 하나니

6 너희도 그들 중에서 예수 그리스도의 것으로 부르심을 받은 자니라.

7 로마에서 하나님의 사랑하심을 받고 성도로 부르심을 받은 모든 자에게 하나님 우리 아버지와 주 예수 그리스도로부터 은혜와 평강이 있기를 원하노라.

8 먼저 내가 예수 그리스도로 말미암아 너희 모든 사람에 관하여 내 하나님께 감사함은 너희 믿음이 온 세상에 전파됨이로다.

9 내가 그의 아들의 복음 안에서 내 심령으로 섬기는 하나님이 나의 증

인이 되시거니와 항상 내 기도에 쉬지 않고 너희를 말하며

10 어떻게 하든지 이제 하나님의 뜻 안에서 너희에게로 나아갈 좋은 길 얻기를 구하노라.

11 내가 너희 보기를 간절히 원하는 것은 어떤 신령한 은사를 너희에게 나누어 주어 너희를 견고하게 하려 함이니

12 이는 곧 내가 너희 가운데서 너희와 나의 믿음으로 말미암아 피차 안위함을 얻으려 함이라.

13 형제들아 내가 여러 번 너희에게 가고자 한 것을 너희가 모르기를 원하지 아니하노니 이는 너희 중에서도 다른 이방인 중에서와 같이 열매를 맺게 하려 함이로되 지금까지 길이 막혔도다.

14 헬라인이나 야만인이나 지혜 있는 자나 어리석은 자에게 다 내가 빚진 자라.

15 그러므로 나는 할 수 있는 대로 로마에 있는 너희에게도 복음 전하기를 원하노라.

16 내가 복음을 부끄러워하지 아니하노니 이 복음은 모든 믿는 자에게 구원을 주시는 하나님의 능력이 됨이라. 먼저는 유대인에게요 그리고 헬라인에게로다.

17 복음에는 하나님의 의가 나타나서 믿음으로 믿음에 이르게 하나니 기록된 바 오직 의인은 믿음으로 말미암아 살리라 함과 같으니라.

18 하나님의 진노가 불의로 진리를 막는 사람들의 모든 경건하지 않음과 불의에 대하여 하늘로부터 나타나나니

19 이는 하나님을 알 만한 것이 그들 속에 보임이라. 하나님께서 이를 그들에게 보이셨느니라.

20 창세로부터 그의 보이지 아니하는 것들 곧 그의 영원하신 능력과 신성이 그가 만드신 만물에 분명히 보여 알려졌나니 그러므로 그들이

핑계하지 못할지니라.
21 하나님을 알되 하나님을 영화롭게도 아니하며 감사하지도 아니하고 오히려 그 생각이 허망하여지며 미련한 마음이 어두워졌나니
22 스스로 지혜 있다 하나 어리석게 되어
23 썩어지지 아니하는 하나님의 영광을 썩어질 사람과 새와 짐승과 기어다니는 동물 모양의 우상으로 바꾸었느니라.
24 그러므로 하나님께서 그들을 마음의 정욕대로 더러움에 내버려 두사 그들의 몸을 서로 욕되게 하게 하셨으니
25 이는 그들이 하나님의 진리를 거짓 것으로 바꾸어 피조물을 조물주보다 더 경배하고 섬김이라. 주는 곧 영원히 찬송할 이시로다. 아멘.
26 이 때문에 하나님께서 그들을 부끄러운 욕심에 내버려 두셨으니 곧 그들의 여자들도 순리대로 쓸 것을 바꾸어 역리로 쓰며
27 그와 같이 남자들도 순리대로 여자 쓰기를 버리고 서로 향하여 음욕이 불 일듯 하매 남자가 남자와 더불어 부끄러운 일을 행하여 그들의 그릇됨에 상당한 보응을 그들 자신이 받았느니라.
28 또한 그들이 마음에 하나님 두기를 싫어하매 하나님께서 그들을 그 상실한 마음대로 내버려 두사 합당하지 못한 일을 하게 하셨으니
29 곧 모든 불의, 추악, 탐욕, 악의가 가득한 자요 시기, 살인, 분쟁, 사기, 악독이 가득한 자요 수군수군하는 자요
30 비방하는 자요 하나님께서 미워하시는 자요 능욕하는 자요 교만한 자요 자랑하는 자요 악을 도모하는 자요 부모를 거역하는 자요
31 우매한 자요 배약하는 자요 무정한 자요 무자비한 자라.
32 그들이 이 같은 일을 행하는 자는 사형에 해당한다고 하나님께서 정하심을 알고도 자기들만 행할 뿐 아니라 또한 그런 일을 행하는 자들을 옳다 하느니라.

2:1 그러므로 남을 판단하는 사람아, 누구를 막론하고 네가 핑계하지 못할 것은 남을 판단하는 것으로 네가 너를 정죄함이니 판단하는 네가 같은 일을 행함이니라.

2 이런 일을 행하는 자에게 하나님의 심판이 진리대로 되는 줄 우리가 아노라.

3 이런 일을 행하는 자를 판단하고도 같은 일을 행하는 사람아, 네가 하나님의 심판을 피할 줄로 생각하느냐.

4 혹 네가 하나님의 인자하심이 너를 인도하여 회개하게 하심을 알지 못하여 그의 인자하심과 용납하심과 길이 참으심이 풍성함을 멸시하느냐.

5 다만 네 고집과 회개하지 아니한 마음을 따라 진노의 날 곧 하나님의 의로우신 심판이 나타나는 그 날에 임할 진노를 네게 쌓는도다.

6 하나님께서 각 사람에게 그 행한 대로 보응하시되

7 참고 선을 행하여 영광과 존귀와 썩지 아니함을 구하는 자에게는 영생으로 하시고

8 오직 당을 지어 진리를 따르지 아니하고 불의를 따르는 자에게는 진노와 분노로 하시리라.

9 악을 행하는 각 사람의 영에는 환난과 곤고가 있으리니 먼저는 유대인에게요 그리고 헬라인에게며

10 선을 행하는 각 사람에게는 영광과 존귀와 평강이 있으리니 먼저는 유대인에게요 그리고 헬라인에게라.

11 이는 하나님께서 외모로 사람을 취하지 아니하심이라.

12 무릇 율법 없이 범죄한 자는 또한 율법 없이 망하고 무릇 율법이 있고 범죄한 자는 율법으로 말미암아 심판을 받으리라.

13 하나님 앞에서는 율법을 듣는 자가 의인이 아니요 오직 율법을 행하는 자라야 의롭다 하심을 얻으리니

14 (율법 없는 이방인이 본성으로 율법의 일을 행할 때에는 이 사람은 율법이 없어도 자기가 자기에게 율법이 되나니

15 이런 이들은 그 양심이 증거가 되어 그 생각들이 서로 혹은 고발하며 혹은 변명하여 그 마음에 새긴 율법의 행위를 나타내느니라.)

16 곧 나의 복음에 이른 바와 같이 하나님이 예수 그리스도로 말미암아 사람들의 은밀한 것을 심판하시는 그 날이라.

감사의 말

대학 신입생 딸을 둔 그 부부는 금방이라도 울음을 터뜨릴 것 같았다. 사랑스럽기 짝이 없던 딸 알렉산드라(가명)는 한 기독교 대학에 진학했다. 그러나 겨우 한 학기 만에 알렉산드라는 지금까지 믿음의 가정에서 자라며 배운 그 모든 것에 등을 돌리기 일보 직전이었다.

들어가는 수업마다 교수들은 최신 세속 이론을 가르쳤고, 어찌됐든 그 모든 이론 뒤에는 다 하나님이 계시다고 안심시키면서 아무렇지도 않게 학생들에게 새로운 이론 세례를 베풀었다. 그러나 알렉산드라의 머리에 남은 것은 그 이론들이 전하는 세속 세계관이었다. 집에서 가족들과 함께 살기는 했지만 알렉산드라는 곧 부모와 소원해졌다. 학교에서 배우는 이론들에 대해 이야기를 좀 나누어 보자고 했더니 알렉산드라는 화를 내면서 자기가 생각하기에 엄마 아빠는 학교에서 교수들이 가르치는 내용에 대해 이러쿵저러쿵할 만한 자격이 없다고 했다. 엄마 아빠도 박사 학위를 가진 사람들이고 전문가인데 말이다.

다행히 이 어린 학생은 필자의 남편 릭의 강의에 수강 신청을 했다. 그 강의에는 나도 협동 강사로 참여하고 있었다. 알렉산드라는 그 강의를 통해 기독교에는 세속 이론들의 도전에 응답할 만한 지적 자원이 있다는 것을 알게 되었다. 그 자원은 지식 시장에서 단지 기독교 나름의 주장을 펼칠 수 있을 만한 정도 그 이상이었다. 나는 이 책을 알렉산드라에게, 그리고 내가 한때 그랬던 것처럼 우리 시대의 우상들에게 도전을 던지는 법을 익히기 위해 씨름하고 있는 다른 모든 젊은이들에게 헌정한다.

시간을 들여서, 그리고 전문 지식을 동원해 이 책 원고를 읽어 주고 예리한 통찰을 제공해 준 친구들과 가족들, 그리고 동료들에게 감사를 전할 수 있어서 영광이다. 조내스 언, 더글러스 그루튀스, 론 커브쉬, 앵거스 메너지, J. P. 모어랜드, 데이비드 노글, 로드리히 놀티, 도로시 랜덜프, 준 랜덜프, 디터 피어시, 마이클 피어시, 제나 위처먼, 앨버트 월터스가 그들이다.

또한, 이 책의 밑그림이 된 글과 강연에 함께해 준 우리 학생들에게도 감사한다. 데이비드 텅이 진행한 한 모임에서 학생들은 합리적 신앙을 다루는 한 장을 읽으며 몇 주에 걸쳐 생생한 토론을 벌였다. 게이티 하트와 패트리샤 새뮤얼슨이 운영하는 홈스쿨 그룹 스콜라에서는 여름 계절학기 때 이 책 원고를 바탕으로 수업을 진행했다. 서던 어드벤티스트 대학교에서는 필자가 직접 이 책 내용을 주제로 학부 세미나를 열었다. 뉴올리언스 뱁티스트 신학교에서도 필자가 이 책을 바탕으로 세미나 발표를 했다. 필자는 그 밖에도 여러 교회와 대학교, 그리고 신학교의 초청을 받아 이 책에서 다룬 내용들을 발표했다. 마지막으로, 폴 셔클리에게도 감사한다. 휴스턴 소재 컬리지 오브 비블리컬 스터디스 College of Biblical Studies에서 강의하는 셔클리는 자신의 수업 시간에 몇 차례 나를 초청해 이 책 내용을 바탕으로 강연하게 해주었을 뿐만 아니라 원고를 읽고 토론할 수 있도록 독서 클럽을 조직하기도 했다. 위에서 언급한 모든 청중들에게서 받은 피드백은 책의 메시지를 구체적으로 다듬어 나가는 데 말로 다할 수 없는 도움이 되었다.

필자의 남편 릭에게도 특별한 고마움을 전한다. 릭의 전문가다운 편집 솜씨 덕분에 여러 가지 면에서 원고가 훨씬 더 좋아졌다.

휴스턴 뱁티스트 대학교의 관계자 분들, 특별히 로버트 슬론 총장과 존 마크 레이놀즈 교무처장에게 감사를 전하고 싶다. 학교에 몸담고 있는 교수이자 학자 신분으로 내가 이 책을 집필할 수 있도록 시간을 확보해 주신 분들이다.

데이비드 C. 쿡 출판사 담당팀, 특히 부발행인 팀 피터슨에게 크게 감사드린다. 출판과 마케팅 과정에 큰 힘이 되어 주고 전문 지식을 발휘해 주었다.

저작권 대리인 스티브 로브와 함께 일할 수 있었던 것은 축복이었다. 지칠 줄 모르는 능력과 열정으로 출판 전 과정을 뒷받침해 주었다.

마지막으로, 우리 가족에게 감사의 빚을 졌다. 책을 펴낼 생각을 하고 어떤 식으로 만들면 좋을지 아이디어를 짜낼 때 모두들 적극적으로 의견을 내주었다. 가족들 모두 사랑과 통찰력으로 나를 도와주었다. 지금까지 펴낸 책들은 다 가족에게 바쳤는데, 이 책 또한 마찬가지다.

주

I. "복음주의 대학에서 신앙을 잃었습니다"

1. 데이비드 키네먼은 이렇게 말한다. "지난 50년 동안의 의미 있는 영적·기술적 변화로 신앙 중도 포기자 문제는 더욱 긴박해지고 있다. 청년들이 신앙을 버리는 시기도 빨라지고, 신앙을 떠나 사는 기간도 길어지고 있다. 설령 신앙으로 돌아온다 해도 교회를 평생 자기 삶의 일부로 여길 가능성도 과거에 비해 적다." "Five Myths about Young Adult Church Dropout", Barna Group, November 16, 2011, www.barna.org/teens-next-gen-articles/534-five-myths-about-young-adult-church-dropouts에 인용됨.
2. Allen C. Guelzo, "The Return of the Will" in *Edwards in Our Times: Jonathan Edwards and the Shaping of American Religion*, ed. Sang Hyun Lee and Allen C. Guelzo(Grand Rapids, MI: Eerdmans, 1999), 133에 인용됨. 문제는, 일반계시를 통해 하나님을 알 수 있음에도 인간은 그 지식을 은폐하고, 그리하여 구속을 필요로 하는 상태에 있다는 점이다. 그것이 바로 우리가 성경, 혹은 특별계시와 더불어 구속의 메시지를 필요로 하는 이유다.
3. Robin Collins, "The Teleological Argument: An Exploration of the Fine-Tuning of the Universe" in *The Blackwell Companion to Natural Theology*, ed. William Lane Craig and J. P. Moreland(Oxford: Blackwell, 2012)를 보라.
4. Dennis Overbye, "Zillions of Universe? Or Did Ours Get Lucky?", *New York Times*,

October 28, 2003. 정교한 조율이라는 말에 함축된 의미를 논박하기 위해 어떤 우주 과학자들은 우리가 사는 이 우주 너머에 또 다른 우주가 여러 개 있다는 의견을 낸다('다중우주 가설'). 그 다른 우주는 대부분 어둡고 아무 생명체도 존재하지 않는 공간이지만, 그중에는 생명이 존재할 수 있는 환경을 갖춘 곳도 있을지 모르며 우리는 우연히 그런 우주 중 한곳에 살게 되었을 뿐이라는 것이다. 물론 이는 전적으로 추론일 뿐이다. 정말로 다른 우주가 존재하는지 알 길이 없기 때문이다. "다중우주 이론은 여느 종교 못지않게 '불신앙 금지'를 요구한다"고 그레그 이스터브룩은 논평한다. "은하 500개 넓이의 보이지 않는 물체의 존재를 믿는 교회 신자가 되라니!" 사람들이 그런 터무니없는 개념을 제시하는 단 한 가지 이유는, 그렇게 해야 '도무지 있을 성싶지 않은 기이한 것'이라는, 우리가 사는 이 우주의 특성이 약화되기 때문이다. Gregg Easterbrook, "The New Convergence", *Wired*, December 2002.

5. George Greenstein, *The Symbiotic Universe: Life and Mind in the Cosmos*(New York: William Morrow, 1988), 85-90, Paul Davies, "A Brief History of the Multiverse", *New York Times*, April 12, 2003. 데이비스는 또 다른 지면에서 말하기를, 자연이 근본적으로 서로 대립하며 존재한다는 사실에 비추어 볼 때 "이 수치들이 이렇게 기적적으로 연합 작용한다는 것은 우주 설계라는 진실에 대한 가장 설득력 있는 증거"라고 한다. *God and the New Physics*(New York: Simon & Schuster, 1983), 189. 정교한 조율에 관해 더 상세한 내용은 Guillermo Gonzalez와 Jay Richards, *The Privileged Planet: How Our Place in the Cosmos Is Designed for Discovery*(Washington, DC: Regnery, 2004), 그리고 필자의 저서 *Total Truth: Liberating Christianity from Its Cultural Captivity*(Wheaton, IL: Crossway, 2004), 188-91를 보라(『완전한 진리』 복 있는 사람).

6. Paul Davies, "The Secret of Life Won't Be Cooked Up in a Chemistry Lab", *Guardian*, January 13, 2013. 이보다 앞서 데이비스는 이렇게 말했다. "시험관에서 화학 성분을 혼합해 생명을 만들어 내려는 시도는 스위치와 전선을 납땜하여 윈도우98을 만들어 내려는 것과 똑같다. 이 시도는 유효하게 작용하지 않을 것이다. 왜냐하면 개념 자체가 잘못된 단계에서 문제를 다루기 때문이다." "How We Could Create Life: The Key to Existence Will Be Found Not in Primordial Sludge, but in the Nanotechnology of the Living Cell", *Guardian*, December 11, 2002.

7. Stephen C. Meyer, *Signature in the Cell: DNA and the Evidence for Intelligent Design*(New York: HarperCollins, 2010)을 보라.

8. Cicero, *On the Nature of the Gods*, bk. II, chap. XXXVII, "The Tusculan

Disputations", C. D. Yonge 역(New York: Harper, 1877), 39.

9. 필자가 Charles Thaxton과 공동 저술한 책 *The Soul of Science*(Wheaton, IL: Crossway, 1994)에서 특히 10장(『과학의 영혼』 SFC출판부), *Total Truth*에서 특히 5-6장(『완전한 진리』 복 있는 사람), 그리고 Chuck Colson, Harold Fickett과 공동 저술한 *How Now Shall We Live?*(Wheaton, IL: Tyndale, 1999)의 6-10장(『그리스도인, 이제 어떻게 살 것인가』 요단출판사)에서 이 문제를 어떻게 다루었는지 보기 바란다. 철학과 문화에 다윈주의 사상이 얼마나 폭넓게 스며들어 있는지를 알려면 *Total Truth* 7-8장, *Saving Leonardo*(Nashville: B&H, 2010) 3, 6장을 보라(『세이빙 다빈치』 복 있는 사람).

10. 유대 기독교와 더불어 "서양 세계에 새로운 사고방식이 소개되었다." 유대 기독교의 하나님은 "일찍이 철학에서 말하는 신적 존재와 매우 다르다. 이 하나님은 추상적인 원리가 아니라 인격적인 하나님이다." C. H. Perlman, *An Historical Introduction to Philosophical Thinking*, Kenneth Brown 역(New York: Random, 1965), 96-97. "그리스-동방 사상의 경우, 신비주의에서든 철학에서든 궁극적인 실체는 우주에 스며 있는, 아니 차라리 우주 그 자체인 어떤 원시적이고 비인격적인 힘…… 말로 표현할 수 없고 불변하며 무감동한 신적 본질이다." 이와 대조적으로 성경의 사상에서 "하나님은 형이상적 원리도, 비인격적 힘도 아니다. …… 히브리인들의 종교는 하나님을 초월적 인격체로 단언한다." Will Herberg, *Judaism and Modern Man: An Interpretation of Jewish Religion*(New York: Boucher, 2007), 48.

11. Étienne Gilson, *God and Philosophy*(New Haven, CT: Yale University Press, 1941), 19-20, 37, 42.

12. Paul Bloom, "Religion Is Natural", *Developmental Science* 10, no. 1(2007): 147-51.

13. Martin Beckford, "Children Are Born Believers in God, Academic Claims", *Telegraph*, November 24, 2008에 인용됨.

14. C. S. Lewis, *Miracles*(New York: HarperCollins, 1974), 150. (『기적』 홍성사)

15. 1930년대를 전후로 지식사회학이라고 하는 새로운 연구 분야에서 왜 학자와 과학자들까지도 객관성이라는 이상에 적응하지 못하고 (흔히 무의식적으로) 이전의 기대와 전제들에 영향을 받는지를 조사하기 시작했다. 지식사회학은 철학자 막스 쉘러(Max Scheler)와 사회학자 카를 만하임(Karl Mannheim)이 창시했다.

16. Thomas K. Johnson, *The First Step in Missions Training: How Our Neighbors Are Wrestling with God's General Revelation*(Bonn: Verlag für Kultur und Wissenschaft, 2014), 23-24를 보라.

17. Margaret Heffernan, *Willful Blindness: Why We Ignore the Obvious at Our Peril*(New York: Walker, 2011)을 보라.
18. Johnson, *First Step*, 23.
19. David Powlison, "Idols of the Heart and 'Vanity Fair'", *Journal of Biblical Counseling*, October 16, 2009.
20. 비슷한 예로 바울은 골로새 교회에 보내는 편지에서도 "음란과 부정과 사욕과 악한 정욕과 탐심이니 탐심은 우상숭배"(골 3:5)라고 경계시킨다. 여기서도 우상숭배는 다른 죄를 몰고 다니는 죄로 묘사된다.
21. *The Larger Catechism of Martin Luther*, Robert H. Fischer 역(Philadelphia: Fortress, 1959), 9.
22. Pericles Lewis, *Religious Experience and the Modernist Novel*(Cambridge: Cambridge University Press, 2010), 36에 인용됨. 예술을 종교로 대하는 경향은 낭만주의와 함께 시작되었는데, 이에 대해 좀 더 상세한 논의를 보고자 한다면 *Saving Leonardo*, 7-8장을 보라(『세이빙 다빈치』 복 있는 사람).
23. John Calvin, *Institutes of the Christian Religion*, 1536 ed(Grand Rapids, MI: Eerdmans, 1995), 4, 17, 36.
24. "고대에는 오늘날 우리가 알고 있는 것과 같은 은행 시스템이 없었다. 돈은 모두 금속으로 만들었다. 금속을 가열해 액체 상태가 되면 동전 틀에 부어서 식힌다. 동전이 다 식으면 울퉁불퉁한 가장자리를 부드럽게 갈아 주어야 했다. 그런데 이 동전이 비교적 연질(軟質)이라서 이를 정밀하게 깎아 내는 사람들이 많았다. 한때 아테네에서는 당시 유통 중이던 동전을 조금씩 깎아 내는 관행을 중단시키기 위해 무려 80개가 넘는 법안을 통과시키기도 했다." 이런 돈은 정해진 중량에 미치지 못했기 때문에 "가치가 떨어졌다"(debased)고 했다. Donald Grey Barnhouse, *Romans: God's Glory*(Philadelphia: Evangelical Foundation, 1964), 18, Blue Letter Bible, s.v. *"dokimos"*, www.blbclassic.org/lang/lexicon/lexicon.cfm?Strongs=G1384&t=NASB에 인용됨.
25. 바꾸었다는 표현에서 바울은 구약성경에 나오는 다음 구절의 의미를 투영하고 있다. "그들이 호렙에서 송아지를 만들고 부어 만든 우상을 경배하여 자기 영광을 풀 먹는 소의 형상으로 바꾸었도다"(시 106:19-20). 바꾸었다는 표현의 근원은 창세기 1:26, 곧 문화 명령으로 인간이 창조 세계에 대해 청지기 직분을 부여받던 장면으로까지 거슬러 올라갈 수 있다. "하나님께서 인간을 창조하사 피조물들을 '다스리

게' 하셨지만, 타락한 우상숭배자들은 이제 동물의 형상 앞에 절을 한다." Richard B. Hays, *Echoes of Scripture in the Letters of Paul*(New Haven, CT: Yale University Press, 1989), 211, 주 26.

26. Richard B. Hays, *The Moral Vision of the New Testament: A Contemporary Introduction to New Testament Ethics*(New York: HarperOne, 1996), 387. 그리스-로마 문화학자인 새러 러덴(Sarah Ruden)은 바울이 당대에서 관측했을 법한 동성애의 주된 형태는 아마 남색 행위였을 것이라고 말하는데, 가장 흔한 것으로는 주인이 어린 남자 노예를 성적으로 학대하는 것이었다. 물론 자유인 소년들도 쉽게 강간의 피해자가 되기는 했지만 말이다. 그리스와 로마 사람들 사이에서 남색 행위에 적극적인 쪽은 그 잔인함과 악함에도 불구하고 박력 있고 남자답다고 칭송받은 반면, 소극적인 쪽(피해자)은 유약하고 역겨운 존재로 여겨졌다. 하지만 바울은 적극적인 쪽도 똑같이 죄인에다 타락한 사람으로 취급하고 있으며, 사실상 동성애를 불법의 한 형태로 정죄하고 있다(로마서 1:18의 '불의'는 흔히 '불법'으로 번역된다). 남색이 로마 문화에서 용인되었고 심지어 가해자가 칭송을 받기까지 했기 때문에 "바울의 이야기를 듣는 로마 교회 청중들은······ 다른 모든 일 중에서도 동성애의 불법성을 말하는 것을 듣고 깜짝 놀랐을 것이다." "No Closet, No Monsters? Paul and Homosexuality", 3장 in *Paul among the People: The Apostle Reinterpreted and Reimagined in His Own Time*(New York: Image Books, 2010).

27. *The Soul of Science*, 184-85에 인용. (『과학의 영혼』 SFC출판부)

28. Roy Clouser, *The Myth of Religious Neutrality: An Essay on the Hidden Role of Religious Belief in Theories*, rev. ed(Notre Dame, IN: University of Notre Dame Press, 2005), 104.

29. 환원주의라고 해서 다 문제가 있는 것은 아니다. 어떤 가설의 구성 요소를 제대로 이해하면 그 가설 전반의 모든 중요 속성을 다 예측할 수 있게 되는 경우도 있다. 무슨 말인가 하면, 어떤 가설은 사실 그 가설을 이루고 있는 부분들의 총합에 지나지 않는다는 것이다. 예를 들어 기체분자운동론(the kinetic theory of gases)을 생각해 보자. 존 폴킹혼(John Polkinghorne)이 말한 것처럼, 우리는 "기체 분자운동론을 이용해 (벌크 물질의 열역학에서 생겨난) 열 개념을 평균적인 기체 분자운동 에너지와 정확히 등가(等價)의 것으로 축소시킬 수 있다." *Interdisciplinary Encyclopedia of Religion and Science*, s.v. "Reductionism", ed. G. Tanzella-Nitti and A. Strumia, 2002, http://inters.org/reductionism.

30. 헤르만 도예베르트는 절대화가 어떻게 환원주의로 이어지는지 다음과 같이 설명한다. 창조 세계에서 궁극적 실재를 찾는 이들은 "실재의 어느 한 측면을…… 완결된 실재로 제시하는 경향을 갖게 될 것이다. 그런 다음 이들은 다른 모든 측면의 의미를 축소하되 다른 모든 측면은 그 절대화된 측면의 또 다른 표현이라고 할 정도까지 축소시킨다. …… 현대 유물론을 생각해 보라. 유물론은 일시적 현실에 속하는 모든 것을 운동 중에 있는 물질의 입자로 축소시킨다. 또 다른 예로 현대의 자연주의적 생명철학을 생각해 보면, 이 철학은 만물을 유기적 생명 발전의 관점이라는 일방적인 측면에서 파악한다. …… [인간은] 상대적인 것을 절대화하고 피조물을 신격화하는 경향이 있다." *Roots of Western Culture: Pagan, Secular, and Christian Options*(Grand Rapids, MI: Paideia Press, 2012), 42.

31. John Horgan, "More Than Good Intentions: Holding Fast to Faith in Free Will", *New York Times*, December 31, 2002. 프랜시스 쉐퍼는 다음과 같은 비유를 한다. 어떤 사람의 세계관이 너무 '협소할' 경우, 이는 사람을 쓰레기통에 구겨 넣으려 하는 것과 비슷하다. 필연적으로 팔이나 다리 하나가 삐져나올 것이다. *True spirituality* in *The Complete Works of Francis A. Schaeffer*(Westchester, IL: Crossway, 1982), vol. 3, 172-73.

32. 제프리 미시로브(Jeffrey Mishlove)와의 인터뷰에서 John Searle, *Thinking Allowed: Conversations on the Leading Edge of Knowledge and Discovery*, 1998, www.williamjames.com/transcripts/searle.htm.

33. 그 학생이 읽고 있던 책은 Gene Edward Veith, *Postmodern Times: A Christian Guide to Contemporary Thought and Culture*(Wheaton, IL: Crossway, 1994)였다.

II. 진리를 확증하는 다섯 가지 원리

원리 1. 우상을 규명하라
신들의 황혼

1. Albert M. Wolters, *Creation Regained: Biblical Basics for a Reformational Worldview* (Grand Rapids, MI: Eerdmans, 1985), 4.
2. Christian Smith and Melinda Lundquist Denton, *Soul Searching: The Religious and Spiritual Lives of American Teenagers*(Oxford: Oxford University Press, 2005), 89.
3. David Kinnaman, *You Lost Me: Why Young Christians Are Leaving Church… and*

Rethinking Faith(Grand Rapids, MI: Baker Books, 2011), 190. 풀러 신학교에서 시행한 한 연구에서 밝혀진 바에 따르면, 10대 청소년들이 대학 진학 후 기독교 신앙을 계속 유지하느냐의 여부를 결정짓는 가장 중요한 단일 요인은, 고등학생 때 품었던 의문에 대한 해답을 발견하느냐 못 하느냐의 여부라고 한다. "대학생 가운데 고등학교 때 이런저런 의문을 표현할 기회가 많았던 학생일수록 신앙 성숙도와 영적 성숙도가 더 높았다." Lillian Kwon, "Survey: High School Seniors 'Graduating from God'", *Christian Post*, August 10, 2006.

4. Bradley Wright, "If People Leave the Faith, When Do They Do It?", Patheos, January 28, 2012, www.patheos.com/blogs/blackwhiteandgray/2012/01/if-people-leave-the-faith-when-do-they-do-it/. 라이트는 신앙을 버릴 가능성이 가장 높은 시기는 17세에서 20세까지임을 보여주는 한 연구 결과를 인용한다. 그다음으로 가능성이 높은 시기는 2년 정도 앞선 연령인 15세에서 16세까지라고 한다. 20세 이후부터는 신앙을 버리는 사람의 숫자가 다소 줄어들다가 26세부터는 마침내 그 숫자가 격감한다.

5. 노트르담 대학교의 '청년과 신앙 연구센터' 소장 크리스천 스미스(Christian Smith)는 오늘날 10대 청소년들은 신앙을 주로 '정서적 필요 충족'의 관점에서 정의한다고 보고한다. 신앙에 대한 이런 일차원적 이해는 '대단히 상대주의적이고 사유화된 문화 풍토'의 산물일 뿐만 아니라 '그 풍토에 이의를 제기하지 않는 청년 지도자들' 때문이기도 하다. Chris Norton, "Apologetics Makes a Comeback among Youth", *Christianity Today*, August 31, 2011에 인용됨.

6. Norton, "Apologetics". Troy Anderson, "A New Day for Apologetics: People Young and Old Are Flocking to Hear–and Be Changed by–Winsome Arguments for the Christian Faith", *Christianity Today*, July 2, 2008도 참고하라.

7. 창조 세계 안에 존재한다고 착각하는 어떤 것, 이를테면 외계인 같은 비현실적이고 상상적인 존재가 우상이 될 수도 있다. 요점은, 만일 그런 존재가 진짜 있다고 해도 하나님보다 못한 존재, 우주의 질서 안에 있는 존재이리라는 것이다.

8. Terry Eagleton, *Culture and the Death of God*(New Haven, CT: Yale University Press, 2014), 119. Andrew Brown, "Religion without a Church? Humanism Almost Qualifies", *Guardian*, August 12, 2014도 참조하라. 헤르만 도예베르트는 우상이란 '피조물을 신화(神化)하고 상대적인 것을 절대화한' 결과물이라고 지적한다. *New Critique of Theoretical Thought*(Ontario, Canada: Paideia, 1984), I:58, 61, 176, II:322, 572. 예를 들어, 계몽주의 시대의 기계론적 유물론은 '기계적 현상을 절대화한 데

서' 비롯되었다. *Roots*, 172-73. 라인홀트 니부어(Reinhold Niebuhr)는 우상숭배를 "어떤 존재의 유한하고 우발적인 요소를 신과 같은 탁월한 지위로 격상시켜, 통일성과 의미를 지닌 궁극적 원리"로 취급하려는 성향으로 정의했다. *The Nature and Destiny of Man*, vol. 1(Louisville: Westminster John Knox, 1996), 164-65. H. 리처드 니부어도 '상대적인 것을 절대화하는' 것에 대해 경고했다. *Christ and Culture*(New York: HarperCollins, 1951), 145(『그리스도와 문화』 IVP). 조지 스타이너(George Steiner)는 현대의 여러 철학들이 '대체 신학' 기능을 한다고 지적한다. 그 대체 신학의 학설은 '세속 메시아들'이 제시하며, 그 신학은 '절대에 대한 향수'를 드러낸다고 한다. *Nostalgia for the Absolute*(Toronto: House of Anansi, 1974), 49. 이 책 1장에는 '세속 메시아'(The Secular Messiahs)라는 제목이 붙어 있다.

9. Timothy Keller, "Talking about Idolatry in a Postmodern Age", *Gospel Coalition*, April 2007, http://old.westerfunk.net/archives/theology/Talking%20About%20Idolatry%20in%20a%20Postmodern%20Age/.

10. 그래서 철학자 데이비드 노글(David Naugle)은 세계관을 가리켜 '마음의 시야'(visions of the heart)라고 했다. *Worldview: The History of a Concept*(Grand Rapids, MI: Eerdmans, 2002), 268ff.

11. "무신론 종교에는…… 소승불교·자이나교·도교·유교 같은 동양 종교가 포함된다." Eric Steinhart, "On Atheistic Religion", Patheos, January 8, 2012, www.patheos.com/blogs/camelswithhammers/2012/01/on-atheistic-religion-2/. 하지만 "신 없는 신앙은 소수 지적 엘리트들에 의해서만 유지되며, 대중적인 형태의 불교·유교·도교에는 여러 신들이 있다." Rodney Stark, "Why Gods Should Matter in Social Science", *Chronicle of Higher Education* 49, no. 39(June 6, 2003). 공직 취임 때 신의 존재를 믿는다는 선서를 강요하는 것이 위헌인지의 여부를 두고 공방을 벌인 Torcaso vs. Watkins(1961) 사건 대법원 판결에서 휴고 블랙(Hugo Black) 판사는 "이 나라에서 일반적으로 하나님의 존재에 대한 믿음으로 간주될 만한 것을 가르치지 않는 종교로는 불교, 도교, 윤리협회운동, 세속 인본주의 등이 있다"고 선언했다. André Comte-Sponville, *The Little Book of Atheist Spirituality*(New York: Penguin, 2006), 2.

12. Hermann Hesse, *Siddhartha*, Hilda Rosner 역(New York: Bantam, 1951), 144. 한편 이들 종교 중에는 도덕적인 가르침을 주는 종교도 많다. 그 가르침의 형이상학적 의미를 이해하기가 아무리 어렵더라도 말이다. 힌두교의 업(業, karma) 개념에는 정

의의 개념이 포함된다. 선한 행위를 하면 선한 업을 쌓게 되고 악한 행위를 하면 악한 업을 쌓게 된다. 뿌린 대로 거둔다는 것이다. 이는 기계적인 법칙에 가까워서, 거의 물리학 법칙과 비슷하다(예를 들어 모든 작용에는 그에 상응하는 반작용이 있다는 것과 같음).

13. 저널리스트 아서 쾨슬러(Arthur Koestler)는 동양인들의 견해는 '보편적인 도덕법을 부인'하고 마침내 '수동적 의미에서 악과 공모'하는 지경에까지 이른다고 평한다. 그는 오래된 선시(禪詩) 한 구절을 들어 동양인의 견해를 설명한다. "옳고 그름을 문제 삼지 말라. / 옳고 그름 간의 갈등은 / 마음의 병이니." *The Lotus and the Robot*(New York: Macmillan, 1960), 272, 270.

14. Stark, "Why Gods Should Matter"에 인용됨. 스타크는 상당량의 추가 증거를 제시한다. "영국 인류학 창시자 에드워드 버넷 타일러(Edward Burnett Tylor), 영국 사회학 창시자 허버트 스펜서(Herbert Spencer) 두 사람 모두 오직 몇몇 종류의 종교에만 도덕적 의미가 함축되어 있다는 점을 밝혀냈다. "교양 있는 현대 지성인들에게 실친적인 종교의 주요 동력이라 할 수 있는 윤리적 요소가 미개인들의 정령 숭배(교)에는 거의 결여되어 있다." 타일러는 이렇게 말했다. "미개한 정령 신앙은 부도덕한 것이 아니라 도덕과 무관하다." 스펜서도 도덕률을 소홀히 여기는 종교가 많다고 지적했으며, 한 걸음 더 나아가 일부 종교는 범죄와 부도덕을 적극적으로 부추기기까지 한다고 완곡히 말했다. "이 시대 인도에는 도므라(Domras) 같은 약탈자들이 있는데, 이들 중 도둑질을 잘하는 이들은 두목신 간다크(Gandak)에게 희생 제사를 바치는 의식으로 그 성과를 축하받는다." …… 뉴질랜드 태생 사회 인류학자 레오 프랭클린 포춘(Reo Franklin Fortune)은 뉴기니 마누스 섬에 대한 탁월한 연구서에서 그 지역 종교의 도덕 측면을 그 지역 전형적인 부족의 도덕성과 비교하면서 "타일러는 대다수 미개 지역에서 종교와 도덕이 독립적으로 유지된다고 했는데, 이는 전적으로 옳은 말"이라고 동의한다. 루스 베네딕트(Ruth Benedict)도 "종교와 도덕의 상관관계를 일반화시키는 것은 종교의 역사를 오해하는 것"이라고 주장했다. 루스 베네딕트는 종교와 도덕이 서로 연관되는 모습은 아마 '고등 윤리 종교'만의 특색일 것이라고 했다. 필리핀의 이푸가오족을 연구한 인류학자 랠프 바튼(Ralph Barton)은 이들이 자기 부족의 거리낌 없는 교환 풍속을 신들의 책임으로 돌리면서 기회가 있을 때마다 신들을 기만한다고 말했다. 호주의 인류학자 피터 로렌스(Peter Lawrence)는 뉴기니의 가리아족은 '죄'라는 것에 대해 아무 개념이 없고 "선행에 대해 내세에서 보상을 받는다는 인식도 없다"는 것을 알아냈다.

15. Xenophanes, Adam Drozdek, *Greek Philosophers as Theologians: The Divine Arche*(Burlington, VT: Ashgate, 2007), 15에 인용됨. Augustine, *City of God*, bk. 3, 3장.
16. 고대 도시국가 카르타고는 페니키아 식민지로서 오늘날의 튀니지 지역에 위치해 있었다. 시칠리아·사르데냐·몰타 같은 페니키아의 다른 식민지들도 고대 이스라엘에서처럼 아이를 제물로 바치는 관습이 있었으며, 구약의 선지자들은 이스라엘의 이 관습을 강력히 비난했다(레 20:2-5, 신 12:31; 18:10, 렘 7:31; 19:4-5; 32:35, 겔 16:20-21; 20:26; 31; 23:37). 수정주의자들(대부분이 튀니지 출신인)은 카르타고에 아이를 제물로 바치는 관습이 있었다는 것은 부인하지만, 새로운 연구는 그 주장이 사실이 아님을 입증하는 듯하다. Sarah Griffiths, "Ancient Greek Stories of Ritual Child Sacrifice in Carthage Are True, Study Claims", *Daily Mail*, January 23, 2014, Maev Kennedy, "Carthaginians Sacrificed Own Children, Archaeologists Say", *Guardian*, January 21, 2014.
17. Clouser, *Myth*, 2장. 창조자 신도 궁극적 실체가 아닐 수 있다. 영지주의는 우주의 질서 안에 최고위 신에서부터 최하위 신 또는 (대개 창조신으로 번역되는) 종속 신에 이르기까지 영적 존재의 단계가 있다고 가르쳤다. 인간이 살고 있는 물질세계를 창조한 것은 바로 이 종속 신이었다. 이 세계는 죽음·부패·파멸의 영역이기 때문에 이 세계를 만든 창조신은 악하다고 일컬어지기까지 했다. 엄밀히 말해 창조신은 진정한 창조자가 아니라 단순한 건축자였다. 물질은 영원하다고 생각되지 않았기 때문이다. 창조신은 그저 형태 없는 물질에 형태를 부여했을 뿐인 것이다.
18. 고대 문화는 다신 숭배 문화가 되기 전에는 일신론을 신봉했다는 증거가 있다. 이는 사람들이 창조주 예배하기를 거부하고 그 대신 피조물에게 예배한다고 바울이 로마서 1장에서 했던 말을 뒷받침해 준다. 최근의 연구로는 Winfried Corduan, *In the Beginning: A Fresh Look at the Case for Original Monotheism*(Nashville: B&H, 2013)을 보라. 일부 학자들은 고대 중국이 유교·도교·불교가 발흥하기 전에는 일신론적 신을 숭배했다고 생각한다. Chan Kei Thong, Charlene L. Fu, *Finding God in Ancient China: How the Ancient Chinese Worshiped the God of the Bible*(Grand Rapids, MI: Zondervan, 2009)을 보라. 존 음비티(John S. Mbiti)는 약 300여 명의 아프리카 주민을 연구한 뒤 "이들 사회에서는 단 하나의 예외도 없이 사람들이 [지고한 존재이자 창조주로서의] 하나님 개념을 가지고 있다"고 결론 내린다. *African Religions and Philosophy*, 2nd ed(New York: Praeger, 1969), 29. 제프리 페린더(Geoffrey Parrinder)도 아프리카 토착 문화는 일신론 문화였다고 주장한다. *African*

Mythology(New York: Peter Bedrick Books, 1991). 그러나 지고한 한 분 신이 존재한다는 가르침이 있어도 다른 한편으로 대다수 전통 종교는 하위의 영 혹은 신이 있다고 가르친다. 이 종교들은 흔히 최고의 신은 자기 백성들과 멀리 떨어져서 백성들을 멀리한다고 가르치며, 이것이 바로 하위 신들을 달래고 얼러야 할 이유라고 말한다.

많은 문화에서 고유의 일신론을 신봉했다는 발견은, 19세기 헤겔의 영향으로 종교가 단순에서 복잡으로(정령신앙에서 다신 숭배를 거쳐 단일신교, 일신론으로) 진화한다고 하는 사람들에게 불신당했다. Gleason L. Archer, *A Survey of Old Testament Introduction*(Chicago, IL: Moody Press, 1975)을 보라. 이 사실이 선교에 대해 어떤 함축적 의미를 지니는지를 알려면 Don Richardson, *Eternity in Their Hearts: Startling Evidence of Belief in the One True God in Hundreds of Cultures throughout the World*, 2nd ed(Venture, CA: Regal, 1984)을 보라.

19. Jonathan Petre, "And after Double Maths It Will Be… Paganism: Schools Told to Put Witchcraft and Druids on RE Syllabus", *Daily Mail*, April 14, 2012.

20. "A Definition of Wicca", Church and School of Wicca, www.wicca.org/Church/define.html. 또 어떤 웹사이트에서는 이렇게 말한다. "마술사들은 절대적인 한 분, 여신이자 남신인 분의 영이 만물 가운데 존재한다고 믿는다. …… [그리고] 우리가 땅의 만물을 신적인 존재의 측면들로 대해야 한다고 믿는다." Herne, "What Is Wicca?", Celtic Connection, http://wicca.com/celtic/wicca/wicca.htm. 오늘날에는 이교 신앙을 가진 자로 자처하면서도 태도는 완전히 세속적이어서 신을 심리적 상징이나 융(Jung)이 말하는 원형으로 대하는 이들도 있다. 예를 들어 그들은 여신을 여성 권한 강화의 상징으로 볼 수도 있다.

21. G. S. Kirk, J. E. Raven, M. Schofield, *The Presocratic Philosophers: A Critical History*, 2nd ed(Cambridge, UK: Cambridge University Press, 1983), 150ff, Eric Temple Bell, *The Magic of Numbers*(New York: Dover, 1946), 85.

22. *Total Truth* 부록 3, '유물론과 기독교 사이의 기나긴 전쟁'을 보라. (『완전한 진리』 복 있는 사람)

23. Aristotle, *Metaphysics*, bk. XI, pt. 7, Plato, *Republic*, bks. VI and VII. 『티마이오스』 (*Timaeus*)에서 플라톤은 물질세계의 기원을 인격적 신에게서 찾는다. 하지만 이 신은 (영지주의에서처럼) 하위 신 혹은 종속 신 혹은 창조신이다. 이 하위 신은 무(無)에서 세상을 창조하지 않았다. 이 신은 그저 이성이 없는 질료에 (합리적 형상의) 이성

을 주입했을 뿐이다. 과학사가 라이여 호위카스(Reijer Hooykaas)의 말처럼 이 신은 두 가지 면에서 손이 묶여 있는 창조신이다. "이 신은 자기 계획이 아니라 영원한 이데아[형상]라는 규범을 따라야 했으며, 둘째로 이 신은 자기가 창조하지 않은 혼돈스럽고 까다로운 질료에 이데아의 인(印)을 찍어야 했다." *Religion and the Rise of Modern Science*(Grand Rapids. MI: Eerdmans, 1972), 3-4.

24. Brian J. Shanley in Thomas Aquinas, *The Treatise on the Divine Nature*, Brian J. Shanley 역(Indianapolis: Hackett, 2006), 244. 어빙 싱어(Irving Singer)는 말하기를, "아리스토텔레스의 존재의 사다리는 순수 질료에서 시작되어 순수 형상에서 정점을 이룬다"고 한다. *The Nature of Love: Plato to Luther*, 2nd ed(Chicago: University of Chicago Press, 2009), 108. 로마노 가르디니(Romano Guardini)는 고대인들이 기독교에서 이해하는 초월에 결코 이르지 못했다고 말한다. "하지만 고대인에게는 우주 자체가 현실의 전부였다." 철학자들도 "우주를 초월하지 못했다." "고대 철학의 절대 본질[형상]은 그 본질이 안정성과 영원성을 부여해 준 존재의 총체성 안에서 영원히 그물에 걸리고 말았다." 예를 들어 플라톤이 말하는 선(善) 개념은 "세상에서 단절되어 있지 않았다. 그 선 개념은 세상의 영원성으로, 궁극적 전체 안에 있는 '저 너머'(beyond)로서 세상에 여전히 내재해 있었다." 마찬가지로, "아리스토텔레스가 말하는 제1운동자(Unmoved Mover)는 그 자체는 움직일 수 없으며, 세상에서 일어나는 모든 변화를 초래했다. 요컨대, 이 제1운동자는 영원히 변화하는 전 우주 자체와 관계될 때만 의미를 지닌다." *The End of the Modern World*(Wilmington, DE: ISI Books, 1998), 1-3, 8. 도예베르트는 아리스토텔레스가 말하는 신을 일컬어 '우상'이라고 했다. *New Critique*, I:122.

25. E. O. Wilson, *Consilience: The Unity of Knowledge*(New York: Vintage Books, 1998), 291. 윌슨은 위의 책 60쪽에서 또 말하기를, "자연은 물리의 단순 보편 법칙으로 체계화되며, 다른 모든 법칙과 원리는 결국 모두 이 법칙으로 환원될 수 있다"고 한다. Jerry Coyne, "Philosopher Thomas Nagel Goes the Way of Alvin Plantinga, Disses Evolution", *Why Evolution Is True*(blog), October 13, 2012, http://whyevolutionistrue.wordpress.com/2012/10/13/philosopher-thomas-nagel-goes-the-way-of-alvin-plantinga-disses-evolution/.

26. John R. Searle, *Mind: A Brief Introduction*(Oxford: Oxford University Press, 2004), 48, Gordy Slack, "What Neo-Creationists Get Right", *The Scientist*, June 20, 2008, 26. Dallas Willard, "What Significance Has 'Postmodernism' for Christian Faith?",

www.dwillard.org/articles/artview.asp?artID=70.

27. "Tysonism", Facebook, https://www.facebook.com/Tysonism.
28. 마르크스 특유의 표현으로, 경제 관계는 토대를 형성하는 반면 사회의 다른 모든 차원은 그저 상부구조일 뿐이다. 필자의 저서 *How Now Shall We Live*?(Wheaton, IL: Tyndale, 1999)에서 마르크스주의를 다루는 24장 'Does It Liberate?'를 참조하라. (『그리스도인, 이제 어떻게 살 것인가』 요단출판사)
29. David Hume, *Inquiry Concerning Human Understanding*, ed. Charles Hendel(Pearson, 1995), 80.
30. 이 연구 조사 보고서는 Anthony Gottlieb, "What Do Philosophers Believe?", *Intelligent Life*, spring 2010에서 볼 수 있다.
31. Donald T. Williams, "Kahless and Christ: On Faith, Fictional and Factual", *While We're Paused*(blog), June 11, 2012를 보라. 월프는 사실(fact)과 가치(value)의 분열을 표현하고 있는데, 이는 필자의 저서 『완전한 진리』 전체를 꿰뚫는 주요 주제다.
32. "우리가 정신적 현실만을 직접적으로 인지한다면 그 어떤 방법으로도 인간이 정신 외의 현실을 알 수 있음을 증명할 길이 없다. 만일 표상론(representationalism, 정신은 정신 밖에 있는 물질적 대상의 정신적 영상[표상]만을 인식할 뿐 대상 자체를 인식하지는 못한다는 주장을 바탕으로 한 철학적 인식론—옮긴이)이 참이라면, 이성도 경험도 우리 정신과 외부 세계 사이의 단절을 메워 주지 못한다." C. Stephen Evans, *Natural Signs and Knowledge of God: A New Look at Theistic Arguments*(Oxford: Oxford University Press, 2010), 28.
33. *The Collected Works of John Stuart Mill*, ed. John M. Robson, vol. 9(Toronto: University of Toronto Press, 1963-91), 183. Clouser, *Myth*, 144, 336을 보라.
34. 철학에서 이는 흔히 '물통 속의 뇌'(brain-in-a-vat) 문제라고 불린다. 당신이 사실은 물통 속에 담긴 뇌인데, 한 미친 과학자가 조종하는 전기 충격에 자극받아 나에게는 몸도 있고 사람들과 사물이 있는 진짜 세상에서 살고 있다 생각하게 된 것은 아닌지 어떻게 아느냐는 것이다.
35. David Hume, *A Treatise of Human Nature*(CreateSpace Independent Publishing Platform, 2012), 37.
36. Ernst Mach, *The Analysis of Sensations* in John T. Blackmore, *Ernst Mach: His Life, Work, and Influence*(Berkeley, CA: University of California Press, 1972), 327 주14. Clouser, *Myth*, 149-50에서 마흐의 논의를 보라.

37. 경험론과 합리론이 예술과 문학에 끼친 영향에 대해서는 Saving Leonardo, 5-6장을 보라. (『세이빙 다빈치』 복 있는 사람)

38. Richard H. Popkin, *History of Skepticism: From Erasmus to Spinoza*(Los Angeles: University of California Press, 1979), Harris Harbison, "The Struggle for Power", 3장 in *The Age of Reformation*(Ithaca, NY: Cornell University Press, 1955)을 보라.

39. 제프리 스타우트(Jeffrey Stout)는 이렇게 말한다. "권위의 위기는 과거에 필연적으로 보이던 것과 완전하고도 철저히 단절하게 만들었다. 그래서 체계적 의심은 상황을 완전히 초월하는 것을 추구했다. 전통이라는 유산을 부적절한 것으로 만들려 했고, 무에서 다시 시작하려 했으며, 역사를 탈피하려 했다." *The Flight from Authority: Religion, Morality, and the Quest for Autonomy*(Notre Dame, IN: University of Notre Dame Press, 1981), 67. *Total Truth*, 부록 1, '미국의 정치는 어떻게 세속화되었는가'(『완전한 진리』 복 있는 사람), *Saving Leonardo*, 137-40(『세이빙 다빈치』 복 있는 사람), 그리고 필자의 강의, "The Creation Myth of Modern Political Philosophy"(6회차 연례 카이퍼 강좌에 응답하며, Washington, DC, 2000)를 참조하라.

40. Michael Oakeshott, *Rationalism in Politics and Other Essays*(Indianapolis: Liberty, 1991), 15에 인용됨. A. W. Ward and A. R. Waller 편, *The Cambridge History of English Literature*(New York: G. P. Putnam's Sons, 1919), 329를 참고하라.

41. 베이컨은 째째한 철학은 사람을 무신론으로 이끄는 경향이 있지만 '깊이 있는 철학'은 사람에게 신앙을 안겨 준다고 호쾌하게 말했던 것으로 알려져 있다. *The Essays of Lord Bacon*(London: Longman and Green, 1875), 64. 독실한 가톨릭교도였던 데카르트는 하나님께서 자신에게 "나는 생각한다, 그러므로 나는 존재한다"는 반박할 수 없는 논리를 제시하셨다고 얼마나 굳게 확신했던지 이탈리아 로레토에 있는 성모 마리아 성지에 순례를 가겠다고 서약했고, 실제로 이 서약을 지켰다. *Total Truth*, 39를 보라(『완전한 진리』 복 있는 사람).

42. Robert C. Solomon, *Continental Philosophy Since 1750: The Rise and Fall of the Self*(Oxford: Oxford University Press, 1988), 5-6. 물론 어떤 의미에서 우리는 모두 의식 경험, 곧 자기가 알고 있는 것에서 출발해야 한다. 하지만 경험적 출발점과 논리적 출발점 사이에는 차이가 있다. 우리는 모두 자신의 체험 안에서부터 지식 탐구를 시작한다. 그러나 논리적 출발점은 우리가 가장 궁극적이고 기본적으로 여기는 것, 곧 모든 실체를 설명하기 위한 하나의 근거를 가리킨다.

43. Karl Popper, *Conjectures and Refutations: The Growth of Scientific Knowledge*(New

York: Routledge, 1963, 2002), 20-21.

44. 랜들은 또 이렇게 덧붙인다. "그래도 이들의 이상은 여전히 하나의 계시 체계였다. 비록 계시 방식은 포기했지만 말이다." John Herman Randall, *The Making of the Modern Mind*(New York: Columbia University Press, 1940), 267. 비슷한 예로 스타우트도 전통의 권위를 포기한 근대 초기 철학자들은 "한 부류의 특권적 주장을 또 한 부류의 특권적 주장으로 대체했을 뿐이다. …… 이들은 무언가 신성한 권위에 대한 인식론적 필요성은 논박하지 않았다"고 말한다. Stout, *Flight*, 75.

45. *Saving Leonardo*, 95에 인용(『세이빙 다빈치』 복 있는 사람). 배경에 대해 더 알고자 한다면 *The Soul of Science*, 139-40을 보라(『과학의 영혼』 SFC출판부).

46. Alvin Plantinga, "How to Be an Anti-Realist", *Proceedings and Addresses of the American Philosophical Association* 56, no. 1.(September 1982): 48. 칸트의 코페르니쿠스적 혁명에 대해 더 자세한 사항은 *Saving Leonardo*, 181-83을 보라(『세이빙 다빈치』 복 있는 사람).

47. Immanuel Kant, *Philosophical Correspondence 1759-1799*, Arnulf Zweig 편역(Chicago: University of Chicago Press, 1967), 254.

48. Anthony Kenny, *An Illustrated Brief History of Western Philosophy*(Malden, MA: Blackwell, 2006), 377. 도예베르트가 말하다시피, 경험론은 "인식론적 허무주의로 귀결된다." *New Critique*, II: 332.

49. Alan Jacobs, "Psychological Criticism: From the Imagination to Freud and Beyond", *Contemporary Literary Theory: A Christian Appraisal*, ed. Clarence Walhout and Leland Ryken(Grand Rapids, MI: Eerdmans, 1991), 99, 119, 98.

50. Ernest Lee Tuveson, *The Imagination as a Means of Grace*(Los Angeles: University of California Press, 1960). 이 단락에 실린 콜리지, 허더, 워즈워스, 예이츠 인용문의 출처에 대해서는 *Saving Leonardo*, 183을 보라(『세이빙 다빈치』 복 있는 사람).

51. Herman Dooyeweerd, *A New Critique of Theoretical Thought*(Ontario: Paideia, 1984), I: 46.

52. B. R. Hergenhahn and Tracy B. Henley, *An Introduction to the History of Psychology*(Belmont, CA: Wadsworth, 2014). 모든 교육 이론도 마찬가지로 어느 한 철학의 적용이다. George R. Knight, *Philosophy and Education: An Introduction in Christian Perspective*, 4th ed.(BerrienSprings, MI: Andrews University Press, 2006)을 보라. 가장 객관적인 학문 분야로 여겨지는 수학조차도 철학에 깊이 영향받아 왔다.

The Soul of Science, 6-7장(『과학의 영혼』 SFC출판부), Clouser, *Myth*, 7장, "Is There a Christian View of Everything, from Soup to Nuts?", *Pro Rege*, June 2003을 보라.

53. C. S. Lewis, *The Screwtape Letters*(New York: HarperCollins, 1996), 2. (『스크루테이프의 편지』 홍성사)
54. 1984년판에서.
55. Richard Bauckham, *Jesus and the Eyewitnesses: The Gospels as Eyewitness Testimony*(Grand Rapids, MI: Wm. B. Eerdmans, 2008)를 보라. (『예수와 그 목격자들』 새물결플러스) 구약성경에도 대중 앞에서 벌어졌기 때문에 경험적 탐구를 가능케 하는 사건들이 많다. 모세가 애굽의 제사장들을 마주했을 때, 그들 앞에서 기적을 행할 수 있었던 모세의 능력은 그가 참되신 하나님을 대변하고 있다는 증명이었다. 엘리야가 갈멜 산에서 바알 선지자들과 대면했을 때, 모두의 눈에 훤히 보이게 일어난 기적 또한 참되신 하나님에 대한 증거가 되었다(벧후 1:16-17; 행 1:21-22; 3:15; 4:20도 보라).

    우리 시대에도 여전히 경험적 증거가 하나님의 존재에 대한 가장 설득력 있는 논거를 제공한다. 설계론에 근거한 논증, 부활의 역사성에 대한 주장, 고고학 및 고대 문서 연구에서 찾아낸 성경의 신뢰성에 대한 증거 등이 바로 그러한 예다.
56. 첫 번째 인용문은 Justin Martyr, *Second Apology*, 13장에서 발췌했다. 실제 원문은 "무엇이든 만인 사이에서 합당하게(혹은 올바르게) 이야기되는 것은 다 우리 그리스도인의 자산이다." 하지만 가장 온전한 진리는 그리스도 안에서 발견된다고 그는 말한다. 두 번째 인용문은 히에로니무스가 만들어 낸 말이다. E. K. Rand, *The Founders of the Middle Ages*(New York: Dover, 1928), 64를 보라.

원리 2. 우상의 환원주의를 규명하라
니체는 어떻게 이기는가?

1. 이어지는 내용은 존 R. 에릭슨과의 직접 인터뷰에서 발췌했고, "Mugged by Nietzsche"(미간행)라는 에릭슨의 글과 그의 회고록 *Small Town Author*(미간행)도 참조했다.
2. Leil Lowndes, "How Neuroscience Can Help Us Find True Love", *Wall Street Journal*, February 14, 2013. Helen Fisher, *Why We Love: The Nature and Chemistry of Romantic Love*(New York: Henry Holt, 2004)도 보라.
3. Richard Rorty, "Thugs and Theorists", *Political Theory* 15, no. 4(November 1987)

: 564-80.

4. 그리고 연구자들은 또 한 그룹을 은밀히 실험에 참가시킨 뒤 이들에게는 "사탕수수와 사탕무는 112개 나라에서 재배된다"는 제어문을 읽게 해서 중립적인 조건을 만들어 주었다. Jesse Bering, "Scientists Say Free Will Probably Doesn't Exist, but Urge: 'Don't Stop Believing!'", *Scientific American*, April 6, 2010. 이 잡지는 또 다른 실험에 대해서도 보고한다. "환원주의, 곧 인간이 뉴런(neuron) 다발에 지나지 않는다는 개념에 대한 가장 보편적인 비판은, 이 개념이 우리로 하여금 우리와 똑같은 인간을 마치…… 그러니까, 마치 뉴런 다발 그 이상은 아닌 존재로 대하게 만든다는 것이다. 샌디에이고 소재 캘리포니아 대학교 종교사회학 교수인 존 에번스(John Evans)는 이 같은 비판이 과연 일리가 있는지 알아보는 실험에 착수했다. …… 그는 어떤 행동에 대한 태도를 유도해 내는 일련의 질문을 던졌다. 참가자들은 죄수들의 동의 없이 죄수들을 실험 대상으로 삼는 것을 찬성했는가? 인간 장기 매매에 대해서는? 돈을 아끼고 싶어 하는 사람들에게 자살을 허용하는 것에 대해서는? 집단 학살을 중지시키기 위해 개입하는 것에 대해서는? 아니나 다를까 환원주의적 입장을 가진 사람들, 곧 인간이 자연에서 특별한 지위에 있다는 것을 부인하고 행동은 오로지 일련의 물리적 작용에 의해서만 결정된다고 믿는 사람들은 인간을 학대하는 행위에 수긍하는 경향이 훨씬 더 높았다. 에번스는 결정론이 그런 입장을 갖게 만드는지의 여부에 대해 결론을 내릴 수가 없었다. 그러나 그는 둘 사이에 상관관계가 있다는 사실만은 명백하다고 말했다." Andrew Ferguson, "The End of Neurononsense", *Weekly Standard*, October 20, 2014.

5. 그 발견이 사실상 자유의지가 실재한다는 증거를 제공한다. 누가 나에게 "하늘을 날 수 있다고 믿어"라고 말한다 해서 내가 하늘을 날 수 있는 것은 아니다. 하늘을 날 능력이 있다고 믿는다고 해서 하늘을 나는 것이 수월해지지는 않는다. 이와 대조적으로, 이 연구가 보여준 것처럼, 나는 남을 속이지 않을 힘이 있다고 믿으면 속이지 않는 것이 수월해진다. 결론을 말하자면, 무엇인가를 행할 능력이 없는데 믿기만 한다고 해서 달라지는 것은 없다. 하지만 있는 능력을 발휘하는 데는 믿음이 도움이 되는 듯하다. 따라서 이 발견은 자유의지의 실재를 뒷받침한다. 이런 통찰을 얻는 데 도움을 준 앵거스 메너지(Angus Menuge)에게 감사한다.

6. 프랜시스 쉐퍼는 서양 사상의 역사를 일련의 이원론으로 분석했다. 쉐퍼의 『이성에서의 도피』, 『거기 계시는 하나님』(생명의말씀사)을 보라. 쉐퍼는 헤르만 도예베르트에게 영감을 받아 그렇게 분석했는데, 도예베르트는 서양 사상에서 세 가지 주요

한 이원론을 규명해 냈다. 하나는 그리스의 질료/형상 이원론이고, 또 하나는 중세의 본성/은혜 이원론, 그리고 마지막으로 칸트의 자연/자유 이원론이다(칸트는 자연을 기계적이고 물질적인 장치의 관점에서 정의했고, 반면에 자유는 인간이 스스로 선택하는 도덕규범의 관점에서 정의했다). 도예베르트의 *Roots*와 *New Critique, passim, and In the Twilight of Western Thought*, 2장(Grand Rapids, MI: Paideia, 2012)을 보라.

7. Nicholas Humphrey, "Consciousness: The Achilles Heel of Darwinism? Thank God, Not Quite" in John Brockman, ed., *Intelligent Thought: Science versus the Intelligent Design Movement*(New York: Vintage, 2006), 58.

8. Colin McGinn, "All Machine and No Ghost?", *New Statesman*, February 20, 2012.

9. Francis Crick, *The Astonishing Hypothesis: The Scientific Search for the Soul*(New York: Touchstone, 1994), 3(『놀라운 가설』 궁리), Daniel Wegner, *The Illusion of Conscious Will*(Cambridge, MA: Massachusetts Institute of Technology, 2002). 웨그너 인터뷰는 데니스 오버바이(Dennis Overbye)가 했으며 "Free Will: Now You Have It, Now You Don't", *New York Times*, January 2, 2007에 실렸다.

10. Steven Pinker, *How the Mind Works*(New York: Norton, 2009), 24 등(『마음은 어떻게 작동하는가』 동녘사이언스), "Is Science Killing the Soul?", Edge.org, April 7, 1999, www.edge.org/3rd_culture/dawkins_pinker/debate_p9.html.

11. 이 사례는 Teed Rockwell, *Dictionary of Philosophy of Mind*, s.v. "Eliminativism", http://philosophy.uwaterloo.ca/MindDict/eliminativism.html에서 인용했다.

12. 창발론은 환원주의의 반대라고 생각할 수 있다. 이 이론은 고급한 현상이 저급하고 덜 복잡한 수준으로 축소된다고 주장하지 않고, 반대로 저급한 수준에서 고급하고 더 복잡한 수준이 생겨난다고 주장한다. 과학자들은 창발에는 약한 창발과 강한 창발이라는 두 가지 유형이 있다고 규정한다. 약한 창발의 예는 물이다. 상온에서 수소와 산소는 기체다. 우리가 아는 게 그것뿐이라면, 수소와 산소가 화학반응을 일으켜 액체(H_2O)를 만들어 낼 것이라고 예상하지 못할 것이다. 하지만 이 결과는 애초의 물리 조건 위에서 작용하는 통상적인 자연법칙에 의해 전적으로 결정된다.

이와 대조적으로 강한 창발은 인간의 정신이나 지각처럼 통상적인 자연법칙으로 설명될 수 없는 현상에 관한 주장이다. 철학자 데이비드 차머스(David Chalmers)가 말하는 것처럼, 강한 창발은 "(물리법칙에 따라) 미립자와 장(場)이 시공간에 정확히 분포되는 것에 관한 사실들에서 그 존재가 유추되지 않는 현상"을 포함한다.

이는 "이 현상을 설명해 줄 새로운 기본 자연법칙이 필요"함을 시사한다. 하지만 누구도 그 '새로운 기본 자연법칙'을 발견하지 못했다("Strong and Weak Emergence", http://consc.net/papers/emergence.pdf).

13. J. P. Moreland, "The Argument from Consciousness" in *Debating Christian Theism*, ed. J. P. Moreland, Chad Meister, and Khaldoun A. Sweis(Oxford: Oxford University Press, 2013)를 보라. Douglas Groothuis, *Christian Apologetics: A Comprehensive Case for Biblical Faith*(Downers Grove, IL: InterVarsity, 2011), 17장.

14. Evan Fales, "Naturalism and Physicalism" in *The Cambridge Companion to Atheism*, ed. Michael Martin(Cambridge: Cambridge University Press, 2007), 120. 페일스는 그저 인간의 지각은 자연적인 것이라 판결함으로써 이 신비를 해결하려고 한다. "그런 과정은 분명 지각을 낳았고…… 지각은 자연 현상임이 분명하다."

15. Colin McGinn, *The Problem of Consciousness*(Oxford: Basil Blackwell, 1993), 45, *The Mysterious Flame*(New York: Basic Books, 1999), 13-14.

16. Mark A. Bedau, "Weak Emergence" in J. Tomberlin, ed., *Philosophical Perspectives: Mind, Causation, and World*, vol. 11 MA: Blackwell, 1997), 375-99. 다양한 형태의 창발론에 대해 좀 더 상세하게 논의한 책으로 J. P. Moreland, *Consciousness and the Existence of God: A Theistic Argument*(New York: Routledge, 2008)를 보라.

17. Galen Strawson, *Real Materialism and Other Essays*(Oxford: Oxford University Press, 2008), 6.

18. Thomas Reid, *An Inquiry into the Human Mind*, ed. Derek R. Brookes(University Park, PA: Pennsylvania State University Press, 1997), 215-16.

19. 철학자 김재권이 문제점을 자세히 설명한다. 유물론이나 자연주의를 포용하는 많은 철학자들은 지각이 현실이라는 것을 부인하면서 정신의 상태는 허구라고 주장한다. 그러는 한편 그들은 "과학과 형이상학에서 지각이 차지하는 저급한 위치를 도덕철학과 가치 이론에서 지각이 차지하는 고결한 위상과 대조시킨다." 무엇이 본원적으로 선하며 무엇이 인생을 살 만한 가치가 있는 것으로 만들어 주는가를 철학자들이 논할 때 늘 나오는 답변은 행복이나 사랑이나 의미이고, 심지어 단순한 쾌락이라는 답변이 나오기도 한다. 그러나 이런 것들은 모두 지각 체험의 한 측면이다. "지각 체험이라는 우리가 체감하는 속성, 어쩌면 우리에게 궁극적으로 중요한 건 이것뿐일 텐데, 이것이 다른 철학에서는 흔히 '부차적 속성'으로 분류되어 현실과 비현실 사이의 애매한 지대에 놓이거나 심지어 공공연히 버

려지기도 한다는 것은 매우 아이러니한 사실이다." *Physicalism, or Something Near Enough*(Princeton, NJ: Princeton University Press, 2005), 10-12.

20. Arthur Schopenhauer, *The World as Will and Representation*, vol. 2(Mineola, NY: Dover, 1958), 13. 마찬가지로, 가톨릭 소설가 워커 퍼시도 이렇게 말한다. "데카르트 시대 이후 자아는 우주 안에 있는 다른 모든 것에서 갈라져 나온 채 오도 가도 못 하는 상태이고, 육체와 은하계에 정통하다고 공언하는 인간 지성은……그 무엇과도 연결되지 못한 채 우주에 고립되어 있다." *Lost in the Cosmos: The Last Self-Help Book*(New York: Picador, 1983), 47.

21. Ian Barbour, *Issues in Science and Religion*(New York: Harper & Row, 1972), 67. 낭만주의 범신론에 대해 더 자세한 것은 M. H. Abrams, *Natural Supernaturalism : Tradition and Revolution in Romantic Literature*(New York: Norton, 1971)을 보라. 낭만주의자들은 이런 입장을 과학적으로 뒷받침하기 위해 라이프니츠의 연구 성과에 천착했다. 라이프니츠는 뉴턴과 동시대인이었는데, 뉴턴에게는 만물이 원자, 곧 작고 단단한 물질 입자로 구성되어 있었던 반면, 라이프니츠에게 만물은 단자, 곧 영적 혹은 정신적 에너지의 작은 핵으로 구성되어 있었다. 단자(monad)라는 말은 신플라톤주의에서 파생된 것으로, 라이프니츠는 자연이 영혼 또는 정신이 스며들어 있는 거대한 유기체라는 말을 하기 위해 이 용어를 차용했다. "육체의 온전한 본성은 외연, 곧 크기와 생김새와 동작 면에서만 규명되는 것이 아니다"라고 그는 말했다. 육체에서 "영혼에 조응하는 무언가를 인식해야 한다"는 것이다. *The Soul of Science*, 84를 보라(『과학의 영혼』 SFC출판부).

22. Randall, *Making*, 419.

23. Walker Percy, *Signposts in a Strange Land*(New York: Picador, 1991), 278. 전 교황 요한 바오로 2세는 노련한 철학자였다. "교황은 서양 철학의 양대 흐름(실재론과 관념론)이 철저하게 갈라선 것은 인간 체험의 두 측면 중 어느 하나를 절대화한 데서 발생했음을 지적한다." 여기서 인간 체험의 두 측면이란 외적 체험(물질세계를 절대화함)과 내면 체험(지각을 절대화함)을 말한다. Jaroslaw Kupczak, *Destined for Liberty: The Human Person in the Philosophy of Karol Wojtyla/John Paul II*(Washington, DC: Catholic University Press, 2000), 76. Rocco Buttiglione, *Karol Wojtyla: The Thought of the Man Who Became Pope John Paul II*(Grand Rapids, MI : Eerdmans, 1997), 68, 72도 참고하라. 좀 더 상세한 논의는 *The Legacy of John Paul II : An Evangelical Assessment*, ed. Tim Perry(Downers Grove, IL: InterVarsity, 2007)에 실

린 필자의 글 "*Evangelium Vitae*: John Paul II Meets Francis Schaeffer"를 보라.

24. 두 철학 전통이 예술과 인문학을 통해 어떻게 표현되는지 추적하면서 이를 좀 더 상세히 다룬 글로는 *Saving Leonardo*, 4-9장을 보라. (『세이빙 다빈치』 복 있는 사람)

25. 아서 러브조이(Arthur Lovejoy)는 낭만주의의 특징적인 면이 "신플라톤주의의 직접적인 영향을 부활시킨 것"이라고 했다. *The Great Chain of Being: A Study of the History of an Idea*(Cambridge, MA: Harvard University Press, 1964), 297. 폴 리프(Paul Reiff)는 이렇게 말한다. "어떤 사람을 낭만주의 이해의 '열쇠'가 될 만한 인물로 거명해야 한다면, 그 명칭에 합당한 사람은 (신플라톤주의 창시자) 플로티노스뿐이다." Abrams, *Natural Supernaturalism*, 428에 인용됨.

플로티노스가 창시한 신플라톤주의는 그리스 사상이 중세 시대 내내 (아우구스티누스, 오리게네스, 위-디오니시우스[Pseudo-Dionysius], 요하네스 스코투스 에리우게나, 그리고 갑바도기아 교부들을 포함한) 기독교 신학자들에게 영향을 끼칠 수 있었던 주요 수단이었다. 다른 철학들, 이를테면 아리스토텔레스 학파 철학도 아리스토텔레스의 추가 저작들이 (12세기에) 아랍어 번역으로 나오고, (13세기에) 콘스탄티노플에서 헬라어본이 나오기까지는 전형적으로 신플라톤주의의 렌즈를 통해 사람들에게 읽혔다. 신플라톤주의는 피렌체에 있는 플라톤 아카데미의 중심 사상으로도 자리 잡았으며, 이 아카데미는 르네상스 출범에 크게 기여했다. 근대 과학이 탄생할 때 신플라톤주의는 파라셀수스(Paracelsus)와 판 헬몬트(Van Helmont) 같은 초기 화학자, 천문학자인 코페르니쿠스와 케플러, 그리고 라이프니츠와 뉴턴 같은 다양한 인물들에게 영향을 끼쳤다(*The Soul of Science* 참조, 『과학의 영혼』 SFC출판부). 그러므로 낭만주의자가 여전히 신플라톤주의를 실용적인 지적 선택안으로 여겼다는 것은 놀라운 일이 아니다.

로이드 거슨(Lloyd Gerson)은 이렇게 요약한다. "이탈리아 르네상스 철학자들, 15-16세기의 인문주의자 존 콜릿(John Colet), 로테르담의 에라스무스, 17세기 케임브리지의 플라톤주의자 토머스 모어, 그리고 독일의 관념론자, 특히 헤겔의 글에서 플로티노스의 사상은 (때로 부지불식 중) 점점 영향력을 늘려 가는 경쟁 전통인 과학 철학에 대적하기 위한 토대였다." "Plotinus", The Stanford Encyclopedia of Philosophy, ed. Edward N. Zalta, summer 2014 ed., http://plato.stanford.edu/archives/sum2014/entries/plotinus/.

26. 러브조이의 *Great Chain*을 보라. 기술적으로 신플라톤주의는 범신론이 아니라 만유내재신론이다. 이 둘은 어떻게 다른가? 고전적 범신론에서 물질세계는 환상이

다. 그런데 만유내재신론에서는 물질세계가 실제이되 신적 존재가 실체화된 것으로 그 안에 영(靈)이 스며들어 있다. 한 예로 겨울철 샘의 맨 위 층은 얼어붙어 있는데 그 얼어붙은 층 아래로 샘물이 작은 폭포가 되어 떨어지는 것을 생각해 보라. 얼음은 물 자체가 굳어진 것인 반면 물은 그 표면 아래서 계속 흐른다.

비인격적 본질은 지각적으로 의지를 갖거나 행동할 수 없는데 어떻게 세상을 창조하는가? 신플라톤주의는 만물의 본원이 존재로 '충만'하기 때문에 필요에 따라 그 어떤 지각적 의도 없이 자동적으로 다른 존재를 발출시킨다고 답변한다. 태양이 빛을 비추고 샘이 물을 분출하는 것처럼 말이다. 신약성경이 기록되던 시대의 문화적 분위기 속에 이런 관념들이 자리 잡고 있었는데, 특히 초기 영지주의가 그러했다. 골로새서에서 바울은 "왕권들이나 주권들이나 통치자들이나 권세들"(1:16)에 대해 이야기하는데, 이는 만물의 본원이 그 존재의 '충만함'에서 발출시키는 (비교적 고차원의) 영적 실체를 언급하는 말이다. 사실 '충만'(헬라어 *pleroma*)은 이러한 고차원의 영적 실체의 총합을 묘사하는 기술적인 용어다. 그러므로 바울이 그리스도 안에 "신성의 모든 충만[플레로마]이 육체로 거하"신다고(골 2:9) 했을 때, 이는 영지주의에서 그 표현을 전용하여 전폭적으로 신성은 만물의 본원에서 나오는 다양한 영적 발출물에 거하는 것이 아니라 오직 그리스도 안에만 거한다고 선포하는 말인 것이다.

27. Eagleton, *Culture and the Death of God*, 96, Ralph Waldo Emerson, "The Over-Soul" in *Self-Reliance, the Over-Soul and Other Essays*(Claremont, CA: Coyote Canyon, 2010), 56.

28. *Great Chain*, 9장, 242-87에 실린 러브조이의 "The Temporalizing of the Chain of Being"을 보라. 에스컬레이터 비유는 Mary Midgley, *Evolution as a Religion*(London: Methuen, 1985)에서 나왔다. *How Now Shall We Live?*에 기고한 장에서 필자는 일부 근대적 관념들이 에스컬레이터 신화의 변용이며, 유명한 마르크스주의와 여러 해방 운동도 이 신화의 분파들임을 밝혔다. 23-29장을 보라(『그리스도인, 이제 어떻게 살 것인가』 요단출판사).

29. Friedrich Nietzsche, *The Gay Science*, bk. 5, aphorism 357. 헤겔 때문에 유럽에서는 다윈이 등장하기 전부터 이미 진화론의 범주 안에서 사고하는 이들이 많았고, 이들은 누군가가 등장하여 그 퍼즐에서 생물학적인 부분을 맞춰 주기를 기다리고 있었다. Georg Wilhelm Friedrich Hegel, *Philosophy Works(3 in 1)*, William Wallace 역(Oxford: Clarendon Press, 1894), *Philosophy of Right*, sect. 342. '마음'(Mind)은 독

일어 가이스트(Geist)를 번역한 말로, 이 단어는 영어 ghost와 어원이 같으며 정신(spirit) 혹은 마음(mind)으로 번역된다.

30. John Herman Randall, *Philosophy after Darwin*(New York: Columbia University Press, 1977), 8.

31. "고전적인 과학의 이상이 기계적 움직임의 측면을 절대화한 것처럼, 역사학의 이상은 역사의 측면을 절대화했다. Dooyeweerd, *Roots*, 183. 헤겔의 역사결정론의 선구자들에 대해서는 John Passmore, *The Perfectibility of Man*, 3rd ed.(Indianapolis: Liberty Fund, 2000) 11장에 실린 "Progress by Natural Development: From Joachim to Marx"를 보라.

32. Passmore, *Perfectibility*, 369.

33. Steven Pinker, "The Trouble with Harvard", *New Republic*, September 4, 2014.

34. Solomon, *Continental Philosophy*, 57. 예를 들어, 헤겔에게 도덕은 "합리적 원칙의 문제가 아니라 [특정 공동체에서] 가치·정서·풍습을 공유하는 삶의 한 부분"이다(70). Hegel, *Philosophy of Right*, sect. 344. "헤겔의 관념론에서 역사란 꼭 필요한 변증법적 과정을 통해 절대정신이 전개되는 것으로, 이 틀에서는 개별 인간의 자유나 중요성을 말할 여지가 거의 없다." Thomas Williams and Jan Olof Bengtsson, "Personalism" in *The Stanford Encyclopedia of Philosophy*, November 12, 2009.

35. 헤겔의 사상이 세속화한 것은 부분적으로 그의 추종자들의 작품이었는데, 그 중에는 마르크스 같은 유물론자도 있었다(마르크스는 반대로 물질의 힘이 관념을 형성한다고 제안함으로써 자신이 "헤겔의 사상을 근본부터 뒤엎었다"고 즐겨 말했다). 또 어떤 추종자는 절대정신의 규모를 서서히 축소시켜 나갔다. 처음에는 인간의 인식이 절대정신이 되었고, 더 나아가 현상학은 인간의 인식을 절대화했다(후설은 인식을 '절대 존재'로 말했다). 그리고 이어서 절대정신은 개별적 인식이 되었고, 실존주의는 자아를 절대적인 것으로 취급했다. 메를로 퐁티(Merleau-Ponty)는 "나는 절대 근원"이라고 말했다. Solomon, *Continental Philosophy*, 9, 12장을 보라.

36. 헤겔에게 "개별적 인간이란 오로지 특정 공동체 안에 있는 그런 사람으로만 존재할 수 있다. 개별적 인간은 사회 질서의 전제라기보다 사회 질서의 산물이다." David West, *Introduction to Continental Philosophy*, 2nd ed.(Malden, MA: Polity, 2010), 40. 헤겔에게는 기독교도 인식의 진화를 신화적으로 이야기하는 하나의 방식에 지나지 않는다. 예수의 죽음과 부활이라는 서사 시퀀스의 진짜 의미는 "이것이 개별적 인식의 부정(죽음)과 …… 개별적 인식이 공동체 인식인 일반 정신으로

나아감(부활)을 나타낸다는 것이다." Hans Frei, *The Eclipse of Biblical Narrative: A Study in Eighteenth and Nineteenth Century Hermeneutics*(New Haven, CT: Yale University Press, 1974), 318.

37. Dooyeweerd, *Roots*, 179. 도예베르트는 포스트모더니즘이 발흥하기 전에 글을 썼지만, 낭만주의에 이미 그런 트렌드가 분명히 드러나고 있다는 것을 알아챘다. "낭만주의는 [계몽주의 시대로부터의] 자율적이고 별 특징 없는 '개인의' 복음을 자율적이고 개별적인 '공동체의' 복음으로 대체시켰다." *Roots*, 178-79.

38. Stanley J. Grenz, *A Primer on Postmodernism*(Grand Rapids, MI: Eerdmans, 1996), 8. 테리 이글턴은 말하기를, 포스트모더니즘에서 문화는 "일종의 절대자로 작용한다"고 한다. 그리고 덧붙이기를, 이런 점에서 포스트모더니즘은 관념론을 계승했음을 보여준다고 한다. 관념론에서 "문화는 하나님을 일컫는 세속적 이름"이니 말이다. *Culture and the Death of God*, 191, 77. Rorty, "Solidarity or Objectivity" in *Objectivity, Relativism, and Truth*(Cambridge: Cambridge University Press, 1991), 23.

39. Don Cupitt, *Is Nothing Sacred? The Non-Realist Philosophy of Religion*(New York: Fordham University Press, 2002), 34. J. P. 모어랜드와 윌리엄 레인 크레이그의 말에 따르면, 서양 사상의 양대 흐름은 "계몽주의에서 말하는 자연주의와 포스트모던 시대의 반(反)실재론"이다. *Philosophical Foundations for a Christian Worldview*(Downers Grove, IL: InterVarsity, 2003), 1.

40. Nietzsche, "On Truth and Lie in a Nonmoral Sense"(1873), *Philosophy and Truth: Selections from Nietzsche's Notebooks of the Early 1870s*, Daniel Breazeale 편역 (Atlantic Highlands, NJ: Humanities, 1979), 88.

41. 철학자 로저 스크러튼(Roger Scruton)은 이렇게 말한다. "일인칭 확실성(first-person certainty)이라는 것이 있어 철학 탐구의 출발점을 제공한다는 가설이…… 마침내 철학의 중심에서 제거되었다." *A Short History of Modern Philosophy: From Descartes to Wittgenstein*(New York: Taylor & Francis, 2002), 292. *The Promise of Hermeneutics*(Grand Rapids, MI: Eerdmans, 1999)에 실린 로저 런딘(Roger Lundin)의 논의, "Interpreting Orphans: Hermeneutics in the Cartesian Tradition"를 보라.

42. Katherine Timpf, "Harvard Plans 'Mandatory Power and Privilege Training' for Poli-Sci Students", *Campus Reform*, May 13, 2014.

43. "칸트를 읽을 정도로 성숙한 청소년이라면 그 책이 집필될 당시의 역사적 정황을 인지하고, 비윤리적이거나 편협하거나 혹은 과학적인 면에서 현대인에게는 시

대에 뒤떨어진 것으로 여겨지는 진술에 비판적으로 접근할 능력이 있기를 바라게 된다. 자녀에게 칸트의 저서를 사 주는 부모라면 출판사가 주의를 주지 않더라도 위와 같이 할 수 있기를 누구나 바랄 것이다." Josh Jones, "Publisher Places a Politically Correct Warning Label on Kant's Critiques", *Open Culture*, March 20, 2014.

44. Dallas Willard, "What Significance Has 'Postmodernism' for Christian Faith?", www.dwillard.org/articles/artview.asp?artID=70.
45. Richard Rorty, *Contingency, Irony, and Solidarity*(Cambridge: University of Cambridge Press, 1999), 22.
46. Rorty, *Contingency*, 21.
47. Dooyeweerd, *New Critique*, I:58, n. 3.
48. 열반(nirvana)은 "욕망 혹은 개인적·개별적 존재가 없고 그런 것을 초월하는 상태다." "불교와 힌두교 사이에는 엄청나 차이가 있지만 (그리고 두 종교 안에 각각 존재하는 다원주의에도 불구하고), 불교에서 말하는 열반이나 힌두교의 해탈(moksha)이라는 각성 체험을 하기 위해서는 자기의 개별성, 곧 인격을 부인해야 한다는 공통점이 있다." 개인의 인격적 현존은 "비인격적 신 속으로 녹아들어 간다." Groothuis, *Christian Apologetics*, 385-87.
49. Ivan Granger, "Li Po-The Birds Have Vanished into the Sky[the title of the poem]", *Poetry Chaikhana Blog*, March 18, 2013, www.poetry-chaikhana.com/blog/2013/03/18/li-po-the-birds-have-vanished-into-the-sky-2/. 그랜거는 또 말한다. "'산'은 마침내 나의 참 자아, 나의 유일한 자아, 영원한 존재로 인식된다." 즉, 나의 개별적 자아는 범신론적 신 속으로 용해되는 것이다.
50. Lit-sen Chang, *Zen-Existentialism: The Spiritual Decline of the West*, Walter R. Martin, *Kingdom of the Cults*, revised, updated, and expanded(Grand Rapids, MI: Bethany, 2003), 309에 인용됨.
51. 인격주의(personalism)라고 하는 한 철학 동향은 계몽주의나 낭만주의 세계관 모두 인간을 비인간화한다고 지적했다. "인격주의는…… 합리적이고 낭만적인 형태의 범신론과 관념론 형식으로 계몽주의와 낭만주의를 지배하게 된 여러 가지 비인격적 철학이라 할 만한 것들에 널리 비판적으로 대응한다는 맥락에서 등장했을 뿐이다. …… 그래서 인격주의는 사람을 비인간화한다고 여겨지는 비인격주의 사상 양식에 대한 하나의 반동으로 생겨났다. 합리적이고 낭만적인 형태의 현대 범신론

과 일원론의 비인격적 동력이 수많은 현대 철학의 기저에 깔려 있는데, 인격주의는 유물론 철학이든 관념론 철학이든 그런 철학들에 등을 돌린다. …… 인격주의를 대체로 그런 식으로 여기게 만드는 어떤 뚜렷한 특징들이 간파된다. 인격체와 비인격체 사이에 근본적인 차이가 있다는 주장, 사람을 비인격의 영적 혹은 물질적 요소로 환원시킬 수 없음을 강조하는 것도 인격주의에 포함된다." Williams and Bengtsson, "Personalism", *Stanford Encyclopedia of Philosophy*.

52. 코란에서 천사 가브리엘은 자신이 "이전 성서(previous scriptures)를 확증한다"(수라 2:97)고 주장하는 것으로 그려진다. '이전 성서'는 히브리어 토라, 다윗의 시편, 그리고 예수 그리스도의 복음서다(수라 4:163, 5:44-48).

53. 수라 4:171.

54. Seyyed Hossein Nasr, *Islam: Religion, History, and Civilization*(New York: HarperOne, 2002), 3, 6. *Total Truth*, 부록 2도 보라(『완전한 진리』 복 있는 사람). 이슬람으로 개종한 프랑스 철학자 르네 게농(René Guénon)은 비인격적 절대자라는 신 개념이 서양의 신플라톤주의와 동양의 힌두교, 그리고 중동의 이슬람교를 하나로 묶어 주는 공통의 핵심 요소라고 주장한다. Parviz Morewedge, ed., *Neoplatonism and Islamic Thought: Studies in Neoplatonism, Ancient and Modern*, vol. 5(New York: SUNY, 1992), Majid Fakhry, *Al-Farabi, Founder of Islamic Neoplatonism: His Life, Works and Influence*(Rockport, MA: Oneworld, 2002), Ian Richard Netton, *Muslim Neoplatonists: An Introduction to the Thought of the Brethren of Purity*(Ikhwan Al-Safa')(New York: Routledge, 2003)를 보라. 이해를 돕기 위해 네튼이 이를 요약한 글이 있는데, "Neoplatonism in Islamic Philosophy", Islamic Philosophy Online, www.muslimphilosophy.com/ip/rep/H003.htm에서 볼 수 있다.

55. C. S. Lewis, *Mere Christianity*(New York: HarperOne, 2000), 174(『순전한 기독교』 홍성사). 동일한 지적 약점이 유니테리언파와 이신론을 에워싸고 있는데, 많은 서양인들에게 이 두 체계는 순수한 기독교 유신론에서 노골적 무신론으로 가는 디딤돌 역할을 했다.

56. Robert Letham, *The Holy Trinity: In Scripture, History, Theology, and Worship* (Phillipsburg, NJ: P&R, 2004), 444-46. 비슷한 맥락에서 신학자 피터 툰(Peter Toon)은 이렇게 말한다. "인격성에 대한 기독교의 이해는 하나님이신 삼위라는 기독교 교리에서 나온다. …… 하나님이 단순히 단자(單子)라면, 그렇다면 그 하나님은 인격체이실 수 없거나 인격체에 대해 아실 수 없다. 인격체이기 위해서는 단일성과 더

불어 타자(他者)가 함께 존재해야 하고, 그 하나는 타자와 관계를 맺고 있어야 한다." *Our Triune God: A Biblical Portrayal of the Trinity*(Vancouver: Regent College Publishing, 1996), 241. Anthony Thiselton, *Interpreting God and the Postmodern Self: On Meaning, Manipulation and Promise*(Grand Rapids, MI: Eerdmans, 1995), 23장, "Further Issues on 'Interpreting God': Christology and Trinity"도 보라. 앙리 블로쉐(Henri Blocher)는 이렇게 논평한다. "하나님이 하나와 다수라는 영원한 양극성에 붙들려 있으면…… 그 하나님은 진정한 독립성, 절대적 탁월함과 궁극성을 주장할 수 없다. 그 하나님은 자기 자신이 아닌 또 다른 원리와의 관계에 의해 정의되며, 그 하나님은 다원 세계와 더불어 보다 광범위한 전체에 포함된다. 즉, 그 하나님은 상호 의존 관계에 있는 하나님인 것이다. 하나님이 자립적이고, 자충족적이고, 자족적인 분이려면…… 통일성과 다양성 둘 모두의 토대가 되어, 자기 자신 안에 그 두 가지를 영원히 가지고 있어야 한다." 즉, 하나님은 삼위일체여야 하는 것이다. "Immanence and Transcendence in Trinitarian Theology" in *The Trinity in a Pluralistic Age: Theological Essays on Culture and Religion*, ed. Kevin J. Vanhoozer(Grand Rapids, MI: Eerdmans, 1997).

57. Williams and Bengtsson, "Personalism", *The Stanford Encyclopedia of Philosophy*. 이는 왜 수많은 이슬람 철학자들이 신플라톤주의와 또 비인격적인 신적 본원(the divine One) 개념을 채택하는지 그 이유를 설명해 준다.

58. Udo W. Middelmann, "The Islamization of Christianity", Francis A. Schaeffer Foundation, www.theschaefferfoundation.com/footnote4_1.php.

59. "어느 누구도 아이들이 코란의 의미를 이해하는 것이 중요하다고 생각하지 않았다. 사실 어른들도, 심지어 위대한 신학자들도 코란의 전체 의미의 단편들만 이해한다. 교육에서 중요한 것은 하나님의 말씀을 외우는 것이다. 실제로 발화된 말은, 암송이 두 번째 본성이 될 만큼 기계적으로 암기함으로써 배워야 한다. …… 가장 본질적인 공식 학습은 거룩한 말씀을 외우는 것이라고 늘 인식되었다. 그 말씀의 의미를 이해하든 못하든 말이다." Sachiko Murata and William C. Chittick, *The Vision of Islam*(New York: Paragon, 1994), xvi, xviii, xxxvii-xxxviii.

사회학자들은 기계적 의례에 초점을 맞추는 것은 비교적 덜 인격적인 신 개념을 가진 종교의 전형적인 특징이라고 말한다. 이런 종교들은 의례와 성스러운 형식을 준수할 때 엄밀함을 강조하는 경향이 있다(신의 노여움을 가라앉히는 의식은 마술 비슷한 것이 되며, 이 마술은 인격적 존재와의 상호 소통이 아니라 힘을 조작하는 행위를 필연적으로 포함한다). 이와 대조적으로, 지극히 인격적인 하나님이 계신 종교는 의례의 엄밀함을 비교적 덜 따진다. 예배자의 마음의 의도를 아시는 인격적 존재께서는 즉흥적인 간구나 자발적이고 자연스러운 기도에 반응하실 것이기 때문이다. Stark, "Why Gods Should Matter in Social Science"를 보라. Justin L. Barrett, "Smart Gods, Dumb Gods, and the Role of Social Cognition in Structuring Ritual Intuitions", *Journal of Cognition and Culture* 2, no. 3(2002): 183-93도 참조하라.

60. Richard Schweder, "Atheists Agonistes", *New York Times*, November 27, 2006.
61. Stéphane Courtois, Nicolas Werth, Jean-Louis Panné, Andrzej Paczkowski, Karei Bartošek, Jean-Louis Margolin, *The Black Book of Communism*(Cambridge, MA: Harvard University Press, 1990)을 보라. 그리고 R. J. Rummel, *Death by Government*(New Brunswick, NJ: Transaction 1996), Jung Chang and John Halliday, *Mao: The Unknown Story*(New York: Random, 2006)도 참조하라.
62. Gilson, *God and Philosophy*, 136.
63. Aldous Huxley, *The Devils of Loudun*(New York: HarperCollins, 1952), 123.
64. John Gray, "The Atheist Delusion", *Guardian*, March 14, 2008.
65. 종노릇하게 만드는 그 명에는 심지어 마귀의 명에일 수도 있다. 성경은 흔히 우상을 영적 세력의 선두로 취급한다. 구약성경에서 시편 기자는 이스라엘 백성들이 마귀에게 자기 자녀를 제물로 바쳤다고 말한다. "그들이 그들의 자녀를 악귀들에게 희생제물로 바쳤도다. …… 그들의 자녀의 피를 흘려 가나안의 우상들에게 제사하므로"(시 106:37-38). 신약성경에서 바울은 이교의 제사가 "귀신에게 하는 것"(고전 10:19-20)이라고 경고한다. 노골적으로 초자연적인 이 용어는 무엇을 의미하는가? 많은 철학들이 악을 단순히 선이 결핍된 상태, 빛이 부재하는 어둠 정도로 취급한다. 그러나 압제적이고 피에 굶주린 체제 아래서 고통을 겪어 본 사람들은 능동적인 악의 세력을 경험하는 게 어떤 것인지 자주 이야기한다. 루마니아의 목사 리차드 범브란트는 공산주의 당국에 체포되어 14년 동안 투옥되었던 사람으로서, 간수들이 재소자를 고문하면서 "우리는 악마다"라고 고함치곤 했다고 증언한다. Richard Wurmbrand, *Tortured for Christ*(Basingstoke, UK: Marshall Pickering, 1983), 35. 간단히 말해 선과 악은 단순히 추상적인 개념이 아니다. 선의 원천이 어떤 인격적 존재인 것처럼, 세상의 수많은 악은 강력한 인격적 존재들과 연관되어 있다.
66. Isaiah Berlin, *The Roots of Romanticism*(Princeton, NJ: Princeton University Press, 1999), 3.

67. G. K. Chesterton, *Orthodoxy*(Rockville, MD: Serenity, 2009), 54. (『정통』 아바서원)
68. Johnson, *First Step*, 33.
69. Hays, *Echoes*, 38을 보라.

원리 3. 우상을 시험하라 : 상충
신앙의 세속적 비약

1. 데보라 미첼은 TXBlue08, "Why I Raise My Childrewithout God"이라는 블로그를 운영하고 있다. CNN iReport, January 14, 2013, http://ireport.cnn.com/ docs/ DOC-910282. 미첼은 *Growing Up Godless: A Parent's Guide to Raising Kids without Religion*(New York: Sterling Ethos, 2014)이라는 책을 펴냈다.
2. 악의 존재에 대한 CNN 필자의 주장은 논리적으로 맞지 않다. 하나님을 논박하는 근거가 세상에 불의와 잔인한 일이 너무 많기 때문이라고 할 때, 이는 불의가 무엇인지를 규정할 수 있는 어떤 도덕적 기준을 전제하는 말이다. 하지만 순전히 물질적인 우주는 도덕적 기준을 발생시키지 않는다. 그 우주는 무엇이 존재하는지만을 말해 줄 뿐 무엇이 어떠해야 하는지에 대해서는 말하지 않는다. 그러므로 유물론은 세상이 불의하다고 말할 수 있는 근거를 제공하지 않는다. 더욱이, 인간이 그저 복잡한 생화학적 기계에 불과하다면 그 인간의 행동을 악하다고 일컫는 것도 비논리적이다. 기계는 선과 악을 선택할 능력이 없고, 기계에게는 그 행동에 대한 책임을 물을 수도 없기 때문이다.
3. 현상학자 에드문트 후설(Edmund Husserl)이 한 말에서 이런 표현들이 대부분 유래했다. Richard Kearney, *Modern Movements in European Philosophy*, 2nd ed(Manchester: Manchester University Press, 1994), 13-15를 보라. 도예베르트는 '선이론적 경험' 혹은 '소박한 경험'(naïve experience)이라는 표현을 쓴다. 이는 '소박한 실재론'(naïve realism)과 똑같은 것이 아니고 모방 지식론도 아니다. 그보다 이는 '경험 전체를 구성하는 구조에 부응하는 선이론적 데이터'를 가리킨다. *Twilight*, 14. 개혁주의 인식론은 '적절한 기본' 지식이라는 개념으로 이 관념을 개략적으로 암시하는데, 이는 논리적 추론이나 추론적 논증의 결과로서가 아니라 우리가 그냥 즉각적으로 아는 것을 말한다. 이어서 개혁주의 인식론은 토머스 리드의 상식 실재론(common-sense realism)에 일부 영감을 받았다. 리드는 '인간이 본성의 인도를 받아 믿게 되는' 진리, '이유는 댈 수 없지만 사람이 공통의 관심사 가운데 필요에 의해 당연시하는' 그러한 진리가 있다고 주장했다. *Inquiry*, 33. 더 자세한 내용은 *Total Truth*, 11장을 보라(『완전한 진

리』복 있는 사람).

4. Dooyeweerd, *New Critique*, I:83 and *Twilight*, 14. 인간은 선이론적이고 구체적인 경험을 통해 '우주의 질서' 속에 있는 '부인할 수 없는 현상'에 다가간다. 여기서 '부인할 수 없다'는 것은 이 현상이 '모든 인간에게 효력을 끼치기' 때문이다. 그리고 "그 현상을 설명하는 것이 모든 철학 유파와 철학 동향의 공통 과제다." *New Critique*, I:115-16; II:71-73.

5. J. P. Moreland, *The Recalcitrant Imago Dei: Human Persons and the Failure of Naturalism* (London: SCM, 2009), 4.

6. 앨빈 플랜팅가는 이렇게 말한다. "어떤 이들은 종교개혁의 원천이자 기원인 장 칼뱅 자신도 결정론을 받아들인 것으로 생각한다. 하지만 이는 명확하지 않다. 물론 칼뱅은 예정론을 지지했다. 하지만 예정론에 반드시 결정론이 뒤따르지는 않는다. 칼뱅이 생각하는 예정론은 구원과 관계된 것이다. 그가 생각하는 예정론은 내가 오늘 오후에 산책을 하기로 자유롭게 선택할 수 있는 것과 관련해서는 그 어떤 의미도 함축하지 않는다." Plantinga, "Bait and Switch", *Books and Culture*, January/February 2013. 루터도 마찬가지다. 루터는 『노예의지론』(*The Bondage of the Will*)에서 인간은 자기 구원에 기여할 만한 그 어떤 일도 할 수 없다고 주장했다. 하지만 이 말은 우리가 오늘 무슨 옷을 입을지 선택할 수 없다는 뜻이 아니었다.

7. Sean Carroll, "Free Will Is as Real as Baseball", *Cosmic Variance* (blog), Discover, July 13, 2011, http://blogs.discovermagazine.com/cosmicvariance/2011/07/13/free-will-is-as-real-as-baseball/#.VHSb7r4ULyx. 캐롤은 *Freedom and Neurobiology: Reflections on Free Will, Language, and Political Power* (New York: Columbia University Press, 2004), 11에 실린 존 설의 말을 의역하고 있다.

8. 『순전한 기독교』에서 C. S. 루이스는 도덕성을 근거로 한 논증을 펼치며 똑같은 주장을 한다. 루이스의 논증은 인간이 불가피하게, 저항할 수 없이 도덕적 판단을 한다는 사실에 기초한다. 그러므로 우리는 이 행위를 설명해 주는 철학을 찾는 편이 더 낫다. 루이스의 말을 빌리자면 "우리는 실제 옳고 그름을 믿지 않을 수 없다"(7). 도덕은 "우리가 생각하지 않으면 안 되는 일" 가운데 하나다(14). "싫든 좋든 우리는 자연법을 믿는다"(8). "우리는 그 개념[도덕법]을 없애지 못하며, 만일 없앤다면 우리가 사람에 대해 말하고 생각하는 대부분의 내용은 허튼소리가 되고 만다"(20). 예를 들어 실제 옳고 그름을 인정하지 않는다면 "우리가 전쟁[즉, 나치즘의 해악]에 대해 한 말들은 다 무의미하다"(5). 루이스의 주장은 (비록 명시적으로 말하지는 않지만) 인간 본성에

본래부터 내재된 어떤 사고방식과 행동 방식이 있으며, 인간의 이 근본적 체험이 우리의 철학에 스며들어 있어야 한다는 것이다. 간단히 말해 우리는 인간의 불가피한 행동 방식을 이해하는 철학을 찾는 편이 낫다는 것이다.

9. Saul Smilansky, *Free Will and Illusion*(Oxford: Clarendon, 2000), 169에 인용됨. 근본적으로 선택 능력은 일의 진행 경로를 다시 정하는 능력에 다름 아니다. 인간이 만들어 낸 온 세상, 곧 도시와 건물, 테크놀로지와 컴퓨터, 책과 영화 등이 다 자연의 힘을 이용해 자연이 그 자신의 작용만으로는 창조해 내지 못했을 것들을 만들어 내는 인간의 능력을 웅변으로 증거한다. 도예베르트는 인간의 문화라는 개념이 "본질상 자유롭게 물질을 형성해 내는 것을 뜻한다"고 지적한다. *Roots*, 21.

10. Smilansky, *Free Will*, 284, 166.

11. 릭 루이스(Rick Lewis)는 "지각의 본질은 주로 지난 몇 년 사이 중심 무대로 나온 철학적 문제"라고 말한다. "Consciousness", *Philosophy Now*, July/August 2014. 철학자들 사이에서 흔히 볼 수 있는 세 번째 입장은 이른바 양립가능론(compatibilism)이다. 결정론도 받아들이는 한편, 그럼에도 인간에게는 자유의지가 있다는 입장이다. 이 자유의지는 어떤 종류의 자유의지인가? 양립가능론자들이 자유 행위에 대해 내리는 정의는, 외부의 어떤 강제력 없이 한 사람 고유의 욕구와 이성적 추론에 따른다는 범위 안에서 이끌어 낸 정의다. 하지만 이 경우 한 사람 고유의 내적 욕구와 이성적 추론 그 자체도 사실은 이미 결정되어 있다. 우리의 정신적 상태는 다 외부의 다른 상태에서 생겨나며, 그래서 우리의 통제 밖에 있다. 그러나 보통 사람들이 흔히 말하는 자유의지는 이런 것이 아니다. 예를 들어, 마이클 노위츠(Michael Norwitz)는 대니얼 데네트(Daniel Dennett)의 양립가능론에 대해 논하면서 이렇게 말한다. "데네트는 인간의 정신과 자유의지가 과연 무엇이냐에 대한 우리의 일반적이고 상식적인 생각의 흐름을 놓치고 있으며, 그 점에서 희생되는 것이 있다. 데네트는 자신이 평범한 용어로 철학을 하고 있다고 주장하지만, 내가 생각하기에 그는 너무 오랫동안 이론에 갇혀 있어서 '평범한 사람들'의 관심사가 무엇인지 잊어버린 것이 아닌가 싶다." 데네트의 양립가능론은 "인간에게 자유의지 혹은 책임의 의무가 있느냐를 두고 고민할 때 우리가 현실적으로 염려하는 것이 무엇인지를 사실상 다루지 않는 덕분에" 존재할 수 있다. "Free Will and Determinism", *Philosophy Now*, July/August 2014.

12. Galen Strawson, interview by Tamler Sommers, "You Cannot Make Yourself the Way You Are", *The Believer*, March 2003. '근원적 자유의지'라는 말은 자유의지라

는 말의 일상적인 용도를 뜻하는 것이라고 스트로슨은 말한다. "거의 모든 사람이 생각하는 그런 의미의 자유의지를 말하는 것이지요. 사람이라면 거의 누구나 자기가 어떤 일을 하기로 선택하되 가장 강력한 의미에서······ 그리고 도덕적 문제가 걸릴 때 도덕적으로 최종 책임을 진다는 의미에서 자기 행동에 진심으로, 진정으로 책임을 지는 방식으로 선택할 자유가 있다고 믿는다는 것입니다."

13. Galen Strawson, "On Free Will", *Richmond Journal of Philosophy* 4, summer, 2003.
14. Johnson, *First Step*, 11.
15. Edward Slingerland, *What Science Offers the Humanities: Integrating Body and Culture*(New York: Cambridge University Press, 2008), 6, 218, 289-95. (『과학과 인문학』 지호)
16. 이원론이라는 말이 때로 몸과 영혼에 대한 성경의 가르침을 설명하는 데 쓰이기도 한다. 그러나 중요한 차이점은, 성경이 보는 몸과 영혼은 모순되지 않고 서로를 보완한다는 것이다. 바울의 표현을 빌리자면, 몸은 '겉사람'으로, 우리가 물질세계와 상호작용하는 수단인 반면, 영혼은 '속사람'이다(고후 4:16). 죽을 때 사람은 잠시 몸과 영혼이 분리되는데, 죽음을 가리켜 "맨 나중에 멸망받을 원수"(고전 15:26)라고 하는 것은 바로 그 때문이다. 하나님께서 원래 하나로 통일시키신 것을 죽음이 분리시키기 때문이다. 새 창조 때 이 둘은 영원히 다시 하나가 될 것이다.
17. Julie Reuben, *The Making of the Modern University: Intellectual Transformation and the Marginalization of Morality*(Chicago: University of Chicago Press, 1996), 17.
18. Marvin Minsky, *The Society of Mind*(New York: Simon & Schuster, 1986), 307.
19. '실존주의자의 도약'이란, 합리적인 근거에서 삶에는 의미가 없다고 주장하면서도 한편으로는 삶에는 의미가 있다고 합리적 근거 없이 주장하는 것을 의미한다. "실존주의자는 한편으로는 만사의 무의미함과 헛됨에 대한 자신의 원래 전망에 충실하고자 하지만······ 다른 한편 허무주의 진실을 실존적으로 전유(專有)할 수 없고 그 진실을 자기 개인의 진리로 확언할 수 없는 자신의 모습을 발견하는 것이 실존주의자의 가혹한 개인적 현실이다. ······ 바로 이 지점에서 그는 참여라는 교묘한 책략을 꽉 움켜쥔다. 산산조각 난 자기 세계에 목적과 의미를 회복시켜 줄 한 믿음을 향해 필사적으로 도약함으로써 자기 자신을 허무주의적 절망에서 구원할 수 있기를 바라면서 말이다." R. W. K. Paterson, *The Nihilistic Egoist: Max Stirner*(Oxford: 1971), 238.
20. Smilansky, *Free Will*, 6, 145, 187. 스밀란스키가 말하는 "도덕적으로 불가피

한"(morally necessary)이라는 말이 무슨 뜻인지에 대해서는 7-8, 153, 158, 278을 보라. 우리는 결정론의 토대 위에서는 "살 수 없다." 154, 170, 246, 296. 우리는 자유의지라는 환상을 "품어야 한다." 187-88.

21. 이 서평은 톰 클라크(Tom Clark)가 "The Viability of Naturalism"이라는 제목으로 Naturalism. org, www.naturalism.org/resource.htm에 실었다. 스밀란스키의 주장과 비슷한 예로 매트 리들리(Matt Ridley)도 자신의 베스트셀러 저서에서 이렇게 말한다. "사람이 자기 행위에 완전히 책임을 진다는 것은 불가피한 허구로서, 이 허구가 없으면 법이 제 역할을 못하고 허둥거릴 것이다. 하지만 허구는 어디까지나 허구다." *Genome: The Autobiography of a Species in 23 Chapters*(New York: HarperCollins, 1999), 309.

22. Richard Dawkins, "Let's All Stop Beating Basil's Car", *Edge*, http://edge.org/response-detail/11416.

23. 도킨스의 이 말인은 워싱턴 DC의 한 서점에서 진행된 문답 시간에 나왔다. 발언 내용은 *Saving Leonardo*, 152-53에 설명되어 있다(『세이빙 다빈치』 복 있는 사람). 물론 도킨스의 유물론 철학에는 기계 오작동 개념조차도 자리 잡을 여지가 없다. 왜냐하면 그의 철학은 목적론(teleology), 곧 어떤 일에는 그 일이 충족시키지 못한 목적 혹은 기준이 있다는 개념을 함축하기 때문이다. 도킨스는 선과 악이라는 도덕 용어 사용을 피하려 애쓰고 있지만, 오작동 개념이 성립하려면 정상적 작동이라는 모종의 기준이 요구된다.

24. Walter Isaacson, *Einstein: His Life and Universe*(New York: Simon & Schuster, 2007), 391, 392에 인용됨. 아인슈타인이 간과한 것은, 자신의 과학 연구조차도 자유의지에 의존한다는 사실이다. "아인슈타인에게 어떤 의미 있는 차원에서의 자유의지가 없었다고 한다면 상대성 이론에 대해 그에게 책임을 지울 수 없을 것이다. 그 이론은 진실일 수도 있는 선택안들 중에서 선택을 하는 지적 정신의 산물이 아니라 그보다 낮은 차원의 어떤 처리 과정의 산물이 될 것이다." George Ellis, interview by John Horgan, "Physicist George Ellis Knocks Physicists for Knocking Philosophy, Falsification, Free Will", *Scientific American*, July 22, 2014.

25. Immanuel Kant, *Critique of Pure Reason*, Werner Pluhar 역(Indianapolis: Hackett, 1996), A811. 칸트가 말하는 '것처럼' 추론의 또 다른 사례. 신학 분야를 보자면, 우리는 하나님이 세상의 원인인지 그 여부를 알 수 없지만, "모든 대상물이 마치 (하나님 같은) 그런 어떤 원형에서 기원한 것처럼" 여길 수는 있다(*CPR A673/B701*). 우

주론에서, 우리는 세상에 시작이나 종말이 있는지 절대 알 수 없다. 하지만 "세상이 지성에 의해 알 수 있는 어떤 원인을 통해 절대적 기원을 갖는 것처럼" 생각하며 우리 역할을 다할 수 있다(*CPR* A685/B713). 창조주가 있는지의 여부를 우리는 알지 못한다. 하지만 "어떤 조직적 조화의 원리에 따라 세상 만물의 연관 관계를 생각할" 수 있다. "그러므로 세상 만물이 모든 것을 충족시키는 최고의 원인 같은 그런 단 하나의 포괄적 존재에게서 생겨난 것처럼 말이다"(*CPR* A686/B714). 심리학의 경우, 우리는 영혼이나 자아의 존재를 설명하지 못하지만, "인간 정신의 모든 현상, 모든 행동과 감수성을 다 결부시켜 생각할 수 있다. 마치 인간의 정신이 인격적 정체성과 더불어 존속하는 단순한 실체인 것처럼 말이다"(*CPR* A672/B700). Howard Caygill, ed., *A Kant Dictionary*, s.v. "As-if"(Oxford: Blackwell Publishing, 1995), 86을 보라. 칸트는 '것처럼' 추론에 '규제 원리'라는 이름표를 붙인다.

화학자이자 철학자인 마이클 폴라니(Michael Polanyi)는 '것처럼' 추론은 일종의 얼버무리기, 곧 "칸트가 규제 원리로 맨 처음 체계화한 현대의 지적 얼버무리기"라고 비난한다. 그리고 그 이유를 이렇게 설명한다. "우리가 참이라고 여기는, 그리고 우리에게 매우 중요하다고 여기는 지식이 경시되는 것은, 그 지식이 비판적 철학의 기준에서 수용되는 현상을 우리가 책임지지 못하기 때문이다. 게다가 우리는 그 지식을 계속 활용할 자격이 있다고 여긴다. 한편으로 그 지식을 깔봄으로써 지적 우월감에 우쭐해 하면서도 말이다. 실제로 우리는 이렇게 멸시해 마지않는 지식에 견고히 의지해 좀 더 정확한 탐구를 안내받고 그 탐구에 의미를 부여한다. 오로지 그 탐구만이 과학적 엄중함이라는 우리의 기준을 충족시키는 척하면서 말이다." *Personal Knowledge: Towards a Post-Critical Philosophy*(New York: Routledge, 1962), 354.

26. Eric Baum, *What Is Thought?*(Cambridge, MA: MIT Press, 2004), 433-34. "틀렸다고 할 수조차 없다"는 표현은 물리학자 볼프강 파울리(Wolfgang Pauli)가 만들어 낸 말이다. 파울리는 한 젊은 물리학자의 논문을 읽던 중 "이 논문은 아주 형편없군. 틀렸다고 할 수조차 없어"라고 일갈했다. 바꿔 말해, 있을 수 있는 답변의 범위 안에 들지도 못한다는 뜻이다.

27. McGinn, "All Machine and No Ghost?"

28. Francis Schaeffer, *The God Who Is There* in the *Francis A. Schaeffer Trilogy* (Wheaton, IL: Crossway, 1990), sect. 2, 2-4장. (『거기 계시는 하나님』 생명의말씀사)

29. Slingerland, *What Science Offers*, 255, 289. Slingerland, "Mind-Body Dualism and the Two Cultures" in *Creating Consilience: Integrating the Sciences and the*

Humanities, ed. Edward Slingerland and Mark Collard(Oxford: Oxford University Press, 2012), 83, 84.

30. Rodney Brooks, *Flesh and Machines: How Robots Will Change Us*(New York: Pantheon, 2002), 174. 이 장의 주제들에 대해 더 자세한 내용은 *Total Truth*, 스터디 가이드와(『완전한 진리』복 있는 사람), *Darwin's Nemesis: Phillip Johnson and the Intelligent Design Movement*, ed. William A. Dembski(Downers Grove, IL: InterVarsity, 2006)에 실린 필자의 글 "Intelligent Design and the Defense of Reason"을 보라.

31. 도예베르트는 말하기를, 우상이 이원론과 부조화로 귀결되는 과정에서 "우주의 질서는 [우상 기반 철학의] 이론적 절대화에 내재적 심판을 내린다"고 한다. "하나님께서 만드신 세상 질서는 [덧없는 피조물이] 신격화된 모든 것에 복수한다." *New Critique*, II:334, 363. 즉, 하나님께서 사람들을 우상숭배에 내버려 두신 만큼 이들의 철학은 우주의 질서 자체와 점점 더 충돌한다는 것이다.

32. G. K. Chesterton, *The Everlasting Man*(San Francisco: Ignatius, 1993), 143, 141. 그러나 아이러니하게도 바로 이 세속주의자들이 '자유사상가'를 자처한다. 체스터턴은 이에 대해 난센스라고 응수한다. 세속주의자들이 "철컹하고 영원불변의 쇳소리를 내며 우주 감옥의 문이란 문을 다 닫아걸고 해방은 몽상일 뿐이고 지하 감옥은 꼭 필요하다고 우리에게 말할 때, 그리고 냉정하게 돌아서서 자기들은 좀 더 자유롭게 사고한다고 말할 때" 우리는 격렬하게 저항해야 한다.

33. Schopenhauer, *The World as Will and Representation*, 421.

34. Rorty, *Contingency, Irony, and Solidarity*, 3.

35. Dallas Willard, "Truth in the Fire" presented at the C. S. Lewis Centennial, Oxford, July 21, 1998, www.dwillard.org/articles/artview.asp?artID=68.

36. Rorty, *Contingency*, 5.

37. William Lane Craig, "God Is Not Dead Yet", *Christianity Today*, July 3, 2008. 사실과 가치를 구별하는 이 이분법을 설명하는 것이 *Total Truth*의 주요 테마다(『완전한 진리』복 있는 사람).

38. Ernest Gellner, *Legitimation of Belief*(New York: Cambridge University Press, 1974), 193-95.

39. "Seeking Christian Interiority: An Interview with Louis Dupré", *Christian Century*, July 16-23, 1997.

40. Derek Parfit, "Reductionism and Personal Identity" in *Philosophy of Mind: Classical*

and Contemporary Readings, ed. David J. Chalmers(Oxford: Oxford University Press, 2002), 661.

41. Karsten Harries, "The Theory of Double Truth Revisited" in *Politics of Practical Reasoning: Integrating Action, Discourse, and Argument*, ed. Ricca Edmondson and Karlheinz Hülser(Lanham, MD: Lexington, 2012).
42. Francis Crick, interview by Roger Highfield, "Do Our Genes Reveal the Hand of God?" *Telegraph*, March 20, 2003.
43. 프랜시스 쉐퍼는 이 전략을 일컬어 "지붕 벗기기"라고 했다. 사람들이 자기 세계관에서 예측되는 위험하고 불안한 결과에서 자기 자신을 보호하기 위해 치켜드는 부인(否認)의 방패를 치워 없앤다는 뜻이다. *The God Who Is There*, 140-42를 보라. (『거기 계시는 하나님』 생명의말씀사)

원리 4. 우상을 시험하라 : 모순
세계관은 왜 자멸하는가?

1. 이어지는 이야기는 마이클 에그노와 직접 인터뷰한 내용에 *Forbes*, Feb 5, 2009에 실린 에그노의 글, "A Neurosurgeon, Not a Darwinist"를 보충했다.
2. Michael Ruse, *Darwin and Design: Does Evolution Have a Purpose*?(Harvard: Harvard University Press, 2003), 268.
3. 다윈은 자연선택 더하기 변이의 메커니즘을 수단으로 해서 물질의 힘이 설계의 효과를 모방할 수 있었을 것이라고 제시했다. 역사가 닐 길레스피(Neal C. Gillespie)가 말한 것처럼, 다윈은 "맹목적이고 점진적인 적응이 어떻게 뚜렷한 목적이 있는 (생물체) 설계를 위조할 수 있었는지를" 보여주고 싶어 했는데, 얼핏 보아도 이 설계는 '지성의 작용'임이 뚜렷해 보인다. *Charles Darwin and the Problem of Creation*(Chicago: University of Chicago Press, 1979), 83-85.
4. Czesław Miłosz, "The Discreet Charm of Nihilism", *New York Review of Books*, November 19, 1998.
5. Greg Koukl, "Suicide: Views That Self-Destruct", 7장 in *Tactics: A Game Plan for Discussing Your Christian Convictions*(Grand Rapids, MI: Zondervan, 2009).
6. 한 가지 예외가 있다. 우상을 분석하다 보면, 모든 세계관은 창조 세계의 한 부분을 신격화하고 나머지는 모독한다는 것을 알 수 있다. 그러므로 이성을 모독하지 않는 단 하나의 세계관은 이성을 신격화하는 세계관이며, 그 세계관은 바로 합리주의다.

물론 합리주의에는 다른 문제점들이 있다(즉, 합리주의는 이성이 어디에서 오는지 설명하지 못한다). 하지만 합리주의가 자멸하지 않는 것은 이성을 이성보다 못한 무언가로 축소시키지 않기 때문이다.

7. 논리적 실증론은 검증주의(verificationism)라고도 한다. 크레이그는 계속해서 말한다. "논리적 실증론의 몰락은 검증주의가 억압했던 전통 철학의 문제들에 철학자들이 다시 한 번 달려들어 씨름할 수 있었다는 의미다. 전통적인 철학적 의문점들에 대한 관심이 이렇게 재등장한 것과 더불어 무언가 전혀 예상치 못했던 현상이 나타났다. 그것은 바로 기독교 철학의 부흥이다." Craig, "God Is Not Dead Yet."

8. *Total Truth*, 134-37에 실린 마르크스주의 항목(『완전한 진리』 복 있는 사람), 그리고 *How Now Shall We Live*?, 24장에서 필자가 마르크스주의를 다룬 부분을 보라(『그리스도인, 이제 어떻게 살 것인가』 요단출판사). 마르크스주의가 경제 영역에서는 불신을 당해 왔지만, 신(新)마르크스주의라는 복제품은 일부 영역, 특히 대학 캠퍼스에서는 풍토병과 같다. 여러 갈래의 급진적 해방 운동이 마르크스주의의 분석 범주를 응용한다.

9. "거룩한 거짓말의 기원은 권력의지다." Friedrich Nietzsche, *The Will to Power*, Walter Kaufmann and R. J. Hollingdale 역(New York: Random House, 1967), sect. 142.

10. 스키너는 "어떻게 '비물리적' 변형이 일어나 생존의 '물리적' 우연성에 의해 선택될 수 있었는지……진화론자들은 전혀 설명하지 못했다"는 근거에서 '지각적 지능'(conscious intelligence)이라는 바로 그 개념을 배격했다. "Can Psychology Be a Science of Mind?", *American Psychologist*, November 1990.

11. 폴 리쾨르(Paul Ricoeur)는 마르크스, 니체, 프로이트 세 사람을 3대 "의심의 대가"라고 불렀으며, 이 호칭은 지금도 유효하다. 이 사상가들은 평범한 진술을 '허위의식'(false consciousness)의 표현으로 취급하는 '의심의 해석학'을 실제로 실천했다. *Freud and Philosophy*, D. Savage 역(New Haven, CT: Yale University Press, 1970)을 보라.

12. Alvin Plantinga, *Where the Conflict Really Lies: Science, Religion, and Naturalism*(Oxford: Oxford University Press, 2011), 271.

13. Slingerland, *What Science Offers*, 257.

14. C. S. Lewis, "Is Theology Poetry?" in *The Weight of Glory*(New York: Harper Collins, 1976), 139(『영광의 무게』 홍성사). *Case for Christianity*, 32. Victor Reppert, *C. S. Lewis's Dangerous Idea: In Defense of the Argument from Reason*(Downers Grove, IL: InterVarsity, 2003), Stewart Goetz and Charles Taliaferro, "The Argument from Reason", appendix in *Naturalism*(Grand Rapids, MI: Eerdmans, 2008)도 참조하라.

15. Lewis, *Miracles*, 36. (『기적』 홍성사). "천사 시점의 관찰자"라는 표현은 Charles Taylor, *Hegel*(Cambridge: Cambridge University Press, 1975), 564에서 차용했다.

16. John Gray, *Straw Dogs: Thoughts on Humans and Other Animals*(New York: Farrar, Straus, and Giroux, 2003), 26. E. O. 윌슨도 비슷한 말을 한다. "진화에 대해 경험적으로 배운 모든 내용은…… 두뇌가 그 자체를 이해하기 위해서가 아니라 생존을 위해 조립된 기계임을 암시한다." *Consilience: The Unity of Knowledge*(New York: Vintage, 1998), 105. 좀 더 최근의 발언으로, 존 그레이는 마침내 문제점을 인식했다. "인간 지성이 생존 명령에 복종하여 진화해 왔다면, 인간 지성이 현실에 대한 지식을 획득할 수 있다고 생각할 이유가 무엇인가? 인간 지성의 오류와 착각이 치명적이지만 않다면 종 번식을 위해 더 이상 요구될 것이 없는 상황인데 말이다. 전적으로 자연주의적인 철학은 우리가 소유하고 있다고 믿는 지식들을 설명하지 못한다." 그레이는 아서 발포(Arthur Balfour)의 말까지 인용하는데, 발포는 C. S. 루이스가 자연주의를 자멸적 이론이라고 비판하면서 그 비판의 출처로 언급한 사람이다. "발포가 제시한 해법은, 자연주의가 자멸적 체계라는 것이다. 인간이 진리에 접근할 수 있는 이유는 오로지 인간 지성이 신의 지성에 의해 만들어졌기 때문이다. 비슷한 논증을 현대의 여러 철학자들에게서도 찾아볼 수 있는데, 그중 가장 유명한 이는 앨빈 플랜팅가다. 다시 말하거니와 발포의 논증이 지닌 힘을 확인하기 위해 그의 유신론적 해법을 반드시 받아들일 필요는 없다. 인간 지성을 엄격히 자연주의적으로 설명하려면 인간의 지식에 대해 흔히 인정하는 수준보다 훨씬 더 회의주의적인 입장이 수반될 수밖에 없다." "The Closed Mind of Richard Dawkins", *New Republic*, October 2, 2014.

17. Francis Crick, *The Astonishing Hypothesis: The Scientific Search for the Soul*(New York: Touchstone, 1994), 262. (『놀라운 가설』 궁리). 이는 새로운 개념이 아니다. 이미 1903년에 철학자 F. C. S. 쉴러(Schiller)는 인간 이성이 "생존을 위한 몸부림에서 활용하는 무기이자 적응을 이루는 수단에 지나지 않는다"고 했다. "The Ethical Basis of Metaphysics" in *Humanism: Philosophical Essays*(London: Macmillan, 1903), 7-8.

18. Baum, *What Is Thought?*, 226. Steven Pinker, *How the Mind Works*(New York: W. W. Norton, 1997), 305. (『마음은 어떻게 작동하는가』 동녘사이언스). 이 또한 새로운 개념이 아니다. 철학자 찰스 퍼스(Charles Peirce)는 이렇게 말했다. "즐겁고 힘이 되는 전망으로 생각을 가득 채우는 것이 아마 동물에게는 더 이득일 것이다. 그 전망이 사실인지의 여부와는 상관없이 말이다. 그래서…… 자연선택은 생각이 오류의 성향을

갖게 되는 계기였을지도 모른다." "The Fixation of Belief", *Popular Science Monthly* 12(November 1877).

19. Leon Wieseltier, "The God Genome", *New York Times*, February 19, 2006. 앨빈 플랜팅가는 "진화가 확실히 보장하는 것은, (기껏해야) 우리가 어떤 특정 방식으로, 이를테면 생존을 촉진하는 그런 방식으로 행동한다는 것이다. …… 진화는 거의 참이거나 여실성 있는(verisimilitudinous) 믿음을 보증하지 않는다"고 말한다. *Warrant and Proper Function*(New York: Oxford University Press, 1993), 218. 철학자 로저 트리그(Roger Trigg)는 이렇게 말한다. 진화론에서는 "어떤 믿음이 참인지 거짓인지는 중요하지 않다. 유전의 관점에서 그 믿음이 유익하기만 하다면 말이다." *Philosophy Matters*(Oxford: Blackwell, 2002), 83. Angus Menuge, *Agents under Fire: Materialism and the Rationality of Science*(New York: Rowman & Littlefield, 2004)도 참고하라.

20. Thomas Nagel, *The Last Word*(Oxford: Oxford University Press, 1997), 135-36. Douglas Groothuis, "Thomas Nagel's 'Last Word' on the Metaphysics and Rationality of Morality", *Philosophia Christi*(series 2) 1, no. 1(1999)도 보라.

21. 다윈이 어떤 정황에서 이런 발언을 했는지를 보면 그의 회의주의가 지닌 선별적 성격이 명쾌하게 드러난다. 한 개인적인 편지에서 그는 이렇게 말했다. "그럼에도 불구하고 선생께서는 내가 마음속으로는 우주가 우연의 결과물이 아니라 믿는다고 주장했습니다. 내가 직접 말했더라도 그렇게 선명하고 명쾌하게는 말 못 했을 겁니다. 그런데 나로서는 늘 끔찍한 의심이 생깁니다. 인간보다 저급한 동물의 정신에서 발달되어 온 인간 지성에 대한 믿음이 과연 무슨 가치가 있는지, 조금이라도 믿을 만한지에 대해서 말입니다. 원숭이의 지성을 확신한다고 하면 믿을 사람이 있을까요? 그런 지성에 대한 확신이 있기는 하다면 말입니다." C. R. Darwin to William Graham, July 3, 1881, Darwin Correspondence Project, www.darwinproject.ac.uk/letter/entry-13230.

다음은 다윈의 자서전에서 발췌한 내용이다. "하나님의 존재에 대한 확신의 또 다른 출처는 감정이 아니라 이성과 관련 있으며, 훨씬 더 무게감 있다는 인상을 받는다. 그 확신은, 이 광대하고 멋진 우주, 게다가 먼 과거를 돌아볼 수 있고 먼 미래를 내다볼 수 있는 능력을 지닌 인간을 맹목적 우연이나 필요성의 산물로 여기기는 지극히 어렵다는, 아니 불가능하다는 사실에서 비롯된다. 그런 생각을 할 때면 나는 인간의 지적 정신과 어느 정도 유사한 지적 정신을 가지고 있는 제1원인을 어쩔 수 없이 바라보게 된다. 그래서 나는 유신론자라 불려야 마땅하다.

내가 기억하는 한 『종의 기원』(Origin of Species)을 쓸 무렵 내 마음속에는 이런 결론이 강하게 자리 잡고 있었다. 그리고 그때 이후 여러 가지 끊임없는 동요와 더불어 그 결론은 아주 점진적으로 약화되어 갔다. 그런데 그때 의심이 생긴다. 인간 지성, 가장 하급한 동물이 지닌 정신에서 발달되어 왔다고 내가 믿어 마지않는 그 인간 지성이 그렇게 엄청난 결론을 도출해 내는데 어떻게 그것을 신뢰할 수 있는가? 이 결론은 우리가 반드시 필요하다고 여기는, 그렇지만 필경 단순히 물려받은 경험에 의존하고 있는 그런 인과관계의 결과이지 않을까? 아이들의 생각에 하나님에 대한 믿음을 계속 주입시킨 결과 아직 충분히 발달되지 않은 아이들의 두뇌에 그토록 강한, 어쩌면 유전된 효과를 산출해, 마치 원숭이가 뱀에 대한 본능적인 두려움과 혐오를 털어 버리지 못하듯이 아이들도 하나님에 대한 믿음을 벗어던지기 힘들게 되었을 개연성을 간과해서는 안 된다." "Recollections of the Development of My Mind and Character", Darwin Online, http://darwin-online.org.uk/content/frameset?pageseq=116&itemID=CUL-DAR26.1-121&viewtype=side.

22. Stephen Jay Gould, *Ever Since Darwin: Reflections in Natural History*(New York: Norton, 1977), 12-13.

23. Kenan Malik, "In Defense of Human Agency" in *Consciousness, Genetics, and Society*(Stockholm: Ax:son Johnson Foundation, 2002).

24. Victoria Gill, "Big Bang: Is There Room for God?", *BBC News*, October 19, 2012에 인용됨. C. S. 루이스는 진화를 "위대한 신화"(Great Myth)라고 표현하면서 "이 신화는 내게 요구한다. 이성은 아무 목적 없이 무한히 무엇인가가 되어 가는 지성 없는 일련의 변화 과정 어느 한 단계에서 생겨난, 예기치 않았고 의도하지 않은 부산물일 뿐임을 믿으라고 말이다. 이성은 이 신화가 참임을 믿을 수 있는 유일한 발판이므로 이 신화의 내용은 내 발밑에서 그 발판을 쳐내고 있는 셈이다. 내 지성이 비합리의 산물이라면, 곧 내가 무언가를 가장 명쾌하게 추론해 낸다고 여기는데 나 같은 조건의 피조물은 그렇게밖에 생각할 수 없는 것이라고 한다면, 그런 내 지성이 진화에 대해 말할 때 내 지성을 어떻게 신뢰할 수 있는가?" "The Funeral of a Great Myth" in *Christian Reflections*(Grand Rapids: MI: Eerdmans, 1967), 89. 다른 곳에서 루이스는 또 말하기를, "인간의 사상을 '진화 현상'이라고 설명하는 사람들은 자기 자신의 생각만은 언제나 '암묵적 예외'로 해야 할 것이다. 적어도 그와 같은 주장을 하는 순간만큼은 말이다." *Miracles*, 36(『기적』 홍성사).

25. 필립 존슨(Phillip E. Johnson)은 이렇게 말한다. "우리는 환원주의자들이 여전히 자

기만족적으로 신앙을 하나의 사회 관습으로, 혹은 두뇌 속 '하나님 모듈'의 산물로 설명하면서, 자기들이 앉아 있는 가지를 톱으로 잘라 내고 있음을 깨닫지 못하고 있는 것을 볼 수 있다. 사고 기능이 없는 물질이 유물론자들이 싫어하는 생각을 야기시킨다면, 그들이 좋아하는 생각은 무엇이 야기시키는가?" *The Wedge of Truth: Splitting the Foundations of Naturalism*(Downers Grove, IL: InterVarsity, 2000), 149. (『진리의 쐐기를 박다』 좋은씨앗)

26. Richard Cohen, "Alternative Interpretations of the History of Science" in *The Validation of Scientific Theories*, ed. Philipp G. Frank(Boston: Beacon, 1956), 227. Christopher Kaiser, *Creation and the History of Science*(Grand Rapids, MI: Eerdmans, 1991), 10.

27. 요하네스 케플러(Johannes Kepler)는 이 개념을 다음과 같이 표현했다. 수학적 규범에 따라 세상을 건설하신 바로 그 하나님이 "이 규범을 이해할 수 있는 지성을 인간에게 부여하셨다." 이유가 무엇인가? "우리가 하나님 자신의 생각에 동참할 수 있도록 하기 위해 자신의 형상으로 우리를 창조하셨을 때 하나님은 우리가 [그 수학 법칙을] 인지하기를 원하셨다." Robert Nadeau, *Readings from the New Book on Nature*(Amherst, MA: University of Massachusetts Press, 1981), 28에 인용됨. *The Soul of Science*, 3장과 6장도 참조하라(『과학의 영혼』 SFC출판부).

28. Eugene Wigner, "The Unreasonable Effectiveness of Mathematics in the Natural Sciences" in *Mathematics: People, Problems, Results*, vol. 3, ed. Douglas M. Campbell and John C. Higgins(Belmont, CA: Wadsworth International, Brigham Young University, 1984). *The Soul of Science*, 159에 실린 필자의 논의도 참고하라(『과학의 영혼』 SFC출판부).

29. Morris Kline, *Mathematics: The Loss of Certainty*(New York: Oxford University Press, 1980), 35.

30. 이 인용문은 Hans-Georg Gadamer, *Truth and Method*(New York:Continuum, 1989), 459에서 가져왔다. 비슷한 맥락에서 롤랑 바르트도 이렇게 말한다. "마찬가지로 우리에게도, 말하는 것은 언어지 저자가 아니다." "The Death of the Author" in *Image–Music–Text*(New York: Hill and Wang, 1977). 마르틴 하이데거(Martin Heidegger)는 이렇게 말한다. "언어는 말한다. …… 인간은 자기가 언어를 만든 사람이요 언어의 주인인 양하지만, 사실은 언어가 언제나 인간의 주인이다." *Poetry, Language, Thought*(New York: HarperCollins, 1971), 194, 144. 철학 문제를 언어 문제

로 재정의하여 '이성에 관한 칸트의 질문을 언어에 관한 질문으로 바꾼' 사람은 비트겐슈타인(Wittgenstein)이었다. Solomon, *Continental Philosophy*, 148.

31. Jean-François Lyotard, *The Postmodern Condition: A Report on Knowledge*, Geoff Bennington and Brian Massumi 역(Minneapolis: University of Minnesota Press, 1984, originally published in French in 1979), 36. 리요타르는 언어 게임이라는 용어를 비트겐슈타인에게서 빌려 왔다. "비트겐슈타인이 말하는 언어 게임이란, 다양한 발화 범주는 그 범주의 속성을 구체적으로 설명하는 법칙과 그 범주가 어떤 쓰임새를 가질 수 있느냐 하는 관점에서 각각 정의될 수 있다는 뜻이다. 체스 게임이 각 말의 속성을 결정하는 일련의 법칙, 다시 말해 말을 움직이는 적절한 방식에 의해 정의되는 것과 똑같다"(10).

32. 포스트모더니즘이 '수행 모순'에 사로잡혀 있다는 비난은 위르겐 하버마스(Jürgen Habermas)가 했다. *Philosophical Discourse of Modernity*(Cambridge, MA: MIT Press, 1987).

33. Barthes, "Death of the Author", Solomon, *Continental Philosophy*, 201에 인용된 데리다.

34. Barthes, "Death of the Author."

35. Alan Jacobs, "Deconstruction", *Contemporary Literary Theory: A Christian Appraisal*, ed. Clarence Walhout and Leland Ryken(Grand Rapids, MI: Eerdmans, 1991), 192.

36. 문학 교수 존 엘리스(John Ellis)의 말을 빌리면, "인종-성(gender)-계급을 연구하는 학자들이 자기 분야의 진리에 헌신하는 모습은…… 다른 어떤 것 못지않게 엄정하다." *Literature Lost: Social Agendas and the Corruption of the Humanities*(New Haven, CT: Yale University Press, 1997), 191.

37. Mark C. Taylor, *Disfiguring: Art, Architecture, Religion*(Chicago: University of Chicago Press, 1992), 261. 테일러는 구체적으로 건축을 언급하긴 하지만, 다른 예술은 일반화시킨다. "작가-건축가는 하나님의 형상으로 창조되었으므로, 하나님의 죽음은 곧 작가-건축가가 사라진다는 뜻을 함축한다."

38. Lyotard, *Postmodern Condition*, 81-82. Eagleton, *Culture and the Death of God*, 192.

39. West, *Introduction to Continental Philosophy*, 40.

40. Jacobs, "Deconstruction", 190.

주

41. *Chronicle of Higher Education*, June 27, 1997, B13, Carl P. E. Springer, "The Hermeneutics of Innocence: Literary Criticism from a Christian Perspective", Leadership U, www.leaderu.com/aip/docs/springer.html#ref6에 인용됨.

42. Frank Lentricchia, "Last Will and Testament of an Ex-Literary Critic", *Lingua Franca*, September/October 1996, 64.

43. Bruno Latour, "Why Has Critique Run Out of Steam? From Matters of Fact to Matters of Concern", *Critical Inquiry*, 30(winter 2004): 237-39. 라투르가 언급한 대로, "한 가지 분명한 것은, 우리네 독자들 중 어느 누구도 우리가 가장 소중히 여기는 대상이 이런 식으로 취급받는 광경을 보고 싶어 하지 않으리라는 것이다."

44. Karen Swallow Prior, "'Empathetically Correct' Is the New Politically Correct", *Atlantic*, May 23, 2014.

45. Jean-Paul Sartre, "Existentialism and Humanism" in *The Modern Tradition: Backgrounds of Modern Literature*, ed. Richard Ellmann and Charles Fiedelson Jr.(New York: Oxford University Press, 1965), 828.

46. Michel Foucault, "Nietzsche, Genealogy, History" in *The Foucault Reader*, ed. Paul Rabinow(New York, Pantheon, 1984), 81, 94. 이 철학자는 존 매컴버(John McCumber)로, 이 발언은 *Time and Philosophy: A History of Continental Thought*(Montreal: McGill-Queen's University Press, 2011), 323에 실려 있다. 한 가지 사례가 도움이 될 것이다. 주디스 버틀러(Judith Butler)는 "주체의 붕괴"와 "자아는 집단 정체성의 산물"이라는 개념 두 가지 모두를 설명한다. 버틀러는 사람에게는 핵심 성 정체성이 없다고, 사실 성별을 "소유하는 안정된 주체" 같은 것은 없다고 주장한다. 그보다 성별은 그 성별이 표현되는 바로 그 행위를 통해 계속 창조되고 있다고 말한다. "성별은 언제나 하나의 행위(a doing)이다. …… 성 표현 이면의 성 정체성 같은 것은 없다. …… 정체성은 흔히 정체성의 결과라고들 말하는 바로 그 '표현'에 의해 수행적으로 형성된다." 더욱이 "성별은 인종·계급·민족·성·지역에 따라 두서없이 형성된 정체성이라는 양태와 씨실, 날실로 엮인다." *Gender Trouble: Feminism and the Subversion of Identity*(New York: Routledge, 1990), 25, 3.

47. *Total Truth*, 132-33, 138, 그리고 408, 주 17을 보라. (『완전한 진리』복 있는 사람)

48. 1984년 판본에서.

49. 인용문 전반부는 2004년 7월 *The Believer*에서 슬라보예 지젝과 했던 인터뷰에서 발췌했다. 인용문 후반부는 Slavoj Žižek, *The Fragile Absolute, or Why Is the*

Christian Legacy Worth Fighting For?(London: Verso, 2002), 129에서 발췌했다.

50. Dennis Hollinger, "The Church as Apologetic: A Sociology of Knowledge Perspective" in *Christian Apologetics in a Postmodern World*, ed. Timothy R. Phillips and Dennis L. Okholm(Downers Grove, IL: InterVarsity, 1995), 183을 보라.
51. Francis Schaeffer, *The Mark of the Christian*, 2nd ed(Downers Grove, IL: InterVarsity, 2006), passim.
52. 유물론이 물질세계를 낮게 보는 입장은 현실 세상에서 낙태나 동성애 같은 문제들에 대해 강력한 함의를 갖는다. *Saving Leonardo*, 3장(『세이빙 다빈치』 복 있는 사람)과 The Pearcey Report, www.pearceyreport.com/archives/2013/07/nancy_pearcey_transgender_politics_vs_facts_of_life.php을 보라.
53. Alvin Plantinga, *Warrant and Proper Function*(New York: Oxford University Press, 1993), 특히 5장, "Perception."
54. *The Soul of Science*, 1장을 보라. (『과학의 영혼』 SFC출판부)

원리 5. 우상을 대체하라
기식하는 무신론자

1. "Barna Survey Examines Changes in Worldview among Christians over the Past 13 Years", March 6, 2009, www.barna.org/barna-update/21-transformation/252-barna-survey-examines-changes-in-worldview-among-christians-over-the-past-13-years#.VC1nu_ldWSo. 설문 내용 중 진짜로 세계관과 관련된 항목은 '절대 도덕적 진리가 존재한다는' 믿음 단 하나뿐이다.
2. Hume, *Inquiry*, 77. 흄은 시종일관 이성(철학)을 본성("본능 혹은 타고난 충동")에 대항시키면서, 본성 때문에 우리 생각이 논리적 결론을 좇지 못한다고 불평한다. *Treatise of Human Nature*, 101을 보라.
3. Johnson, *First Step*, 25. 이 단락은 필자가 2013년 8월 5일 휴스턴 뱁티스트 대학교의 'Summer in the City' 연속 강좌에서 '세속 시대에서의 성 정체성'이라는 제목으로 한 강연 내용을 활용했다.
4. Alexis de Tocqueville, *Democracy in America: Historical-Critical Edition of "De la démocratie en Amérique"*, vol. 3, ed. Eduardo Nolla, James T. Schleifer 역(Indianapolis: Liberty Fund, 2010), 733.
5. Friedrich Nietzsche, *The Will to Power*, sect. 765.

6. Luc Ferry, *A Brief History of Thought: A Philosophical Guide to Living*(New York: Harper Perennial, 2011), 77.
7. Richard Rorty, "Moral Universalism and Economic Triage", 1996년 파리, 제2차 UNESCO 철학 포럼에서 발표. *Diogenes*, vol. 44, issue 173(1996)에 전문이 게재됨.
8. Richard Rorty, "Postmodernist Bourgeois Liberalism", *Journal of Philosophy* 80, no. 10(October 1983): 583-89. 필자는 "기식"(Free-loading)을 "철학적 사기"로 칭했다. *Total Truth*, 319-21(『완전한 진리』복 있는 사람). 그리고 프랜시스 쉐퍼는 이것을 일컬어 "지적 사기"라고 했다. "A Review of A Review", *The Bible Today*, October, 1948, 7-9.

    정치학 교수 로버트 크리넥(Robert Kraynak)은 기식하는 사람들의 숫자가 점점 늘어나고 있다고 지적한다. "우리 시대와 관련해 정말 기이한 것은, 인권 존중과 인간 존엄에 대한 요구는 점점 커져 가는데 그런 요구가 존재할 수 있는 토대는 사라져 가고 있다는 사실이다. 특히 인간이 하나님의 형상으로 만들어진 피조물이라는 믿음은…… 인간과 관련해 숭고하고 특별한 점을 서서히 훼손시키는 과학 유물론으로, 그리고 인간 존엄을 강화시키는 데 필요한 객관적 도덕을 부인하는 상대주의 교리로 대체되어 가고 있다." "Justice without Foundations", *New Atlantis*, www.thenewatlantis.com/publications/justice-without-foundations. 크리넥은 이렇게 덧붙인다. "로티 같은 포스트모던 상대주의자, 그리고 데네트와 핑커 같은 진화론자들이 헌신하는 사회정의는 흔히 민주주의, 인권 그리고 인간 존엄을 존중하는 태도 등으로 해석되는데, 이는 이들의 철학적·과학적 견해와 완전히 모순된다. 다윈의 진화론은 민주주의와 인권 혹은 개인의 타고난 존엄을 지지하지 않으며, 만일 진화론이 어떤 부류의 도덕규범을 지지한다면 그 규범은 아마 약자를 지배하는 강자의 규준일 것이다"(http://darwinianconservatism.blogspot.com/2012/01/kraynaks-nietzschean-attack-on.html).

9. A. R. Hall, *The Scientific Revolution, 1500-1800: The Formation of the Modern Scientific Attitude*(Boston: Beacon, 1954), 171-72. 더 나아가, 자연법 개념은 은유적·비유적 표현이 아니라 말 그대로 참(true)으로 여겨졌다. 역사가 존 랜들이 설명하는 것처럼, "자연법은 실제 법이나 명령, 전능자의 법령으로 간주되어, 단 하나의 반항 행위도 없이 문자 그대로 준수되었다." John Herman Randall, *The Making of the Modern Mind*(New York: Columbia University Press, 1940), 274. Stephen F. Mason, *A History of the Sciences*, 원제 *Main Currents of Scientific Thought*(New York: Collier Books, 1962), 173, 182도 보라.

10. Mary Midgley, "Does Science Make Belief in God Obsolete? Of Course Not", John Templeton Foundation, www.templeton.org/belief/.
11. Paul Davies, "Physics and the Mind of God: The Templeton Prize Address", *First Things* 55 (August/September 1995), 31-35.
12. 많은 이들이 잘못 생각하고 있는 것이, 계몽주의가 유럽을 기독교의 영향력에서 해방시키고 난 후에야 과학이 등장했고, 그러므로 과학은 세속주의의 산물이라고 하는 것이다. 그렇지 않다. 종교사회학자 로드니 스타크(Rodney Stark)가 무슨 말까지 하느냐면, "계몽주의는 애초에 과학의 발흥이 자기들 공로라고 주장하고 싶은 전투적 무신론자들과 인문주의자들의 선전 취미에 의해 배태(胚胎)되었다"는 것이다. *For the Glory of God: How Monotheism Led to Reformations, Science, Witch-Hunts, and the End of Slavery* (Princeton, NJ: Princeton University Press, 2003), 123.
13. John Gray, *Straw Dogs* (Farrar, Straus and Giroux, 2007), xi-xii, xiii, 4, 49. 그레이는 서양의 자유주의는 사실상 온통 기독교에 기생한다고 주장한다. 예를 들어 그는 자유주의가 인간을 귀하게 여기는 태도는 기독교에서 직접 유래된 것이라고 주장한다. "자유주의적 인본주의는 기독교 신앙에서 몇 가지 열쇠를 물려받고 있으며, 그중에서도 두드러진 것은 인간이 범주적으로 다른 모든 동물과 다르다고 하는 믿음이다." 다른 어떤 종교도 인간이 독특한 존엄성을 지닌다는 믿음을 만들어 내지 않았다. 이렇게 한번 생각해 보라. 만일 다윈이 인도나 중국 혹은 일본에서 진화론을 발표했다면 이는 큰 반향을 불러일으키지 않았을 것이다. "수많은 힌두교도와 불교도들이 그렇듯 만일 인간이 불멸의 영혼을 지닌다는 점에서 자연 세계의 다른 모든 것들과 다르다고 믿지 않는다면, 우리가 다른 동물들과 얼마나 공통점이 많은지 보여주는 이론 때문에 흥분하며 속상해하지 않을 것이다." 서양인들이 인간의 존엄과 인권을 소중히 여기는 태도는 기독교에서 직접 차용한 것이다. "세속 세계관은 간단히 말해 기독교식으로 세상을 다루되 거기서 하나님만 뺀 것이라고 할 수 있다." 그레이는 이렇게 결론 내린다. "인본주의는 종교적 믿음의 대안이 아니라, 오히려 그것이 종교적 믿음인 줄도 모르는 퇴보형 믿음이다." John Gray, "Exposing the Myth of Secularism", *Australian Financial Review*, January 3, 2003.

다른 글에서 그레이는 또 이렇게 쓰고 있다. "인격체의 자율성이라는 관대한 관념을 알려 주는 자유의지 개념은 그 기원이 성경에 있다(창세기 이야기를 생각해 보라). 자유의지를 행사하는 것이 인간됨의 한 부분이라는 믿음은 신앙의 유산이다." 그러므로 오늘날 갖가지 유형의 무신론은 사실상 모두 "기독교의 파생물이다."

Gray, "The Atheist Delusion", *Guardian*, March 14, 2008. 좀 더 자세한 내용은 *Total Truth*, 320을 보라(『완전한 진리』복 있는 사람).

14. Thomas Nagel, *Mind and Cosmos: Why the Materialist Neo-Darwinian Conception of Nature Is Almost Certainly False*(Oxford: Oxford University Press, 2012), 48-52.

15. Nagel, *Mind and Cosmos*, 18-19. 네이글은 "세상에 무엇이 존재하는지를 따질 때 물질과 시공(時空) 못지않게 마음, 의미, 가치 또한 중요한 근본으로 여기는 그런 대안적 우주관이 우리에게는 필요하다"고 말한다(20). Thomas Nagel, "The Core of 'Mind and Cosmos'", *New York Times*, August 18, 2013도 보라.

16. Nagel, *Mind and Cosmos*, 128. "네이글은 철학적으로 대척점에 있는 주도적 불량배와 골목대장과 또 무슨 이득이라도 없을까 하고 주변을 어슬렁거리는 사람들에게 즉각 (상징적으로) 일으켜 세워져 죽도록 얻어맞았다. 다윈을 공격한다는 것은 성령을 거스르는 죄로서, 경건한 과학자들은 이 죄는 절대 용서해서는 안 된다고 배웠다." David Gelernter, "The Closing of the Scientific Mind", *Commentary*, January 1, 2014.

17. Thomas Nagel, *The Last Word*(Oxford: Oxford University Press, 1997), 130-31. 네이글은 이 우주의 권위 문제가 "우리 시대의 여러 분야에 과학만능주의와 환원주의를 초래했다"고 말한다.

18. Nagel, *Mind and Cosmos*, 15. "내 목표는 '대안을 제시하는 것이 아니라' 단지 왜 대안이 필요한지를 밝히는 것이다"(12). "과학 역사의 이 단계에서 우리가 할 수 있는 일은 해법을 제시하는 것이 아니라 문제를 인식하는 것뿐이다"(33). 네이글은 물질적 우주에 내재하는 모종의 목적과 관련된 어떤 설명을 찾아내서, 초월적 의도자(Purposer)를 굳이 필요로 하지 않아도 되기를 희망한다. 그는 내재된 목적론, 혹은 그 자신이 일컫는 '자연주의적 목적론'에 대한 자신의 '근거 없는 지적 편애'에 대해 말한다. "내재하는 자연적 설명에 대한 편애가 나의 무신론과 부합한다"(12, 26, 93). 그는 "의도 없는 목적이 말이 된다"는 개념을 확신하지는 않는다고 인정한다(93). 그리고 그의 이 육감은 정확하다. 의도 없는 목적은 말이 안 된다.

네이글이 생각하는, 그러나 포용하지는 않는 철학은, 지성이 우주의 내부에서부터 우주에 스며들어 있다는 개념이다. 이런 입장을 일컬어 범심론(panpsychism)이라고 한다. 만물에 미숙한 형태의 지성 혹은 지각이 스며들어 있다는 것은 신플라톤주의적인 개념이다. 오늘날 범심론은 특히 과정사상(process thought)과 과정신학(process theology) 지지자들 사이에서 되살아나고 있다. 이들은 생명과 지각이 순전혀 물질에서 등장할 수는 없다고 주장한다. 그러므로 물질의 가장 저급한 단계에서도 무언가 미숙한 형태의 생명과 지각이 틀림없이 존재한다는 것이다. 한 지지자가 설명하는 말을 들어보자. "내가 설득력 있다고 생각하는 유형의 범심론은 20세기에 앨프레드 노스 화이트헤드(Alfred North Whitehead), 앙리 베르그송(Henri Bergson), 찰스 하츠혼(Charles Hartshorne), 데이비드 레이 그리핀(David Ray Griffin)을 비롯해 다른 많은 이들이 포괄적 체계로 발전시킨 범심론이다. 이 범심론은 점점 인기를 얻어 가고는 있지만 아직도 여전히 소수의 입장에 머물고 있다. 이 범심론의 기본 사상은, 우주의 모든 요소는 적어도 어떤 미숙한 유형의 지각 혹은 경험을 갖고 있다는 것으로, 이는 주관성 혹은 자각의 또 다른 표현일 뿐이다. …… 내가 알고 있는 현대 범심론자 중 의자나 바위에 의식이 있다고 주장하는 사람은 하나도 없다. 그보다, 의자나 바위를 구성하는 미립자들이 아주 미숙한 형태의 지각을 갖고 있을 것으로 추정된다." Tam Hunt, "The C Word–Consciousness–and Emergence", *Santa Barbara Independent*, January 8, 2011. 최근에 나온 책 *Consciousness and Its Place in Nature*에서 영국 철학자 갤런 스트로슨이 범심론을 옹호하고 있으며, 호주 철학자 데이비드 챌머스(David Chalmers)와 옥스퍼드의 물리학자 로저 펜로즈(Roger Penrose)도 범심론을 지지한다.

19. Raymond Tallis, *Aping Mankind: Neuromania, Darwinitis, and the Misrepresentation of Humanity*(Durham: Acumen, 2011), 212-13.
20. Tallis, *Aping Mankind*, 317. 신경윤리학과 관련해서 탤리스는 *Neurophilosophy*에 실린 폴라 처치랜드(Paula Churchland)의 말을 인용한다. 신경경제학에 대해서는, Dan Monk, "Nielson(NLSN) clients use neuroscience to craft better commercials," WPCO Cincinnati. Copyright 2013 Scripps Media 등의 예를 보라.
21. Tallis, *Aping Mankind*, 332; 59-71, 8장, 348.
22. Emily Wax, "Thinking Man's Therapy", *Washington Post*, August 22, 2011.
23. Eagleton, *Culture and the Death of God*, 204.
24. Luc Ferry, *A Brief History of Thought: A Philosophical Guide to Living*(New York: Harper, 2011), 6.
25. Pierre Hadot, *Philosophy as a Way of Life*(Oxford: Blackwell, 1995), 103, 83.
26. Pierre Hadot, *Plotinus, or the Simplicity of Vision*(Chicago: University of Chicago Press, 1993, originally published in French in 1989), 75-76.
27. Alain de Botton, "Can Tolstoy Save Your Marriage?", *Wall Street Journal*, December

18, 2010. Samuel Muston, "Too Cool for Night School?", *Independent*, January 9, 2014. 보통의 책 서평은 Douglas Groothuis, "Religion for Atheists: A Nonbeliever's Guide to the Uses of Religion", *Denver Journal*, 16(January 24, 2013)을 보라.

28. André Comte-Sponville, *The Little Book of Atheist Spirituality*, Nancy Huston 역 (New York: Penguin, 2006).

29. "Britain's First Atheist Church", Huffington Post UK, July 1, 2013. "Atheist 'Megachurches' Take Root across US, World", *Newsmax*, November 10, 2013.

30. Wilfrid Sellars, *Science, Perception, and Reality*(Atascadero, CA: Ridgeview, 1991), 173. Bertrand Russell, *Science and Religion*(Oxford: Oxford University Press, 1935), 235.

31. John Gray, "A Point of View: Can Religion Tell Us More Than Science?", *BBC News*, September 16, 2011.

32. Michael Bond, "Atheists Turn to Science during Times of Stress", *New Scientist*, June 7, 2013.

33. W. R. Thompson, "Introduction" in Charles Darwin, *Origin of Species*(New York: Dent, 1956), 12.

34. "진화는 종교와 유사하게 어떤 선험적, 혹은 형이상학적 전제를 하는데, 이 전제가 어떤 단계에서는 경험적으로 입증되지 못한다." Michael Ruse, "Nonliteralist Antievolution", AAAS Symposium: "The New Antievolutionism", February 13, 1993, Boston, www.leaderu.com/orgs/arn/orpages/or151/mr93tran.htm. Cf. Tom Woodward, "Ruse Gives Away the Store", http://simpleapologetics.com/tomwoodward.html.

35. 이 곡은 조지 브라운(Gregory Brown)이 작곡했다. 연주 장면은 다음 페이지에서 볼 수 있다. www.gregorywbrown.com/missa-charles-darwin/.

36. Stuart Kauffman, "Beyond Reductionism: Reinventing the Sacred", *Edge*, November 12, 2006. 카우프먼은 계속해서 이렇게 말한다. "이 하나님은 우리에게 모든 생명체, 그리고 우리 지구와의 하나 됨, 일치감을 안겨 준다. 이 하나님은 우리의 의식을 확장시키고, 그래서 우리가 태양계를 탐색할 때 모든 생명체와 그 서식지, 지구 그리고 그 너머에 있는 것에 대해 우리 능력의 한계 안에서 경이·경외·신뢰성이라는 잠재적 포괄 가치 체계를 자연스레 강화시키는 것으로 귀결되는 것 같다. …… 하나님(God)이라는 단어를 쓸까? 그것은 우리가 선택하기 나름이다. 나라면 조심스럽게 "예스"할 것이다. 나는 하나님이란 말이 우리가 알고 있는 유일한 우

주, 우리 우주의 쉼 없는 거대한 창조성을 뜻하는 말이기를 원한다." 프랜시스 쉐퍼는 '하나님'처럼 뜻이 명확하게 정의되지 않은 종교적 단어는 거기 담긴 함축적인 의미 때문에 사람들을 정서적으로 조종하는 데 이용될 수 있다고 경고한다. *The God Who Is There*와 *Escape from Reason*을 보라(『거기 계시는 하나님』『이성에서의 도피』 생명의말씀사).

37. 카우프먼이 주장하는 그런 견해에는 때로 종교 자연주의(religious naturalism)라는 이름표가 붙는다. 종교 자연주의를 말하는 책들로는 Jerome A. Stone, *Religious Naturalism Today*(New York: State U. of New York Press, 2008), Chet Raymo, *When God Is Gone, Everything Is Holy: Making of a Religious Naturalist*(Notre Dame, IN: Sorin Books, 2008), Loyal Rue, *Religion Is Not about God*(Piscataway, NJ: Rutgers University Press, 2006) 등이 있다.

38. Jeremy Rifkin, *Algeny*(New York: Viking, 1983), 188, 195, 244.

39. C. S. Lewis, *The Abolition of Man*(New York: HarperCollins, 1947), 29. (『인간 폐지』 홍성사)

40. Richard Dawkins, *River Out of Eden: A Darwinian View of Life*(London: Orion, 1995), 155.

41. 유아론에 대해서는 이 책의 '원리 1' 부분을 보라. 철학자 스티븐 손튼(Stephen Thornton)은 현대 철학이 그 논리적 결론을 끝까지 추구할 경우 거의가 유아론으로 귀결될 것이라고 지적한다. "위대한 철학자치고 명시적으로 유아론을 신봉하는 사람은 아무도 없기는 하지만, 대다수 철학이 유아론으로 귀결되는 것은 대다수 철학적 추론이 앞뒤가 맞지 않는다는 데서 이유를 찾을 수 있을 것이다. 많은 철학자들이 자기 철학의 근본 약속과 예측의 논리적 결론을 받아들이지 못했다. 개별 인간이 '자기 고유의 상황', 곧 '내면의 경험'에서 얻은 추상 관념으로써 자기 고유의 심리적 개념(생각·의지·지각 등)을 얻는다는 입장의 핵심에는 유아론이라는 토대가 있다.

데카르트가 자기 본위적 진리 추구를 자연과 지식의 한계라는 중요한 연구의 주목표로 삼은 이후, 대다수는 아니더라도 상당히 많은 철학자들이 이와 같은 입장, 혹은 이 입장을 약간 변형한 형태를 견지해 왔다. 이런 의미에서 수많은 지식 철학과 심리철학에는 모두 유아론이 내포되어 있다. 데카르트와 데카르트의 자기 본위적 접근 방식을 기본 준거틀로 채택한 이론은 본질상 유아론적이기 때문이다. "Solipsism and the Problem of Other Minds", *The Internet Encyclopedia of Philosophy*, www.iep.utm.edu/solipsis/.

42. Bertrand Russell, "A Free Man's Worship", 1903 in *Mysticism and Logic* (New York: Routledge, 1986).
43. 윌리엄 프로바인과 필립 존슨이 1994년 4월 30일 스탠퍼드 대학교에서 '다윈주의: 과학인가 자연주의 철학인가?'라는 제목으로 벌인 토론에서. www.cjas.org/~leng/provine.txt.
44. 루이스는 덧붙이기를, 진리에 대한 갈급함은 하나님의 존재에 대해 "일종의 존재론적 증거를 제시하는 것이 아니라 그 증거를 삶으로 살아 내지 않으면 안 되게 만들 것"이라고 한다. Lewis, *The Pilgrim's Regress: An Allegorical Apology for Christianity, Reason and Romanticism* (Grand Rapids, MI: Eerdmans, 1981), 204-5. (『순례자의 귀향』 홍성사)
45. Bradley Wright, "Why Do Christians Leave the Faith? The Fundamental Importance of Apologetics", *Patheos*, November 17, 2011, "Why Do Christians Leave the Faith? The Problem of Responding Badly to Doubt", *Patheos*, December 1, 2011, "Why Do Christians Leave the Faith? The Relative Unimportance of Non-Christians", *Patheos*, December 8, 2011. Larry Taunton, "Listening to Young Atheists", *Atlantic*, June 6, 2013도 보라.
46. Harper Lee, *To Kill a Mockingbird* (New York: Grand Central, 1960), 39. (『앵무새 죽이기』 열린책들)
47. Ravi Zacharias and R. S. B. Sawyer, *Walking from East to West* (Grand Rapids, MI: Zondervan, 2006), 36.
48. "What I Wish I'd Known before I Went to University", *Beyond Teachable Moments* (blog), June 25, 2014, http://beyondtm.wordpress.com/2014/06/25/what-i-wish-id-known-before-i-went-to-university/?utm_content=bufferb7f07&utm_medium=social&utm_source=twitter.com&utm_campaign=buffer.

III. 비판적 사고가 어떻게 신앙을 구하는가?

1. Nancy Pearcey, "How Critical Thinking Saves Faith", *The Pearcey Report*, December 22, 2010. 『크리스채너티 투데이』에서는 이 글을 실으면서 편집자가 제목을 "의심에 대응하는 법"으로 바꿨다. www.christianitytoday.com/women/2010/december/nancy-pearcey-how-to-respond-to-doubt.html?paging=off.

2. G. K. Chesterton, *Heretics*(Radford, VA: Wilder, 2007[1905]), 115.
3. 다음 단락에서 설명된 예술 운동의 더 자세한 내용 및 출처는 *Saving Leonardo*, 4-9장을 보라. (『세이빙 다빈치』 복 있는 사람)
4. 이 구절은 애드 라인하르트가 온통 검정색으로만 그린 그림들을 설명하는 말이다. Walter Smith, "Ad Reinhardt's Oriental Aesthetic", *Smithsonian Studies in American Art* 4, no. 3/4(summer-autumn 1990). Jack Flam, "Ad Reinhardt's Black Paintings, the Void, and Chinese Painting", *Brooklyn Rail*, January 16, 2014도 보라.
5. Ravi Zacharias, *Can Man Live without God?*(Nashville: Thomas Nelson, 1994), 21.
6. Richard M. Gamble, *The War for Righteousness: Progressive Christianity, the Great War, and the Rise of the Messianic Nation*(Wilmington, DE: Intercollegiate Studies Institute, 2003), 30에 인용됨.
7. Gustavo Gutiérrez, "Two Theological Perspectives: Liberation Theology and Progressivist Theology", *The Emergent Gospel: Theology from the Developing World*, eds. Sergio Torres and Virginia Fabella(London: Geoffrey Chapman, 1978), *Papers from the Ecumenical Dialogue of Third World Theologians*, Dar es Salaam, Tanzania, August 5-12, 1976, 227-55, 241.
8. Elisabeth Schüssler Fiorenza, *Bread Not Stone: The Challenge of Feminist Biblical Interpretation*(Boston: Beacon, 1984), 145.
9. William Hasker, "The Problem of Evil in Process Theism and Classical Free Will Theism", *Process Studies* 29, no. 2(fall-winter 2000)을 보라.
10. Myron Penner, *The End of Apologetics: Christian Witness in a Postmodern Context*(Grand Rapids, MI: Baker, 2013), 99. 페너는 몇 가지 유보 조건을 건다. "인간의 지식이 유한하고, 오류 있고, 불확실하다는 사실은 복음의 진리도 따라서 어떤 절대적이고 최종적인 면에서 그릇되었다거나 상대적이라는 뜻이 아니"라고 말이다(120). 하지만 그의 책 전체를 통해 페너는 포스트모던 사상가들과 포스트모던 개념을 무비판적인 태도로 지지하기 때문에 (그가 시험적으로 말하고 있는 것처럼) "기독교의 진리에 대해 말하는 것이 (도대체 어떻게) 가능한지" 설명하는 데 문제가 생긴다(40).
11. C. S. Lewis, "On Learning in Wartime" in *The Weight of Glory*(New York: Macmillan, 1980), 28(『영광의 무게』 홍성사).
12. Dallas Willard, "The Redemption of Reason"(speech, Biola University, La Mirada, CA,

February 28, 1998), www.dwillard.org/articles/artview.asp?artID=118.
13. Allan Bloom, *The Closing of the American Mind* (New York: Touchstone, 1987), 58.
14. Lecrae, interviewed by Dustin Stout, "Lecrae on Engaging Culture for Jesus: #R12", ChurchMag, October 24, 2012, http://churchm.ag/r12-lecrae-engaging-culture/.
15. "Interview: Lecrae Talks about Going from 'Crazy Crae' to Christian Rapper", *Complex*, June 8, 2012.
16. Lecrae Moore, "Because Jesus Lives, We Engage Culture", Resurgence Conference, October 9-10, 2012, http://cdn.theresurgence.com/files/R12_Newsprint_web.pdf. 이외에도 레크래가 또 언제 『완전한 진리』에 나오는 말을 인용하는지 보려면 Liberty University Convocation, March 22, 2013, www.youtube.com/watch?v=aCVBUA8SMTs와 Matt Perman, "Lecrae and the Doctrine of Vocation", *What's Best Next*, October 6, 2013, http://whatsbestnext.com/2013/10/lecrae-doctrine-vocation/을 보라.
17. Emma Green, "Lecrae: 'Christians Have Prostituted Art to Give Answers'", *Atlantic*, October 6, 2014에 인용됨.
18. 이 구절 인용문의 앞뒤 맥락을 보려면 *Total Truth*, 35, 75 76, 83-84를 보라. (『완전한 진리』 복 있는 사람)
19. Andrew Greer, "Lecrae: Defying Gravity", *Today's Christian Music*, September 1, 2012에 인용됨.
20. Chad Bonham, "A Conversation with Christian Hip-Hop Artist Lecrae", Beliefnet, http://features.beliefnet.com/wholenotes/2012/06/a-conversation-with-christian-hip-hop-artist-lecrae.html#ixzz2IjfeLe91에 인용됨.
21. Lecrae, interview, "We Engage Culture for Jesus", Encouragements through the Word, March 4, 2013, http://encouragementsthroughtheword.wordpress.com/2013/03/04/we-engage-culture-for-jesus-an-interview-of-christian-artist-lecrae/.

찾아보기

ㄱ

가르시아, 로버트(Garcia, Robert) 346, 349
『간략한 사상사』(뢱) 305
갈릴레이(Galilei) 341
객관적 진리 221, 222
『거기 계시는 하나님』(쉐퍼) 211
거짓말쟁이 역설 252
건축가와 건축 342
'것처럼' 개념 208-209, 226, 234-235, 248-260, 288-290, 310
겔너, 어니스트(Gellner, Ernest) 223
결정론, 결정된 30, 63, 66, 100, 137, 186, 188-197, 207-217, 249, 269, 337
경험론
  경험론에 대한 기독교의 대응 119-120, 280-281
  논리실증주의 240-242
  베이컨과 경험론 108, 110
  실제적 테스트와 경험론 340-341
  우상으로서의 경험론 100-103
  유심론과 경험론 103-106
  인상파 미술과 경험론 340-341
  합리론과 경험론 106
계몽주의 85, 109, 116, 120, 150, 151, 156, 158, 159, 167, 177, 219, 220, 271, 275, 349
골디락스 딜레마 39
공산주의 176-179
과정신학 348
과학만능주의 307-308
『과학은 인문학에 무엇을 주는가』(슬링거랜드) 197
관념론 철학
  낭만주의의 관념론 철학 149-153
  신플라톤주의의 관념론 철학 151-153,

173, 279
정의 113-114, 219
칸트의 관념론 철학 111-114
헤겔의 관념론 철학 153-155
구티에레스, 구스타보(Gutiérrez, Gustavo) 347
굴드, 스티븐 제이(Gould, Stephen Jay) 256
궤변 134
그레이, 존(Gray, John) 179, 252, 297, 308
그리스의 다신교 91-94
그리스도인과 기독교
  기독교를 포기할 때 생기는 세속적 결과 313-320
  기독교에 기원을 둔 과학 128, 257-260, 281, 294-297
  논리적으로 모순되지 않음 237-238, 239-240
  변증학의 필요성 321-328
  부활 279
  삼위일체 172-173, 273-277
  성경 166-167, 317-318
  성육신 279
  완전한 진리로서의 기독교 184, 199-200, 203-204, 217-219, 223-225, 236, 282, 351-353, 354, 355-357
  창의성 350-351
  환원주의적이지 않음 59, 64, 67, 117, 180, 183, 240, 246-248, 275-276
그린스타인, 조지(Greenstein, George) 40
기계론적 세계관(기계로서의 세계) 64, 65, 66, 143, 150, 186, 188, 191, 206, 208, 212, 214-217, 316, 339, 342
기독교에 '기식'하다 69, 70, 248, 250, 285-313, 335
기독교에 기원을 둔 과학 128, 258-259, 280, 294-296

ㄴ

나스르, 세예드 호세인(Nasr, Seyyed Hossein) 173
나치즘 176-179
낭만주의자와 낭만주의 114-116, 120-121, 149-153, 155-156, 219
네이글, 토머스(Nagel, Thomas) 253, 298-300
논리실증주의 240-242
『놀라운 가설』(크릭) 252
니체, 프리드리히(Nietzsche, Friedrich) 27, 127-129, 158-159, 243, 260, 292

ㄷ

다문화주의 156
다신숭배(다신론) 52, 94-95
다양성 267-270, 273-277
다윈의 '끔찍한 의심' 254-255
다윈주의
  다윈주의 선구자로서의 헤겔 153
  다윈주의에 대한 네이글의 입장 298-300
  다윈주의에 대한 텔리스의 입장 301-304

진화론 145-148, 165, 197-198, 209-217, 231-236, 251-254, 284, 292-293, 297
다윈, 찰스(Darwin, Charles) 129, 309, 338
  끔찍한 의심 254-255
  선택적 회의주의 254-257
『당신은 나를 놓쳤다』(키네먼) 82
대륙 전통 151, 155, 219
대체 종교로서의 예술 114-116
더글러스, 메리(Douglas Mary) 91
데리다, 자크(Derrida, Jacques) 262
데모크리토스(Democritus) 107
데이비스, 폴(Davies, Paul) 40-41, 295
데카르트, 르네(Descartes, René) 108-111
도교 90
도덕성 90-93, 135-136, 241
  도덕성 없는 종교 90-93
  도덕적 상대주의 30, 287-289
  도덕적 회의주의 135-136
  주정주의 240-242
도예베르트, 헤르만(Dooyeweerd, Herman) 116, 157, 188
도킨스, 리처드(Dawkins, Richard) 22, 206-207, 316
독립선언문 293
동성애 행위 58
동양의 명상 169
뒤프레, 루이(Dupré, Louis) 224-225
드루이드교 94
드 토크빌, 알렉시스(de Tocqueville, Alexis) 292
DNA 41
"딜런" 이야기 78-80

ㄹ

라우셴버그, 로버트(Rauschenberg, Robert) 345
라투르, 브뤼노(Latour, Bruno) 269
랜들, 존 허먼(Randall, John Herman) 110, 150, 154
러셀, 버트런드(Russell, Bertrand) 307, 318-320
런던, 잭(London, Jack) 337
레녹스, 존(Lennox, John) 257
레덤, 로버트(Letham, Robert) 174
렌트리키아, 프랭크(Lentricchia, Frank) 269
로마의 신들 90-92
로스코, 마크(Rothko, Mark) 344
로티, 리처드(Rorty, Richard) 135, 158, 164, 220, 291-294
루스, 마이클(Ruse, Michael) 233, 309
루이스(Lewis), C. S. 36, 48-49, 119, 249-250, 313, 319-320, 351
루터, 마르틴(Luther, Martin) 54, 190-191
리드, 토머스(Reid, Thomas) 147
리요타르, 장 프랑수아(Lyotard, Jean-François) 261, 266
리치 레코드사 354, 358
리프킨, 제레미(Rifkin, Jeremy) 311-312
린, 베리(Lynn, Barry) 330

ㅁ

마르크스주의 100, 176-178, 239
마르크스, 카를(Marx, Karl) 129
마법 94-95
'마야'(환영) 169
마음(카르디아)
  '마음'으로 번역된 헬라어 87
  성경적 의미 86-87
『마음과 우주』(네이글) 298
"마음에 새긴"(롬 2:15) 287-288
마음(누스)을 뜻하는 헬라어 57
마흐, 에른스트(Mach, Ernst) 106
말리크, 케넌(Malik, Kenan) 256
매긴, 콜린(McGinn, Colin) 146, 210
「매트릭스」(영화) 105
「맹인과 코끼리」(시) 117
모네, 클로드(Monet, Claude) 340
모더니즘 109, 165, 274
모어랜드(Moreland), J. P. 188
『무신론 영성에 관한 작은 책』(콩스퐁빌르) 307
무신론자와 무신론
  대체 종교로서의 무신론 304-313
  무신론에 잠식당하는 과학 257
  무신론자들의 교회 307
  무신론자의 자녀들 46
  무신론적 종교 89
  새로운 무신론자 61, 84, 98, 206
  소원 성취로서의 무신론 235-236
무어, 레크래(Moore, Lecrae) 353-358
문학의 자연주의 337-339

『문화 그리고 하나님의 죽음』(이글턴) 85
물리주의 98-100
물질이라는 우상 61, 64-68, 98-100, 140-141, 145, 217-219
미개종교 94
『미국 정신의 종말』(블룸) 353
미델만, 우도(Middelman, Udo) 175
'미련하다'고 번역된 헬라어 213
미워시, 체스와프(Miłosz, Czesław) 236
미즐리, 메리(Midgley, Mary) 295
미첼, 데보라(Mitchell, Deborah) 185-186
민스키, 마빈(Minsky, Marvin) 201-202
믿음의 세속적 비약 203
밀, 존 스튜어트(Mill, John Stuart) 104-105

ㅂ

바나, 조지(Barna, George) 285
바르트, 롤랑(Barthes, Roland) 262-264
바버, 이언(Barbour, Ian) 150
바움, 에릭(Baum, Eric) 252
반(反)실재론 158, 221
반(反)인본주의 162
배럿, 저스틴(Barrett, Justin) 46
벌린, 아이자야(Berlin, Isaiah) 180
범신론 89, 91, 150, 167-171
베이컨, 프랜시스(Bacon, Francis) 108-110
"변론했다"고 번역된 헬라어 디알레고마이 122
변증학

변증학을 뜻하는 헬라어 214, 326
변증학의 필요성 321-328
변증학 훈련서로서의 로마서 37-40
포스트모던 신학이 변증학을 거부함 348-349
변증학의 배경으로서의 고난 327
『변증학의 종말』(페너) 348-349
보통, 알랭 드(Botton, Alain de) 306
부끄러워하지 않기 운동 358
"부끄럽게 하다"는 말의 성경적 의미 183-184
    복음을 "부끄러워하지 않음"(롬 1:16) 71, 183-184, 304, 332, 358-359
북아메리카 원주민 종교 94
분석 전통 151
불교 90, 93, 168, 169-170
브룩스, 로드니(Brooks, Rodney) 215-216
블룸, 앨런(Bloom, Allan) 353
블룸, 폴(Bloom, Paul) 46
비도, 마크(Bedau, mark) 146-147
『비판』(칸트) 162
비판적 사고 330-332

ㅅ
사도 베드로 317, 326
사도신경 280
사랑
    기독교에서 말하는 사랑 315
    환원주의의 사랑관 134-135
사르트르, 장 폴(Sartre, Jean-Paul) 272, 305, 316

『삶의 방식으로서의 철학』(아도) 306
삼위일체 72-174, 274-277
상대주의자와 상대주의 30, 69, 287-288, 315-317
상상력이라는 우상 114-116
'상실한'으로 번역된 헬라어 57
상호 이타주의 135
『상황 윤리』(플레처) 126
새로운 무신론자 61, 84, 98, 206
『생각이란 무엇인가?』(바움) 209
생명의 기원 40-42, 227
「생(生)의 법칙」(런던) 338
샤머니즘 94
선교사 훈련으로서의 변증학 324
선지자 예레미야 44
선지자 하박국 53, 327
설계, 지적 설계론 39-43, 46, 233-235, 278, 280, 281, 284, 290, 298-300, 302, 315
설, 존(Searle, John) 66, 99
성경적 인식론, 기독교 인식론 69, 166-167, 221-222, 246-248, 250, 257-260, 280-282, 290
성속(聖俗) 구별 355-357
세례 요한 25-26
세속 신비주의 209-211
세속 종교 88-89, 99, 305-307
세이건, 칼(Sagan, Carl) 99
『세이빙 다빈치』(피어시) 330
세잔(Cézanne) 342
셀러스, 윌프리드(Sellars, Wilfrid) 307

속임수 실험 137
쇼펜하우어, 아르투르(Schopenhauer, Arthur) 149, 167, 219
'수냐타'(불교에서 말하는 신비한 상태) 344
수행 모순 261
『순례자의 귀향』(루이스) 319
쉐퍼, 이디스(Schaeffer, Edith) 320
쉐퍼, 프랜시스(Schaeffer, Francis) 27, 80, 140, 167
　『거기 계시는 하나님』 211
　거기 아무도 없는 신비주의 344
　라브리 선교회 36, 80, 192, 320-321
　'최종 변증'으로서의 사랑 277
슈웨더, 리처드(Schweder, Richard) 176-177
스밀란스키, 솔(Smilansky, Saul) 204
스위스 사역 단체 라브리 36, 80, 192, 320-321
「스타트렉」(텔레비전 시리즈) 102-103, 338
스트로슨, 갤런(Strawson, Galen) 147, 194-195
스키너(Skinner), B. F. 72, 79, 243
슬링거랜드, 에드워드(Slingerland, Edward) 197-199, 212
시각 예술
　인상파 340-341
　입체파 341-343
　추상미술 343-344
　포스트모더니즘 345-346
시대정신(자이트가이스트) 157, 162, 163
시먼스, 아서(Symons, Arthur) 54

신적인, 신성
　모든 종교와 철학의 핵심 개념 61-62, 93-95, 96, 99, 106, 110, 113, 132, 153-154, 168-172, 173, 181, 227-228, 282, 351-353
신(新)정통주의 346
신(新)플라톤주의 151-153, 173, 279
신학적 자유주의 346-350
실존주의가 신학에 끼친 영향 347
『실패한 신』(쾨슬러) 180
십계명 25, 52
『싯다르타』 90-91

ㅇ
아낙시메네스(Anaximenes) 95
아도, 피에르(Hadot, Pierre) 306
아레오바고, 바울의 강설 122-123
아르케(근원 혹은 제1원인) 95-97
아리스토텔레스(Aristotle) 92, 96-97, 107, 118
「아바타」(영화) 91
아우구스티누스(Augustinus) 92
아이들의 선천적 하나님 인식 46
아인슈타인, 알베르트(Einstein, Albert) 61-62, 207-209
아퀴나스, 토마스(Aquinas, Thomas) 281-282
안셀무스(Anselmus) 281-282
"애굽 사람의 물품을 취하라" 122
애클리, 알프레드(Ackley, Alfred) 22
『앵무새 죽이기』(리) 324

『야성의 부름』(런던) 337
「어나멀리」(음악 앨범) 354
언어 게임 261
언어 규범 156, 270
'언어의 감옥' 260-262, 349
에그노, 마이클(Egnor, Michael) 231-236
에드워즈, 조나단(Edwards, Jonathan) 39
에릭슨, 존(Erickson, John) 125-129
에머슨, 랠프 월도(Emerson, Ralph Waldo) 151-153
에보트, 라이먼(Abbott, Lyman) 347
에스겔, 마음의 우상 86
에피쿠로스(Epicurus) 107
엘리스, 앨버트(Ellis, Albert) 72
여호수아 51
역 공학 233-234
"역리"(롬 1:26-27) 58
역사결정론 154, 164-166, 272
  자기 자신을 논박하는 역사결정론 154, 164-166, 272
연구: 사람들은 왜 기독교를 거부하는가 82, 321-322
'열반'(소멸된다) 169
염화나트륨(소금) 189
영지주의 279
예이츠, 윌리엄 버틀러(Yeats, William Butler) 116
예정론 190-191
오웰, 조지(Orwell, George) 198, 202
우상과 우상숭배
  마음의 우상 86-87

물질이라는 우상 61, 64, 64-68, 98-100, 140-141, 146-148, 217-219, 248-251
상상력이라는 우상 114-116
우상 규명하기 60-62, 85-88
우상숭배의 결과로서의 환원주의 62-64, 131-133
우상으로서의 하나님이 주신 선한 은사 54-55
우상을 시험함 64-69
우상의 자기 참조적 불합리성 68-69
우상의 탈을 벗김 179-181
이성이라는 우상 61-62, 86
인간의 발명품으로서의 우상 165
인격체와 우상 43
정신이라는 우상 111-114
정의 60-61, 116-117, 333
지각이라는 우상 100-103
집단이라는 우상 155-163, 273-277
창조 세계 안의 어떤 것을 신격화하는 것으로서의 우상숭배 51, 60-62, 85, 112-114, 114-116, 150, 153-154, 179, 181, 196, 245, 334
하나님 대체물로서의 우상 51-54, 85-87, 109-111
우주의 기원 39-40
완전한 진리 199-200, 351-353, 354-355, 357-358
왓슨, 제임스(Watson, James) 227
워즈워스, 윌리엄(Wordsworth, William) 115

『원숭이 흉내를 내는 인류』(랠리스) 301
월터스, 앨버트(Walters, Albert) 81
웨그너, 대니얼(Wegner, Daniel) 143
위그너, 유진(Wigner, Eugene) 258
위슬티어, 리언(Wieseltier, Leon) 253
위처먼, 빌(Wichterman, Bill) 34-35
윌라드, 달라스(Willard, Dallas) 99, 163, 221, 351
윌슨(Wilson), E. O. 98
유교 90
유기체적 세계관
　낭만주의 149-150
유물론자와 유물론
　물리주의와 유물론 98-99
　범신론과 유물론 170-171
　우상으로서의 유물론 61, 64-69, 98-100, 140-141, 145, 217-218
　유물론에 대한 기독교의 대응 119, 278-280
　유물론의 자기 참조적 불합리성 248-251
　유물론의 정의 98-100
　제거적 유물론 142-145
　종교 혹은 신앙으로서의 유물론 99
　철학군(群)으로서의 유물론 72-73
　추상미술과 유물론 343-344
　환원주의와 유물론 140-141, 162, 191
유아론 114, 318
유전자 정보 40-41
유해할지도 모른다는 경고 162
『육체와 기계』(브룩스) 215

은폐의 심리학 46-49
의도적 눈감기 49-50
의로운 전쟁 교리 128
『의식적 의지라는 환상』(웨그너) 143
의심의 해석학 243-244, 282
이교 91, 94-95
이글턴, 테리(Eagleton, Terry) 85, 151-153, 266, 305
이백(Li Po) 169
이슬람 172-176
이원론과 이중 인식 140-141, 151, 198-217, 220-226
이중 사고 199, 202
이중 진리론 226
이타적 행동(행위) 135
『인간의 유래』(다윈) 309
인간이 로봇으로 격하되다 186, 191, 197-199, 206, 212, 214-215, 217
인격적
　철학 용어, 정의 43-44, 189
　인격적 존재에 대한 설명으로서의 인격적 하나님 43-44, 47-48, 67, 89, 138, 189, 202, 217
　비인격적 원인은 인격적 존재를 설명하기에 부적절함 43-44, 89, 152-153, 170-171
　인격적 하나님에 대한 증거로서의 인격적 존재와 인격체 43-44, 171, 173-175
인권 128, 135, 180, 291-294, 323
인본주의 297-304
인상파 340-341

인식

   인식을 부인함 64, 142-148, 188-189, 194, 196, 209-211, 218, 226, 227, 253, 297, 299

인식론적 죄 49-50

인지 부조화 56, 67, 68, 195, 213, 215, 218, 234, 235, 299, 301

일반계시에서 얻을 수 있는 하나님에 대한 증거를 은폐하다 47-48, 55-56, 67, 75, 138-141, 148, 170-171, 178, 181, 184, 195-196, 199, 206, 211, 226, 274, 288, 291, 334

일반계시 "하나님을 알 만한 것이 그들 속에 보임이라······ 그가 만드신 만물에 분명히 보여 알려졌나니"(롬 1:19, 20) 37-38, 42, 45, 46-48, 55-56, 178, 222, 225, 234

   부인할 수 없는 경험에 의해 알 수 있음 64-68, 147-148, 186-187, 192, 195-221, 225-226, 230, 236-237, 273, 291

   진리를 자처하는 주장들을 시험하는 것으로서의 일반계시 64-68, 71, 138-140, 186-188, 194-222, 226, 247-248, 273, 288-291, 298-301, 313, 334-336

   철학의 근원으로서의 일반계시 109-111

일반은총 45-46

일신론 172

입체파 341-343

ㅈ

자가 조직 이론 310

자기 참조적 불합리("자멸하다")

   기독교와 자기 참조적 불합리 68, 239

   니체와 자기 참조적 불합리 243

   마르크스주의와 자기 참조적 불합리 242-243

   스키너와 자기 참조적 불합리 243

   우상과 자기 참조적 불합리 68-69

   유물론과 자기 참조적 불합리 248-249

   자기 이론에서 자기를 암묵적으로 예외로 함 154, 246, 248-251, 257-258, 265, 334

   자기 참조적 불합리의 근원으로서의 환원주의 68-69, 239, 242-246

   자기 참조적 불합리의 정의 68-69, 237-242, 334

   진화론 251-254

   진화론적 인식론과 자기 참조적 불합리 251-257

   포스트모더니즘과 자기 참조적 불합리 260-261, 268

   프로이트 이론과 자기 참조적 불합리 243

자기 참조적 불합리를 회피하려는 전략으로서의 암묵적 제외 154, 246, 248, 249-251, 258, 264, 334

자아 혹은 인격적 정체성 인식 110-111, 143-145, 158, 271-273

자연

   우상으로서의 자연 95

자연법칙 128, 294-296
자연 속의 수학적 질서 259
「자연과학에서 수학의 비합리적 효과」 (위그너) 258
자연 속의 수학적 질서 259
자연주의와 자연주의적 40, 99, 205, 207, 251, 296, 337-339
자유의지 변론 185
자유의지와 자유 63, 64-68, 69, 121, 137, 140, 143, 185-186, 188-197, 199, 202, 204, 207-211, 216, 218, 226, 230, 253, 292, 297, 320, 337-339
  예정 그리고 자유의지와 자유 190-192
자이트가이스트 157, 162
장 칼뱅(Calvin, Jean) 47, 55, 190
재커라이어스, 라비(Zacharias, Ravi) 325, 346
『적그리스도』(니체) 27-28
전체주의 180, 265
절대정신, 헤겔 153-157, 311, 347
  절대자, 신플라톤주의 151-152
절대화 64, 85, 100-111, 116, 132, 150, 157, 162, 172, 178-183, 219, 260, 266-268
  그릇된 절대화 85, 116, 178, 183, 265-266
정교한 조율 문제 39-40
정신이라는 우상 111-114, 150, 219
정체성 정치 156
정치적 올바름 156, 159-163, 269
제거적 유물론 142-145

스스로를 논박하는 제거적 유물론 143
제이콥스, 앨런(Jacobs, Alan) 115, 263, 267
존슨, 토머스(Johnson, Thomas) K. 50, 182, 196, 290
존재론 278
종교
  도덕규범이 없는 형태의 종교 90-93
  동양 종교 90, 152, 167-172, 344
  『무신론자를 위한 종교』(드 보통) 306
  무신론 형태의 종교 89-90
  세속적 형태의 종교 98, 305-308
  의례(儀禮)가 없는 종교 92
  종교의 일반적 의미 88-90, 93-95
『종의 기원』(다윈) 309
죄가 사람의 지성에 끼치는 효과 160
주정주의 241
지각이라는 우상 101-103
지식에 대한 도덕적 책임 49-50
지젝, 슬라보예(Zizek, Slavoj) 276
진리
  계몽주의의 진리관 108-111, 158, 159-160, 167, 177, 271, 275, 349
  분열된 진리 개념 140-141, 150-151, 198-216, 220-226
  통일된 진리 개념 184, 199-200, 203, 217-219, 223-225, 236, 282, 353
  포스트모던 진리관 158, 161, 163-164, 220, 221
"진리를 막다"(롬 1:18) 47

진리의 통일성 184, 199-200, 203, 217-219, 223-225, 236, 282, 353
진화론교 310-313
진화론적 인식론 251-257, 299
진화심리학 135
진화, 진전. 다원주의도 보라 153-157, 272, 309-313
질송, 에티엔느(Gilson, Étienne) 44, 178

ㅊ

「찰스 다윈 미사」(브라운) 309
창발론 145-148
철학 상담 305
철학의 예술적 표현. 시각 예술을 보라
체스터턴(Chesterton), G. K. 181, 217-219, 332
초월적 자아, 칸트 112, 149
추상미술 343-344
친족 이타주의 135

ㅋ

카우프먼, 스튜어트(Kauffman, Stuart) 310-311
카이저, 크리스토퍼(Kaiser, Christopher) 258
칸딘스키, 바실리(Kandinsky, Wassily) 343
칸트의 코페르니쿠스적 혁명 112-113
칸트, 이마누엘(Kant, Immanuel) 111-114, 156, 162, 208-209
커클, 그렉(Koukl, Greg) 238

컴퓨터로서의 두뇌 144-145, 201-202
케니, 앤서니(Kenny, Anthony) 114
켈러, 티모시(Keller, Timothy) 86
코란(암송되는 것) 175
「코스모스」(텔레비전 시리즈) 99
코언, 리처드(Cohen, Richard) 258
코인, 제리(Coyne, Jerry) 98
코페르니쿠스(Copernicus) 112-113
콜리지, 새뮤얼(Coleridge, Samuel) 115
크레이그, 윌리엄 레인(Craig, William Lane) 36, 223, 242
크릭, 프랜시스(Crick, Francis) 226-227, 252
크세노파네스(Xenophanes) 92
클라인, 모리스(Kline, Morris) 259
클루저, 로이(Clouser, Roy) 62, 93
키네먼, 데이비드(Kinnaman, David) 82
키케로(Cicero) 42

ㅌ

타이슨, 닐 디그래스(Tyson, Neil deGrasse) 99
 타이슨주의 99
탈레스 95
탤리스, 레이먼드(Tallis, Raymond) 301-302
테일러, 마크(Taylor, Mark) C. 264
토크빌, 알렉시스 드(Tocqueville, Alexis de) 292
톰슨(Thompson), W. R. 309
트웨인, 마크(Twain, Mark) 28

특별계시 38
특별은총 45

ㅍ

파블로프, 이반(Pavlov, Ivan) 72
패스모어, 존(Passmore, John) 154
퍼시, 워커(Percy, Walker) 150
퍼핏, 데릭(Parfit, Derek) 226
페너, 마이런(Penner, Myron) 348
페리, 뤽(Ferry, Luc) 292, 305-306
페일스, 에번(Fales, Evan) 146
평등과 인권 291-294
포스트모더니즘
  강압이라는 결과 267-270
  그리스도인의 대응 162, 163-167, 221-224, 229, 266, 271-272, 273-277, 282-283
  다양성 267-270
  사회적 구성물로서의 진리 158, 161, 163-165, 220, 221
  언어 게임 260-262
  '언어의 감옥' 260-262, 349
  자아를 와해시키는 포스트모더니즘 158, 271-273
  "저자의 죽음" 262-263
  정치적 올바름과 포스트모더니즘 159-163, 269-270
  제국주의적 포스트모더니즘 268-270
  진화론과 포스트모더니즘 164, 272
  집단이라는 우상 155-163, 167, 260, 261, 273-277
  포스트모더니즘에 대한 답변으로서의 삼위일체 273-277
  포스트모더니즘에 대한 반응으로서의 전체주의 265-267
  포스트모더니즘의 개별성 부인 167-172, 260, 262-264
  포스트모더니즘의 과학관 159
  포스트모더니즘의 역사적 발전 149, 155-159
  포스트모더니즘의 예술적 표현 345-346
  포스트모더니즘의 이원론 223-225
  포스트모더니즘의 자가당착 163-165, 220-221, 261, 263-264, 272
  포스트모더니즘의 자기 참조적 불합리성 260-262, 265-267
  포스트모던 신학 164-165, 348-349
  하나님의 죽음 264
  환원주의와 포스트모더니즘 155-159, 161, 162, 163-165
포스트모던 문학비평 268-269
포스트모던 신학 348-349
『포스트모던의 조건』(리요타르) 266
포퍼, 카를(Popper, Karl) 109
폴리슨, 데이비드(Powlison, David) 53
「폴티 타워스」(영국 텔레비전 프로그램) 206-207
푸코, 미셸(Foucault, Michel) 272
프로바인, 윌리엄(Provine, William) 319
프로이트, 지그문트(Freud, Sigmund) 72, 79, 235, 243

『프로작 말고, 플라톤!』(루) 305
프롬, 에리히(Fromm, Erich) 72
플라톤(Plato) 96-97, 107, 152, 281
플라톤이 말하는 형상 96-97
플랜팅가, 앨빈(Plantinga, Alvin) 36, 113, 247, 280
플레처, 조셉(Fletcher, Joseph) 126
피오렌자, 엘리자베스 슈슬러(Fiorenza, Elisabeth Schüssler) 347
피타고라스 96
"핑계하지 못할지니라"(롬 1:20, 2:1) 53, 225
　헬라어 의미 214
핑커, 스티븐(Pinker, Steven) 253

ㅎ
하나님께서 "내버려 두심"(롬 1:24, 26, 28) 56, 130-131, 133, 179-181, 211, 214
하나님께서 전해 주신 말씀으로서의 성경 166-167, 317-318
하나님 시점 110, 117, 158, 166
하나님의 영광을 "바꿈"(롬 1:23, 25) 51, 58, 63, 131, 334
"하나님의 진노"(롬 1:18) 181
하나님의 형상과 우상의 형상 45, 62-64, 69, 71, 81, 121, 132, 135, 141, 182, 216, 245, 247, 258-259, 264, 274, 281, 288, 290, 292, 334
하나와 다수 274-277
하이데거, 마르틴(Heidegger, Martin) 305
합리론
　그리스도인의 대응 69, 119, 281-282
　데카르트와 합리론 108, 110-111
　(이성이라는) 우상으로서의 합리론 61-62, 86
　합리론의 역사 106-111
　합리론의 표현으로서의 입체파 341-343
해리스, 카스텐(Harries, Karsten) 226
해방신학 347-348
해체주의 262-264, 345
　도덕적 주장이 해체주의에 끼친 영향 267
　제국주의적 해체주의 268-270
　해체주의의 자기 참조적 불합리 263-264, 267
햄릿 183
'행크 더 카우독'(에릭슨) 129
'허망하다'고 번역된 헬라어 213
헉슬리, 올더스(Huxley, Aldous) 179
험프리, 니콜라스(Humphrey, Nicholas) 142
헤겔(Hegel), G. W. F.
　헤겔의 진화론적 세계관 153-157, 164, 272, 311, 347
헤라클리투스(Heraclitus) 95
헤르더, 요한 고트프리트(Herder, Johann Gottfried) 115
헤세, 헤르만(Hesse, Herman) 90
호건, 존(Horgan, John) 66
홀(Hall), A. R. 294
환원주의

범신론과 환원주의 167-172
사람을 비인간화시키는 환원주의의 효과 133-136, 160-161, 178, 182, 186, 214-216, 217-218, 228, 333-334
"…에 지나지 않는다" 134-136
유물론과 환원주의 139-141, 162-163, 191, 248-251
이슬람과 환원주의 172-176
일반계시에서 얻을 수 있는 증거 은폐로서의 환원주의 47-49, 138-141, 170-171, 177-178, 184, 195-196, 199, 205, 211, 226, 273, 288, 291, 333-334
지성, 의지, 자아, 인식에 주어지는 허황된 지위 101, 139, 142-145, 147, 169-170, 197-199, 204, 209, 230, 253
포스트모더니즘과 환원주의 155-159, 160-162, 163-165
환원주의에 대한 네이글의 생각 298-300
환원주의에 대한 체스터턴의 생각 181
환원주의에 대한 텔리스의 생각 301-304
환원주의의 결과로서의 자기 참조적 불합리성 68-69, 239, 242-246
환원주의의 결과로서의 정치적 올바름 159-163
환원주의의 근원으로서의 다윈의 진화론 298-304
환원주의의 근원으로서의 우상숭배 131-132
환원주의의 정의 62-64, 131-135

환원주의의 행동상 효과 136-138
환원주의와 신경과학 66, 134, 143-144, 148, 191, 239, 302-304
회개를 뜻하는 헬라어 메타노이아 57
회의주의 254-257
회의주의의 위기 106-107
흄, 데이비드(Hume, David) 102, 106, 289
힌두교 89, 169

스터디 가이드

이 스터디 가이드의 목적은 독자들이 이 책에 담긴 개념들과 좀 더 깊이 교감할 수 있도록 도우려는 것이다. 이 책에서 읽은 것을 자신의 말로 바꾸어 표현하면서 그 개념들을 재진술해 보면 내용을 좀 더 충실하게 정리할 수 있을 것이다. 책을 읽으면서 새로운 개념을 알게 될 때, 이를 이미 축적해 놓은 지식과 연결시키면 그 새로운 자료들은 훨씬 더 큰 점착력을 갖게 될 것이다.

그렇다면, 스터디 가이드를 최상으로 활용하는 열쇠는 단순히 자기 견해와 생각을 말하는 것이 아니다. 그렇게 하는 것은 무언가 새로운 내용을 배우는 게 아니라 이미 알고 있는 사실을 되뇌는 것일 뿐이다. 사람의 사고는 낯선 개념들을 붙잡고 씨름하면서 더 넓어지고 깊어진다. 가장 효과적인 전략은, 각 질문을 대할 때 먼저 해당 본문을 참조해서 답변하는 것이다. 읽은 것을 먼저 요약하라. 그런 다음 자유롭게 자기 생각을 제시하라(몇몇 질문들은 특히 개인적인 입장을 묻기도 한다).

변증학의 목표는 나의 기독교 신앙을 좀 더 명료하고 설득력 있게 전하는 법을 배우는 것이다. 그러므로 스터디 가이드의 질문을 하나씩 채워 나갈 때, '정답'만 구하려고 하지 말라. 기독교를 받아들이지 않는 사람에게 그 개념을 어떻게 설명할 것인지를 생각하라. 스터디 가이드를 활용해, 앞으로 곧 있을 실제 대화를 연습하라.

질문: 각 질문마다 짤막한 문장으로 답변하라. 각 질문에 답변할 때 어디를 참조해야 하는지를 알려 주는 부제가 붙어 있다. 일부 문항은 여러 가지 질문으로 나뉘어 있다. 답변은 각 질문마다 모두 해야 한다.

대화: 표본으로 제시된 대화의 구성을 과제로 요구하는 문항도 많다. 그렉 커클 같은 전문 변증가도 학생들을 가르칠 때 이와 같은 훈련 방법을 쓴다. 실제로 대화할 때, 책에서 본 어떤 문장을 그냥 통째로 상대방에게 쏟아부을 수는 없다. 자기 생각을 조금씩 조금씩 풀어 나가면서 상대방의 질문과 반론에 응수해야 한다. 그러므로 가능한 한 아주 현실적으로 대화를 구성해 보면서 실제 사람과 실제 대화를 나눌 준비를 해야 한다. 대화가 길 필요는 없지만(한 사람당 네 마디 정도), 그럴듯한 내용이 담겨 있어야 한다.

각 대화는 주어진 주제를 바탕으로 상대방이 반론을 제기한다고 가정하고 시작하라. 토론을 계속 이어 갈 수 있는 답변을 구상하라. 가상의 반론 제기자에게 창의적인 이름을 붙여 줌으로써 대화에 재미를 더할 수도 있다. 이런 식의 대화는 무엇인가를 그냥 아는 것과 아는 것을 다른 이에게 어떻게 설명할 것인가의 간극을 메우는 데 도움이 될 것이다.

   강의실에서나 토론 모임 때, 참가자들은 자기가 구성한 대화록을 두 부씩 가져와 두 사람씩 짝을 이루어 연극을 하듯 큰 소리로 읽는다(시간 여유가 없을 때는, 각 참가자들이 한쪽의 대화만 시연하고, 나머지 부분은 질문에 답변하듯 읽을 수도 있다).

I. "복음주의 대학에서 신앙을 잃었습니다"

증거를 보이라 / 생명에서 얻을 수 있는 증거

1. 무신론 철학자 버트런드 러셀이 한번은 이런 질문을 받았다. 죽어서 하나님 앞에 섰을 때 하나님께서 "너는 왜 나를 믿지 않았느냐?"라고 물으시면 뭐라고 대답하겠느냐고. 러셀은 이렇게 말했다. "전 이렇게 대답할 겁니다. '증거가 충분치 않았다고요, 하나님! 증거가 충분치 않았어요!'" 물리적 세계에서 어떤 증거를 얻을 수 있는지 본문에서 설명하는 내용을 요약해 보라.

- 우주의 기원
- 생명의 기원

이 증거가 설득력 있다고 생각하는가? 그렇다면 이유가 무엇이고, 아니라면 그 이유는 무엇인가?

인격체에서 얻을 수 있는 증거

2. '인격적'이라는 말과 '비인격적'이라는 말의 철학적 의미는 무엇인가? 인간이 인격적 존재라는 사실이 어떻게 하나님에 대한 증거 기능을 하는가? 그 증거가 설득력 있다고 생각하는가? 그렇다면 이유가 무엇이고, 아니라면 그 이유는 무엇인가?

무신론자의 자녀와 그들의 하나님

3. 일반은총 개념에 대해 설명해 보라. 일반은총 개념이 변증학에 어

떤 함축적 의미를 주는가?

줄다리기

4. '인식론적 죄'란 무엇인가? 인간 조건의 핵심에 인식론적 죄(앎과 관련된 죄)가 있다는 데 동의하는가? 동의한다면 그 이유는 무엇이고, 동의하지 않는다면 그 이유는 무엇인가?

사람은 어떻게 숨는가?

5. "한 무신론자 교수가 한번은 내게 말하기를, 제1계명이 '다른 신들'에 대해 말하고 있으므로 성경은 다신론을 가르친다고 했다." 무신론을 다루는 인터넷 사이트를 보면 이런 주장들이 자주 등장한다. 제1계명이 다신론을 가르친다고 주장하는 사람을 만났을 때 제1계명의 진짜 의미를 어떻게 설명하겠는지 연습해 보라.

6. 본문에서는 겉으로 드러나서 쉽게 진단되는 죄는 그보다 더 깊이 감춰진 우상숭배라는 죄에서 동력을 얻는다고 말한다. 자신의 삶에 그런 죄의 예가 있는지 생각해 보라. 그렇게 자기 죄를 파고드는 것이 불편하게 느껴지지는 않는지 이야기해 보라.

선한 은사가 거짓 신이 될 때

7. 어떻게 선한 은사까지도 우상이 될 수 있는가? 무언가 선한 것을 우상으로 만들고 싶은 마음이 든 적은 없었는지 이야기해 보라. 그렇게 하는 것이 불편하게 여겨지지는 않는지 이야기해 보라.

우상숭배에는 결과가 따른다

8. 헬라어 '누스'^{nous}는 어떤 의미인가? 이 단어가 어떻게 다음과 같은 성경 구절에 훨씬 풍성한 의미를 더해 주는가? "하나님께서 그들을 그 상실한 마음대로 내버려 두사"(롬 1:28). "마음을 새롭게 함으로 변화를 받아"(롬 12:2). 자신의 사례를 덧붙여 이야기해 보라.

9. 동성애 같은 도덕적 이슈에 대해 논할 때 오늘날 대다수 사람들은 '본성'^{nature}이라는 말을 자연 세계 유기체들 사이에서 볼 수 있는 행동 패턴을 뜻하는 말로 쓴다. '인간의 본성'$^{human\ nature}$이라는 표현에서 보다시피, '본성'의 좀 더 오래된 의미는 무엇인가? 로마서 1장에는 이 전통적인 의미가 어떻게 표현되어 있는가?

다섯 가지 전략적 원리
원리 1. 우상을 규명하라

10. 본문에서는 모든 비성경적 종교나 세계관은 다 우상에서 시작된다고 말한다. 이는 하나님께서 창조하신 질서 안의 어떤 영원하고 자존하는 원인을 가리킴에 틀림없다. 그 이유를 설명하고, 몇 가지 예를 들어 보라. 이 원리에서 예외가 되는 것을 찾아낼 수 있는가?

원리 2. 우상의 환원주의를 규명하라

11. 환원주의를 정의하라. 환원주의는 어떤 면에서 온 우주를 상자 하나에 구겨 넣으려 하는 것과 똑같은가? 예를 들어 보라.

12. 환원주의는 인간 본성에 대한 개념에 어떤 영향을 끼치는가? 각자의 답변 가운데 다음 원리를 설명해 보라. "인간에 대한 모든 개념은 하나같이 모종의 신의 형상으로 형성된다." 예를 들어 유물론에 이 원리를 적용해 보라.

원리 3. 우상을 시험하라
: 이 우상은 우리가 세상에 대해 알고 있는 지식과 상충하지 않는가?

13. 우리는 "우상에 바탕을 둔 세계관은 모두 실패할 것이라고 확신할 수 있다." 우상 기반 세계관은 우리가 일반계시에 의해 알 수 있는 것들을 설명하지 못할 것이다. 왜 그런지 이유를 말해 보라. 유물론을 예로 들어 설명해 보라.

14. 모든 우상 기반 세계관이 어떻게 사람들을 인지 부조화로 이끄는지 설명해 보라. 인지 부조화란, 자기 세계관이 하는 말과 일반계시를 통해 알고 있는 것 사이의 간극을 말한다.

15. 환원주의가 어떻게 해서 은폐 전략이 되는지 설명하라. 환원주의는 일반계시에서 볼 수 있는 하나님의 존재에 대한 증거를 어떻게 은폐하는가?

원리 4. 우상을 시험하라
: 이 우상은 자기 자신과 모순되지 않는가?

16. 자기 참조적 self-referential 불합리를 설명하라. 이 논법이 어떻게 작용하는지 예를 들어 보라.

17. 우상 기반 세계관이 왜 스스로를 논박하는지 설명하라. 본문에서는 환원주의 세계관 지지자들이 "자기 견해에 근거를 제시하기 위해서는 기독교에서처럼 이성을 높이 평가하는 입장을 빌려 와야 한다"고 말한다. 이 말이 무슨 뜻인지 설명하라.

원리 5. 우상을 대체하라
: 기독교를 설득력 있게 진술하라

18. "사람들이 인지 부조화의 덫에 걸린 채 자기 세계관이 부인하는 진리, 논리적으로 오직 성경의 세계관만이 뒷받침해 주는 그 진리를 붙잡으려 애쓰고 있는 모습은 얼마나 설득력 있는 광경인가!" 이 문장을 풀어 설명하라. 논리적으로 오직 기독교에 의해서만 뒷받침되는 진리를 붙들려고 세속 사상가들이 어떤 식으로 애쓰는지 설명하라.

해방된 지성

19. **대화**: 이 책이 아직 원고 상태로 있을 당시 필자는 원고를 교재 삼아 한 수업을 진행했는데, 그때 강의를 듣던 학생 중 10대 자녀를 기르는 한 남성이 이런 말을 했다. "교수님 말씀을 듣고 보니 제가 그동안 우리 아이들이 기독교 신앙에 대해 질문할 때 너무 매몰차게 무시했다는 생각이 듭니다. 이제부터는 아이들의 말을 귀담아 들을 것이며 아이들의 질문을 진지하게 대하겠다고 다짐했습니다."

그런데 다른 엘살바도르 출신의 젊은 여학생은 변증이라는 개념 자체를 거부했다. 그 학생이 생각하기에 이성을 활용해 기독교를 옹호하는 것은 '교만'한 일이고 '육'에 속한 일이었다. "그리스도인은 성령께 의지해야 합니다." 그 학생은 "하나님께서 이 세상의 지혜를 미련하게 하신 것이 아니냐", "내가 너희 중에서 예수 그리스도와 그가 십자가에 못 박히신 것 외에는 아무것도 알지 아니하기로 작정하였음이라"(고전 1:20, 2:2)는 바울의 말을 인용해 가며 그렇게 말했다.

지금 그 엘살바도르 출신 여성과 토론 중이라 가정하고 대화록을 구성해 보라. 그리스도인이라면 당연히 자기 확신을 옹호해야 한다는 것을 이 여성에게 어떻게 납득시키겠는가?

II. 진리를 확증하는 다섯 가지 원리

원리 1. 우상을 규명하라
신들의 황혼

청소년을 취약 상태에 버려두다

1. 의심이나 의문을 드러내는 청소년들을 상대로 한 사회학적 연구 내용을 요약하라. 의심을 품은 채 해답을 찾으려고 몸부림치고 있는 사람이 주변에 있는가? 자기 자신이 그렇게 몸부림치고 있지는 않은가?

우상을 규명하라

2. 성경에 쓰인 '마음'이라는 단어는 흔히 어떻게 오해되는가? 이 단어의 올바른 의미는 무엇인가?

3. "무신론은 신앙이 아니다. 무신론은 그저 하나님이나 다른 신들에 대한 믿음이 부재하는 것이다." 이는 오늘날 무신론자들 사이에서 흔히 들을 수 있는 말이므로 이 말에 대응하는 법을 배워야 한다. 본문 내용을 바탕으로 해서 무엇이라고 응수할 수 있겠는가?

4. 세속 세계관이나 종교적 세계관이 '우상'이라는 성경의 용어를 써서 얻는 두 가지 이득은 무엇인가? (두 번째 이득은 다음 단락 부제 아래서 찾을 수 있다.)

신 없는 종교

5. 이번 장 나머지 부분을 읽어 가면서 아래와 같은 도표를 만들어 보라. 왼쪽 칸에는 종교라고 할 때 대다수 사람들이 연상하는 특징을 써넣고, 오른쪽 칸에는 그 특징이 종교를 정의할 때 왜 필수 불가결한 부분이 아닌지 그 이유를 설명하라. 그리고 그 예를 들어 보라.

종교에 대한 일반적 정의	그 정의가 적절치 못한 이유

6. 불교, 도교, 유교는 왜 무신론 종교로 설명되는가?

도덕성 없는 종교

7. 도덕과 관계없는, 심지어 부도덕한 종교의 예를 들라.

신을 추구하다

8. 모든 세속 철학은 물론 모든 종교의 특징을 이루는 것 한 가지는 무엇인가? 생각나는 철학이나 종교 중에 예외라고 할 만한 것이 있는가?

철학자와 그들의 신

9. 이번 장 나머지 부분을 읽으면서 아래와 같은 도표를 만들어 보라.

왼쪽에는 이 장에서 논의되는 각종 '주의(론)'를 적어 넣고, 오른쪽에는 그 '주의'가 섬기는 우상이 무엇인지 써넣으라. '신을 추구하다' 단락으로 다시 돌아가서 시작하라.

철학	이 철학이 섬기는 우상

10. 헬라어 '아르케'*arché*는 무슨 의미인가? 고대 헬라 철학이 로마서 1장에서 정의하는 우상의 기준에 부합한다는 데 동의하는가? 그 이유는 무엇인가?

물리학의 교회: 물질이라는 우상

11. **대화**: 언젠가 페이스북에서 리처드 도킨스의 팬이라는 청년과 논쟁을 벌인 적이 있다. 청년은 내가 세속주의와 종교에 무슨 공통점이 있는 것처럼 말한다며 화를 냈다. 이 청년에게 종교는 맹목적 신앙을 대표했고 과학은 이성과 사실을 상징했다. 이 청년과 그와 같은 대화를 나누고 있다고 상상하라. 모든 확신 체계는 기본적으로 동일한 구조를 갖는다는 사실을 보여줌으로써 공평한 토론의 장을 만든 뒤 대화록을 구성해 보라.

12. 유물론에서 마르크스주의의 경제결정론으로 이어지는 논리적 단계를 설명해 보라.

흄이 클링온을 만나다: 지각이라는 우상

13. 「스타트렉」의 데이터 소령처럼, 무신론자들은 흔히 기독교가 경험 세계를 초월하는 영역의 존재를 인정한다는 이유만으로 기독교를 '비합리적'이라고 비난한다. 본문을 기초로 해서 이 비난에 어떻게 답변할 수 있겠는가?

매트릭스의 내부

14. **대화**: 경험론자가 앞에 있다고 생각하고 경험론 철학이 어떻게 신에 대한 믿음을 필요로 하는지 그 사람에게 설명하라.

감각 중심의 베이컨, 의심 많은 데카르트

15. 한 철학자가 말하기를, 계몽주의 인식론은 '일인칭 시점'을 확실성에 이르는 유일한 길로 내세운다고 한다. 계몽주의 인식론은 자아를 '지식이 위치하는 곳이자 지식을 판정하는 자'로 만들었다. 이 말이 무슨 뜻인지, 그리고 그 최종 결과가 무엇인지 설명하라.

이정표인가, 막다른 골목인가?

16. 카를 포퍼와 존 허먼 랜들 같은 철학자들은 계몽주의 인식론의 '종교적 성격'을 지적했다. 이것이 무슨 의미인지 설명하라.

칸트의 감옥: 정신이라는 우상

17. 칸트의 '코페르니쿠스적 혁명'은 무엇인가? 칸트에게 하나님을 대신하는 것은 무엇인가? 유아론을 정의하고, 인간의 정신으로 시작하는 철학이 왜 유아론으로 끝나는지 설명하라.

신이 된 예술가: 상상력이라는 우상

18. 낭만주의자에게는 상상력이 하나님 대체물이며 예술이 대체 종교임을 보여주는 증거에 대해 설명하라.

눈먼 철학자들을 위한 치료제

19. 존 갓프리 색스 John Godfrey Saxe 의 시 「맹인과 코끼리」를 읽으라. 이 시는 우상의 기원을 어떻게 설명하고 있는가?

맹인과 코끼리

인도스탄 사람 여섯 명이
호기심에 못 이겨
코끼리를 보러 갔다네.
(모두 앞을 못 보는 이들이긴 했지만)
한 사람씩 관찰해 보고
마음의 흡족함을 얻을까 싶어.

첫 번째 맹인이 코끼리에게 다가갔다가
그 넓고 단단한 옆구리에 부딪쳐 넘어졌지.
대번에 그는 소리쳤네.
"어이쿠! 코끼리는
벽하고 똑같군!"

두 번째 맹인은 코끼리 엄니를 만져 보고

외쳤지. "호, 여기 이건
아주 둥글고 부드럽고 날카로운데?
내가 보기에 코끼리라는 이 기이한 짐승은
창처럼 생긴 게 분명해!"

세 번째 맹인이 코끼리에게 다가갔는데
꿈틀거리는 긴 코가 어쩌다
그의 손에 들어오자
자신만만하게 소리쳤네.
"난 알아, 코끼리는
뱀하고 똑같아!"

네 번째 맹인이 손을 쭉 뻗어
코끼리 무릎께를 만졌네.
"이 신기한 짐승이 꼭 무얼 닮았는지는
더 말할 필요도 없어." 그는 말했지
"코끼리는
나무를 닮은 게 확실해!"

다섯 번째 맹인은 우연히 귀를 만졌지.
그리고 말했네. "제아무리 앞이 깜깜절벽인 사람도 알 수 있어,
이 짐승이 뭘 가장 많이 닮았는지.
누가 부인할 수 있으리,
코끼리라는 이 놀라운 짐승이

부채를 꼭 닮았다는 걸!"

여섯 번째 맹인도
다가가 더듬었지.
그리고 흔들흔들 움직이던 꼬리가
손에 잡히자마자 말했네.
"알겠어, 코끼리는
밧줄하고 똑같아!"

그래서 이 인도스탄 사람 여섯 명은
큰 소리로 오래 다퉜네,
저마다 자기 말이 옳다고,
너무도 뻣뻣하고 강경하게.
저마다 일부 옳긴 하지만
모두 다 틀렸거늘!

비판적으로 사고하는 즐거움

20. 기독교는 다음 철학들이 어떤 면에서 장점이 있고 일리가 있다고 말하는가?

- 유물론
- 합리론
- 경험론
- 낭만주의

선한 것, 참된 것, 그리고 이교도

21. "바울은 기독교가 헬라인들에게 의미 있는 정황을 제시하여 그들 스스로 자기 문화를 해석하게 해준다는 놀라운 주장을 펼치고 있다." 이 말이 무슨 뜻인지 설명하라. 우리 시대에서 한 가지 예를 찾아, 이 원리가 그 예에 어떻게 적용될 수 있는지 설명하라.

원리 2. 우상의 환원주의를 규명하라
니체는 어떻게 이기는가?

우상의 환원주의를 규명하라

1. 본문에서는 우상 중심 세계관은 언제나 인간을 비인간화한다고 말한다. 그 이유를 설명하라. 답변할 때 다음 문장도 함께 설명하라. "인간에 대한 모든 개념은 모종의 신 형상으로 만들어진다."

네 이웃을 비인간화하라

2. 환원주의는 단순한 철학 개념이 아니다. 나에게도 우상을 위해 살려는 경향이 있지는 않은지 생각해 보고 그 경향이 어떻게 나 자신의 필요와 목표를 위해 남을 이용하게 만드는지 생각해 보라. 그것이 불편하게 여겨지지는 않는지 토론해 보라.

속임수의 과학

3. 이 장의 미주 4번을 읽고 『사이언티픽 아메리칸』에서 또 어떤 유사한 연구 내용을 보도하고 있는지 보라. 그 연구에서 발견된 내용은 어떻게 로마서 1장을 뒷받침하는가? 미주 5번을 읽으라. 그 연

구들은 어떻게 암묵적으로 자유의지의 사실성을 확증하는가?

은폐의 심리학

4. 환원주의가 어떻게 은폐 전략의 기능을 하는지 설명하라. 사람들은 자기 세계관 상자에 들어맞지 않는 것은 왜 모조리 은폐하는가?

5. 우상 중심 세계관은 왜 늘 사람들로 하여금 이원론이나 이분법으로 사고하게 만드는가?

6. 본문에서는 두 세계관(유물론과 포스트모더니즘)과 두 종교, 그리고 두 가지 정치 이론이 어떤 식으로 인간을 비인간화하는 결과를 낳는지 규명해 보겠다고 한다. 이번 장을 읽을 때는 아래와 같은 도표를 만들면서 읽으라. 첫째 줄에는 이번 장에서 논의하는 세계관이나 종교의 이름을 적어 넣으라. 그리고 둘째, 셋째 줄에는 다음 두 질문에 대한 답을 적어 넣으라. 그 세계관이나 종교에서 섬기는 우상은 무엇인가? 그 세계관이나 우상은 어떤 형태의 환원주의인가?

이름					
우상					
환원주의					

"뉴런 다발에 지나지 않아"

7. 제거적 유물론을 정의하라. 제거적 유물론은 어떤 추론을 이용해 그 결론에 도달하는가? 이 이론은 어떻게 스스로를 논박하는가?

"가장 심각한 불합리성"

8. 갤런 스트로슨은 말하기를, 제거적 유물론을 보면 "인간 지성이 이론이나 신념에 장악당할 가능성이 실로 얼마나 무한한지"를 알 수 있다고 한다. 이 이론은 "인간 정신의 가장 심각한 불합리성"을 드러낸다. 이 말이 무슨 뜻인지 풀어 설명하라. 토머스 리드는 이 이론에 어떻게 응수하는지 서술하라. 리드의 견해를 어떻게 생각하는가?

낭만주의자의 보복

9. **대화**: 쇼펜하우어는 "유물론은 자기 자신을 고려하는 법을 잊어버린 주체의 철학"이라고 했는데, 이 말은 무슨 뜻인가? 일부 기독교 변증가들은 이 말을 각색해서 성경적 세계관을 뒷받침하기도 한다. 쇼펜하우어의 말을 활용해 유물론자와 가상의 대화를 나누어 보라.

에머슨의 '대령'

10. 신플라톤주의를 정의하라. 신플라톤주의는 어째서 우상을 믿는 믿음으로 불리는가? 이 장의 미주 26번을 읽고, 바울이 신성의 '충만'에 대해 하는 말이 무슨 의미인지 설명하라. 바울은 어떤 식으로 이 용어를 초기 영지주의자들에게서 취해 기독교의 내용

을 주장하는 말로 사용하는가?

셰익스피어 시대의 존재의 대사슬: 이것이 기독교화되어, 만물의 본원이 성경의 하나님과 동일시되고, 영적 실체는 천사들과 동일시된다는 점에 주목하라. 기독교 신플라톤주의는 중세 시대와 르네상스 때 널리 수용되었다.

존재의 대사슬

하나님
천사
천국
인간
짐승
식물
불
돌

헤겔의 진화론적 신

11. 헤겔이 존재의 대사슬을 어떻게 고쳤는지 설명해 보라. 니체는 왜 "헤겔이 없었다면 다윈도 없었을 것"이라고 말했는가?

12. 역사결정론을 정의하라. 역사결정론은 어떻게 스스로의 주장을 약화시키는가? 헤겔은 어떤 식으로 은근슬쩍 자기 자신은 예외로 하는가? 그런 태도가 어떻게 새로운 문제를 야기시키는가?

인종·계층·성의 삼두정치

13. 헤겔에서 포스트모더니즘으로 이어지는 논리적 연결 고리를 설명하라. 포스트모더니즘의 우상은 무엇인가?

정치적 올바름의 뿌리

14. **대화**: 포스트모더니스트 한 사람을 상대한다고 가정하고 어느 부분에서 그에게 동의하고 어느 부분에서 동의하지 않는지 설명하라. 포스트모더니즘은 환원주의적임을, 그래서 개개의 인간을 사회·인종·계층·성 등의 산물로 격하시킨다는 점을 논증하라.

포스트모더니즘의 몰락

15. **대화**: 본문에 기초해서, 포스트모던 그리스도인을 상대로 우리가 포스트모던 기독교를 받아들이지 않는 이유를 설명하라.

범신론 vs. 나

16. **대화**: 범신론을 받아들이는 많은 이들이 주장하기를, 범신론은 우리 자신을 공동망으로 연결된 전체의 일부로 여기게 만듦으로써 우리 삶에 더 큰 의미를 준다고 한다. 뉴에이지를 신봉하는 친구와 대화한다고 가정하고, 범신론이 어째서 환원주의적이고 인간을 비인간화하는지, 그리고 범신론이 어째서 그 친구의 기대처럼 인간에게 존엄성과 의미를 부여하지 않는지를 설명하라.

이슬람교 vs. 인간의 존엄

17. **대화**: 기독교와 이슬람교가 어느 부분에서 일치하고 어느 부분

에서 차이 나는지, 그리고 그 차이가 왜 중요한지 무슬림을 상대로 설명하는 연습을 하라.

세속적 우상에서 죽음의 수용소로 / 해방자에서 독재자로

18. 나치즘과 공산주의로 귀결된 우상, 그리고 그 우상의 정치적 결과를 설명하라. 여러분이 보기에 오늘날의 정치적 우상은 무엇인가?

"인간의 철학으론 꿈도 꾸지 못할 일들이 많다네"

19. "부끄럽게 하다"는 말과 가장 자주 연관되는 성경적 의미는 무엇인가? 그 의미를 알면 로마서 1:16에 대한 우리의 이해가 어떻게 달라지는가?

20. 본문 151쪽의 도표를 펼치라.

서양 철학은 두 개의 철학 '군'群으로 나뉜다

낭만주의

정신 상자

계몽주의

물질 상자

(1) '**원리 1**'과 '**원리 2**'를 복습하라. 아래와 같이 도표를 만들라. 계몽주의 밑에는 우리가 지금까지 이야기한 '주의(론)' 가운데 계몽주

의 범주(분석 전통)에 속한 것을 써넣고, 낭만주의 밑에는 낭만주의 범주(대륙 전통)에 속한 것을 써넣으라. 이 책 나머지 부분을 읽어 가면서 새로운 '주의(론)'가 나올 때마다 그것이 어느 전통에 속하는지 판단해서 아래 도표에 써넣으라.

낭만주의(대륙 전통)

―――――――――――――――――――――
계몽주의(분석 전통)

이 두 기본 범주를 터득하면 현대 서양 세계관의 다양성을 이해하기가 좀 더 쉬워질 것이다. 세계관은 암기하고 터득해서 평가표에 끼워 넣어야 할 개념들이 서로 상관없이 산탄 총알처럼 마구잡이로 와서 떨어지는 것이 아니다. 세계관들은 계속 진행 중인 전통을 이루어 동일한 길로, 동일한 기본 방향으로, 동일한 지도를 보며 움직인다. 그 지도가 계몽주의 지도이든 낭만주의 지도이든 말이다. 또한 세계관들은 계통적 유사성으로 연결된 두 개의 가계도로 생각할 수도 있다. 어떤 특정 세계관에 대해 알고자 할 때 첫 단계는 그 세계관이 어느 가계에 속하는지, 그리고 그 가계가 공유하는 공통의 주제가 무엇인지를 규명하는 것이다.

(2) 그 공통의 주제는 무엇인가? 본문에서 인용한 한 단락에서 실마리를 얻으라. "분석 전통은 계몽주의에 뿌리가 닿아 있고, 과학·이

성·사실을 강조하는 경향이 있다. 대륙 전통은 낭만주의 운동에 기원을 두고 있으며, 정신·의미·도덕을 옹호하려고 한다."

두 번째 도표를 만들라. '**원리 1**'과 '**원리 2**'를 복습하면서 각 전통의 공통 주제 혹은 계통적 유사성을 찾아서 써넣으라.

대륙 전통의 연결 주제

_____

분석 전통의 연결 주제

원리 3. 우상을 시험하라 : 상충

신앙의 세속적 비약

1. 이 장의 미주 2번은 악의 존재에 대한 논증이 논리적으로 맞지 않는다고 말한다. 그 이유를 설명하라.

사실의 위엄

2. 본문은 말하기를, 실제 시험을 해보면 "우상 중심 세계관은 모두 그릇되었다 입증될 것으로 확신할 수 있다"고 한다. 그 이유를 설명하라. CNN 기사를 사례로 활용해서 답변하라.

나, 로봇: 우리, 기계

3. 그리스도인은 자유의지를 변론해야 하는가? 일부 칼뱅주의자들은

그렇게 확신하지 않는다. 미주 6번을 읽으라. 어떻게 생각하는가? 예정론과 결정론의 차이를 설명하라.

우상을 시험하라
: 그 우상이 우리가 세계에 관해 알고 있는 내용과 상충되지 않는가?

4. 자유의지는 왜 철학에서 그렇게 줄곧 문제가 되어 왔는가? 인간 특유의 어떤 능력들이 자유의지에 의존하는가? 본문에 언급된 것 외에 인간의 능력 중 자유의지에 좌우되는 능력이 또 있는가?

세속주의자가 세속주의로는 살 수 없는 이유

5. 어떤 세계관이 그 세계관으로는 설명할 수 없는 현실과 충돌하고 있음을 보여주는 표현으로는 어떤 것들이 있는가? 이 표현들은 어떤 식으로 그 세계관이 거짓임을 입증하는 역할을 하는가?

두 마음을 품은 세속주의자 / 완전한 진리를 잃다

6. 우상 중심 세계관은 왜 모두 정신적 이분법 혹은 이원론으로 귀결되는가? 이원론은 어떻게 해서 일반계시에서 얻을 수 있는 증거가 은폐되고 있다는 신호가 되는가?

의심의 비약

7. 지금까지 중요한 패턴들을 충분히 탐지했다. 이번 장 나머지 부분을 읽으면서 아래와 같은 도표를 만들라. '세속주의자가 세속주의로는 살 수 없는 이유'와 '두 마음을 품은 세속주의자' 단락으로 돌아가서 스트로슨과 슬링거랜드도 도표에 포함시키라.

A. 본문에서 논의된 각 사상가들의 이름을 열거하라.
B. 각 사상가들이 포용하는 '주의'를 열거하라.
C. 그 사상가가 쓰는 표현 중에 일반계시를 암시하는 표현들, 곧 그 사상가가 어떤 세계관을 가졌든 필연적으로, 그리고 저항할 수 없게 끓어오르는 생각들의 목록을 만들라. 예를 들어 갤런 스트로슨은 자기 자신의 철학으로는 "사실상 살 수 없다"고 말한다. 핵심 문구는 인간이 무엇으로는 "살 수 없다"고 하는 표현이다. 세계관은 원래 세상에서의 삶을 안내하는 안내자가 되어야 한다. 그런데 사람들이 자기 세계관의 토대 위에서는 살 수 없다고 한다면, 이는 자기가 고백한 사상 체계에 들어맞지 않는 현실의 모서리에 충돌하고 있다는 의미다.
D. 그 사상가가 쓰는 표현 중에 일반계시로부터의 증거를 은폐하고 있음을 보여주는 표현 목록을 만들라. 예를 들어 마빈 민스키는 이렇게 말한다. "우리는 사실상 그 믿음을 유지하지 않을 수 없다. 그것이 거짓임을 알지라도 말이다." 그는 '유지하지 않을 수 없는' 어떤 진리를 불가피한 거짓으로 격하시켜 2층으로 던져 버림으로써 그 진리를 은폐하고 있다.

이름	'주의'	일반계시를 암시하는 실마리(표현)	은폐의 단서(표현)

도표를 완성하면 다음 질문에 답변하라. 세속 사상가들은 왜 일반계시에서 얻는 증거들을 은폐하는가?

무신론 vs. 문명화

8. 스밀란스키는 자신의 결정론적 세계관이 사회적으로 파괴적인 결과를 낳는다는 것을 시인한다. 결정론이 왜 사회적으로 해로운 결과를 낳는지 그 이유를 설명하라. 스밀란스키는 어떻게 그 부정적인 결과를 우회해 갈 것을 제안하는가? 그의 제안을 어떻게 생각하는가?

도킨스의 '감당할 수 없는' 세계관

9. 도킨스는 자신의 세계관에 들어맞지 않는 현실의 딱딱한 모서리에 자꾸 충돌하고 있음을 어떻게 드러내는가? 도킨스의 세계관은 어째서 '감당할 수 없는' 결과를 낳을까?

아인슈타인의 딜레마

10. '것처럼'이라는 표현은 무슨 신호인가? 칸트는 왜 그런 표현을 제안했는가? 미주 24번을 읽고 왜 아인슈타인의 과학 작업조차도 자유의지에 의존하는지 그 이유를 설명하라.

세속 신비주의

11. 프랜시스 쉐퍼는 왜 어떤 세계관이든 인식론적 이원론을 담고 있는 세계관은 다 '신비주의'로 귀결된다고 주장했는가? 본문에 등장하는 사례가 어떻게 쉐퍼의 주장을 뒷받침해 주는지 설명하라.

다윈주의적 사이코패스

12. 본문에서는 "하나의 연속선을 따라 세계관들이 계속 무너져 내리는 광경이 상상된다. 사람들이 더 일관되게 자기 세계관의 논리를 세워 나갈수록 더욱 환원주의적인 결과가 생겨날 것이고, 고백과 실천 사이의 균열도 더 커질 것이며, 비합리적인 신비주의로 더 비약하게 될 것이다"고 말한다. 이렇게 균열이 점점 더 커져 가는 상태를 에드워드 슬링거랜드는 어떻게 예증하는가?

13. '허망하다', '미련하다'라고 번역된 헬라어는 로마서 1:21을 오늘날의 세속 세계관에 적용하는 방법에 관해 어떤 식으로 새로운 실마리를 던져 주는가? 우상을 예배하는 자는 "평계하지 못한다"는 바울의 말을 어떤 식으로 세속 세계관에 적용할 수 있는가?

MIT 교수: "내 자녀들은 기계다"

14. 브룩스의 세계관은 그 자신이 살아온 경험과 너무도 날카롭게 충돌하기 때문에 "나는 서로 조화되지 않는 두 가지 체계의 믿음을 견지한다"고 말할 정도다. 본문에서는 이를 일컬어 "포스트모던 시대의 비극"이라고 한다. 이것이 왜 비극인가?

"참이기에는 너무 훌륭한" 기독교

15. 성경적 인간관은 어떻게 통일되고 논리적으로 일관성 있는 세계관으로 귀결되는가? 체스터턴은 세속주의자들이 기독교를 거부하는 이유는 기독교가 나쁜 이론이어서가 아니라 '참이기에는 너무 훌륭한' 이론이기 때문이라고 말한다. 체스터턴이 이렇게 말

하는 이유를 설명하라.

포스트모던 지도에서 걸어 나오라

16. **대화**: 포스트모더니스트와 이야기를 나누고 있다고 상상하라. 본문에 기초하여, 어떤 식으로 이 사람의 반(反)실재론을 반박할 수 있겠는가?

너의 사실들을 강요하지 말라

17. 대다수 사람들은 어떤 식으로 포스트모더니즘을 선별적으로 적용하는가? 그것이 어떻게 사람들의 사고방식과 행동 방식에서 이원론이나 이분법으로 귀결되는가?(『완전한 진리』를 읽었다면, 이 이분법이 어떻게 사실과 가치의 분리 현상을 상징하는지 설명하라)

한 하버드 대학 교수의 고백

18. 본문에는 모순되는 신념 체계를 지니고 있다고 솔직하게 인정하는 두 철학자(퍼핏과 해리스)의 말이 인용되어 있다. 이 두 사람의 말을 요약하라. 그런 다음 기독교는 진리에 대해 통일성 있는 견해를 제시한다는 사실을 논증하라. 도입부에서 말한 것처럼 스터디 가이드의 답변을 활용해 현실에서 실제로 사람들과 더불어 변증 작업을 할 수 있어야 한다.

19. 프랜시스 크릭과 제임스 왓슨이 종교와 관련해 어떤 동기로 환원주의 이론을 연구했는지 설명하라.

세속주의자에게는 너무 보잘것없는 세속주의

20. **대화**: 세속주의자들과 대화할 때는 "의미와 중요성을 찾고 싶어 하는 그들의 가장 깊은 갈망에 연대를 표함으로써 대화를 시작해야 한다. 그런 다음, 성경적 세계관에서는 그 갈망이 단순히 환상이나 쓸모 있는 허구가 아니라 생생한 현실임을 보여주어야 한다." 이러한 대화는 어떤 것일지 모형 대화록을 작성해 보라.

원리 4. 우상을 시험하라 : 모순
세계관은 왜 자멸하는가?

1. 역공학reverse engineering에 대해 설명하라. 생물학자들은 이를 어떻게 이용하는가? 이는 어떻게 설계의 증거를 제공하는가?

2. 마이클 루스의 생각은 어떻게 인지 부조화의 한 예가 되는가?

"별로 어려운 일이 아닙니다.
아니, 잠깐만요, 어려운 일 맞습니다"

3. 종교는 소원 성취wish fulfilment에 지나지 않는다는 프로이트의 개념이 어떻게 거꾸로 그 자신의 이론을 반박할 수 있는지 설명하라.

진리를 시험하다

4. 자기 참조적 불합리성에 대해 설명하라. 우상 기반 세계관은 왜 자멸하는지 설명하라.

우상을 시험하라: 이 우상은 자기 자신과 모순되지 않는가?

5. 논리실증주의를 정의하라. 논리실증주의는 어떤 식으로 불신당하는가? 오늘날에도 주정주의 입장을 드러내는 의견을 들을 수 있는가? 예를 들어 보라.

6. 이번 장을 읽으면서 아래와 같은 도표를 만들라. 맨 왼쪽 칸에는 자멸하는 사상 학파 이름(주의, 이론)을 쭉 써넣고, 가운데 칸에는 그 학파가 어떤 유형의 환원주의인지 써넣으라. 이들이 왜 스스로를 논박하는지 그 이유를 설명하라. 논리실증주의부터 시작하라.

이름	이 이론의 환원주의 유형	이 이론은 어떻게 스스로를 논박하는가?

마르크스 때리기

7. **대화**: 이 단락에서 논의되는 이론 중 하나를 고르라. 그 이론을 신봉하는 사람과 현실적인 대화를 나눈다고 생각하고 대화록을 구성하라. 그 이론이 어떻게 스스로를 깎아내리는지 깨달을 수 있도록 그 사람을 도우라.

폭로자를 폭로하기

8. 환원주의 세계관은 어떤 식으로 자멸을 피하려고 하는가? 그 '해법'은 어떻게 또 다른 문제를 야기시키는가?

9. 본문에서는 이렇게 말한다. "모든 세계관은 기독교 인식론을 차용해야 한다. …… 모든 세계관은 기독교가 참인 '것처럼' 작동해야 한다. 기독교를 배격하는 그 순간에도 말이다." 성경에서 말하는 인식론의 토대를 요약하고, 다른 세계관들이 왜 그 토대를 빌려 가야 하는지 이유를 설명하라.

C. S. 루이스, 유물론의 가면을 벗기다

10. **대화**: 유물론자와 대화를 나눈다고 상상하라. 유물론 입장은 자멸하며 그러므로 그 입장은 지탱될 수 없다는 것을 이 사람이 깨달을 수 있게 도우라.

진화론은 그 자체로 살아남을 수 없다

11. **대화**: 진화론적 인식론을 열렬히 지지하는 사람과 대화를 나눈다고 상상하라. 그 이론이 어떻게 합리성의 토대를 깎아내리는지, 그리하여 그 이론 자체를 무너뜨리는지 설명하는 실제적 대화록을 만들어 보라.

다윈의 선택적 회의주의

12. 다윈이 자신의 '끔찍한 의심'에 대해 한 말은 다윈 자신도 자기 이론이 자멸했음을 깨달았다는 의미로 보통 잘못 해석된다. 다윈

이 자신의 의심을 어떻게 선택적으로 적용했는지 설명하라. 그러고 나서 다윈주의가 왜 다윈주의 자체뿐만 아니라 과학 작업 전체를 무력화시키는지 설명하라.

과학은 왜 '기적'인가?

13. **대화**: 기독교는 늘 과학과 진보의 길을 훼방한다고 주장하는 어떤 사람과 이야기를 나누고 있다고 가정하자. 기독교가 어떻게 근대 과학 발흥의 철학적 기초가 되었는지 그 사람에게 설명하라. 그런 다음 오늘날에도 누구든지 과학을 하고자 하는 사람은 기독교 세계관에서 유래된 인식론을 채택해야 한다는 점을, 적어도 현실에서는 그렇게 하지 않을 수 없다는 점을 설명하라.

포스트모던 감옥

14. **대화**: 대학교에서 포스트모더니스트인 문학 교수와 논쟁을 벌인다고 가정하라. 상대를 존중하는 예의 바른 자세로, 포스트모더니즘은 자멸한다는 사실을 입증하라. '수행 모순' 개념을 끌어와서 설명하라.

바르트가 박살나다

15. '해체주의'가 무슨 뜻인지, 그 이면에 어떤 논리가 있는지, 이 이론이 어떤 식으로 치명적인 내부 모순을 담고 있는지 설명하라. 해체주의는 어떤 식으로 그 모순을 회피하려고 하는가? 그것이 효과가 있는가?

포스트모더니즘과 공포

16. 많은 포스트모더니스트들이 어느 지점에서 메타담화에 저항하는 태도를 갖게 되었는가? 이들은 무엇을 그 해법으로 제시하는가? 그 해법의 문제점은 무엇인가? 포스트모더니즘은 왜 악과 불의와의 공모라는 결과로 귀결되는가?

다양성의 횡포

17. 포스트모더니즘이 어떻게 제국주의적이고 강압적인 것이 되는지 설명하라. 주변에서 접한 사례들을 말해 보라.

자아를 상실하다

18. 모더니스트의 자아관과 포스트모더니스트의 자아관이 어떻게 다른지 그 차이를 설명하라. 포스트모던 입장은 어떻게 스스로를 논박하는가?

포스트모더니즘을 위한 삼위일체

19. 기독교의 삼위일체 개념이 개인과 집단의 균형에 대해 어떻게 모더니즘이나 포스트모더니즘보다 더 나은 답변을 제공하는지 설명하는 연습을 하라.

환원주의 탈출

20. **대화**: 이 단락에서 한 가지 세계관을 선택하여 대화를 나눈다고 상상하고, 기독교는 그 어떤 경쟁적 세계관보다도 더 나은 답변을 제공한다는 사실을 적극적으로 논증해 보라.

원리 5. 우상을 대체하라
기식하는 무신론자

우상을 대체하라: 기독교를 설득력 있게 진술하라

1. **대화**: 도덕적 상대주의나 회의주의 혹은 그 밖의 다른 어떤 입장을 지닌 사람과 대화한다고 상상하라. 그 사람의 행위는 그 사람 자신의 세계관과 상충되며 실제에서는 그 사람이 성경적 세계관에서 여러 개념을 '차용'해 간다는 점을 입증하는 현실적인 대화록을 구성해 보라.

리처드 로티의 고백

2. 리처드 로티는 왜 자기 자신을 일컬어 "(기독교에) 기식하는 무신론자"라고 하는가? 기독교만이 보편 인권의 유일한 원천이라는 말에 동의하는가? 동의한다면 그 이유는 무엇이고 동의하지 않는다면 그 이유는 무엇인가? (배경 설명은 이 장의 미주 8번을 참고하라.)

3. 이번 장을 읽어 나가면서, 기식하는 무신론자들이 기독교에서 빌려 가는 진리의 내용을 목록으로 만들라(이 장 서두로 돌아가, 여기 해당될 만한 사례들도 포함시키라). 목록을 다 만들면, 목록 중에서 한 가지를 예로 삼아 기독교가 이 진리에 대해 유일하고 적절한 철학적 기초를 제공한다는 점을 설득력 있게 논증하라.

4. **대화**: "무신론자들은 흔히 기독교가 가혹하고 부정적이라고 비난한다. 하지만 현실에서 기독교는 그 어떤 경쟁 종교나 세계관보다

훨씬 더 긍정적인 인간관을 제시한다. 기독교가 얼마나 호소력이 있는지, 다른 세계관 신봉자들이 기독교에서 자기가 가장 좋아하는 부분을 자꾸 거저 얻어 갈 정도다." 이 본문 내용에 의지해서 어떤 식으로 기독교를 적극적으로 논증할 수 있겠는가?

과학이 존재할 수 있는 이유

5. **대화**: (폴 데이비스의 말을 빌리자면) "과학은 과학자가 본질상 신학적 세계관을 채택해야만 계속 진행될 수 있다"는 점을 설득력 있게 논증하는 대화록을 구성하라.

한 무신론자가 인본주의를 공공연히 비난하다

6. **대화**: 존 그레이가 정의하는 '인본주의자'인 사람과 대화를 나눈다고 가정하라. 인간의 존엄을 소중히 여기는 그 사람의 입장은 기독교에서 유래된 것이며, 기식의 한 사례임을 설득력 있게 논증하라(그레이의 주장에 대해 더 자세한 내용은 미주 13번을 참고하라).

다윈은 "틀린 게 거의 확실하다"

7. "왜 유물론적 신新다윈주의의 자연 개념은 틀린 것이 거의 확실"한지에 대해 토머스 네이글이 제시하는 이유를 설명하라.

8. 네이글은 유물론적 신다윈주의의 자연 개념을 거부하는 데 대해 어떤 이유를 제시하는가? 그가 어떤 식으로 기식하고 있는지 설명하라.

'당당한 무신론자'의 난관

9. 레이먼드 탤리스는 "인간에 관해 그보다 더 중요한 무엇인가가 진화론으로 설명되지 않은 채 남아 있다"고 말한다. 그 중요한 무엇은 한 가지가 아니라 여러 가지다. 그 몇 가지 중에서 두 가지를 고른 뒤 이것이 왜 "진화론으로 설명되지 않은 채 남아" 있는지 자기 자신의 말로 설명해 보라.

10. '신경진화론적 환원주의'의 예를 (예술, 문학, 법 이론, 철학, 경제, 정치, 신학 혹은 그 외 다른 분야에서) 찾아보고 연구한 뒤 이것이 어떤 주장을 하는지 설명하라. 그 주장들을 어떻게 비평하겠는가?

11. 탤리스는 기독교에 적용된 신경신학을 왜 거부하는가? 그의 반론이 훌륭하다고 생각하는가?

"내게 구시대의 철학을 달라"

12. 본문에서는 무신론자들이 종교의 영적이고 정서적인 유익을 강탈해 가려고 하는 몇 가지 사례에 대해 이야기한다. 그중 한 가지를 골라 좀 더 깊이 있게 연구한 뒤, 이 사례에서 볼 때 세속 개념이 어떤 식으로 인간의 영적 갈망을 충족시키려 하는지 설명하라.

찰스 다윈을 위한 미사곡

13. 과학만능주의를 정의하라. 과학만능주의가 어떤 식으로 과학이 확정할 수 있는 일의 영역을 넘어서는지 설명하라.

14. 어떤 식으로 진화론 자체가 때로 종교 기능을 하는가? 「찰스 다윈 미사」을 들어 보라. 이 곡은 키리에 엘레이손(주여 자비를 베푸소서) 악장에 성경 구절 대신 다윈의 책에서 발췌한 내용을 가사로 붙인 곡이다.

    (http://www.gregorywbrown.com/missa-charles-darwin/)

진화론교

15. 스튜어트 카우프먼이 정의하는 '하나님'은 무엇이며, 그는 왜 여전히 하나님이라는 단어를 쓰는가?

16. 제레미 리프킨이 말하는 영적 의미의 진화 개념을 요약하라. 종교적 의미의 진화 개념은 어떤 면에서 일반계시를 암시하는 실마리를 제공하는가?

신앙 잃기, 하나님 발견하기 / 버트런드 러셀, 나의 롤 모델

17. 두 개의 목록을 나란히 만들라. 필자의 개인 경험담을 기초로 기독교를 포기했을 때 어떤 결과가 생기는지 목록을 만들라. 왼쪽 칸에는 기독교의 가르침을 요약하고, 오른쪽 칸에는 기독교를 포기했을 때 갖게 되는 세속적 견해들을 요약하라. 본문에서 언급된 것 외에 기독교를 포기할 때 생기는 결과들이 또 무엇이 있는지 생각해 보고 목록에 추가하라.

18. **대화**: 필자처럼 청소년 시절에 기독교를 포기하려고 했던 사람과 대화를 나눈다고 가정하라. 기독교를 포기할 때 어떤 결과가

생겼는지를 본문에서 이야기하는 것 중에 몇 가지 골라 자신의 말로 표현해 보라. 기독교를 포기하는 데 따르는 결과는 매우 광범위하다는 것을 깨닫게 해주고, 이 문제에 대해 다시 한 번 생각해 볼 것을 권면하라. (필자에게는 누구도 그렇게 해주지 않았지만!)

뭐라고 답변하겠는가?

19. "사람들이 기독교에 대해 의문을 제기할 때 최상의 대응은 그 의문을 찍어 누르는 것이 아니라 오히려 그 반대다." 그 이유를 설명하고, 대응 방식을 몇 가지 골라서 시연해 보라.

『앵무새 죽이기』에서 얻는 교훈

20. 타인의 세계관을 공부하고자 하는 이유는 타인에 대한 사랑이 동기가 되어야 한다고 본문에서는 말한다. 이 책을 읽은 이들은 전에는 변증학과 사랑을 연결해서 생각해 본 적이 없다고 말했다. 변증학과 사랑이 왜 연관이 있는지 다른 사람에게 설명하는 연습을 해보라.

III. 비판적 사고가 어떻게 신앙을 구하는가?

1. 체스터턴은 세상의 생각을 한 번도 학습해 보지 않은 사람에게는 그 생각들이 실제로 더 위험하다고 말했다. 그 새로운 개념들이 "마치 술을 절대 입에 대지 않는 사람의 머릿속으로 포도주가 스며들 듯이 그 사람의 머리에 스며든다"고 말이다. 이 말에 동의하는가? 동의한다면 그 이유는 무엇이고, 동의하지 않는다면 그 이유는 무엇인가?

준비된 그리스도인 되기

2. 이 책에 설명된 다섯 가지 전략적 원리를 자기 자신의 말로 요약해 보라.

   - **원리 1**
   - **원리 2**
   - **원리 3**
   - **원리 4**
   - **원리 5**

스텔스 세속주의

3. 예술이나 문학 동향 한 가지를 골라서 연구한 뒤 그런 동향을 초래한 세계관에 대해 좀 더 상세히 설명해 보라. (『세이빙 다빈치』를 참고해 연구해도 좋다.)

무엇이 당신의 신학을 흔드는가?

4. 아래와 같이 도표를 만들라. 왼쪽 칸에는 이 책에서 논의된 신학 학파명과 각 학파의 기본 교의를 요약해서 적고, 오른쪽 칸에는 그 신학 학파가 어떤 철학에 영향을 받았는지 적으라. 이 책에서 논의된 신학 학파 외에 이런저런 철학에 영향을 받은 신학의 예가 또 있는가? 알고 있는 예가 있으면 설명해 보라.

신학 학파	어떤 철학이 이 학파의 형성에 도움을 주었는가?

5. 자유주의 신학의 한 형태를 선택해서 연구한 뒤, 그 신학의 동인이 된 철학을 좀 더 상세히 설명하라.

비평하고 창조하라

6. 본문에서는 이렇게 말한다. "그리스도인들은 흔히 무엇을 반대하느냐를 기준으로 자기 자신을 규정하는 습관이 있다. 하지만 틀린 것에 반대하기 위해서는 무언가 더 나은 것을 제시하는 게 가장 효과적이다." 본문에서 한 가지 예를 선택하든지 아니면 직접 찾아내서, 삶의 영역에 구속救贖의 위력을 가질 만한 원리들을 제안해 보라.

완전한 진리를 위한 완전한 책

7. 모든 사상 체계는 구조가 동일하다. 한 기본 전제에서 출발하되 그 전제가 다른 모든 부분에 특색을 부여한다. 공통 구조는 모든 진리가 (단순히 영적 진리뿐만이 아니라) 다 하나님에게서 비롯된다는 성경의 주장을 어떻게 일리 있게 만들어 주는가?

어떻게 떨치고 풀려나는가?

8. 나 자신도 성과 속을 구분하는 사고방식을 가지고 있지는 않은가?

9. 성과 속을 구분하는 관행은 어디에서 시작되었는가?

10. 레크래 이야기에서 가장 높이 평가하는 부분은 무엇인가?

샘플 테스트

만점: 100점

이름:

다음 질문에 단문으로 답변하라.

1. '원리 1'은 무엇인가? (15점)

먼저 **'원리 1'**의 내용을 말해 보라. 그런 다음 그 내용을 더욱 상세하게 설명하라. 답변할 때 다음 질문들을 모두 다룰 수 있도록 하라.

- 로마서 1장에 따르면, 우상이란 무엇인가?
- 위에서 내린 정의를 뒷받침해 줄 만한 성경 구절을 로마서 1장에서 적어도 하나 이상 찾아서 적으라.
- 세계관과 그 세계관의 우상을 적어도 세 가지 이상 예를 들라.
- 시 「맹인과 코끼리」를 활용해 우상이 무엇인지를 설명하라.
- 자신이 생각하기에 **'원리 1'**을 적용할 때 중요한 점이 또 어떤 것이 있는지 말해 보라. (이에 답변하다 보면 위의 질문들에서 다룬 것 외에 자신이 알고 있는 것을 모두 보여줄 기회를 갖게 된다.)

2. '원리 2'는 무엇인가? (20점)

먼저 **'원리 2'**의 내용을 말해 보라. 그런 다음 그 내용을 더욱 상세하게 설명하라. 답변할 때 다음 질문들을 모두 다룰 수 있도록 하라.

- '환원주의'란 말은 무슨 뜻인가?
- 우상 기반 세계관은 왜 환원주의로 귀결되는가?
- 로마서 1장에서 우상이 왜 빈약하고 덜 인도적인 인간관으로 귀결되는지를 설명하는 구절을 찾아보라.
- 우상이 환원주의로 귀결되는 과정은 우상이 사람들을 악하게 다루도록 만드는 이유를 어떻게 설명하는가? (로마서 1장 끝부분에 나열된 파괴적 행동들을 보라.)
- 환원주의의 예를 적어도 세 가지 이상 들라. 각 경우마다 우상은 무엇인지, 그 우상이 어떻게 환원주의로 이어지는지 설명하라.
- 자신이 생각하기에 **'원리 2'**를 적용할 때 중요한 점이 또 어떤 것이 있는지 말해 보라.

3. '원리 3'은 무엇인가? (35점)

먼저 **'원리 3'**의 내용을 말해 보라. 그런 다음 그 내용을 더욱 상세하게 설명하라. 답변할 때 다음 질문들을 모두 다룰 수 있도록 하라.

- 일반계시란 무엇인가?
- 일반계시를 이용해 어떻게 세계관을 시험할 수 있는가?

- 우상 기반 세계관은 왜 전형적으로 어떤 일들은 바로 이해하는가?
- 우상 기반 세계관은 왜 늘 어떤 일들은 잘못 이해하는가? (환원주의 개념을 이용해 답변하라.)
- 우상 기반 세계관은 자신이 설명하지 못하는 일들을 어떻게 처리하는가?
- 우상 기반 세계관은 어떻게 이원론으로 귀결되는가? 즉, 어떻게 해서 서로 조화되지 않고 상충되는 두 개의 입장을 갖게 되는가?
- 로마서 1장은 어떤 개념이 이원론을 만들어 내는 동기가 된다고 설명하는가?
- 이원론으로 귀결되는 철학을 가졌던 사상가의 예를 적어도 세 사람 이상 들라.
- 자신이 생각하기에 '**원리 3**'을 적용할 때 중요한 점이 또 어떤 것이 있는지 말해 보라.

4. '원리 4'는 무엇인가? (20점)

먼저 '**원리 4**'의 내용을 말해 보라. 그런 다음 그 내용을 더욱 상세하게 설명하라. 답변할 때 다음 질문들을 모두 다룰 수 있도록 하라.

- 어떤 세계관이 스스로를 논박한다는(자기 참조적으로 불합리하다는, 곧 자멸한다는) 말은 무슨 뜻인가?
- 우상 기반 세계관은 왜 스스로를 논박하는가?
- 스스로를 논박하는 세계관의 예를 적어도 세 가지 이상 들라. 각 경우마다 그 이유를 설명하라.

- 사람들은 스스로를 논박하는 세계관의 문제점을 어떤 식으로 회피하려고 하는가? 그 전략은 왜 소용이 없는가?
- 자신이 생각하기에 '**원리 4**'를 적용할 때 중요한 점이 또 어떤 것이 있는지 말해 보라.

5. '**원리 5**'는 무엇인가? (10점)

먼저 '**원리 5**'의 내용을 말해 보라. 그런 다음 그 내용을 더욱 상세하게 설명하라. 답변할 때 다음 질문들을 모두 다룰 수 있도록 하라.

- 비그리스도인들 중에 기독교에 손을 내밀어 그 내용을 빌려 가는 이들이 왜 그렇게 많은가?
- 기식의 예를 세 가지 이상 들라.
- 기식 개념은 기독교를 설득력 있게 변증하고자 할 때 어떤 전략적 출발점을 시사해 주는가?
- 기독교의 매력적 특징을 강조하는 한 가지 방법은, 세속주의자들이 기독교의 어느 부분에서 개념을 차용하는지 보여주는 것이다. 또 한 가지 방법은, 기독교를 포기할 때 잃게 되는 것이 무엇인지 보여주는 것이다. 기독교 세계관의 요소를 적어도 두 가지 이상 선택해서 그 요소들을 포기할 때 어떤 결과가 빚어지는지 설명하라.
- 자신이 생각하기에 '**원리 5**'를 적용할 때 중요한 점이 또 어떤 것이 있는지 말해 보라.